中华文化简史一本通

Zhonghua Wenhua Jianshi Yibentong

历史大讲堂

何国松◎编著

北京工业大学出版社

图书在版编目（CIP）数据

中华文化简史一本通 / 何国松编著. — 北京：北京工业大学出版社, 2012.5

ISBN 978-7-5639-3076-0

Ⅰ. ①中… Ⅱ. ①何… Ⅲ. ①中华文化—文化史 Ⅳ. ①K203

中国版本图书馆CIP数据核字（2012）第073898号

中华文化简史一本通

编　　著：何国松
责任编辑：常　松
封面设计：宋双成
出版发行：北京工业大学出版社
（北京市朝阳区平乐园 100 号 100124）
010-67391722（传真）bgdcbs@sina.com
出 版 人：郝　勇
经销单位：全国各地新华书店
承印单位：三河市元兴印务有限公司
开　　本：787mm × 1092mm 1/16
印　　张：25
字　　数：428 千字
版　　次：2012 年 6 月第 1 版
印　　次：2021 年 1 月第 2 次印刷
标准书号：ISBN 978-7-5639-3076-0
定　　价：58.00 元

前言

中国是世界文明古国之一。古代世界曾经辉煌灿烂的文明国家，多数没有继续维持下去，有的中断了，有的随着文化重心的转移而转移到了另外的地区。唯独中国这个国家，从原始社会到形成国家，有文字可考的历史就有5000年以上。中国和中国文化屹立于世界之林，一脉相承，历久而弥新。

中国文化之美，恰似长夜浩瀚的星空，令人向往迷醉。它会让人情不自禁地想起若隐若现的圣贤思绪、气象万千的金戈铁马、婉转绵长的书道传承、潇洒风流的诗情画意，甚至湮灭在历史长河中的峨冠博带、丝绸之路上的马嘶驼铃……

天高海阔，历史变迁。春秋战国的理性思辨、秦汉的雄伟建筑、魏晋的多元思想、盛唐的诗歌、宋元的词山曲海、明清承前启后的综合承继……这些曾经的辉煌都是泽被后世的不竭清泉。

本书所论及的中国文化，侧重的是学术思想、道德教育、宗教信仰、文学艺术、建筑风格、民俗风尚和相互作用、相互影响的中外文化交流以及隐藏在其中的时代风骨和文化特色。本书展现了历史发展中最关键的观念和物质文明中最动人的细节。

独具特色的选材、深刻精到的见解、流畅清新的文字、精美而有代表性的图片，使得这部著作处处闪现着灵动与厚重。通过它，读者可以徜徉中华的历史长河，追寻先贤璀璨智慧。

由于时间仓促，加之水平所限，本书难免存在错漏之处，诚望读者批评指正。

目录

目录

目录

目录

目录

目录

中国人的起源

人是文化创造的主体，中国文化史的叙述必须从生于斯长于斯的中国人说起。

20 世纪初叶以来，西方学者如安特生等，从“文化及人种单源说”出发，指认中国人种为外来，有西来、南来、东来诸说。然而，大量考古发现一再有力驳斥了这类论断。

东亚大陆是古人类化石发现地之一。自 1929 年中外学者在北京发现晚期猿人（直立人）头盖骨化石以来，几十年间多有古人类化石出土。考古学依据人类所使用生产工具的变革，将人类古代的历史划分为石器时代、铜器时代和铁器时代，而石器时代又分为旧石器时代和新石器时代前后两个阶段，人类在石器时代的生活大约经历了二三百万年。在中国境内发现了多批属于旧石器文化的人群。

一、直立人

直立人，即“正在形成的人”，主要有：

巫山人：1986 年发现于四川巫山，距今 200 万年左右。

元谋人：1965 年发现于云南元谋上那蚌村，距今 170 万年左右，元谋的直立猿人已能制造和使用石器，可能已会用火，表明中国西南地区是人类起源和早期人类演化的重要地区之一。

蓝田人：1963 年发现于陕西蓝田，距今 65 至 80 万年，脑容量约 780 毫升，同时出土的还有旧石器时代初期的打制石器。

元谋人遗址

北京人：1929年发现于北京西南房山县周口店龙骨山，距今50万年左右，平均脑容量为1075毫升，身长约156厘米，群居洞穴，狩猎为主，打制石器，用火痕迹明显。

二、智人

智人，即“完全的人”，又可分为早期智人和晚期智人。早期智人（古人）主要有：

马坝人：1958年发现于广东韶关马坝乡狮子山洞穴，距今20万年，体质与尼安德特人相类。

山顶洞人头像

大荔人：1978年发现于陕西大荔，距今10万年。

长阳人：1956年发现于湖北长阳赵家堰洞穴，晚于马坝人，早于丁村人。

丁村人：1954年发现于山西襄汾丁村，距今约5万年。

晚期智人（新人）主要有：

柳江人：1958年发现于广西柳江通天岩洞穴，晚于丁村人，早于山顶洞人。

山顶洞人：1933年发现于北京周口店龙骨山山顶洞穴内，距今1.8万年。

资阳人：1951年发现四川资阳黄鳝溪，距今7000年。

这些古人类的脑容量呈增长趋势，如蓝田人780毫升，北京人859－1225毫升，山顶洞人则为1400毫升，逐渐逼近现代人的脑容量。这表明，古人类在长期劳动生活实践中，智力稳步提高。

从体质人类学考察，世界上的人类分为黄种人（蒙古人种）、白种人（欧罗巴人种）、黑种人（尼格罗人种）三大类别。从元谋人、蓝田人、北京人，直至柳江人、山顶洞人，存在着一些共同的体质特征，如颧骨高、颧面前突且垂出，上门齿呈铲形结构，鼻子较宽，下颌圆枕多见、发育有矢状脊，等等。到后来的新石器时代，各地区居民的体质有明显的差异，而且从骨骼的异常变形还反映出各地存在着一些区域性特殊风俗（如人工拔牙、头骨枕部畸形、口颊含球等），但是这只能意味着早期蒙古人种形态发展过程中的体质多样性。人类学的研究表明，从旧石器时代到新石器时代的中国居民，在体质上存在明显的承续、发展序列，基本上是在一个大的人种——蒙古人种——的主干水平下发生和发展的，构成中国原始先民的人种特征中没有发现西方人种的成分。中国人种不是外来的，而是独立起源的，它对后来中国文化持久稳定的发展，起着重要的作用。

人类区别于动物，首先在于人能从事有意识有目的的劳动，而劳动的特征和前提是制造并使用工具。古人类只能对自然物（如木、骨、石等）稍加制造，充作某种用途的工具，使手臂得以延长。在漫长的岁月中，“木亡石存”，今日我们所能得见的古人类的工具遗留，主要是石器。

“旧石器”和“新石器”的区分，主要在于先民使用的石器工具制作的精细程度。上述从元谋人、北京人到山顶洞人、资阳人，都处在旧石器时代。这百余万年间，古人类用碰砧、打击、刮削等方法，对石块进行简单加工。中国境内的旧石器时代文化也具有部分共同的特点，如以石片石器为主，砾石石器和石核石器次之，刮削器、尖状器两类工具最为普遍，以石锤直接打击、单向反面加工石器的方法为主，石斧不发达，等等。

距今 12000 年左右，人类进入新石器时代。与旧石器时代的打制石器不同，新石器时代的人类开始使用磨制石器。除此之外，农业、养畜业和陶器制作也都是新石器时代的重要标志。

近代科学意义上的考古学被引入中国，始于 20 世纪初。在 20 世纪中国考古发掘的 100 项重要成果中，就有近 30 项是关于新石器文化的发掘。在中国内地新发现的新石器时代遗址，有 7000 处以上，已发掘的也在 400 处以上。其中比较典型的新石器文化有——

仰韶文化：距今约 7000 年至 5000 年，1921 年首次发现于河南渑池仰韶村，分布于黄河中下游。其生产工具有磨制的刀、斧、锛、凿等，骨器精致，日用陶器以细泥红陶和夹砂红褐陶为主。经济生活以农业为主，渔猎为辅，饲养猪、狗等家畜。属母系氏族社会的繁盛期。由于遗物中常有彩陶，所以也曾被称为“彩陶文化”。仰韶文化的一个重要遗址在西安东郊的半坡村。1958 年在遗址上建立了半坡博物馆。

河姆渡文化：1973 年首次发掘于浙江余姚河姆渡村东北，距今六七千年，分布于长江中下游地区。其生产工具有伐木用的石斧、石凿，农耕用的骨耜和狩猎用的骨镞等。陶器为黑陶，纹饰多为绳纹和刻画动植物的花纹；有大量稻谷遗迹和猪、狗、水牛等家畜遗骨；采用木结构的干栏式建筑。这说明与黄河流域的仰

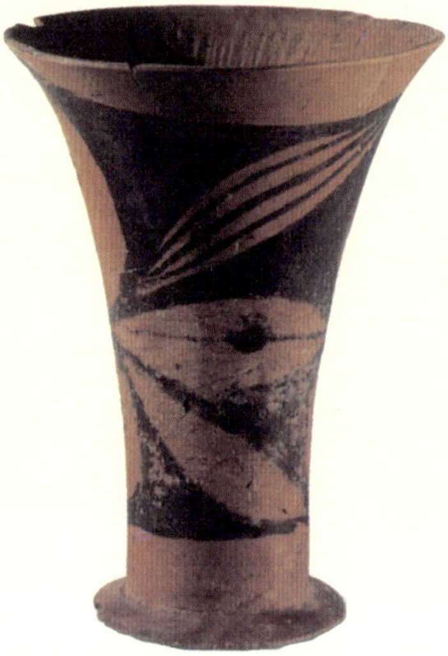

大汶口文化遗址出土的陶器

韶文化同期，在长江流域也有灿烂的原始文化。

大汶口文化：1959 年首次发现于山东宁阳堡头村和泰安大汶口一带，距今约 6000 年，分布于鲁西南和苏北的黄河下游地区。其生产工具以磨制石器为主，骨、角、牙器多而精致，陶器以灰陶为主，红陶次之。

屈家岭文化：1954 年发现于湖北京山屈家岭，分布于江汉平原。以薄如蛋壳的小型彩陶、彩陶纺轮、长颈圈足壶为主要特征。经济生活以农业为主，种植粳稻，饲养猪、狗家畜。年代晚于仰韶文化，与早期龙山文化相当。

龙山文化：新石器时代晚期距今约 4000 多年的一种文化。1928 年首次发现于山东章丘龙山镇，分布于黄河中下游。其生产工具有磨制的石镰和蚌镰。陶器以灰陶为主，黑陶次之，开始用轮制，出现卜骨。该文化以农业为主，畜牧业发达，属父系氏族社会时期，因遗址发掘出黑陶，又称“黑陶文化”。

此外还有河南新郑裴李岗、河南舞阳贾湖、甘肃秦安大地湾、湖南澧县城头山、内蒙古赤峰兴隆洼、陕西临潼姜寨、四川巫山大溪、河南陕县庙底沟、山东章丘城子崖、浙江余杭良渚、湖北天门石家河、甘肃临洮马家窑、辽宁凌源牛河梁、山西襄汾陶寺、香港马湾岛东湾仔北、台湾台北圆山等，都是著名的新石器文化遗址。

龙山文化遗址

这些新石器文化遗址分布广泛，基本遍及今天中国领土所有省份，考古学家将其概括为“满天星斗”。这表明，中华先民在新石器时代就已广泛活动在东亚大陆及周边岛屿。其生活样态、物质和精神成果，在享有共性的基础上又具有相当的差异性。

与使用木石工具相同时期，人类开始用火。火的保存、使用及获取，使人类在暗夜和严冬获得光明与温暖。人们不再“茹毛饮血”、“伤害腹胃”，而得以“熟食”，人类征服自然的能力大为提高，生活质量也明显改善。从利用自然火到人工取火，从生食到熟食，标志着人类文明的巨大进步。中国人颂扬“钻木燧取火，教民熟食”的燧人氏；希腊人赞美窃天火给人间的普罗米修斯，正是对于“用火”这一伟大进步的追怀纪念。元谋人遗址已发现用火痕迹；而北京人洞穴内灰烬厚达6米，表明至少在50万年前，华人先祖已经熟练地用火与贮火。

湖南澧县城头山遗址

旧石器时代早期（如北京人时期），人类过着原始群居生活，即古籍记载的“其民聚生群处，知母不知父，无亲戚兄弟夫妻男女之别，无上下长幼之道”。旧石器时代中期（如马坝人、丁村人）和晚期（如柳江人、山顶洞人），随着渔猎、采集经济的发展，男女分工明显，逐步由血缘公社转变为母系氏族社会。母系氏族是由一个女祖先繁衍下来的血缘集团，“民人但知其母，不知其父”，世系按母系血缘计算，生产资料公有，集体生活、共同消费，血缘内婚向氏族外婚转变。

母系氏族社会从旧石器时代晚期开始形成，贯穿整个新石器时代。中国上古神话传说中的女娲氏、庖牺氏、神农氏、有巢氏、燧人氏，是这一时期中华先民文化创造的神的人格化的代表。

东亚大陆是世界农业起源的中心之一。考古资料和农史文献显示，古代先民在温暖湿润、土壤肥沃的黄河、长江流域，选择和培育了包括谷物、蔬菜、油料、纤维和果木在内的诸多农业品种。如由野生山羊草培育出小麦，由野生狗尾草培育出粟子（小米），由野生稻培育出水稻，其他如大豆、茶、柑橘、梨、李、梅、荔枝、龙眼等作物都被公认为原产于中国。距今4000至8000年的新石器文化的出土化合物中，保存了古文献中所见的各种五谷果蔬，如在河北武安磁山遗址（距今8000年）中，就发掘出储有腐朽粟米的窖穴88个，储存量十分惊人。同期的河南新郑裴李岗遗址和稍后的浙江余姚河姆渡遗址中都出土了大量水旱作物，其生产水平已脱离了农业产生的初期阶段，说明农业的起源还可上溯。1988 年在湖南澧县城头山遗址中，发现了目前所知最早的人工栽培稻作遗址，距今约九千年。

此外，家畜、家禽饲养业与农耕业相辅相成，并行发展。狩猎的剩余使先民学会了将野生动物驯化成家养动物，以用于农业生产和食物补给，如从狼驯育出狗，从野猪驯养出家猪，从原鸡驯育出家鸡。在商代的青铜文化出现之前，中国新石器时代的家养牲畜已有猪、狗、鸡、黄牛、水牛、马、山羊、绵羊、猫等近十种。人类文明生活中饲养的几种基本家畜，即所谓六畜——猪、牛、羊、马、鸡、狗都已齐备，其中北方以饲养猪、狗和鸡为主，南方以饲养猪、狗和水牛为主。东亚大陆新石器时代家禽饲养业的结构与西亚（以绵羊和山羊为主）和南亚（以黄牛为主）有所不同。

与农业、畜牧业发明相伴，这一时期的主要生产工具——石器已由粗放的打制阶段转为精细的磨制阶段，从而进入新石器时代。定居农业导致的谷类熟食生活，提出对耐烧炊具的要求。以“泥条盘筑”为主要制作方法的陶器便应运而生。陶器是人类使之改变分子化学结构的第一种制作物。此外，麻类等农产品则推动了纺织的兴起。在仰韶文化的山西西阴村遗址和河南青台村遗址，以及良渚文化的钱山漾遗址中，分别出土了蚕茧、绢片、丝带、丝线，说明养蚕和丝织业也已开始。这样便出现农业与手工业的分离。

伴随着生产工具和生产方式的变革，人类社会组织方式亦发生变化。

农业、畜牧业发生于母系氏族社会晚期。女性曾经是主要农业劳动力，占据社会宰制地位。随着社会生产力向纵深发展，尤其是犁耕的出现，要求身强力壮的男子从渔猎转向农业和专业手工业（如制陶），逐渐取代妇女成为主要农业劳动力。体力较弱且有生育之累的妇女则从事纺织、炊事和养育子女等家务劳作。男子的社会地位历史性地超过妇女，母系氏族制向父系氏族制过渡。文化人类学的新近研究表明，初民社会不一定都经历了完整的母系氏族制。有些初民社会一开始便由男性主导，但先有

河南青台村遗址

母系氏族制，后过渡到父系氏族制，则是较为普遍的现象。

父系氏族制区别于母系氏族制的关键，在于世系按父系计算，男子是社会和家庭的主宰和核心。男子出嫁到女方的对偶婚演变为男娶女嫁，母系家庭公社向父系家庭公社转化，进而形成以男子为家长的一夫一妻制家庭。

在父系氏族制阶段，随着社会生产力水平的提高，开始有了剩余产品。一些氏族首领利用公职之便，将某些集体财产据为私有。最先出现的私有财产是生产工具、生活用品和装饰品等动产，粮食和家畜逐步也成为个体家庭的私有动产。以后，房屋乃至土地等不动产也为个体家庭所私有。“货力为己”的私有制社会到来了。

与私有财产的出现相关联，随之发生阶级分化，家内奴隶制是最初形态。山东大汶口文化遗址的氏族公共葬地，各墓间随葬品多寡悬殊，足见在同一氏族内，成员的贫富差异明显。大汶口文化晚期墓葬，男子身边有妇女和儿童，说明男性家长已有为其殉葬的奴隶。

私有财产及奴隶的出现，导致掠夺战争频繁，为了自卫及掠夺的需要，氏族结成部落，部落结成部落联盟，这为国家的出现奠定了基础。

仓颉造字的传说

传说仓颉是黄帝的史官，负责记载史实。那时还没有文字，人们记事都用绳子打结的方法。时间一长，那些大大小小、奇形怪状的绳结都记了些什么，就连自己也无法辨认了。

有一次，黄帝要和炎帝谈判，他让仓颉整理这几年来炎帝入侵杀民的史实。于是，仓颉便跑到了记史的库房里去寻找材料，但是这里边的东西太多了。他在里面泡了几天，弄得头昏脑涨，耳鸣目眩，最后还是出了差错，使自己的民族受到了损失，黄帝也指责他没有尽职。这件事深深地刺痛了仓颉的心，他想：我一定不能再犯这样的错误了。但是应该怎么办呢？人的大脑记忆的东西毕竟是有限的，而且还容易出现差错。最后他决定要搞出一种简单易记的符号，让大家都能用符号表达思想、传授经验、记载历史。

仓颉有了初步想法，就是要创造一种符号，但具体到做的时候并不容易。仓颉坐在家里冥思苦想，想得饭吃不下、觉睡不着，最后也没有想出条条道道来。看着仓颉愁眉苦脸的样子，母亲对他说："你应该出去走一走，向大家请教，众人智慧多嘛。"仓颉听了母亲的话，眼前一亮，于是收拾好东西上了路。

仓颉造字木雕

仓颉翻山越岭，跑了许多村庄，拜访了成百上千位能思会道的人。有一次，他来到一个村子，正赶上他们集体狩猎，仓颉也参加了。走到一个三岔路口时，几个老人为往哪条路走争辩起来。一个老人坚持要往东，说有羚羊；一个老人要往北，说前边不远处可以追到鹿群；一个老人偏要往西，说有两只老虎，不及时打死，就会错过机会。仓颉一问，原来他们都是看着地面上野兽脚印的形状来认定的。仓颉心中猛然一喜，既然一种形状的脚印代表一种野兽，我为什么不能用各种东西的形状来编成符号以便认识呢？

就这样，仓颉在不知跑了多少路，受了多少苦之后终于开窍了。他高高兴兴地回到了家乡，着手整理采访收集来的材料，创造出了代表世间万事万物的各种符号。

为了不受外界干扰，他独自躲进村西头的山沟里。仓颉住在沟内，日夜忙着创造新的符号，吃饭也由母亲送到沟口。为了叫起来方便，他给符号取了名字，叫做字。这些字都是仿照万物的形态造出来的。比如"日"字，是照着太阳红圆红圆的模样勾的；"月"字，是仿着月牙儿的形态描的；"人"字，是端详着人的侧影画的；"爪"字，是观察着鸟兽爪印涂的……仓颉就这样细心观察万事万物，辛辛苦苦地创造着文字。

那时世上还没有笔墨纸砚，他就用折来的树枝，把字写在山洞的墙壁上。一个山洞写满了，他又挖出第二个山洞继续写。第二个山洞写满了，仓颉又挖出第三个山洞。时间一天天、一月月地过去了，一年过去了，两年过去了，就这样，仓颉整整造了三个山洞的字。这时，仓颉才离开山沟，回到了村里。

仓颉回到家里，母亲看到他又黑又瘦的模样很心疼，劝他在家好好休息休息。但是仓颉并没有这样做，他要把山洞里的字教给大家，使这些字能够流传下去。于是他开始不辞辛苦地办学校，教人们认字，他不仅教本村的人，还到其他村子去讲学，他去过很多地方，从此后，中国人就开始使用文字了。虽然当时的文字以象形字为主，还很不规范，但这已经很不容易了。

“仓颉造字”的故事，只是一个传说，文字不可能是一个人创造出来的，它是古代劳动人民集体智慧的结晶。

三皇世纪

约前 40 世纪至约前 26 世纪初。

盘古开天辟地以后，阴阳二气交媾融合，渐渐产生了人类。那时候的人，不是出自娘胎，而是有的从天上掉下来，有的从地下冒出来。三个一群，五个一伙，都长成人的形状。这些人全是高大丑陋的汉子，分散居住，以饮水吃草为生，没有知识，也没有君王长者。在属于木德时期的寅年，金、木、水、火互相冲击，生成祥瑞之气，在昆仑山的山腰上，瑞气凝结，化为灵胎。由这灵胎里生出十三个人来，为首的一人就是天皇氏。天皇氏遍体茸毛，面色青黑，全身赤裸，长发披肩，身高三丈六尺。天皇氏崇尚木德，清静淡泊，无为而治。他创造了天干和地支。天干就是甲、乙、丙、丁、戊、己、庚、辛、壬、癸。这是后来的叫法，那时甲还不叫甲，叫做阏逢；乙也不叫乙，叫做旃蒙；丙叫做柔兆；丁叫做强圉；戊叫做著雍；己叫做屠维；庚叫做上章；辛叫做重光；壬叫做玄默；癸叫做昭阳。地支就是子、丑、寅、卯、辰、巳、午、未、申、酉、戌、亥。那时子还不叫子，叫做困敦；丑叫做赤奋若；寅叫做摄提格；卯叫做阏单；辰叫做执徐；巳叫做大荒落；午叫做敦烊；未叫做协洽；申叫做湄滩；酉叫做作噩；戌叫做阉茂；亥叫做人渊献。天干和地支轮流配合，周而复始，轮转一周，是六十个甲子，用以确定每一年的位置。从此以后，五运始兴，大化始立。天皇氏兄弟 13 人共同治理天下 18000 年。继承他们的是地皇氏。

轩辕黄帝像

地皇氏崇尚火德，出生于熊耳山和龙门山中。当时两座山中，忽然放出红光，高达数丈，从光中生起五色祥云，将两山笼罩，随后又生出十一个人来，其中以地皇氏最为聪明特异。他身高三丈三尺，臂粗数围，全身长毛，面黑如墨，目光如火，站立在众人中间，开始统治四面八方。

过去天皇氏虽然创立了干支，但只用来纪年，人们还是昼夜不分，日月不辨，不知道太阳的升降和月亮的朔望盈亏。于是地皇氏确定白天照耀大地的为太阳，夜间最亮的星星为月亮。从没有月光的那一夜始，到出现一线月光，经过月亮最圆的时候，再回到只剩一线月光，直到月光消失。月亮这一从亏到盈再到亏的过程，历时29天或30天，被定为一个月。其余那些三三两两，散布在天上的称为星星。星与星之间的空处称为辰。日月星共称为三辰。三辰确定以后，以十一月为冬至，总共365天，十二个月为一年。如此周而复始，从此龙兴鸾集，万民安乐，文明发展。地皇氏与十个兄弟共同治理天下18000年。继承他们的是人皇氏。

人皇氏崇尚土德。在地皇氏末年，忽然地气冲天，天地交相感应，在刑马山之提地谷，诞生了九个男孩，九人以人皇氏为首。他生得面皮白净，目若明星，身高三丈。人皇氏考察山川，将天下划分为九个区域，自己治理一区，让八个兄弟各治一区。因此又号称居方氏。

这时风气逐渐开化，年月季节都已明确，万物茁壮生长，到处是山林和鸟兽。人们居住在一起，又没有衣服，雌雄两性对视之下，都感到很奇怪。雄性看到雌性，不知道对方那个地方为什么凹下去，雌性看雄性不明白对方的那个为什么凸起来。有一天，某个雄性的阳物挺然而立，便对凹下去的一方说："我有余而你不足，让我们试试以有余补不足怎么样？"遂向凹处插入。这下双方都感到妙不可言，其乐无穷，众人见状，纷纷效法。于是分凹者为女，凸者为男，男女从此得以区分。而自插入后，不但感到舒服，凹者的肚子渐渐大起来，十个月以后，有的生男，有的生女，从此有了生育。有了生儿育女，就有了父子君臣。

这个时期，君王都是有道明君，臣子都是贤良之士，典章逐渐完善，政教由此兴起；礼仪逐渐齐备，君尊臣卑由此确立；饥餐渴饮，人民的食物逐渐丰富；男女交媾，百姓的婚姻逐渐出现。人皇氏兄弟九人，共同治理天下 15600 年。有人说 45600 年是错误的。

人皇氏之后，有五龙氏继承，五龙氏兄弟五人，老大叫皇伯，老二叫皇仲，老三叫皇叔，老四叫皇季，老五叫皇少。五人共治理天下，各治一方。乘坐五条飞龙，往来巡视，推行无为而治的方针。今天的上郡肤施有一座五龙山，就是五龙氏产生的地方。

继五龙氏之后治理天下的是巨灵氏。巨灵氏出生在汾脽，与元气共生，气魄恢弘，执掌大权，役使五丁力士，驱策阴阳，变易山川，居无定处，曾在蜀中追踪野兽的足迹。

继巨灵氏之后治理天下的有句疆氏、谯明氏、涿光氏、钩陈氏、黄神氏、狙神氏、犁灵氏、大魏氏、鬼隗氏、弇兹氏、泰逢氏、冉相氏、益盈氏、大敦氏、灵阳氏、巫常氏、泰壹氏。泰壹氏是一位若隐若现而又长生不老的神灵。后来黄帝和老子学会了泰壹氏的仙术，泰壹氏之书也流传到后世。其后又有空桑氏和神农氏，他们使人和神各异其业，而精与气又能互相沟通。猗帝氏、次民氏、辰放氏继立。远古时候的人，用树皮草叶遮羞蔽体。辰放氏教给人民用木头把兽

五龙氏的产生之地——五龙山

皮捣软，穿在身上以抵御风寒，人民无不遵从。因此号称衣皮之民，他的王位传袭了四代。其后为蜀山氏、豗傀氏、混沌氏，他们虽握有生杀予夺之权，但仁慈宽恕，乐善好施，天下百姓既畏服他们的权威，又感念他们的恩德。当时阴阳平和，万物无争，一派祥和景象，甚至鸟巢可以任人探视，野兽可以任人牵走，不会引起惊恐和反抗。他们的王位传袭了 11 代。其后为东户氏，在他当政的时候，飞禽走兽成群结队，森林草木繁密茂盛，百姓安居乐业，风俗淳朴，路不拾遗。他的王位传袭了 17 代。其后继立者为皇章氏、启统氏、吉夷氏、几蘧道氏、稀韦氏、有巢氏。远古时候的人，居住在旷野的天然洞穴里，与草木禽兽为伴，甚至与禽兽同食共眠而相安无事。到这个时候，人的狡黠机灵日渐增多，开始欺凌禽兽，于是禽兽也开始与人为敌。但是人的牙齿手爪不如禽兽的锋利，不是禽兽的对手。有巢氏就教会人们在树上构筑巢穴，住在里面以躲避野兽。那时的人还不懂得种庄稼，吃的是草木的果实。他们也不懂得用火，渴了就喝禽兽的血，饿了就将禽兽的肉连毛吞下。因此叫做茹毛饮血。把禽兽的皮剥下来，披在身上当衣服。有巢氏的王位传袭了两代以后，被燧人氏取代。

燧人氏手下有四位贤臣，一位叫明山，一位叫必育，一位叫成博，一位叫陨丘，这四位贤臣共同辅佐燧人氏治理天下。那时的人不懂得用火，不知道吃熟食。燧人氏仰观天文，俯察地理，探索星宿运行的规律和五行生克的道理，发现空中有火，附着在木头上就会燃烧。有一天，燧人氏到南边巡视，看见一只鸟正在啄大树的枝杈，啄着啄着，有粼粼的火光闪现，燧人氏立刻省悟。于是用锋利的石块在木头上钻孔，从而得到火种。他又教会人们烹饪，把食物放在烧热的石头上，烤熟了再吃，不要吃又腥又臊的生肉，百姓大获其利。

燧人氏钻木取火

那时还没有文字，燧人氏创立了结绳记事制度：发生了大事，就在绳子上打个大结，小事就打个小结。燧人氏还修建了宣讲教化的高台，建立了在中午交易的市场，修筑了供贸易之用的道路，于是政通人和，民情大顺。因此，燧人氏又被称为燧皇。他的王位传袭了八世，继他之后治理天下的是庸成氏，再后伏羲氏就诞生了。

神农氏尝百草

在远古时代，有一位炎帝。他教人们学会了耕田播种庄稼，收获粮食让大家食用。他还教大家识别五谷，种植百果，使人类能够世世代代地生存下去。因此，人们称炎帝为神农氏。

后来，神农氏看到人们经常因为乱吃东西而得病，甚至丧命，心里十分难过。神农氏为了保证人类能生存下去，决心要亲自尝遍所有的植物。这样，就可以知道什么是可以吃的，什么是不能吃的，什么东西有害，什么东西可以治病。

神农氏做了两只大口袋，一只背在左边，一只背在右边。他走上山，开始采集各种各样的果实、种子和根茎。每采一样他都亲口尝一尝，觉得可以吃的，就放在左边口袋里，将来给人吃；觉得能治病的，放在右边口袋里，将来当药用。

有一天，神农氏看见前边一片绿树丛中长着许多小嫩叶，他采下一片，刚含进嘴里，就滑到肚子里去了，小叶把他的内脏洗刷得清清爽爽，神农氏觉得很舒服，于是就把它放进左边口袋里，并给它取名叫“查”，就是现在我们泡水用的茶叶。

神农氏发现山上有许多淡红色的小花，形状像蝴蝶一样美丽。神农氏伸手采

神农氏雕像

下一朵，放到嘴里一尝，清香甘甜，香醇绵长，吃下去，能滋润肺腑。神农氏给小花取名叫“甘草”。

神农氏翻山越岭，不停地走啊走。他尝遍了各种花草，也认识了许多药物，并用它们给人治病，挽救了不少人的生命。

有一次，一个病人得了急病，神农氏马上出去寻找草药。这种药很难找，神农氏在一个陡峭的岩壁上发现了它。岩壁很高很险，连猿猴都难以攀登。大家都劝神农氏不要冒险。神农氏一心想救病人，便动手搭了一个木头架。他顺着这个架子慢慢地攀登上去，终于爬上了岩顶，采到了草药，救了这个病人。神农氏搭架子采草药的地方，人们称它为“神农架”。

神农氏在采集草药的过程中，几乎每天都尝到毒草，曾在一天当中七十次中毒。一旦尝到毒草，他就赶快拿出“查”来，吃到肚子去，毒就解掉了。有一次，神农氏不幸尝到了一朵黄色的小花，叫“断肠草”。“断肠草”毒性很大，神农氏还没来得及吃“查”解毒，就被毒死了，临死还紧紧抱着那两口袋草药。

神农氏为了拯救人类牺牲了自己的生命，人们非常感激他，隆重地安葬了神农氏，还盖了“药王庙”来祭祀他。人们尊他为农耕和医药之祖。

神农氏的故事仅仅是神话传说，还反映了远古时代人类生产和生活的发展过程。这里面包含着一代又一代人的探索、奋斗和失败，直到最后取得成功。

夏文化寻踪

我们伟大的祖国，是世界上文明发达最早的国家之一。远在公元前 21 世纪，也就是 4000 多年前，奴隶制国家——夏朝便建立起来了。

夏原是一个部落名称，姒姓，其活动地区大体在黄河中游一带。夏部落首领禹因治水有功，得到其他部落首领的拥护，继舜为部落联盟的首领。相传禹曾先后建都阳城（今河南登封）和阳翟（今河南禹县）。禹年老时，依照传统的“禅让制”，推荐东夷的伯益做继承人。禹死之后，以启为首的夏贵族凭借自己强大的军事力量和禹的余威，反对伯益继位，破坏了“禅让制”。启继承了父位，自称“夏后”，成为我国历史上第一个国王。“禹传子”，说明王位世袭制代替了禅让制，公天下变为家天下。这是国家形成的一个信号，也是我国原始社会过渡到

传说中的后羿射日

奴隶社会的标志。

奴隶制代替氏族制，是历史上一次巨大的变革。它是在新旧势力激烈斗争中完成的。东夷首领伯益首先起兵攻启，企图恢复旧的禅让制，夺回失去的首领位置。启打败并杀死了伯益。接着夏贵族内部也发生了新旧势力的斗争。有扈氏起兵反对，"启伐之，大战于甘"，"遂灭有扈氏，天下咸朝"，夏朝才得到初步稳固。但是，夷夏斗争并没有结束。启死后，子太康继位，"娱以自纵"，"盘于游田，不恤民事"，引起夏民的怨愤。东夷的后羿乘机起兵攻夏，把太康赶走，取得了王位，史称"太康失国"。后羿自恃善射，"不修民事"，沉溺于田猎游乐之中，委政于寒浞。寒浞杀掉了后羿，夺得王位。

太康失国以后，同他的兄弟中康流亡在洛水附近，相继死去。中康子相投依同姓斟灌氏和斟氏，以后又为寒浞所攻杀。相妻后缗（mín）已怀孕，从墙洞中逃归母家有仍氏，生少康。少康长大后，为有仍氏"牧正"，管理牧畜。寒浞又攻少康，少康逃奔有虞氏。虞君委任他当"庖正"，封于纶邑（今河南虞城县境内）。少康在纶，"有田一成，有众一旅"，收集夏的余部，积极准备复国。这时，寒浞因频繁用兵，招致人民反对。于是，少康在夏遗臣靡的协助下，攻灭寒浞，恢复了王位和夏朝的统治，史称"少康复国"，至此，夏朝的统治巩固了。

以夏启为首的奴隶主贵族，为了维护他们的利益，建立了奴隶制国家。夏王是国家的最高统治者，百官都是大小贵族。据《尚书·立政篇》记载，有宅乃事（事宅是中央官吏）、宅乃牧（牧宅是地方官吏）、宅乃准（准宅是祭师）。他们协助国王进行统治，并有了简单的典章制度即"夏礼"。夏朝还建立了一支军队，用铜制作兵器。又制定了刑法，叫做"禹刑"。修造了监狱，称为"夏台"或"钧台"，夏桀曾"召汤而囚之夏台"。夏朝奴隶主贵族依靠这些机构镇压平民和奴隶。

奴隶是夏朝的被统治者、被剥削者和生产劳动者。"众"和"众人"，本来是一些氏族或宗族的成员，但被夏朝征服后，就成了农业生产奴隶。少康逃奔有虞氏时，"有田一成，有众一旅"，即拥有一成（方 10 里）的土地和一旅（500 人）的农业生产奴隶。此外，夏朝还有牧畜奴隶，如启灭有扈氏，就罚他们做"牧竖"（牧奴）。所谓"臣"、"妾"，则是奴隶主贵族的家内奴隶。

出土的夏朝石刀

平民，即“庶人”，本来和贵族属于同一氏族部落，甚至是同宗一家，但他们要从事生产劳动，并受到贵族的奴役和剥削。

总之，在夏朝，奴隶与奴隶主的矛盾始终是主要矛盾。此外，还有平民和贵族的矛盾。这些矛盾和斗争推动着社会向前发展。

农业是夏朝主要经济部门。土地属于奴隶主国家所有，这种所有制是由氏族公社土地公有制演变而来的。夏人主要生活在河济流域和河洛流域，这里是有名的黄土平原，土质松软，比较适宜耕作。他们用石镰、石铲、石斧、石刀、骨铲、蚌镰、蚌刀和木制耒耜从事农业生产。水利是农业发展的重要条件，夏人有治水的传统。禹不仅治水，还“尽力乎沟洫”，就是致力于开沟挖渠，引水灌溉，以促进农业生产的发展。传说夏时“仪狄作酒”，“少康作秫酒”。秫为黏高粱一类作物。用谷物制酒，反映出当时农业生产量有了提高。

夏朝的手工业也有了发展，门类很多，有酿造、制车、制陶、铸铜、琢玉、制骨、编织、建筑等。相传“奚仲作车”，为夏的车正。“昆吾作陶”，昆吾（今河南濮阳）是夏朝的制陶中心。夏朝初年“贡金九枚，铸鼎象物”。夏禹“以铜为兵”，夏朝能铸造铜鼎和各种兵器，说明其冶铜技术是相当进步的。

少康中兴后，夏朝的统治逐渐巩固。少康之子杼，相传发明“甲”，在消灭寒浞的战争中立有战功。杼继位后，大规模征伐东夷各部，一直打到东海，夏朝达到极盛时期。帝杼被夏人看做是“复禹之绩”的一位名王，受到隆重的祭祀。但是，到了第13代王孔甲的时候，夏朝各种社会矛盾又尖锐起来。孔甲“好方鬼神，事淫乱。夏后氏德衰，诸侯畔之”。所以史书上说：“孔甲乱夏，四世而陨。”夏桀是夏朝最后一位帝王，暴虐无道，“不务德而武伤百姓，百姓弗堪”。他又竭尽民力物力，修筑宫室台榭，劳民伤财。现存的汉代武梁祠（今山东嘉祥）石刻，上面有夏桀把人当坐骑的浮雕。这个浮雕正说明了夏桀对人民暴虐的事实。因此人民咒骂桀说：“时日曷丧？予及汝偕亡。”夏桀的统治再也无法维持下去了。公元前16世纪，东方兴起的商族首领汤率众伐夏，打败夏桀，夏朝灭亡了。

20世纪50年代末，考古工作者在豫西、晋南的“夏墟”之地开始了对夏文化的寻踪，陆续发现了许多重要遗址。其中以河南偃师二里头最为典型，故名为二里头文化。其年代测定约为公元前20至前17世纪之间，与夏朝存在的时间大体符合。二里头文化一二期出土了青铜器，其中有生产工具，小刀、钻、锥等；有兵器和礼器，箭镞、戈、戚和爵等。兵器和礼器的出现是国家形成的显著标志。从二里头的墓葬看，当时已存在明显的阶级对立：第一类是贵族墓，不仅有棺有椁，随葬品也很多，为铜爵、玉戈等。第二类是平民墓，墓的面积较小，约为一类墓的1/5或1/3。随葬品也较少,最少的只有1件。第三类为一空的墓圹，约30余副骨架散见于灰坑中，无随葬品。此外，还发现有残缺不全的尸骨互相叠压埋在一起的墓穴，可能是被杀害的奴隶。二里头三期还发现了一处宫殿建筑群遗址，面积约1万平方米，占地15亩，这里显然是奴隶主贵族施政的中心。

20世纪60年代，考古工作者在山东平度市东岳石村发现了一处文化遗址，名为岳石文化。其分布范围和龙山文化大体一致，存在时间相当于夏代至早商时期（公元前1900至公元前1500年左右）。岳石文化遗址出土了大量的石器、陶器、骨器和蚌器，正是居住在这个地区的夏代东夷族所创造的一种古老文化。

总之，二里头文化、岳石文化等遗址的发现，对夏代历史文化的研究，在有文字记载的历史文献之外，又提供了有力的物证。

原始文化生活

通过文献记载和考古发掘，对原始先民的文化生活加以追溯，发现那时中国人的文化成果也相当丰硕。

一、语言与记事符号

语言是劳动的产物，它与人类社会同时形成和发展。最初产生的是肢体尤其是手势语言，进而形成分节口语，成为人们交流思想、协调动作、传授经验的交际工具。

为了帮助记忆和传递信息，先民还创作了各种记事符号，如《易·系辞》所载的“上古结绳而治”，又如《旧唐书·西南蛮传》所载少数民族的“刻木为契”等。

父系氏族制社会晚期，先民创造出更加复杂的刻绘符号。这些符号已经走到文字边缘，成为汉字的雏形。根据近几十年的考古发掘资料，在早于仰韶文化的秦安大地湾、裴李岗文化的舞阳贾湖遗址，仰韶文化的半坡、姜寨、宝鸡北首岭、柳湾马厂等遗址，龙山文化的章丘城子崖、永城王油坊、登封王城岗等遗址，一直到接近于殷商文化的偃师二里头文化中，都有陶器刻绘符号的发现。如 1954 年西安半坡出土的 110 多件陶器口沿上，共有约 32 种刻画符号。以后又在陕西姜寨发现 130 多件，共约 40 多种刻绘符号。此外，在大汶口文化晚期的宁阳堡头、莒县陵阳河、诸城前寨等遗址，以及良渚文化的上海马桥等遗址中，还出现了更具有图画特征的另一类象形符号。这两类符号大多有规律地刻绘在某一种类的陶器或玉器上，而且从中可以明显看到由简到繁的演变特点。故有学者称它们已“具有文字性质”，将其视为甲骨文、金文的前身加以研究。目前就此尚有争议，且待更新的考古发现。

裴李岗文化的舞阳贾湖遗址

二、天文历法

天文历法知识的萌生，早于农业的发明。

东亚大陆尤其是华北平原，四季变化分明，自然节律清晰，有利于天文观念的产生。初民在狩猎、采集和迁徙过程中，逐渐熟悉太阳东升西没、月亮圆缺、气候寒暑更替等自然现象，积累起最初的天文历法知识。与世界其他较早从事农业生产的地区（如古埃及的尼罗河流域）一样，中国的天文历法也起始较早，古籍关于庖牺氏“仰则观象于天，俯则观法于地”，容成用历、羲和作占日、尚仪作占月、后益作占岁的种种传说，正是初民探索天文历法知识的写照。而新石器时代的文物恰可证实这一点，如郑州大河村出土的陶器，有太阳纹、月亮纹、日晕纹和星座图。连云港将军岩的岩画，就有一组描绘了日、月和其他星象。这便是新石器时代初民仰观天象的艺术写真。

三、数学萌芽

《路史》有“隶首作数”的传说。证之以半坡出土的彩陶，可发现各种反映数的概念的纹饰，如三角纹、斜线纹，还有两条至七条线分别组成的纹饰。庙底沟的一件陶器有两个填以网纹的圆形图案。梅堰出土的鱼形骨匕，两边的三角纹的组数相等，各为 12 组。可以推见，当时的人们对 12 以内的数有着明确的概念。湖北京山屈家岭文化出土的中空球状陶器，整个球体被等分为 24 个球面等腰三角形，可见当时实际上已有等分球体的几何知识。

四、建筑技术

《韩非子·五蠹》载，有巢氏“构木为巢”，《易·系辞》则有“穴居”之说，这是关于建筑起源的古老传说。“巢居”与“穴居”同为中华先民最早的两种居住方式。以后，在长江流域“巢居”发展为“干栏”式建筑，即在基址先打木桩，再加铺板，作为房基，然后在其上架盖居室。河姆渡遗址出土了做此种建筑用的上千个木构件，可推见该地干栏式建筑的规模不小。

在气候较寒冷的黄河流域，“穴居”得以保留和发展，形成土木合筑的混合结构，并流行夯筑技术。半坡遗址采用“前堂后室”布局，即将一间大房子分隔成前后两部分，前堂为一宽敞大间，后室又隔为几个小间，此种结构对后世宫殿建筑中“前朝后寝”的形式深有影响。

干栏式建筑和土木合筑式建筑成为以后中国建筑的主体，与古希腊以岩石为材料的建筑形成比照。

文明的初现

目前历史学界和人类学界关于文明出现的标志尚存在争议，在文字的使用、城市的初现、青铜器的使用、阶级与国家的建立、宗教性礼仪中心的筑成等因素中，或强调其一，或强调其中的几项。世界各民族的文化生态千差万别，其进入文明阶段的顺序、时间、模式也会多种多样，实难以某一固定模式加以裁量。

可以肯定的是，在中国新石器时代晚近期的一些文化遗址中，普遍发现了标志着文明初现的多种征象。

一、青铜器的使用

早于殷墟的青铜文化，除了相当于商代前期的郑州二里冈、湖北黄陂盘龙城等遗址之外，还有距今约4000年的河南偃师二里头文化，甚至还可上溯至仰韶文化、红山文化中。最早的铜器（刀）出现在距今5000多年前的仰韶文化（东乡林家遗址）中。排除铜石并用的阶段，中国青铜时代可能起始于距今4000年前的二里头文化时期。在该遗址中出土了鼎、爵、觚、斝、盉等礼器，戈、箭镞、戚等兵器，刀、凿、锛、锥等工具，已具有简单的器物组合，花纹图案和铸造技巧。

二、城市的初现

有的西方学者把5000人的规模和高筑城墙作为城市的标志，而从考古发掘看来，宫殿基址、陵墓、居住及手工业遗址等则是中国古代城市的基本因素。早于殷墟的商代城址有偃师尸乡沟，郑州、湖北盘龙城等处。再向前追溯，除了河南、山东龙山文化的登封王城岗、淮阳平粮台、章丘城子崖、寿光边线王等遗址外，在公元前3000年至公元前2000年的黄河、长江流域及其他地区，都发现有用夯土或石头筑成的城邑遗址，已是具有相当规模的雏形城市。

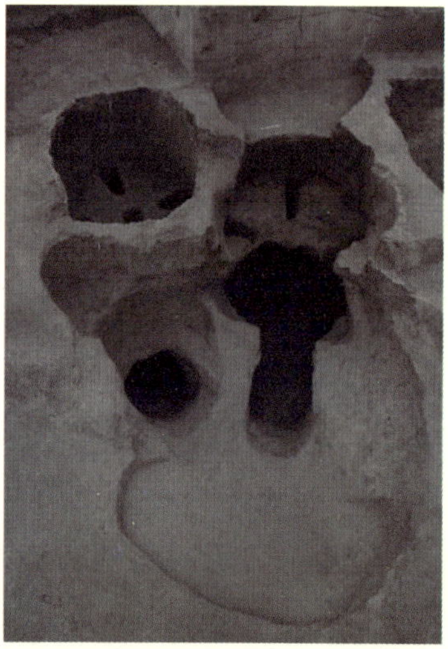

山东龙山文化的登封王城岗遗址

三、宗教性的礼仪中心

祭祀活动在中国上古极频繁，因而祭祀中心的出现也极早。在红山文化、良渚文化、齐家文化中都有发现，如红山文化牛河梁遗址中所见的女神庙、女神像、积石冢，良渚文化反山、瑶山遗址中所见的堆土祭坛、玉制礼器，便是显例。

前面的叙述已经表明，具有文字特性的刻绘符号的出现远比成型的甲骨文提前很多，甚至在仰韶文化、大汶口文化时期就已初露端倪。

近年来，学术界越来越重视中国文明起源的独特面貌。在上述标志文明起源的诸要素之外，中国早期文明所独有的特征，如宗法血缘组织的连续性、血缘组织与地缘组织合一的特点、中国人极其重视的礼制活动等，都是世界其他文明中罕见的要素。对这些要素的深刻把握，将有助于理解中国文明的整个发展历程。

20世纪二三十年代以来，国内外学术界基本认同，以小屯殷墟为代表的商代文明是中国古代早期文明的典型。但殷墟文化显然已是一个高度发达的成熟的文明形态，在其之前必有肇始。现代中国的考古学，成就斐然，其有关文明诸因素的渊源追溯表明，中国古代文明的初现，至少不晚于公元前20世纪，约相当于文献记载中的夏朝。

国家是文明社会的概括。《史记》《竹书纪年》等文献记载表明，中国古史系统中的夏朝首次完成了从“公天下”到“家天下”的转变，阶级分化明显，国家体系完整，这正是文明初现的决定性标志。近几十年来，根据文献线索，在豫西的河洛平原（伊、洛、颍水流域）和晋南的晋南平原（汾、浍、涑水流域）两地搜索考察历史上所谓“夏墟”，已初见创获。发掘的一系列考古遗址，如豫西的二里头、告城，晋西南的东下冯、陶寺等，证明与该地区的王湾、白营、王城岗、煤山等龙山文化都有相应的区系关系。由此，夏族文化和夏代文化的面目已呼之欲出。目前，有关的考古和研究工作仍正在进行中。

考古发掘不仅是在时间观念上，而且是在空间观念上拓新了有关中国古代文明的原有认识。

夏朝不是中国境内跨入文明门槛的唯一中心。文明发生的一元论（又称单境论）者认为，人类文化起源于某一中心，然后由此扩大传播至全世界。基于此，其极端论者主张“中国文明西来说”。现代考古学揭示出，中国境内的人种、文字、葬俗葬式、彩陶和青铜等方面都独具系列、承递明确，中国文明西来说已不攻自破。

另外一种文明一元论就是黄河流域中心论。文献所载的古史系统和朝代更替主要集中在黄河流域。长期以来学者普遍认为，黄河流域是中国文化的发祥地，是中华文明的中心。但近年来的考古发现打破了此种认识。从东北到华南的广大范围内，在新石器时代晚期都显露出文明的迹象，恰似“满天星斗”。尤其是长江流域，上游的龙马镇、广汉三星堆遗址，中游的盘龙城、大洋洲遗址，下游的河姆渡、良渚遗址，玉器、铜器等实物出土丰富，其文化发达程度令人惊叹，完全可以与同一时期的黄河流域相媲美。

事实表明，中国文明是多元发生的。在公元前3000年至公元前2000年间，

殷都遗址

在东亚大陆黄河、长江流域的广袤土地上，陆续出现多处文明的政治实体，其物化形式就是分布广泛的都邑。这些都邑是一批而非单独的一个，这种众多小国分立与抗争的势态，可与夏代之前即已形成“万国”的古史传说相印证，说明中国文明起源既是本土的亦是多中心的。

夏朝之后的商朝（公元前16世纪—公元前10世纪），虽尚处在“方国林立”的状态，但已正式跨入文明门槛，尤其是公元前13世纪商王盘庚迁殷，结束以往“不常厥邑”的迁徙游农生活。殷都遗留下城市基址、宫殿、陵墓、宗庙、手工业作坊、带字甲骨和大量青铜器，提供了一个完整的早期文明社会范本。代殷而立的西周（公元前1046—公元前771年）则发展了这一早期文明。夏、商、周三代，为灿烂辉煌的中华文明奠定了坚实的基础。

与埃及、印度、希腊等世界其他古代文明相比，中国古代文明的时间标尺不够清晰。司马迁《史记·十二诸侯年表》所载西周共和元年，即公元前841年，是我国文献所知最早的确切年代，再向前追溯，则有世无年了。历代学者曾作过大量的推算，均不得其果。尤其是20世纪70年代以来，中国的考古学发展迅速，年代测定的科技手段大有进步，方法超过前人，因而有可能通过文献学、古文字学、考古学、器物学、天文学等多学科综合研究，揭示夏商周的精确年代。20世纪末完成的“夏商周断代工程”，正是以此为目的的。

偃师二里头遗址出土的陶器

根据这项研究，偃师二里头的一至四期都属于夏文化，最早的夏文化可能就是在河南龙山文化的基础上发展而来。采集同期遗址（如禹县瓦店、登封王城岗）的系列样品，进行碳十四测年，再与《史记·夏本纪》《尚书》等文献相综合印对，有望得出夏王朝的基本年代框架。

根据文献，商王朝共有 17 代 31 王，以盘庚迁殷为界，分为前后两期。河南偃师商城和郑州商城被视为前商遗址，河南偃师商城内小城的始建年代被认定为夏商之间的分界界标。考古界正在研究和排列商朝前期五次迁都的具体位置，希望据此可以建立商朝前期的大致年代。而盘庚迁殷之后至纣王被灭的 273 年时间，则可以通过殷墟文化分期研究、甲骨和青铜器的分期研究，以及对商代年祀、甲骨天象记录的研究等方法，再证以殷墟出土的大量考古实物，核以《史记·殷本纪》古本《竹书纪年》等史籍，从而得出其纪年顺序。目前推定商王武丁在位的年代大约是公元前 1250 年至公元前 1192 年之间。

河南偃师商城

商周之间的年代分界，历来存在多种说法，通过天文学推算和考古学年代测定，“夏商周断代工程”推定武王伐纣克商的精确时间是公元前 1046 年。在此基础上，通过对有铭文的标准青铜器进行时序排列，再与其他考古成果相参校，证之以《史纪·周本纪》《诗经》《尚书》《左传》等文献所记，已经初步得出武王伐纣至共和元年之间各王（成、康、昭、穆、恭、懿、孝、夷、厉）的精确纪年。

青铜器及夏商周的物质文明

金属的占有和使用，是人类文明史上的大事。中国上古先民也走过了从红铜时代（铜石并用时代）到青铜时代，再到铁器时代的漫长历程。红铜质地软，熔点高，不适于制作工具，其时仍以石器为主，齐家文化和龙山文化的后期正处在中国的红铜时代。

青铜是铜锡合金，呈青灰色，其熔点低于纯铜（红铜），硬度却高于纯铜，铸造性能好，具有兵器、礼器、炊具、生产工具等各种用途。先秦称铜为金，“青铜”一词始于东汉辛延年的诗《羽林郎》“贻我青铜镜”之句。

青铜器的大量出现，上可追溯到夏代。距今约4000年的二里头文化遗址有青铜器出土。中国青铜器的诸特点，如铜锡合金、块范铸法、规律性的器类及组合等，在此时已基本显现。到东周时期，青铜器仍普遍使用，但铁器于春秋已出现，战国日渐普及，属“铜铁并用时代”，所谓“美金（指铜）以铸剑戟，试诸狗马；恶金（指铁）以铸钼、夷、斤、斸，试诸壤土”。故准确意义的“青铜时代”是夏、商、西周和春秋时期，历时约15个世纪，还不包括战国这一“铜铁并用”时期。甚至延及汉魏唐宋时期，仍有青铜器的使用，如青铜镜。

三代的青铜冶炼及铸造完全由官府控制，其技艺已达到相当高的水平。成文于战国的《周礼·考工记》，对商周以降的青铜冶炼技术作出概括：

金有六齐：六分其金而锡居一，谓之钟鼎之齐；五分其金而锡居一，谓之斧斤之齐；四分其金而锡居一，谓之戈戟之齐；三分其金而锡居一，谓之大刃之齐；五分其金而锡居二，谓之杀矢之齐；金锡半，谓之鉴燧之齐。

这里的“金”指铜，“齐”即剂字，为剂量义。这是世界上保存下来最早的合金比例记载，现代冶金科学的研究表明，它与古代青铜器的实际成分大体相符。

青铜器主要有以下几类。

后母戊大方鼎

饪食器：如鼎、鬲、甗、簋、盨、簠、敦、俎、豆等。出土青铜器型制最大的后母戊大方鼎，重875公斤，为青铜礼器的代表。

酒器和水器：如爵、斝、觚、觯、卣、尊、盉、盘、壶、鉴、缶等。

兵器：如戈、矛、钺、刀、戚、戟、镞、鏇、剑、盾、胄等。

生产工具：如耒、耜、锄、铲、斧、刀、钻、凿、锥、锯、锉等。

乐器：如钟、铙、钲、镈、鼓等。湖北随州市曾都区曾侯乙墓出土青铜编钟共65件，总重量达5000多

曾侯乙墓编钟

斤，为世界乐器史上的奇观。

中国古代青铜器大多成组成列出土，器物的组合也颇具规律性，如殷商时期盛行“重酒的组合”，以觚、爵、斝类为多；西周时期盛行“重食的组合”，以鼎、簋、盘等常见。

与世界其他民族的青铜时代稍有不同，中国商周时期的青铜器的另一个重要特点就是，它固然也充作生产工具，但主要用于祭祀和战争。这是因为，当时的“国之大事，在祀与戎”，所以三代青铜器的主体并非生产工具，而是礼器和兵器。实际上“戎”是为了卫“祀”，戎前戎后又必得有祀，故而礼器最尊，食器、酒器、乐器、兵器皆可充作礼器，如鼎、钺等都成为王权的象征。

在周人所居的故地，有多处青铜窖藏被发掘。其中以礼器和乐器居多，少有兵器和车马器。例如，在扶风县庄白村窖藏，就发掘各类青铜器 103 件，其中包括著名的史墙盘，它们属于微史家族。在岐山董家发现的青铜窖藏中出土青铜器 37 件，它们属于西周时期的裘卫家族。在这些集中埋藏的礼器上，都有长篇铭文记载其祖先追随周王南征北战的功绩，以及追孝先祖的颂辞，并铭刻有该家族的族徽，它们的功用和得以埋藏的原因仍在探讨之中。

商周青铜器的纹饰风格几经变化，有弦纹、夔纹、涡纹、饕餮纹、云雷纹、蝉纹、象纹、窃曲纹、瓦纹、花瓣纹等，然而其主体仍是虚拟的动物纹——饕餮及由之衍变而来的其他纹饰。那神秘、怪谲的特点也与青铜礼器维护王权、标明等级身份的文化功能有关。青铜礼器所反映出的连铸、合铸、嵌错、镂空、针刻、失蜡等技艺巧夺天工，令人叹为观止，标志着当时铸造工艺的最高水准。

总之，青铜这种当时最先进的材料，不是首先用于发展社会生产力，而是优先用于制造礼器和兵器，充作国家政权要件。兵器是暴力手段，是国家强制力量的物质保证。礼器则是沟通神、人的工具，又是政治权力的象征。据有青铜器的数量之多寡，象征着其等级之高低和身份之贵贱。青铜器以物质形态反映着商周时代的礼乐文化。

安阳殷墟出土的青铜器

夏商周三代的物质文明还可以从都城、宫殿等方面得到反映。目前发现的夏代都城是二里头，商代都城有偃师、郑州、安阳殷墟（包括新近发现的洹北商城）三处，西周都城有宗周丰镐和东都洛阳两处。

《世本·作篇》云："禹作宫室。"二里头夏代晚期都邑遗址中，房屋建筑分为三个等级，最高级的大型宫殿居于城中。其夯土基址分为方形和长方形两种，大的长度竟达360余米，一号宫室由正殿、中庭、门道、塾、廊庑等部分组成，可能是当时统治者的禁内和行政中心。

偃师商城南北长1700多米，东西宽1200多米，面积达190万平方米，已发现城门7座，城外有10米多宽的护城壕，城里又有一座宫城和两座卫城，以城墙分隔。郑州商城四垣长约1700米，面积约317万平方米，也有内外城郭，宫殿建筑在1－2米的夯土台阶上。殷墟宫邑面积在3000万平方米以上，分为宫殿区、寝庙、王陵区（或上层贵族墓地）等，房屋结构复杂，可与当地已出土甲骨中的相关文字对应考察。

从《诗经》和《史记》的相关记载可知，西周文王建都于丰，武王建都于镐，后者又称宗周。武王克商后，又在东方洛阳营建都城，此即成周。目前关于丰、镐的具体所在，考古发掘中尚无确指，但是在今天陕西沣河东、西两岸约 10 平方公里的范围内，连续发现了系列的西周遗址，出土有墓葬、车马坑、水井、手工作坊和大量陶器、铜器。沣东普渡村一座西周墓中出土的青铜盉上，有铭文“穆王在下国居”的字样。

考古发掘所提示的三代都城有如下特点：第一，都城的选址和城墙、护城河等因素，表明这些都城都具有军事攻防功能；第二，城内朝堂、宗庙、寝殿布局，表明这些都城明显具有政治功能；第三，城内宫殿区、墓葬区和作坊区都有规律地分布，说明都城内部居民的阶级分化和身份等级甚是分明；第四，城门、街道、中轴线和内外城套合等因素，说明当时都城建筑的整体规划与后代城市建筑的相关理念之间有着渊源关系。

中国古代的城市，与后代商品经济发达时期的城市不同，也与西方民族的城市不同，前者是先城后市，后者是先市后城。《周礼·考工记》云：“匠人营国，方九里，旁三门，国中九经九纬，经途九轨，左祖右社，面朝后市。”《吴越春秋》也说：“筑城以卫君，造郭以居民。”政治控制、军事攻防和神圣崇拜，是中国古代城市的主要功能，夏商周三代尤其如此。

三代的天命观察和人文传统

总体说来，夏商周三代是一个神权弥漫的时期，是一个鬼神观念盛行的社会。《礼记·表记》谓：

夏道尊命，事鬼敬神而远之，近人而忠焉……殷人尊神，率民以事神，先鬼而后礼……周人尊礼尚施，事鬼敬神而远之……

夏代文献不足，其天命鬼神观念难于厘清，但商代尊神重鬼的文化风尚则在甲骨卜辞中得到明确的反映。商人信仰的神有三类——上帝神、祖先神和自然神，又以上帝神为主。甲骨卜辞多次出现的“帝”或“上帝”，被视为宇宙万物的最高主宰，能呼风唤雨、给人间降祸赐福。卜辞中常有“帝其令雨”、“帝其令风”、“帝其降堇（馑）”、“帝其降祸”、“帝降食受（授）又（佑）”的文例。据陈梦家研究，甲骨文中上帝的权能，包括令雨、令风、令云霞、降艰、降祸、降潦、降食、降若（顺、祥）、帝若（允诺）、授佑、授年害年、帝咎王、帝佐王、帝与邑、官（忧）、其他等16个方面。其功能既可为祸祟又能赐福佑。

商人也频繁祭祀祖先神，形成“周祭制度”，即在一年内分36旬，按照一定的顺序周而复始地对先祖先妣轮番进行祭祀。商王认为祖先是上帝派到人间主宰一切的，祭祀先公先王与祭祀天帝彼此呼应。

商人还保留着原始宗教的自然崇拜，遍祀山川四方、风神雷电。商人又迷信人死后精灵长存，称之为鬼，并对之加以祭拜，所谓“殷人尚鬼”。

天神、地祇、人鬼都是殷人顶礼膜拜的对象，其祭祀范围之广，祭祀之频繁，祭典之隆盛，皆为历代罕见。甲骨卜辞中反映的祭法和祭名，计有上百种之多，真是“率民以事神”。

周代发展了殷商的至上神观念，称至上神为“天”，或“昊天上帝”，认为王权既为天所授，又为王祖所遗，故周人敬天法祖。于是，宗教与政权、族权三位一体，水乳交融，形成以天帝为皈依，以宗法家族为基础，以君权为核心的国家民族宗教。“敬天法祖”自此成为中国人的基本信仰，绵延三千年而不衰。

周人的祭祀祖先，与商人“周祭制度”不同，实行的是所谓“昭穆之制”，即在宗庙或陵寝中，将先祖按照辈次排作左右二列，始祖居中，左昭右穆，左奇右偶，依等级轮流配享。

周人以“蕞尔小邦”，于“甲子昧爽”一举而灭掉“大邑商”，儒家称之为“汤、武革命”。政权的转变，也带来文化的变革。周人的天命观与夏商以来相比稍有变动，这主要表现在两个方面：

商代祭祀用品“钺”

一是对“德”的强调。“德”字首见于西周金文，如《盂鼎》《克鼎》，《诗经·周颂》中也提到“文德”、“懿德”，《尚书·康诰》中说：“惟乃丕显考文王，克明德慎罚。……闻于上帝，帝休。”《尚书》中还多处提到周王“有德”、“秉德”、“明德”、“敬德”。“德”成为周人先王配受上帝或昊天保佑的理由，也是周人得到天命、得到人民拥戴的理由。周人还将“德”与“孝”对称，对天命而言有德，对祖先而言有孝，这是周人政权合法性的重要理据。此即《庄子·天下》所说的周人“以天为宗，以德为本”。

二是对“民”即“人”的重视。周人鉴于殷周鼎革的教训，意识到“天命靡（无）常”和“小人难保”，对鬼神世界保持一种审慎、疏离的态度，“尊礼尚施，事鬼敬神而远之”。统治者通过战争、作城和耕作等社会活动，认识到人民是决定政权存亡的重要因素，天的意志也通过民意表达出来，“天矜于民，民之所欲，天必从之”。所以统治者不仅要“顺乎天”，而且要“应乎人”，恤民和保民成为统治者的一般共识。

商代祭祀用品——青铜鼎

周人“维新”所强调的是，要实施变革以应天命，要“敬德保民”、“以德配天”。这样，在宗法宗教中渗入人文成分，天命观中理性的成分增加。绝对的天神崇拜宗教在中国始终没有占据统治地位，而敬天法祖的宗法宗教构成中国宗教的主体，与周文化造成的人文—理性趋势不无关系。相对于世界其他民族文化而言，中国文化中的人文传统具有早熟的特点。

古代巫术

巫术基于一种歪曲的信念，其功能在于实用，是力图利用虚构的超自然的力量来实现对客体施加影响和控制的法术。巫术的产生比宗教早，而在宗教极大地发展起来以后，巫术依然有它存在的土壤，并且与某些宗教行为结合在一起。

在远古和上古，人们的主观能力与客观世界自然力以及社会力的比差极其悬殊。通过巫术行为的有形活动，能够激发并增强人类对自身能力的认识和信心。巫术的这种效用，是生产力十分低下的原始人谋求生存和斗争的重要精神支柱。所以巫或巫官，在古代天文星变中，得列为星宿之名。《甘石星经》记载：“巫官二星，在房（星）西南，主医巫之职事也。”

应当认为，巫术发展的最初阶段是在不同感知基础上的个体巫术。后来经过诸多个体巫术的积累，为着整个氏族、部落共同利益的目的而集中了这种积累里有普遍意义或被公认为可以广泛使用者，才上升到所谓公众巫术。正是在这个过程中，巫师也就应运而生了。这时候，巫师已经得到了社会公认，从而相应地有了与众不同的地位。因此，他们便有条件以更多的精力来从事氏族、部落的文化创造和积累。许多原始历史、神话、传说、历法、天文、医药等知识，以及歌唱、表演、祭祀、祈祝等技能便渐渐地集中到他们身上。自然而然地，他们常常成为氏族或部落的首领，巫事即王事，王事即巫事。

远古巫师

中国民间巫舞图

中国古代巫术相当发达，著名的“三易”——《连山易》《归藏易》《周易》皆为其重要成果。巫师中女性甚多，并专称巫。男性巫师除称巫外，则专称觋。巫、觋所行整套巫术程式称为降巫或巫降。巫、觋行巫时所奏音乐称为巫音，所念咒语称为巫咒，所独有的步式称为巫步。

根据良渚文化的墓葬情况来判断，巫、觋皆集中葬于祭坛。男觋的随葬品有玉琮，而女巫大都没有，可见与父权制的确立相协调，觋的地位高于巫。

巫舞，是巫的一种重要活动。《尚书·伊训》中有“敢有恒舞于宫，酣歌于室，时谓巫风”的记载，其疏云：“巫以歌舞事神，故歌舞为巫觋之风俗也。”

三峡的巫山神女峰，历来见之歌咏，引发人们美丽的遐想。山名为“巫”，可见巫在当年，是多么美好的事物。

在中国历史上，曾有巫、史结合的阶段。从夏代到商代，巫师即史官，史官即巫师。这种巫、史不分的情况，直至西周初年依然不变。原因是由于当时编辑典册、记录先王世系史料及王事活动的史官，需要有对占卜、祭祀、天象、历法等的专业知识，无论大史、小史、内史、外史、御史，这些都是非巫师莫属的。于是巫师的高层职务便以入史官为其归宿。巫师并由此分化为官巫和民巫两种。

官巫是先秦巫官文化的主体，官巫除担任史职外，主要负责验测国运、预卜战争、司掌祭祀、指导政治等。大名鼎鼎的巫咸，即为官巫，《世本》说他是“始作巫者”，是殷中宗之贤相。巫贤，或云系巫咸的儿子，则为殷祖乙倚为柱石。《尚书·君奭》有云“在祖乙时则有若巫贤”，即指其事。

关于官巫的情况，可进一步参考《周礼》的《春官》《夏官》《秋官》等篇，这三篇所记多为各种官职掌四时之礼（《冬官》已佚，估计也是这样）。这些官职的司掌范围大多与巫、卜、祭等有关，如春官大宗伯的职务，就是掌握王邦祭祀天神、人鬼、地祇等的礼制；小宗伯则掌建国之神位、社稷、宗庙、于四时郊祭五帝。此外，还有掌群巫之政令的司巫，这种司巫，并掌巫降之礼。

巫师治史、参政，实为中国知识分子的原型。

上古凡巫师皆专医术。《山海经·大荒西经》有关于“大荒之中，有山，名丰沮玉门，日月所人。有灵山，巫咸、巫即、巫朌、巫彭、巫姑、巫真、巫礼、巫抵、巫谢、巫罗十巫，从此升降，百药爰在”的记载。所谓“百药爰在”，很能说明当时人们对巫师的传统看法。巫术所含合理的医疗术，乃是从经验提炼得来，在一定条件下，会向医疗俗信转化，直接或间接地服务于生活和生产。

据《史记·封禅书》记载：“周人之言方怪者自苌弘。”苌弘当灵王（公元前571 —公元前545年在位）时，声言可以通过射击不来朝的诸侯的替身，招致诸侯乖乖地前来。怎奈此术并不灵验，还招来杀身之祸。苌弘所施之术，实际上就是巫术。

秦、汉后，由于时代的进步，官方巫术开始败落。西汉武帝晚年的江充巫蛊案，巫师以巫术取媚于君王，结果弄巧成拙，导致一场死伤近万人的大惨剧。从此官方巫术渐渐失去原有的光泽。对民间巫术，历代政府也屡有禁令。早在战国时，邺令西门豹就对“河伯娶妇”有了清醒的认识，即以其人之道，还治其人之身。《礼记·王制》说：“执左道以乱政，杀”；“假于鬼神、时日、占筮以疑众，杀”。但尽管如此，传统与政教有密切关联的雩祭（巫术因素很强的求雨活动）之类，后世一直盛行不衰，唯赞其事者大多为道士。

按照现代人类学家的分类，巫术可分为“黑”、“白”两大类。黑巫术或称凶巫术，主要用于治弄敌对者。这种巫术固然不可能有实际的效应，但在黑巫术盛

巫师“作法”

行的地方，由于人们心理上的作用，往往导致疾病的多发和慑于恐惧的死亡，上面提到的江充巫蛊案，就是属于黑巫术。

关于黑巫术，在《红楼梦》里也可以找到例证。第二十五回《魇魔法叔嫂逢五鬼》，写到马道婆受赵姨娘之托，施用魇魔法治弄贾宝玉、王熙凤叔嫂2人。她“向赵姨娘要了张纸，拿剪子铰了两个纸人儿，问了他两人年庚，写在上面，又找了一张蓝纸，铰了五个青面鬼，叫他并在一处，拿针钉了”，然后回去作法。这马道婆作法的结果，使贾宝玉、王熙凤两人都发起可怕的狂病来，没过几日，连“气息都微了”。当然，文学作品的夸张描写，与实际情况是两回事，但黑巫术之“黑”，于此可以概见。

在大多数情况下，巫术皆为白巫术，或称吉巫术。这类巫术通常用于祭祀、驱鬼、避邪、招魂、婚姻、求子、医疗、生产、建房等，以利巫术信仰者实现自身良善的愿望。毫无疑问，这类巫术乃是中国古代巫术的主流。事实上，在人类生活中首先得到发展的，也正是这类巫术。这类巫术即使对于所要控制的对象，也是温和的，信守着“对象不犯我，我不犯对象”的原则。

这类白巫术的一个重要方面，便是群众巫术。如上节所述民间祭灶之法，应该就是属于这类巫术。祭灶之法所反映的，显然不仅仅是对灶君的蔑视，更包括人类自身的信力。

巫术通常是企图通过交感作用，或采取模仿术来达到目的，或采取接触术以完成使命。巫术确信，客观世界普遍存在着种种不可见的联系，只要采取相应的方法和手段，人们就可以利用这种联系来贯彻实现自己的意愿。模仿术认为彼此相似的事物可以画上等号，所以制作其人之偶像之属即可施术。接触术认为彼此有过接触的东西可以互相影响，所以取其人之衣帽等亦可施术。前者能单独进行，后者必须同时运用前者才能进行。前者追求事物的相似点，往往可由实体存在物间的相似进而扩大到取其内涵和引申意义的相似，又进一步由实体存在物的相似发展为想象的虚体物的相似，甚至更由实体存在物和虚体想象物的类比跨出，运用事物名称的谐音寻求其间的相通；后者凭恃的，则仅限于有过接触的实体存在的东西。故前者的应用，远较后者广泛。

模仿术和接触术都是交感巫术。此外还有许多巫术，不在交感原理的解释范围之内。

巫术有仪式、咒语、符箓、法术等必不可少的要素，还经常使用替代物、避邪物、厌胜物、镇压物、神衣、神鼓、神刀、神箭等巫术用具，又有正巫、副巫、巫的禁忌、巫的活动场景、巫的师承和特殊生活等讲究。

巫师作起法来，足以使文明人发笑却令愚昧者着迷。

在巫术的进行中，语言被视为具有特殊的魔力。至于咒语，更使人们在似懂非懂之间感到神秘莫测，不可抗拒，所以咒语是一切巫术活动的核心；符是咒的文字化，凡巫术，都要用到它们。正如《金瓶梅词话》第五十三回所载的《净坛

现代巫舞

咒》所言：“洞中玄虚，晃朗太元，八方威神，使我自然灵宝符命，普告九天乾罗，答那洞罡太玄：斩妖缚邪，杀鬼万千。中山神咒，元始玉文，持诵一遍，却病延年。按行五岳八海知闻，魔王束手，侍卫我轩。凶秽消散，道气常存。”这是明显地道教化了的巫咒，无论道士或巫师，皆得习而用之。

古代占卜

占卜在《汉书·艺文志》里，被归入“数术”。很早以前也为巫师所掌。它由前兆迷信发展而来。与前兆迷信比较，前兆迷信的兆象是偶然发生的，而占卜所据兆象则是按预定方式引发的。此术始见于龙山文化，夏代已经盛行，到商代，进而成为奴隶主贵族进行统治的重要手段。

中国古代影响较大的占卜术，有如下述：

龟占是钻凿龟甲（有时候亦用牛骨），用火烧灼，然后观其裂痕，以断吉凶。“占卜”一词，即由此而来。“占”是观察兆象，“卜”是用火烧灼甲骨取兆。倘以蓍草得兆则不称“卜”而称“筮”。《礼记·曲礼上》云：“龟为卜，策为筮。”“策”即占卦用的蓍草。古人视蓍与龟一样，都是通灵之物。

易占是通过象征天、地、风、雷、水、火、山、泽八种自然现象的八卦形式推测自然和人事的变化。八卦重叠为六十四卦，后来又出现 384 爻进行占卜的方法，并形成《周易》一书，易占因《周易》而得名。

梦占是对梦中兆象作出解释。古人很重视梦占，西周宫廷中设有圆梦之官专

古代占卜壁画

司其事。通常以偶然之梦为占。解释梦兆用类比推理的方法，只要类比得体，推理合乎常情，美梦可以释为凶兆，噩梦也可释成吉兆。

星占是根据星变、星的运行和星的分野推断吉凶，古人之星辰崇拜即与星占有关。《春秋运斗枢》载《古微书》说：彗星在东方出现，是“将军谋王”；在西方出现，则“羌胡乱中国”；在南方出现，“则天下兵起”；在北方出现，则“夷狄内犯”。总之，在星占中，彗星出现，没有好事。至于冲犯太岁，那就更不是儿戏了。

云占以云彩之变异推知吉凶福祸。又有“望气”之术，所据之兆为云气变幻。《史记·项羽本纪》云：“吾令人望其气，皆为龙虎，成五采，此天子气也。”大概也属云占一类。

鸟占多以遇见某种鸟的数目、飞向、去留和叫声等预测吉凶。《隋书》卷 34 著录有《鸟情占》《鸟情书》等。后世由训练好的鸟衔出画有文字和图形的纸牌，以占吉凶福祸，也可称之为鸟占。

六壬是按干支五行和时辰数的不同叠合，成为“课”，据课义推算吉凶。《吴越春秋》卷 7 记伍子胥所卜鸡鸣课云：“今年三月甲戌时加鸡鸣。甲戌，岁位之会将也，青龙在酉，德在土，刑在金，是日贼其德也，知父将有不顺之子，君有逆节之臣。”类似此法的尚有太乙、遁甲等式。六壬的特征在于以“壬”为循环之首，共有 720 课。

择日是运用阴阳五行理论推考时历，确定禁忌与否。此法本星命之说，以为每天都有星神值日，逢吉辰值日，则为黄道吉日，逢凶辰值日，则为黑道凶日。或将记年、月、日、时的干支配上二十四节气，按五行相生相克之法加以排比，推断出此日此时的宜忌事项。俗语所谓“翻老皇历”，指的就是此法。

掷珓是掷杯珓观其俯仰以决吉凶。珓，亦作“筊”，以蚌壳或似蚌壳的竹木为之。卜时先将杯珓合拢，捧至胸口，默诉所卜事项，然后抛至面前地下，两片皆伏为“阴”，皆仰为“阳”，一伏一仰为“胜”（或作“圣”），阳凶阴吉，胜为大吉。通常需连掷三次方有效，多在神龛、供桌或灶前进行。

求签是求得签语预测吉凶福祸。求时摇动签筒，然后从签筒中抽出一签，于是依签上所书之号而得签诗。签诗分上上至下下九等，上吉下凶中平平，“上上大吉”，则意味着诸事顺遂，百灾消弭。

扶乩是将木制丁字架放于沙盘之上，两端由施术者扶着，据说能依法请神，使木架之下垂部分在沙盘上画成文字，即为神的启示，或与人唱酬，或示人吉凶，亦称扶鸾。古人习惯于元宵夜迎紫姑扶乩，架子以畚箕、筲箕代替的，称为扶箕。相似的问卜活动，还有迎竹姑和迎帚姑等。

测字或称拆字、破字、相字，是取汉字加减笔画，拆开偏旁，打乱字体结构，加以解释来推断吉凶福祸。汉代即有拆字之俗。南宋洪迈《续夷坚志》卷4载谢石拆字多例。明清时代，此风尤盛，《儒林外史》中就有关于测字的描写。

古代用以占卜的“鸟形兽”

算命是根据人出生的年、月、日、时，各配以天干地支，每项两字，一共八个字——即所谓“八字”，然后找出其所属五行，按生克关系推算福祸寿夭。相传此术始于战国时期的鬼谷子，经唐代李虚中改制，至五代徐子平，“鬼谷神算”才流传开来。

与占卜同称数术的，还有形法，包括相术和堪舆，分别相人和相地。

相术是以人的面貌、五官、骨骼、气色、体态、手纹等推测吉凶福祸、贵贱寿夭。古代习惯用语所谓“星相”，“相”就是指相术。传说中的黄帝龙颜、帝喾骈齿、尧眉八彩、舜目重瞳，这些异相，都是古人归纳出来的相术楷式。相术在先秦就已经非常盛行，荀子曾专门作《非相》一篇以刺之。

堪舆是根据宅墓或坟地四周的风向水流等形势，来推断住家、葬家的吉凶福祸，俗称看风水。此术按五行划分人的姓，在选择宅基和葬地时，讲究方位和时日的五行属性，以与人的姓相配合。如能择定善地，则身家子孙，皆可享富贵。相传汉代青乌先生精此术，著有《相冢书》，故此术又称青乌术。晋郭璞又著《青囊经》，颇有影响，他也因之而被后世尊为此术的祖师。

除了占卜、形法，还有谶纬，也是同类性质的习俗。中国古代的谶纬迷信，曾把儒学带上神学的道路。谶纬是巫师、方士和方士化的儒生制作的谶书和纬书的合称，所以应该说是巫术和方术的结合。它们与占卜一样，都是中国古代巫术文化的发展。谶纬盛行于两汉时代。谶是一种预言隐语，作为吉凶福祸的征兆和符验；纬是用神学观点附会儒家经典的各种著作。王莽曾利用谶纬之说为其改制寻找合法依据。刘秀建立东汉政权亦借谶纬为其张目。东汉末年，谶纬开始衰落。但直到隋炀帝正式禁毁以前，仍流传在社会上，后世还有《推背图》《烧饼歌》之类的图谶、符命保留下来。

占卜（包括形法）迷信超自然的力量和相信事皆前定，这当然是很不足取的，但习俗现象有其复杂性。事实上，中国古代几乎所有意识形态产品，都与占卜有深刻的联系——文字、书法同龟占的联系，哲学、数学同易占的联系，天文学同星占的联系，气象学同云占的联系，心理学同梦占的联系，医学、美术、文学形象描写同相术的联系，地理学同堪舆的联系……至于谶纬，在纬书里，也或多或少地包含着一些科学史资料，这些都仍然是应该予以肯定的。

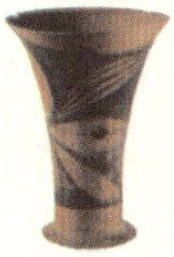

古代禁忌

禁忌是禁止同"神圣"或"不洁"的事物接近，以避免招致惩罚，亦即对于某种神秘力量产生恐惧进而采取的消极防范措施。它与巫术是相反相成的对立面。巫术告诉人们，在这种情况下应该如此做，禁忌则告诉人们，在这种情况下不应该如此做。

用系统论的方法来进行分析，禁忌有其预知系统，那就是兆和占。《易·系辞上》疏云："凶虽民之所患，吉亦民之所患也。既得其吉，又患其失。"所以无论凶与吉，都会导致禁忌。

禁忌的形成是有经验过程的，但等禁忌确立了先验的权威之后，禁忌大都为迷信，蒙昧的成分多而理性的成分少。

随着人类社会的不断进步，禁忌观念也在不断变化和发展。这些变化发展总的说来是与人们认识能力的提高、人类改造世界能力的增强密切相关的。

"禁忌"一词，最早见于《汉书·艺文志》的一句话："及拘者为之，则牵于禁忌，泥于小数，舍人事而任鬼神。"此处"禁忌"的用法，含义与现代汉语用词完全相同。据《说文·示部》：禁，"从示林声"。《尔雅·释诂上》云，"林……君也"，故知林、示之禁，意即"禁止"。《说文·心部》：忌，"从心己声"，是"憎恶也"，故知己、心之忌，意即"抑制"。"禁"和"忌"组成"禁忌"，就代表了一种约定俗成的禁约，其中既有君上等外界力量的干预，又有个体基于自

门前垂杨，古人认为不祥

我意识的避戒行为。

但禁忌毕竟属民俗范畴，如果禁忌中“禁”的成分加强到法律制度化或道德规范化的时候,禁忌就不称其为禁忌了。换言之,在禁忌中占核心地位的,是“忌”而不是“禁”。

俗信认为,触犯禁忌者,都必然要受到惩罚,而禁忌的惩罚作用永远是机械的,不加区分的，就像雨点一样，在雨天下，既落在凶暴者身上，也落在善良者身上。

由于禁忌有较强的心理麻痹作用，在生产落后、生活贫困、不能充分掌握自己命运的人那里，往往把严格遵守禁忌想象为改善环境、遇难呈祥的特殊手段。禁忌的这种功能，有时候歪打正着，不但可以作为人们精神上的支撑点，而且还能取得某些实效。正是因为严格遵守禁忌，可以使人们心安理得。这样，禁忌实际上就起到了一种社会控制和社会整合的作用。显然，在人类原始社会，禁忌是社会加诸于人类个体的唯一约束力。在人类社会以后的进程中，禁忌是道德、宗教、政治、法律等所有带有规范性质的禁制的总源头。

中国古代民间禁忌很多，表现在人事领域，诸如人体、性别、婚姻、房事、生养、服饰、饮食、居住、行旅、便溺、语言、社会、行业、游艺、丧葬、祭祀、宗教等方面，都有不可胜计的禁忌。此外，还有动物禁忌、植物禁忌、人工物禁忌、自然物禁忌、鬼神禁忌、梦魂禁忌等非人事领域的禁忌。总之，禁忌渗透在社会生活的各个角落，往往会令人顾此失彼，感到无所适从。例如居住禁忌，单门墙一项，便有各种各样的禁忌讲究：先造墙围并外门，主难成；大门门扇及两畔墙壁须大小一般，左大主换妻，右大主孤寡；大门十柱、小门六柱不着地，主凶；门扇高于墙壁，主多哭泣；门口水坑，家破伶仃；大树当门，主招天瘟；墙头冲门，长被人论；交路夹门，人口不存；众路相冲，家无老翁；门被水射，家散人哑；神社对门，当病时瘟；门下水出，财物不聚；门着水井，家招邪鬼；粪屋对门，痈疖长存；水路冲门，悖逆子孙；仓口向门，家退遭疫；捣石门居，家出离书；门前直屋，家无余谷；门前垂杨，非是吉祥；巽方开门及隙穴开窗之类，自立灾害；东北开门，多招怪异；重重开门，两门莫相对……

其他方面的禁忌也是如此。但是，如果触犯了禁忌，怎么办呢？不消说，法子是应有尽有的。如忌见两头蛇，刘向《新序》卷1记孙叔敖幼儿之时，“出游见两头蛇，杀而埋之。归而泣，其母问其故，叔敖对曰：‘闻见两头蛇者死，向者吾见之，恐去母而死也。’其母曰：‘蛇今安在？’曰：‘恐他人又见，杀而埋之矣。’其母曰：‘吾闻有阴德者，天报以福。汝不死也。’及长，为楚令尹，未治国人信其仁也”。从这个故事里，可以推知，至少孙母认为，见了两头蛇，未必一定死。孙叔敖杀蛇埋之，由特定角度看，等于是发明了一种禳解的办法。此即所谓祓除之法，“在人不在鬼，在德不在祀”，修身行善，可以消灾。又如忌从胯下过，汉韩信曾受胯下之辱，司马迁为他作传的时候，特大书一笔。古代尤忌从女性胯下过，若男子在楼下，则妇女不得上楼，倘使必须上楼，就要示意对方避开，否则以为大不吉。甚者，忌妇女裙裤等下服晾晒于高处，若男子路经其下，如同从其胯下过，亦视为大不吉。但倘使已从胯下过，则可诉之巫术，以求解祓。

路遇两头蛇，古人认为不祥

禳解禁忌，常用的巫术，有扰乱鬼神的视线，使报应不能真正降临的迷惑法；有与鬼神对抗，令其不敢或无法再行惩治的抵御法；有运用“五行生克”的道理或其他规律，采取“一物降一物”，以求消除灾祸的克破法；另有把灾祸移于他人或他物，让他人、他物来挡灾的移灾法。

禁忌的禳解，还可通过祈祷行为，

乞求鬼神怜悯而不再降祸于人。

更有防患于未然的禳解办法，其中举行“百无禁忌”的仪式，是民间禁忌逆反心理的理想化体现。民间又常贴“姜太公在此，诸神退位”的字幅于门窗和墙壁上，表示无禁无忌，不受任何禁忌的约束。类似这样的办法非常多，如悬挂“泰山石敢当”、“太极百卦图”之类的木牌。毫无疑问，在这种情况下，禁忌并没有被取消，只是信仰者一旦触犯禁忌之后，便可以借此来消除心理上的恐惧和不安罢了。

宗法制度的建立

商周时代宗法制度的基本内容是确定继统秩序和在宗族内部依血缘关系区分尊卑亲疏、规定各自的权利和义务。同时，为了加强宗族内部的凝聚力，原已存在的祖先崇拜也被推进到新的高度。根据文字学的解释，“宗”是个会意字。《说文解字》：“宗，尊祖庙也。”甲骨文中，宗字像房屋里放一神主牌位。宗的本义就是祭祀祖先的场所，亦即祖庙、宗庙。《礼记·曲礼》有云：“君子将营宫室。宗庙为先，厩库为次，居室为后。凡家造，祭器为先，牺赋为次，养器为后。无田禄者不设祭器；有田禄者，先为祭服。君子虽贫，不粥祭器，虽寒，不衣祭服，为宫室不斩于丘木。大夫士去国，祭器不逾竟。”

甲骨卜辞

商代以前的宗法制度，我们知之甚少。根据甲骨卜辞和铜器铭文材料，商代的宗法制度已具雏形。甲骨卜辞中屡次出现的“王族”、“多子族”、“三族”、“五族”等名称，当是宗族组织。在作为贵族专有物的青铜器上，往往铸有表示器主所有权的图形文字。这种图形文字具有族徽性质，研究者称之为族铭文字。据统计，商代铜器上这样的族铭文字有六七百之多，反映出当时宗族林立的状况。此外，文献记载中，也反映了一些商代宗族情况。《左传·定公四年》记卫国祝佗追述周初分封诸侯的情况，成王分周公以“殷民六族：条氏、徐氏、萧氏、索氏、长勺氏、尾勺氏，使帅其宗氏，辑其分族，将其类醜”。由此可以看出，在其宗族内部已经有了层次区分，“宗氏”即是宗族，也就是大宗；“分族”是宗族的支族，是小宗，受宗族支配；“类醜”则是依附于宗族的奴隶或平民。

甲骨卜辞的王族与多子族具有血缘关系。王族的宗族长就是商王，多子族的宗族长称“子”。商王与子的关系，如后世的大宗与小宗的关系。宗族长在宗族内部具有至高无上的特权地位，而且权位是世袭的。商代宗族长权位的世袭，以商王室世系为例，基本是以子继父为主，以弟继兄为附。商代父子相承的继统法，在商王对祖先名目繁多的祭祀中也有所反映，即商王对父、祖、曾祖等直系先王的祀典与对伯叔父、伯叔祖等的旁系先王的祀典相比，次数更为频繁，祭品更为丰盛。另外，商王在周祭（即按一定的祭法周而复始地依次祭祀祖先）中，凡是自己的直系祖先，其配偶见于祀典，否则不见，这也反映了商代的宗法观念。如果从另外一个角度讲，商王祭祖重直系轻旁系的现象，也反映出商代已经有了初步的嫡庶之制。所谓嫡庶之制，就是在多妻的情况下，区分作为法定配偶的正妻和众妾身份上的尊卑，并从而规定正妻所生的嫡长子的优先继承权。区分嫡庶是宗法制度进一步发展的结果，并不是宗法制度产生的前提。商代嫡长子继承王位，庶子则被分封。可见，商代的宗法制度已经超越了宗法制度的初期形态，具有了较为完备的架构，西周春秋时期的典型宗法制度就是在商代宗法制度的基础上发展起来的。

周在建立周朝前，就已产生了宗法制度。《诗·大雅·公刘》叙述周先祖公刘率领周人迁居豳（今陕西省旬邑县）地，周人“宗之君之”，不但氏族首长的职位已父子相传，而且出现了宗统、君统合一的现象。周人传子，特别注重嫡长。据《史记·周本纪》记载，文王的祖父古公亶父想把才能超群的小儿子季历立为继承人，但因为季历上有太伯、仲雍而为难。太伯、仲雍了解其想法后，逃到南方避让，季历得以继位。这个故事自然有美化的成分，但是可以看出在当时立嫡长是理所当然，季历继位的前提必须是兄长的避让。周人灭掉殷商，建立了西周王朝，继承包括宗法制度在内的商文化，同时又加进了本民族固有的成分，对宗法制度进行了充实和发展，使之更加严密和系统化。在西周以至春秋，宗法制度臻于完善，一般称之为典型宗法制度。其特点主要表现在三个方面。

一、嫡长子继承制

殷商时代，王位继承“兄终弟及”与“父死子继”并行。从汤至纣，共三十一王，王位递嬗三十次，其中兄终弟及者十四，父死子继者十六，几乎各占一半。两种继承方式的并行，潜伏着极大的隐患，特别是第十一王仲丁之后，继位之弟死，弟之子不肯归还王位于兄之子的现象大量发生，“废嫡而更立诸弟子，弟子或争相代立”(《史记·殷本纪》)，造成王室一片混乱。西周吸取殷商的教训，改“大人世及以为礼”为单纯的“父死子继”，力图利用家族父子血亲情感来维系王权的秩序，以避免王位继承的纠纷。同时严格区分嫡庶长幼，明确“立子以贵不以长”（嫡子先于庶子）、“立嫡以长不以贤”（嫡长子先于嫡次子）的王位继承制度。在确立嫡长子的优先继承权的前提下，又在宗族内部区分大宗、小宗，无论大宗、小宗都以正嫡为宗子，宗子具有特殊的权力，宗族成员必须尊奉宗子。

二、分封制与宗法制相辅相成

西周最重要的政治制度就是分封制和宗法制。周王作为嫡长子继承王位，同时在名义上拥有天下全部土地、人民和财富。所谓“普天之下，莫非王土”。但是周王不可能直接管理整个天下，为了处理好与兄弟子侄、异姓功臣以及原有部族首领的关系，周王分别将若干土地连同居民分封给上述人等，允许他们享有对这一部分土地、居民的统治特权和宗主地位。周王采取由亲及疏的分封原则，先封同姓亲族，后封异姓。封姬姓兄弟子侄为诸侯，如召、郑、鲁、晋、卫等，让他们散居于王畿和东方各地，以便“夹辅王室”。同时为奖励辅助灭殷的异姓功臣，也封他们为诸侯，如姜姓的齐。历史上的一些古老显赫宗族也被封为诸侯，如舜之后陈、禹之后杞。殷王朝子姓宗族中归顺者也被封为诸侯，如微子启的宋，以示笼络。另外一些落后地区的土著部族归属周王朝，周王也分封他们为诸侯，如秦、楚。诸侯有向周王纳贡、派军队卫戍王室或随王出征的义务，但在其封地内拥有治民的绝对权力。诸侯内部同样严格区分嫡庶，嫡长子继位，庶子被进一步分封，依次形成卿、大夫、士等级。这种情形就是春秋时晋国大夫师服所说的：“天子建国，诸侯立家，卿置侧室，大夫有贰宗，士有隶子弟。”(《春秋左传·桓公二年》)

如果说分封制是西周春秋主要的政治制度形式，那么宗法制就是其内在精髓。宗法制既是分封制的法理基础，又是分封制得以贯彻实行的制度保障。分封制在

古代宗宙祠堂

政治上是“授土授民”，在宗法上则是“别子为祖”，二者合而为一，相辅相成。也就是在这层意义上，我们可以说“宗法即兄弟之法”。

西周春秋典型宗法制的核心是严格嫡庶之制，区分大宗、小宗，确立宗子的特权地位。关于其制度内容，《礼记·大传》有一段很确切的概括：

别子为祖，继别为宗，继祢者为小宗。有百世不迁之宗，有五世则迁之宗。百世不迁者，别子之后也。宗其继别子之所自出者，百世不迁者也。宗其继高祖者，五世则迁者也。尊祖故敬宗，敬宗，尊祖之义也。(《礼记·丧法小记》略同)。

别子，是相对于嫡长子而言。诸侯和天子一样，世代由嫡长子继位为君，只有嗣位之君才能世守祖庙。而别子往往受封为卿大夫，领有封邑采地，另立一系，他的后世即奉之为始祖。这就是“别子为祖”。这个别子又会有嫡子、庶子，同样也是世世代代以嫡长子为继承人，这一支相对于天子或诸侯来讲是小宗，而相对于他的后代来讲，就是直系大宗。这就是“继别为宗”。别子的庶子不能继别为大宗，只有尊奉继别者为宗，相对而言就是小宗。如此延续继祢小宗、继祖小宗、继曾祖小宗、继高祖小宗。但是随着族中子孙后代增多，许多代以后，感情和血缘上的联系会越来越疏远，一个人不可能宗奉那么多小宗，于是根据“五世亲尽”的原则，规定连同本身，只向上推到第五世高祖，高祖以上可以不管。“宗其继高祖者，五世则迁也”。但大宗是“百世不迁之宗”，要永远受到宗奉，小宗可以断，大宗不可以断绝。万一大宗无后嗣，族人应顺次以支子为大宗后，以维持大宗的统系。因为“大宗，尊之统也”，作为宗族的核心和象征，必须垂之久远。

根据古礼书的规定，“别子为祖，继别为宗”的“别子”必须是诸侯庶子，也就是只有诸侯之子才能自立一系，然后区分为大小宗。因为早期只有诸侯之子或高层贵族才有封地，而没有封地者，根本谈不上立族的问题。当然实际上，由于宗族中人口的繁衍，同出一祖的后代不可能永久聚居一处，若干代之后，必然有迁居他处的。始迁他处的，虽然不具备诸侯之子的身份，只是一支小宗，但由于脱离了原先正嫡大宗的统率，往往也自成一系，后世奉之为祖，于是重又在本系中开始大宗、小宗的循环。但这样必须具备立族的条件，拥有一定数量的土地。“持手而食者，不得立宗庙”（《荀子·礼论》）。而且这一系名义上与原属正嫡大宗仍保持一定的联系。由此可见，西周春秋严密的宗法制度主要实行于统治阶级内部。

宗子作为本宗始祖的嫡系继承人，是凝聚全族的核心人物，是全体宗族成员尊奉的对象。“尊祖故敬宗”，“大宗者，尊之统也”（《仪礼·丧服》），宗子似乎成了始祖的化身，成为祖先崇拜的一种象征。宗子拥有很多特权，首先，只有宗子有权主持祭祀。“支子不祭，祭必告于宗子”，“庶子不祭祖者，明其宗也”（《礼记·曲礼下》）。祭祀是族内大事，主持祭祀象征一种身份，在宗法社会中备受重视。大小宗宗子主持不同范围的祭祀（大宗全族，小宗支系），客观上起着按血缘亲疏凝聚族人的作用。其次，宗子有权掌管本族财产。宗法制度要求在本族之内财产相通，富有的族人应把部分财产献给宗子支配；贫穷的族人，遇到天灾人祸，生活困难，宗子也有义务予以“收恤”，这叫做“收族”。当然这只是一种理想化的设定，在私有制的阶级社会，很少能行得通。另外，宗子还有权力掌管宗子成员的婚丧事务，宗子对宗族成员有教导权和惩罚权，宗子甚至对宗族成员有生杀之权。

宗法制与分封制相辅相成，同时配合以世卿世禄制度，成为西周政治的特色。周王自称天子，是所谓上帝的长子，被尊为天下大宗。王位由嫡长子继承，代代都是天下大宗的宗子，为所有诸侯国政治上的共主。诸侯国内部又有卿、大夫、士等级，区分为大宗、小宗相互统系。同姓诸侯之间存在着宗法关系，又与异姓诸侯互为婚姻。所以周王称同姓的诸侯为伯父、叔父，称异姓的诸侯为伯舅、叔舅。不同姓的诸侯之间，诸侯国内不同姓的贵族之间也往往结为姻亲。由于实行世卿世禄制度，各级大小宗宗子往往可以继承爵位和官职，除了统率族人之外，又有君民临民的权力。国家的各级政权机构，在一定意义上讲，正是扩大了的宗族组

织。宗权和君权合而为一，从上到下组成了一张张严密的统治网。

三、严格的宗庙祭祀制度

西周春秋典型宗法制度最显著的外在体现形式是庄严隆重的宗庙祭祀制度。殷商时代虽然也有繁复的祭祀礼仪，但是不具备像西周时代那样严格的宗法意义。西周时代，十分强调“尊祖敬宗”。祭祖是宗子的特权，宗子的尊贵地位以及重大责任就是通过庄严隆重的宗庙祭祀加以体现，而宗子的教导权、惩罚权也往往是以祖先的名义，在宗庙这一庄严场所加以实施。宗庙祭祀还是辨别尊卑亲疏、凝聚宗族成员的极好手段。“大宗者，收族也”（《仪礼·丧服》），“收族”，就是“别亲疏，序昭穆”，组织、团结族人。

宗庙祭祀具有严格的等级和祭祀规则。根据记载，在宗庙设置方面，天子设七庙，诸侯立五庙，大夫置三庙，士建一庙，庶人不能设庙，在寝堂里祭祖。天子是天下大宗。因此天子主持的宗庙祭祀，意义极为重大，制度也非常严密。天子七庙，包括天子的父庙、祖父庙、曾祖父庙、高祖父庙、文武二世室庙、太祖庙；诸侯五庙，第一位被祭祀的是始受封诸侯，以下是高祖、曾祖、祖父、父亲四代祖先。宗庙中神主的摆放（包括墓地的排列），根据辈次，以始祖居中，二世、四世、六世，位于始祖的左方，称昭；三世、五世、七世位于右方，称穆。这种宗庙或墓地的排列原则被称为昭穆制度，其目的是区分宗族内部的长幼、亲疏和远近，具有宗法意义。

宗庙祭祀建筑

宗庙中放置被祭者的神主，祭祀时还要放置祖像。“庙”的字义，“尊先祖皃（貌）也”（《说文解字》），要能表现祖宗容貌，以供后人追忆思念。可是周人还不会画像，祭祀时往往找一个幼孙依傍神主，充作祖像，这在礼书中称作“尸”。祭祀供品，依据祭者和被祭者的身份不同而有严格的区别。国君杀牛作供物，大夫用羊，士用猪或狗，庶人用鱼。祭祀有不同的类型：天子有四时之祭，曰春祠、夏禴、秋尝、冬蒸；诸侯之祭曰春勺、夏谛、秋尝、冬蒸；还有祫祭，合祀众位先祖；周祭，对祖先进行周期性的祭祀；另外还有告祭，因重大事情而举行的特别祭祀。

宗周礼乐文明的形成

中国古称“礼仪之邦”，而视其他化外民族为“蛮夷”。这固然是自我中心观的一种体现，但同时也反映出“礼”在中国古代政治社会生活中举足轻重的地位。如果从礼仪制度与风俗的悠久历史、丰富内涵和广泛影响考察，我们完全可以把中华文化看做是礼文化。

提起中国古代礼仪，我们往往会想起儒家学派盛誉的周公制礼作乐，似乎周公是古代礼仪的创始者。其实起源于原始宗教信仰。《礼记·礼运》中关于早期礼仪活动的描述可为佐证：“夫礼之初，始诸饮食，其燔黍捭豚，污尊而抔饮，蒉桴而土鼓，犹若可以致其敬于鬼神。”可见在这类活动中已经有了作为贡献的“礼物”，而且击鼓作乐，还出现了属于这类场合特有的仪式。郭沫若曾经推测：“大概礼之起源于祀神，故其字后来从示，其后扩展而为对人，更其后扩展而为吉、凶、军、宾、嘉的各种仪制。”（《十批判书·孔墨的批判》）古代文献里，有“伏羲以来，五礼始彰；尧舜之时，五礼咸备”（《通典·礼一》）的说法，自然不足为据，但在新石器时代，已经出现了基于祭神活动的礼仪，却为考古发掘所证实。如在辽宁省喀左县发现的距今5000年的红山文化遗址中，就有大型的祭坛、神庙、积石冢等遗存，显然是一处规模庞大的祭祀活动场所，而且很可能有了“墓祭”的现象。据此我们可以推断，中国传统礼仪制度的形成，经历了漫长而又曲折的积累过程。

管子曰“仓廪实然后知礼节”。礼的产生，既是社会发展的必然规律，也是人类由愚昧走向文明的产物。随着社会生产力的发展，人类除满足自身生存需要外，有了一定的剩余产品，于是本来平等相处的原始氏族内部产生了纷争，人际关系也趋向于复杂。这自然就需要一些准则来规范人的行为，“不以规矩，无以成方圆”，于是礼就产生了。早在周代，礼就有了“规范”、“礼治”的引申义。“礼，经国家，定社稷，序民人，利后嗣者也。”（《左传·庄公二十三年》）而礼仪的制度化、系统化也就逐渐得以完成，周公“制礼作乐”在这一过程中起到了重要作用，也就是基于这一点，我们充分肯定周公的功绩。

管子像

士的崛起与私学的出现

商朝和西周是“学在官府”的时代，典籍文献以及天文历法、医药学、历史、预卜等专门知识均藏于王室，由巫、史、祝、卜等专门文化官员世袭掌管，秘不示众，实行文化垄断。

巫，在甲骨文中写成“+”，为两“I”相交。“I”就是矩，即古代科技工作者常用的测量工具。《周髀算经》说：“环矩以为圆，合矩以为方。”又说：“方属地，圆属天；天圆地方，是故知地者智，知天者圣。”使用矩的巫，就是知天知地的智者圣者，是当时的职业文化匠师。如殷商名医咸便是一位大巫，传说他发明占筮，其“筮法”奠定易占的基础。

史，商代始设，原为驻守在外的武官，后来成为王左右掌管祭祀和记事的官员，即周公所谓“唯殷先人，有册有典”，殷人的典册便出自史的手笔。商代的史有多种名称，甲骨文作“大史”、“小史”、“西史”、“东史”、“作册”。西周的史有“太史”、“内史”、“左史”、“右史”之别。太史掌管起草文书，记载史事，编写史书，兼管国家典籍、天文历法、祭祀等；左史记动，右史记言。史与巫往往一身二任，故后世并称“巫史”。史常在王左右，除记录外，也可发表意见，提供建策。总之，史的职守是“掌官书以赞治”，是典型的文化官员。

祝，商周两代王室都有祝人，负责祭祀时致告鬼神之词，即所谓“祝，祭主赞词者”。甲骨卜辞中多有关于祝人活动于商王之左右的记载。《周礼·春官》有

"大祝"、"小祝"的官职，说明周代仍有祝官。

卜,为专掌占卜的官员。占卜最早见于龙山文化,二里头文化中占卜已较普遍,而商代则是占卜的极盛时期。商王及贵族无日不卜,诸如祭祀、年成、征伐、天气、祸福、田狩、疾病、生育,无事不卜。占卜活动由卜官主持,甲骨文中称其为"卜"或"贞人"。贞人不仅是预测学专家，而且是甲骨文的缮写者和推广应用者。

巫、史、祝、卜是第一批较正式的文化人。他们从事卜筮、祭祀、书史、星历、教育、医药等多种文化活动，并参与政治。中国文化（尤其是精神意识领域）的许多门类，其起源都与之有关。我们可以从甲骨文、金文和各种先秦典籍中见到他们席不暇暖的忙碌身影，他们对中国文化的早期发展有着特殊贡献。

古代官学府——国子监

这种"巫史文化"或"巫卜文化"当然是一种"官学"，不过其"学"为宗教神学所充斥。

在殷文化的基础上，周人有所"维新"，其要者是天帝崇拜与祖先崇拜分离，并使社会意识的重心从"尊神"转向"重德"，形成一种"以天为宗，以德为本"的文化。然而，殷商的文化官学传统在西周却得到保持和加强，"王前巫而后史，卜筮瞽侑，皆在左右"。天子又在国都设立"国学"，各级贵族在封地设立"乡学"，文化教育与平民无缘，即所谓"礼之专及"。这种"学在官府"的文化政策，与同时实行的"土地国有"和"宗法制度"相互为用，掌握天下土地、身为天下"大宗"的周天子，同时也是观念世界的主持者。

时至东周，天子的权威在夷狄交侵、诸侯争霸过程中大为衰减。社会生产力的进步，推动土地国有（王有）向土地私有转化。兼并战争使人才问题突现出来，各级统治者不得不在宗法制的"亲亲"之外，同时实行"贤贤"政策。这一切都逐步动摇着西周官学的根基。进入春秋末年，随着周天子"共主"地位的进一步丧失和一些公室的衰落，边鄙之地的文化繁荣起来。身为夷人的郯子到礼仪之邦鲁国大讲礼乐，使鲁人自愧不如，所以后来孔子感叹道："天子失官，学在四夷。"与此同时，传统的"国学"和"乡学"也有倒闭之势，在文化发达的郑国甚至有人公然提出"毁乡校"之议。

"皮之不存，毛将焉附"，王室及一些公室的衰败，国学及乡学的难以为继，使得世守专职的宫廷文化官员纷纷出走。《论语》说：

大师挚适齐，亚饭干适楚，三饭缭适蔡，四饭缺适秦，鼓方叔入于河，播鼗武入于汉，少师阳、击磬襄入于海。

这段话描绘出春秋末期的一幅王室乐队四散图，由此可以推见当年王纲解纽、学术下移的普遍情形。

王室文化官员下移列国、混迹民间，造成的影响十分深远，最直接者便是学术授受从官府转向私门，即所谓"官失而师儒传之"。春秋末年，私立学门者不乏其人，如周守藏史老聃"见周之衰，乃遂去"，私自著书兴学。又如鲁国乐师师襄、夷人郯子、郑国的邓析，以及苌弘、王骀等，也都收徒讲学。创私学、兴教育最有成绩的是孔丘，相传他"有教无类"，"以诗书礼乐教，弟子盖三千焉，身通六艺者七十有二人"。私学勃兴，"知识产权"也就非王官专有，学问渐次播散于鄙野民间。近人章太炎概括晚周的这一转折说："老聃仲尼而上，学皆在官；老聃仲尼而下，学皆在家人。"以此为契机，殷商西周一元垄断的王官之学转变为东周多元纷繁的百家之学。

古代私学雕塑

春秋战国时期，与私学涌动密切相连的，是作为知识阶层的“士”的勃兴。士，在殷商西周本指贵族的最低等级，由卿大夫封予食地，士以下便是平民和奴隶。春秋时，作为贵族下层、庶人之上的士，多为卿大夫家臣。他们有的保留封地，所谓“大夫食邑，士食田”，不脱贵族余韵；有的打破铁饭碗，以俸禄为生，成为自由职业者。“士竞于教”，他们多受过礼、乐、射、御、书、数等六艺之教。偏重于射、御等武术的为武士，充任下级军官，如孔丘的父亲叔梁纥即为武士；偏重于礼、乐、书、数等文术的为文士，担任文吏，如老聃曾任周守藏史（王室图书馆馆长），孔丘曾任委吏（会计）。

春秋末期以后，士逐渐成为知识阶层的通称，人们不再追究其在宗法等级中的身份，庶众皂隶因“积文学，正身行”而上升为士的，屡见史载。如淳于髡便由赘婿而为“稷下学宫”的名士；虞卿原为草鞋挑担的苦人，后来成为赵国上卿。“布衣卿相”在春秋战国间已不罕见。作为有专业知识的人才，士为公卿大夫所借重。齐桓公等春秋霸主都以招贤纳士著称，战国时公卿大夫更竞相争取士人，形成所谓“养士”之风。最著名的“养士”贵族是齐国的孟尝君、赵国的平原君、魏国的信陵君、楚国的春申君。“四公子”门下豢养食客数千，多为精于某种技艺的士人。而士的向背，确乎关系列国盛衰，故有士“入楚楚重，出齐齐轻，为赵赵完，畔魏魏伤”之说。

春秋名“士”淳于髡雕塑

春秋战国时期的士，是继殷商西周的巫史之后的又一个知识阶层。春秋以降“礼崩乐坏”的社会变动，使士人从沉重的宗法枷锁中解脱出来。他们不再像巫史那样全然依附王室，而赢得了相对的人格独立。精神产品在王宫内创作的状况，逐步转变为知识阶层中某些个人独立创作，百家之学应运而生。

与昔日的巫史和同时代的其他阶层相比，士在一定程度上挣脱了身份羁绊，形成新的品格。

一、胸襟博大，以天下为己任

士不同于一般社会成员，他们能超越自身经济地位的狭隘限制，而有坚定执著的志向，“无恒产而有恒心者，唯士为能”。士不以个人生活安逸为念，“士而怀居，不足以为士矣”。其怀抱开阔，“士不可以不弘毅，任重而道远”。先秦诸子的理想各不相同，对“道”的诠解也大有差异，但以弘道为务，则是各家士人的共同特点，“诸子纷纷，则已言道矣……皆自以为至极，而思以其道易天下者也”。孟轲放言“天将降大任于斯人也”，表达了战国士子以天下为己任的豪迈心态。

二、政治参与意识强烈

春秋战国的士，虽然主张各异，却无不有着炽烈的政治参与愿望。孔丘三月无君，则惶惶不可终日，他还声言“苟有用我者，期月而已可也，三年有成”。孟轲奔走于王侯之间，并宣布“如欲平治天下，当今之世，舍我其谁也？”急于向社会和执政者自荐，以图一展抱负。墨翟及其弟子则直接拿起武器，出智尽力，参加宋国的自卫战争。即使以“其学以自隐无名为务”的老聃，其实也深切关注社会政治乃至军事斗争。放任自然以“逃虚空”的庄周，却有“应帝王”的种种设计。至于法术之士，与政治的关系更为直接。战国列强先后兴起的变法，如魏国的李悝变法、楚国的吴起变法、韩国的申不害改革、秦国的商鞅变法，其策划者乃至主持者多由这派人士担当。这几百年间，管仲、伍子胥、文种、范蠡、乐毅、蔺相如、晏婴、毛遂、苏秦、张仪、屈原等人，分别活跃在各国的历史舞台上，或执掌国印，或统领三军，或往来使聘，为中国古代的政治、军事和外交史留下了许多可圈可点的典型事例。

三、道德自律严格

春秋战国的士，当然有寡廉鲜耻之徒，但更涌现出许多追求理想终生不渝的高人义士，这与当时正在兴起的道德自律有关。例如，儒士崇仁尚义，倡君子之行，有一种超越物质享受的精神追求，以“君子喻于义，小人喻于利”自励。墨家推崇的“兼士”，交相利，兼相爱，为道义可以“赴火蹈刃，死不还踵”。法士则循名责实，严正无私，一断于法。中国古代知识人的诸多优秀品质，如担当道义、入世经世、爱国忧民、和而不同、克己守职等，都在先秦文武士人质朴执著的人生追求中得以展现。

时代呼唤人才，人才推进时代。先秦士子群体应时而兴，才俊辈出：思想家如老聃、孔丘、墨翟、孟轲、庄周、邹衍、荀况、韩非；政治家如管仲、子产、晏婴、商鞅；军事家如吴起、孙武、孙膑；外交家如蔺相如、苏秦、张仪；史学家如左丘明；诗人如屈原、宋玉；论辩家如惠施、公孙龙；医家如扁鹊；水利家如李冰、郑国；天文家如甘德、石申，可谓群星璀璨，蔚为大观。从巫、史、祝、卜至士，是中国古代文化精英的一次大转变。

这是一个需要巨人而且产生了巨人的时代。在世界古代史上，就学术人才出现的密集度和水平之高而论，与中国春秋战国的士人群体可以并肩媲美的，大约只有古希腊的群哲。

诸子百家的出现

殷商西周的“官学”转变为东周的“私学”，进而发展为各种学派。各学派的创始人及主要思想家称“子”。先秦诸子以春秋末年的孔墨显学勃兴为开端。而诸子正式形成，并竞相争鸣，则在战国年间。

其时之所以出现文化多元发展的盛况，当然是士人崛起的结果，但至少还与以下三个因素有关：

第一，春秋战国去古未远，保有较多原始民主的遗存，因而“处士横议”尚未如后世那样被视作大逆不道。

第二，其时文武士人大多怀着“干求利禄”的热望，如苏秦所谓“安有说人

先秦诸子辩论图

主，不能出其金玉锦绣，取卿相之尊者乎？”与此同时，周天子尸位素餐，诸侯国各行其是，“诸侯力政，时君世主，好恶殊方”，于是百家诸说极容易在列国诸侯中找到热心的拥护者和实践者，正如荀子所说：“诸侯异政，百家异说，则必或是或非，或治或乱。”政治多元为文化多元提供了条件。

第三，正因为政治等级观念的权威尚未树立，原始民主遗风犹存，所以当年士子普遍富于批判精神。孔子有“苛政猛于虎”的评论；墨子怒斥“今王公大人……至其国家之乱，社稷之危”；孟子则认定推翻暴君是正义行动；老子谴责“圣人不仁，以百姓为刍狗”；韩非子则对“上无道揆，下无法守”的现实给予抨击。这种犀利的社会批判精神增强了诸子学说的锐利性，并极易超越时地，流传久远。

王国维在《论近年之学术界》中，对战国诸子竞起的因由有一精要说明：

自周之衰，文王、周公势力之瓦解也，国民之智力成熟于内，政治之纷乱乘之于外，上无统一之制度，下迫于社会之要求，于是诸子九流各创其学说。

《庄子·天下》将其时的学术流派归纳为六大学派，《荀子·非十二子》划为六派十二家；《韩非子·显学》说儒分为八、墨离为三；西汉史家司马迁将先秦诸子分为阴阳、儒、墨、名、法、道六家；西汉末年刘歆又增四家：纵横家、杂家、农家、小说家，形成所谓“九流十家”。《孟子·尽心下》谓：“逃墨必归于杨，逃杨必归于儒。”《韩非子·显学》称：“今之显学，儒、墨也。”《庄子》《荀子》都没有对诸子学说进行性质判定，可能是当时诸子争鸣的真实反映。就思想成就而言，足可称道者主要有儒、道、墨、法等几家。

孔子和儒家经典

中国古代步入文明社会，最初的时候，学术为官府所垄断。所谓殷周巫史文化是巫文化与史文化的合称。巫文化就是巫官文化，史文化就是史官文化，巫官和史官，二而一，一而二，都是国家的官员，他们是当时的学术工作者。春秋战国时期，随着社会政治经济形势的急遽变化，私学勃兴，形成了百家争鸣的局面。其中孔子所创儒家学派，尤有“显学”之称。事实上，孔子是他以前时代学术文化的总结者，在中国文化史上，孔子不但启后，而且承前，了解了孔子，也就可了解到孔子以前中国学术文化的情况了。

孔子像

孔子（公元前551—公元前479年），名丘，字仲尼，春秋时鲁国昌平乡陬邑（今山东曲阜东南）人。其先祖为宋人，乃殷商贵族微子之后，曾祖防叔始迁鲁，父叔梁纥，积功为鲁陬邑大夫。孔子年轻时曾干过仓库出纳和饲养牛羊一类的事，后来设教授徒，这是当时儒者所操的一种生计，所以孔子开创的学派，称为儒家。孔子曾经在鲁国做官，并一度代理过宰相职务，取得了一些治绩，但很快被排挤出来。从此他率领弟子，周游列国，希望遇到一位有诚意的君主起用他来治国，但结果使他很失望。他晚年回到鲁国，一方面整理古籍，一方面聚众讲学，弟子有自远方来者，前后共3000多人，其中身通六艺知名当世的有颜渊、季路等72人之多。

《论语》是记载孔子言行的一部书，计20篇，相传为孔门后进弟子曾参的门人所辑。包括《上论语》和《下论语》两部分，“上论”以《乡党》终，“下论”以《先进》始。后世研究孔子，主要的根据就是《论语》。

在政治思想上，孔子坚决维护大一统，竭力申明“天下有道，则礼乐征伐自天子出；天下无道，则礼乐征伐自诸侯出”（《论语·季氏》，下引此书，只注篇名）。他向往西周的文、武、成、康之治，因为孔子认为西周礼制的基本精神是敬天保民，所以他主张为政要“正”。他说“政者，正也。子帅以正，孰敢不正”（《颜渊》）；为政要“宽”，他说“居上不宽，为礼不敬，临丧不哀，吾何以观之哉”（《八佾》）；为政要“惠”，他说“君子惠而不费，劳而不怨，欲而不贪，泰而不骄，威而不猛”（《尧曰》）。孔子认为能够做到这些，就是“正人”。一句话，孔子提倡崇德尚贤的人治。“是知其不可而为之者”（《宪问》），孔子对理想政治的追求，有近乎悲剧意味的执著。但由于孔子尊西周礼制，在礼制原则的指导下，孔子又主张“不在其位，不谋其政”（《宪问》）；“用之则行，舍之则藏”（《述而》），既汲汲于事功，又淡泊于世情。

除了崇德尚贤，孔子宣扬王权至上、王权神圣不可侵犯，这是中国古代专制主义的理论基础。孔子认为“唯天子受命于天，士受命于君”（《礼记·表记》），所以忠君尊王是理所当然的事情。“君使臣以礼，臣事君以忠”（《八佾》）。孔子提倡的“忠”，是宗法社会等级观念的反映。它使人们甘心做王权统治下的顺民，缺少参政意识。

与宣扬王权相应，孔子还提出了“富民”、“教民”的施政主张，他为老百姓说了许多话，如“节用而爱人，使民以时”（《学而》），“百姓足，君孰与不足？百姓不足，君孰与足”（《颜渊》）。这就是孔子的民本主义。孔子的民本主义有民主的契机，实际意义是为民做主。

孔子反对“言莫予违”（《子路》），说明他对独裁的态度。他又反对大臣专权，说“天下有道，则政不在大夫”（《季氏》）。在对外关系上，孔子主张明“夷狄”、“诸夏”之别，但无论对于夷狄还是诸夏，孔子均主张采取和平的外交手段，“柔远人”、“怀诸侯”（《礼记·中庸》），他认为这是上策。

孔子肯定“和而不同”（《子路》）的政治作风，认为君子和谐而不随人作计，小人则不能和谐而惯于同流合污。在这方面，比他略早的齐国政治家晏婴也有同样的见解，晏婴劝齐景公不可偏听偏信，亦即孔子此意。

孔子更要求达时务，讲究效益。如《左传·宣公九年》记载，陈灵公与大夫孔宁、仪行父淫于夏姬，泄冶正言进谏，不但不被接受，反为二大夫所杀。孔子就评论说：“《诗》云：‘民之多辟，无自立辟。’其诚冶之谓乎。”认为泄冶这种无谓的牺牲，是不足同情的。

“子在川上曰：‘逝者如斯夫，不舍昼夜。’”（《子罕》）孔子对已经逝去的往古社会颇为留恋。但他又明确地表示：“周鉴于二代，郁郁乎文哉，吾从周。”（《八佾》）他知道周比二代进步，历史是向前发展的。

孔子宣扬德治，对军事重视不够；“述而不作”（《述而》），对创新重视不够；推崇礼乐，对生产劳动重视不够，这些都是孔子政治思想的局限。

孔子政治思想中的礼治精神、德治精神和人治精神，后来与法家的法治精神相互渗透，“德主刑辅”，成为指导中国封建制国家制定法律和进行其他法制建设的理论根据。

在伦理思想上，孔子提倡“忠恕”。朱熹《论语集注》解释道：“尽己之谓忠，推己及人之谓恕。”换言之，忠恕之道就是“仁”，“忠”就是在己方面的存心，“恕”就是对人方面的行为。“忠恕”是己和人、存心和行为的统一，构成并体现了仁的内涵、性质、结构和功能。

由此可知，仁是孔子伦理思想的总纲，包括除“圣”之外的一切德目，并且超凡入圣，也必须通过仁来实现。仁是建筑在亲子血缘的基础之上的，它借着道德情感的因素，表现在宗族关系上，首先能使家庭成员之间和睦友爱。这种和睦友爱的家庭关系再扩展开去，便是全体社会成员之间的矛盾的消除，即全社会的和谐。在孔子看来，个人道德的完善是社会完善的基础和起点。所以他倡导父慈子敬的“孝”，强调全部仁德皆因孝而来。但显然，这种由亲子血缘情感推广而来的伦理道德，虽然原则上互以对方为重，却决不会导向平等和自由。尽管孔子又说：“匹夫不可夺志也。”(《子罕》) 高扬了独立的人格精神，但又被“安贫乐道”的教训所支配。并且，互以对方为重，讲道德修养，着重点在义务，强调过了头，流弊也是很大的。

仁的功能在于和谐——即“和”。孔子认为，这种和是通过“中庸”发挥出来的。他说“中庸之为德也，其至矣乎？民鲜久矣”(《雍也》)。中庸作为方法论是折中调和，其作用是防止专化和走极端，带有模糊性和灵活性等特点。孔子把中庸看做是最高的美德，就因为仁只有与中庸相结合，才能尽善尽美，达到“和”这种人生的极境。

孔子把体现了个性的道德完整性的人称作“仁人”或“君子”。他指出要成为仁人或君子，关键在于掌握仁的表现形式“礼”。礼的本质就是讲“分”讲“别”讲“贵贱”，“尊尊”而“亲亲”，孔子认为只有礼才是区别人和动物的标志。他强调说：“非礼勿视，非礼勿听，非礼勿言，非礼勿动。”(《颜渊》)“四勿”是儒家修养“慎独”精神状态的基本前提。《礼记·大学》说：“诚于中，形于外，故君子必慎其独也。”因为人们内心的真诚，一定会表露在外面，所以只有做到“四勿”，保持内心的专注和专一，才有可能在一人独处或无人监督时，“不逾矩”(《为政》)。但孔子关于“四勿”的教训，不但造成了谨小慎微的谦谦君子，并且限制了人们的视野，又使人们的认识结论在认识未进行前就被确定，妨碍了作为主体的人的全面求知活动。

在哲学思想上，仁的本义是“爱人”和“修己”，属于伦理学范畴。但孔子的伦理思想，是与他的政治思想和哲学思想融为一体的，当孔子强调“仁者人也”

(《中庸》)的时候,仁就成了哲学范畴。“仁者人也”的仁源于伦理而又超越伦理。伦理学意义的仁指示人如何做人，哲学意义的仁则把人看做它要研究的对象。后儒把孔子的仁学，概括为“格物”、“致知”、“诚意”、“正心”、“修身”、“齐家”、“治国”、“平天下”八条目(《礼记·大学》)，其中格、致两目，就是孔子的哲学。

中国古代哲学重视社会人事问题,不像西方古代哲学那样注重世界本源问题。这个传统是很早就开始了的，孔子加以发扬。他研究人的本性、人生的价值、人的解放和人类社会的理想境界,使这些成为重要的哲学命题。孔子重人道轻天道，对人生抱积极的态度。他主张人的命运由人自身决定，不依赖上帝鬼神。孔子讲的“仁者人也”的人，是具有生物本性、社会本性和道德本性的现实世界的人，不同于神，也不同于禽兽。孔子这个以人为对象的关于仁的思想，对人的理解，就是孔子的哲学、孔子的世界观。

孔子仁的哲学思想实际上就是一种人本哲学。与西方人本哲学的追求人的感性享受不同。孔子强调的是人的道德修养，物质生活要在完善精神生活的前提下才加以考虑。孔子的全部思想,作为仁的方法论的中庸和作为仁的表现学说的礼,乃至包括文献整理在内的整个博杂庞大的体系，其间都体现了孔子的这种人本哲学。

孔子也谈天，他以天为至善，天德是人德效法的榜样。但他所指的天，只是宇宙自然，不是人格神。孔子对天采取直觉的观照，不抱认知态度。他有时候也谈天命论，但目的在以传统的观念肯定和安慰世俗的信仰情绪。总体来说，孔子

孔子雕塑

引导人们用现实的观点看待人生事物。他赞美天，是在赞美自然。他认为人生活在天地宇宙中，就可以实现价值，不必再追求外在的什么天国和彼岸了。

对于那些生活现象以外的事物，孔子采取存而不论的态度。他说："未能事人，焉能事鬼？""未知生，焉知死？"（《先进》）面对一分为二的历史辩证法，孔子承认对立，但不主张斗争。他强调对立的事物在相辅相成中渐进，而不强调转化，转化就不成其为"和"了。

孔子晚年专攻易学，他的贡献是在内容上将过去的乾坤二元论提升为易一元论，从而也将易学从过去的占筮之学转化成哲学。

关于逻辑学方面，孔子说："名不正则言不顺，言不顺则事不成，事不成则礼乐不兴，礼乐不兴则刑罚不中，刑罚不中则民无所措手足。"（《子路》）虽然孔子要用已经过时了的"名"去规定发展中的事物是错误的，但他揭示了"名"、"实"必须一致的"正名"原则，说明了他的见解的深刻。并且孔子又十分强调"思"的作用，提出了"举一反三"（《述而》）、"能近取譬"（《雍也》）等推理方法，就如上引这段孔子的话，逻辑性就很强，他对中国古代逻辑学的形成，也有不小的贡献。尽管相对来讲，逻辑学在孔子这里，恰恰是他的全部学说的薄弱点。

在教育思想上，孔子首创私学，本着仁的精神，他主张"有教无类"（《卫灵公》），扩大教育对象的范围。孔子重视发挥教育的社会作用和对人才培养的作用，要求通过教育培养仁人和君子，即体现了个性的道德完整性的人。他提出了与世袭制相对应的"学而优则仕"（《子张》）的原则，并且十分注意教材建设。他又指出道德教育的重要性，强调立志有恒、克己自省等品德修养："子以四教：文、行、忠、信"（《述而》），学文只是手段，行、忠、信才是目的。

孔子倡导尊师爱生的社会风气，认为教师为人师表，应当以身作则，言传身教；学而不厌，诲人不倦；爱护学生，无隐无私，取得学生真正的信任和敬仰。

孔子的教育论，以培养学生的理论思维能力为首要问题。其中"怎样学"的理论包括"时习"（《学而》），"毋意、毋必、毋固、毋我"（《子罕》）的学习态度和"学"、"思"结合（《公冶长》），"不耻下问"的学习方法（《为政》）。"怎样教"的理论包括启发式教育和因材施教的思想。"不愤不启，不悱不发"（《述而》）和"道而勿牵，强而勿抑，开而弗达"（《礼记·学记》），这两句话，可称是言简意赅的经验之谈。

孔子一生干过许多职业，但为时都很短暂，他基本上是个教师。在历史上，孔子曾长期被尊奉为"至圣先师"和"万世师表"，他的教师形象家喻户晓。他是中国古代教育思想的伟大奠基者。

在经济思想上，孔子从仁学原则出发，主张通过每个人自觉地履行道德义务和道德责任来实现社会整体经济关系的和谐，反对与人抗争、竞争和对他人财利的侵夺。所以孔子“罕言利”(《子罕》),他说“君子谋道不谋食”(《卫灵公》)；“君子喻于义，小人喻于利”（《里仁》)。但不能说孔子轻视经济财利，相反的，孔子对经济财利是非常重视的。

《论语·子路》记载：“子适卫，冉有仆。子曰：‘庶矣哉？’冉有曰：‘既庶矣，又何加焉？’曰：‘富之。’曰：‘既富矣，又何加焉？’曰：‘教之。’”又《论语·尧曰》记载：“所重：民食、丧、祭。”《论语·颜渊》记载：“子贡问政。子曰：‘足食、足兵，民信之矣。’子贡曰：‘必不得已而去，于斯三者何先？’曰：‘去兵。’子贡曰：‘必不得已而去，于斯二者何先？’曰：‘去食。自古皆有死，民无信不立。’”孔子指出经济财利建设的重要性在政教和国防之上，虽然他认为精神生活应高于物质生活，“民无信不立”，但他看到了精神生活是以物质生活为基础的，“富之”然后才能“教之”。

孔子强调国家必须有富民利民的经济政策，要利民之所利，薄赋轻役以富民，要节用爱民并允许商业的适度投机。他提倡均平财富，说“不患寡而患不均，不患贫而患不安；盖均无贫，和无寡，安无倾”（《季氏》)。孔子要求个人应有以义

孔子讲学雕塑

致利的经济观，经济财利必须取之有道，求取富贵应知有客观和主观条件的限制，“邦有道，贫且贱焉，耻也；邦无道，富且贵焉，耻也”（《泰伯》），做人应当树立把富贵贫贱的取舍看国运如何来决定的人生观。并且一旦富有了，要为富而仁，周急济贫，不骄不奢。

在美学思想上，孔子关于美的设计更与他的仁学有直接的联系。他提出了“成于乐”（《泰伯》）和“游于艺”（《述而》）的艺术观。所谓“成于乐”，就是要通过对乐的学习来造就完整的人格，让外在的规范最终转化为内在的心灵的愉快和满足。所谓“游于艺”，《论语·先进》记载“吾与点也”这段著名的对话。曾皙说：“暮春者，春服既成，冠者五六人，童子六七人，浴于沂，风乎舞雩，咏而归。”孔子喟然表示倾心于曾点的志趣，实在是非常形象地表现了孔子“游于艺”的思想。事实上，孔子心目中最高的审美境界，正是最高的道德境界——亦即仁的境界。但孔子又明确地把审美和道德作了区分：“子谓《韶》尽美矣，又尽善也；谓《武》尽美矣，未尽善也。”（《八佾》）尽美的东西未必尽善，只有尽善与尽美的结合，才是美的极致，“文质彬彬，然后君子”（《雍也》）。对于“美”来说，要紧的是“文”和“质”的完整统一。

孔子认为诗可以“兴”、“观”、“群”、“怨”（《阳货》），兴和怨侧重于个体心理感触抒发的功能，观和群侧重于协和人群的感染效果。孔子注重情感熏冶，旨归在于“和”，希望以此为途径，达到个体与社会的融洽无间。从另一角度看，孔子认识到艺术对现实的反映是同主体情感的表现分不开的。他强调美与情感的关系，当然也牢牢地把握了审美区别于科学和哲学的主要特征。

孔子还提出“智者乐水，仁者乐山”（《雍也》）的命题，把自然山水的美与人的精神道德相联系，无疑具有实践意义。

但孔子论诗，说诗的最后目的在于“事父”和“事君”（《阳货》），使审美的艺术服从于政治；又主张中庸的“乐而不淫，哀而不伤”（《八佾》），要求情感的自我克制。虽然具有极大的合理性，却排斥激烈的怨恨、爱憎情绪的发泄，加之更不重视对外部世界多种多样事物的再现，使艺术对社会生活的反映受到了严重的局限。这些都是孔子美学的局限。

孔子的仁学体系，归根到底，其核心，是“和”的精神。这是中国古代宗法农业社会的产物。在宗法社会里，人与人之间，到处都笼罩着一层温情脉脉的血缘面纱；在农业社会里，老百姓靠天过日子，都希望安居乐业。这样的文化土壤，自然有利于培养“和”这种文化精神。中国先民坚信天人合一，所以对于外来事物往往求同存异；对于自己内部，又肯顾全大局。中华民族和平相处，辛勤劳作，生生不息，创造了灿烂的古代文化，并始终保持其为泱泱大国，实在是得力于这种精神。和的精神，经过孔子的总结和弘扬，更加深入人心，从这个意义来说，孔子是中国文化的象征，绝非溢美之词。

孔子生活在礼崩乐坏的春秋时期，伴随强烈的忧患意识。他缅怀往古盛世，把古代氏族社会理想化和意识形态化，所以他的思想的主要特征是重视伦理道德的修养和社会政治的设计。因为重德，就要致力内在心性的功夫；因为重政治，就止于对理想性和原则性的肯定。凡此两者，均影响对自然的探索和对科学的专注。孔子也讲"学而不思则罔"（《为政》）的话，但孔子的"思"，是建筑在经验基础之上的直觉思维，并不适宜于追求纯自然的知识体系。爱因斯坦（1879—1955年）说中国贤哲没有走上形式逻辑这一步，这个批评也许过火了一点，但道理是有的。逻辑技巧可以培养思辨的能力，中国至少没有很发达的逻辑学，是事实。不过话虽如此，孔子缺乏思辨精神，他的模糊整体的直觉思维方式，尽管与经典力学的模式很不相牟，可是却与现代物理学的场论框架相当一致。模糊理论也能解决许多问题，现在已经很有人在热心提倡了。换言之，直觉思维在结合近现代科学研究成果的前提下，仍将发挥很大的作用。

儒家经典，最初只有六部，那就是"六经"，亦称"六艺"。六经指《诗》《书》《礼》《乐》《易》《春秋》，相传是孔子根据史料所编的教科书，包括了孔子以前的全部历史文化遗产。或云孔子整理六经的指导思想，一是以"仁"为总原则；二是"不语怪、力、乱、神"（《论语·述而》）；三是"述而不作"（同上）。孔子用"六经"所体现的人文精神来教育学生，并将其作为君子修身和国家治乱的标准。他说："入其国，其教可知也。其为人，温柔敦厚，《诗》教也；疏通知远，《书》教也；广博易良，《乐》教也；絜静精微，《易》教也；恭俭庄敬，《礼》教也；属辞比事，《春秋》教也。"（《礼记·经解》）所谓"《诗》以道志，《书》以道事，《礼》以道行，《乐》以道和，《易》以道阴阳，《春秋》以道名分"（《庄子·杂篇·天下》），大致情况就是这样。

由于《乐》在战国时期已经失传，所以汉武帝时只立了《诗》《书》《礼》《易》《春秋》五经的博士。后世所称"五经"，就是指这五部经典。

孔子所开创的儒学，就是通过对五经的诠释，将五经中的上古三代历史升华为王道理想，并用王道理想来重新诠释上古三代历史。由此，上古三代历史就超越了历史时间的局限，成为儒家的社会理想和精神信仰。概言之，五经的意义，

孔子讲学图

并不是文本所固有的，而是以孔子为首的儒家学派诠释出来的。

东汉时，又定《论语》《孝经》为经典，这样，儒家的经典便扩大为“七经”了。

到了唐代，又有所谓“九经”之说。九经指《诗经》《尚书》《周易》《周礼》《仪礼》《礼记》《春秋公羊传》《春秋穀梁传》《春秋左氏传》。

唐文宗开成（公元836—公元840年）年间，朝廷下令把上述九经以及《论语》《孝经》《尔雅》都刻在石碑上，总称“十二经”。

北宋仁宗嘉祐六年（1061年）后所谓“十三经”，则是在十二经上面再加《孟子》一书。从此直到地主制封建社会终结，儒家的经典，一共为十三部。对这十三部儒家经典，汉代及其后的学者做的注释，称为“注”或“笺”。唐宋时代，人们对注和笺也进行解释阐发，这在习惯上就叫做“疏”或“正义”。

《诗经》，本称《诗》，是中国最早的一部诗歌总集。这些诗来自周代“王者”的“采诗”和公卿列士的献诗活动，产生的年代大约从西周初年到春秋中叶。在周代上层社会中，诸侯会盟宴饮，往往赋诗言志，或诵诗之章句以示己意，故孔子曰：“不学《诗》，无以言。”（《论语·季氏》）传世的《诗经》共311篇，其中6篇有目无文，实际上是305篇。这些诗分为《风》《雅》《颂》三大类。《风》是《诗经》中最精彩的部分，包括二南和十五国风，大多是男女言情之作，表现“窈窕淑女，君子好逑”（《关雎》）、“有女怀春，吉士诱之”（《野有死麕》）之类的主题，还有对方方面面社会生活的真实反映。《雅》有《大雅》和《小雅》，不失为叙述西周政治盛衰的诗史，不少作品意在给统治者敲警钟，如《大雅·荡》云：“殷鉴未远，在夏后之世。”可见夏、商灭亡是周人取法历史经验的主要内容。《颂》即庙堂颂歌，分《周颂》《鲁颂》和《商颂》，比较原始，但具有重要的史料价值。当然《风》《雅》《颂》三部分在内容上颇有交错混杂的情况。这三部分的区别，除了在内容上各有侧重外，还有音乐方面的不同。《风》是地方风土之音。《雅》是用西周都城丰、镐一带的乐调谱曲的。《颂》节奏极其缓慢，有的诗句甚至没有用韵。

据上海博物馆近年整理出来的《竹书孔子诗论》，所涉及的60首诗中，有《肠肠》《卷而》《涉秦》《河水》《角幡》等篇，是《诗经》中没有的。《诗经》中的“国风”、“大雅”、“小雅”和“颂”，在《竹书孔子诗论》中为“邦风”、“大夏”、“小夏”、“讼”。在排列顺序上，《诗经》是风、雅、颂，《竹书孔子诗论》却是讼、夏、风。

《诗》传至汉代，有齐、鲁、韩三家，属今文经学，文景之际得到朝廷的承认。又有毛亨、毛苌所传，属古文经学。现今通行的“十三经注疏”本《诗经》，为汉毛亨传，郑玄笺，唐孔颖达正义。

我国最早的诗歌总集——《诗经》

《尚书》，本称《书》，“尚”即是“上”，“尚书”就是指上古时代的史书，由若干单篇累积形成。《尚书》建立起虞、夏、商、周的正统观，保存了商、周二代的重要史料。其中有许多有益的格言，如“天视自我民视，天听自我民听”（《泰誓》），这句话，就是中国古代民本思想的滥觞。又有《禹贡》一篇，实战国士人所作，叙述黄河、长河两大流域的地理知识，托名是大禹平治水土的记录，因而被后人尊为经文，造成中国政治自来是统一，疆土自来是广大的观念，意义也很重大。

《尚书·洪范·九畴》：其一是“五行”，“水曰润下，火曰炎上，木曰曲直，金曰从革，土爰稼穑”；其二是“五事”，“貌曰恭，言曰从，视曰明，听曰聪，思曰睿”；其三是“农用八政”，曰食，曰货，曰祀，曰司空，曰司徒，曰司寇，曰宾，曰师；其四是“五纪”，曰岁，曰月，曰日，曰星辰，曰历数；其五是“皇极”，所谓“皇建其有极”，即政治极权；其六是“三德”，曰平康正直，曰沉潜刚克，曰高明柔克；其七是“稽疑”，曰“谋及乃心，谋及卿士，谋及庶人，谋及卜筮”；其八是“庶征”，曰雨，曰阳（晴），曰燠，曰寒，曰风；其九是“五福六极”，五福为寿、富、康宁、攸好德、考终命，六极为凶短折、疾、忧、贫、恶、弱。内容涉及构成宇宙的基本物质及其特性，人有哪些官能作用和对官能作用的要求，国家对农业生产成果的支配，有关天文时令的知识，执政者如何掌权，待人接物的方法总结，决定大事的程序步骤，对征兆现象乃至人们的寿夭穷通所持态度和看法等方面，基本上反映了殷商奴隶主贵族的宇宙观和政治观。

《尚书》在汉代，伏生所传28篇，是用当时通行的隶书抄写的，所以称为今文。可能是秦的官本，乃经秦博士加以编理的。西汉中叶以后，又多次发现用籀文、蝌蚪文撰写的古文《尚书》，比今文《尚书》多16篇。东汉经学家贾逵、马融、郑玄等为之做了大量的注释工作。但因古文《尚书》未被朝廷承认，以致后来全部散佚。东晋时，豫章内史梅赜献古文《尚书》25篇，又将今文《尚书》的28篇离析为33篇，共凑成58篇。梅赜还拿出一部《尚书孔氏传》，说是西汉孔安国所作。现今通行的“十三经注疏”本《尚书》，即是此本，为唐孔颖达等正义。

《周礼》，本称《周官》，托名周公所制，是儒者采集周、鲁、宋等国官制，加以增减排比而成的一部有条理的官制汇编，并非周代政治制度的如实记录。此书以儒家思想为主干，融合法、阴阳、五行诸家，精致的程度超过《吕氏春秋》，估计其成书年代不应早于“吕览”。

《周礼·春官·大宗伯》说吉礼用以“事邦国之鬼神示（祇）”，主要内容有祀昊天上帝，祀日月星辰，祀司中、司命、风师、雨师（以上是祭天神）；祭社稷、五帝、五岳，祭山林川泽，祭四方百物（以上是祭地祇）；祫祭（集合远近祖先神主于太庙的大会祭）先王、先祖，禘祭（推导始祖所自出而追祀之，并祀始祖以下）先王、先祖，春祠、夏礿、秋尝、冬烝，享祭先王、先祖（以上是祭人鬼）。嘉礼用以“亲万民”，主要内容有饮食之礼，婚、冠之礼，宾射之礼，飨燕之礼，脤（社稷祭肉）膰（宗庙祭肉）之礼，贺庆之礼。宾礼用以“亲邦国”，“春见曰朝，夏见曰宗，秋见曰觐，冬见曰遇，时见（有事而会）曰会，殷见（众诸侯同聚）曰同，时聘（有事而派遣使者存问看望）曰问，殷覜（多国使者同时聘问）曰视”。军礼用以“同邦国”，“大师（指军队的征伐行动）之礼，用众也；大均（指均土地、征赋税）之礼，恤众也；大田（指定期狩猎）之礼，简众也；大役（指营造、修建等土木工程）之礼，任众也；大封（指勘定封疆、树立界标）之礼，合众也”。凶礼用以“哀邦国之忧”，其中哀死亡用丧礼，哀凶札用荒礼，哀祸灾用吊礼，哀围败用礼，哀寇乱用恤礼。以上就是中国古代所谓“五礼”。

据《汉书》河间献王本传记载，汉景帝时，河间献王搜集到流散在民间的古本《周官》，才使此书为世人所知。但今文经学家们却把这部书斥为刘歆伪造。现今通行的“十三经注疏”本《周礼》，为汉郑玄注，唐贾公彦疏。

《仪礼》，本称《礼》，是孔子选取的周鲁礼制，记载了当时贵族的加冠、婚丧、交际、敬老、宴饮、外交、觐见、祭祀等各项礼仪，既保留有西周旧制的痕迹，又基本上反映了春秋中前期的礼乐制度。其中《丧服》一篇最为重要，子夏特为之作传，宗法制度亲亲、尊尊、男女有别的精神，在《丧服》里表现得相当具体。就史料价值而言，《仪礼》在“三礼”中无疑占据首要地位。

西汉初年，由鲁高堂生传授下来的《士礼》——即《仪礼》17 篇，至中叶后分为戴德（大戴）、戴圣（小戴）、庆普等三家礼学，都属今文经学派。另据《汉书·艺文志》记载，又有古文《礼经》56 篇，其中 17 篇与今文《仪礼》内容基本相同。至于另外的 39 篇，汉代称为《逸礼》，早已失传。

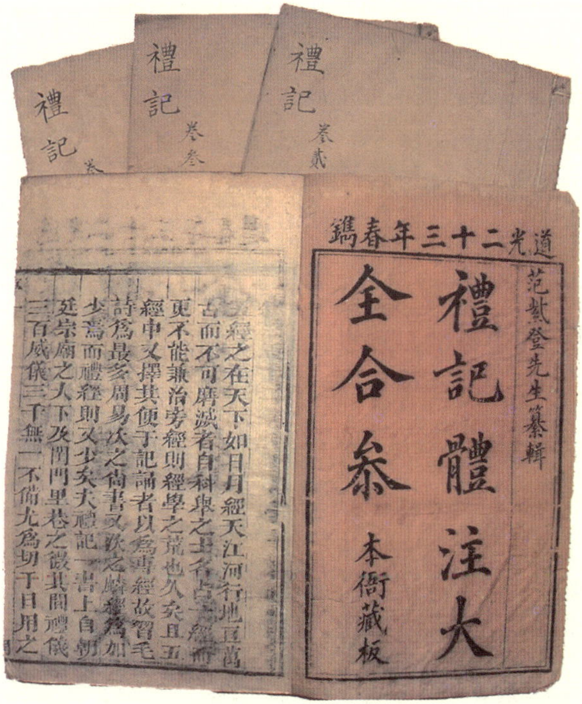

《礼记》内文

《礼记》是汉代儒生戴德、戴圣所传孔门七十子后学讲礼的文字，有“大戴礼”85 篇、“小戴礼”49 篇。唐以后取得经典地位的，是 49 篇本的“小戴礼”。

《礼记·礼运》篇，载“大同”、“小康”思想，影响极为深远。其中讲大同社会的蓝图，说是“大道之行也，天下为公，选贤与能，讲信修睦，故人不独亲其亲，不独子其子，使老有所终，壮有所用，幼有所长，鳏寡孤独废疾者皆有所养。男有分，女有归。货，恶其弃于地也，不必藏诸己；力，恶其不出于身也，不必为己。是故谋闭而不兴，盗窃乱贼而不作，故外户而不闭”。这是多么美好的社会啊！如此完美的设计，与孔子的政治思想可谓一脉相承。

这种“大同”理想，据说连秦始皇都曾经为之动心。《说苑·至公》记载，秦始皇“召群臣而议，曰：‘古者五帝禅贤，三王世继，孰是，将为之。’博士七十人未对，鲍白令之对曰：‘天下官则禅贤是也，天下家则世继是也。故五帝以天下为官，三王以天下为家。’秦始皇仰天叹息曰：‘吾德出于五帝，吾将官天下，谁可使代我后者。’鲍白令之对曰：‘陛下行桀纣之道，欲为五帝之禅，非陛下所能行也。’”

《礼记》有《学记》《乐记》两篇，从理论上对教育和音乐两个专业作了精辟的论述，实际上是对孔子教育思想、美学思想的继承和发展。《礼记》又有《大学》篇、《中庸》篇，被后世理学家编入《四书》，与《论语》《孟子》并列，成为科举制度下士人必读之书。《大学》除提出上节已经述及的八条目外，更首先提出了“明明德”、“亲民”、“止于至善”等三纲领。“有人此有土，有土此有财”则阐明了人力、土地和财富的关系。《中庸》除肯定“中庸”为至德外，又把“诚”看做是世界的本体，并主张“博学之，审问之，慎思之，明辨之，笃行之”，两书都具有浓厚的伦理色彩。

《中庸》相传是孔子之孙子思（孔伋，公元前 483 —公元前 402 年）的作品，《礼记》中《表记》《坊记》《缁衣》等三篇，相传也为子思所作。

在汉代，《礼记》本来从属于《仪礼》，《仪礼》仅仅记载了一些礼仪制度，《礼记》则更多地论述了这些制度的意义、作用。《礼记》《仪礼》和《周礼》——即所谓“三礼”，是稽考儒家思想和战国以前制度器物的重要典籍。现今通行的“十三经注疏”本《礼记》，为汉郑玄注，唐孔颖达等正义。

《春秋公羊传》《春秋穀梁传》《春秋左氏传》，总称“春秋三传”。《春秋》是一部编年史，孔子根据鲁国史官所记《春秋》，上起隐公元年（公元前 722 年），下迄哀公十四年（公元前 481 年），“以事系日，以日系月，以月系时，以时系年”（杜预:《春秋经传集解·序》)，凡 242 年事，整齐书法，“笔则笔，削则削”（《史记·孔子世家》)，“属辞比事而不乱”（《礼记·经解》)，成为儒家的经典。孔子修《春秋》的目的在于正名分，有褒有贬，经世致用，使乱臣贼子惧。儒家政治思想，宗法社会等级制度的精神，都充分表现在《春秋》里。《春秋》本来有自己的单行本，后来人们把它同各种传文合并起来，先列经文，后述传文，所以后世学者都要配合传文加以研读，古代为《春秋》作的传，流传下来的就是这三部。

《春秋公羊传》也称《公羊春秋》或《公羊传》，《春秋穀梁传》也称《穀梁春秋》或《穀梁传》，相传两传分别为战国学者公羊高和穀梁赤撰写，但其说缺乏足够的根据。两传内容都是着重于解释《春秋》经文，《公羊传》则尤多微言大义，在隐微的言语中包含有深远的意义。《公羊传·隐公元年》云：“元年春，王正月。元年者何，君之始年也。春者何？岁之始也。王者孰谓？谓文王也。曷为先言王而后言正月？王正月也。何言乎王正月？大一统也。”这种“大一统”的提法是很鲜明的，对中国后来历史的发展有巨大的影响。现今通行的“十三经注疏”本《公羊传》，为汉何休注，唐徐彦疏；《穀梁传》为晋范宁注，唐杨士勛疏。

《春秋左氏传》又称《左氏春秋》或《左传》，相传为孔子同时的鲁国太史左丘明所作，但其实左丘明只是对《左传》材料的形成起过一定的作用。此书约成于战国前期，“左氏”更应当是个地名，作者究竟为谁，很难断定。顾炎武说：“左氏之书，成之者非一人，录之者非一世”（《日知录》卷 4）。这个论断，大体上是可信的。《左传》编年起于鲁隐公元年（公元前 722 年），终于鲁悼公四年（公元前 464 年），比经文多出 17 年。《左传》所记史事更延至鲁悼公十四年（公元前 454 年），比经文晚 27 年。《左传》用事实来说明《春秋》笔法，有时候还订正了经文的某些错误，并且虽亦取以鲁国为主的格局，但实为列国史，又首创“君子曰”一栏，以议论形式升华史事的意义，为史家主体发表自己的观点开辟了园地，在中国史学史上地位极高。现今通行的“十三经注疏”本《左传》，为晋杜预注，唐孔颖达等正义。

《论语》，现今通行的“十三经注疏”本《论语》，为魏何晏集解，宋邢昺疏。

《孝经》，基本内容是宣扬孝道，并由讲孝进而劝“忠”。作者历来有“孔子说”、“曾子说”、“孟子门人说”等多种，但皆不足信。此书应成于战国末期。汉代曾有古文《孝经》，南北朝时亡佚。现今通行的“十三经注疏”本《孝经》，仅 1799 字，18 章，为唐玄宗注，宋邢昺疏。

《尔雅》，现今通行的“十三经注疏”本《尔雅》，为晋郭璞注，宋邢昺疏。

《孟子》，现今通行的“十三经注疏”本《孟子》，为汉赵岐注，宋孙奭疏。

儒家的经典，特别注重在伦理道德领域做文章，其间宣扬了爱国主义、社会责任、人格价值、人际和谐等思想观念，但也灌输了等级意识，并有一定程度的迂阔倾向，对整个中国封建社会的政治生活和精神生活起着指导作用。要了解中

孟子像

国文化，必须研究儒家的经典。

孟子也发展和丰富了儒家学说。其对儒家学派最大的贡献是提出了“性善”说。孟子“性善”说的提出是基于这样一个经验事实之上的：当人看到一个儿童落井，在刹那之间会油然而生“怵惕恻隐之心”，这种心理的产生，与外界的任何力量都没有关系。由此，孟子认为每个人先天都具备向善的要求和为善的能力。这正是人异于禽兽之所在。在此基础上，孟子提出“四心”说，即“恻隐之心、羞恶之心、辞让之心、是非之心”，并认为这“四心”是人所能够具备仁、义、礼、智四德的发端。正因为此，孟子认为每个人都具有善良本性，人们只要能对自己固有的善性、良心加以存养，皆可以成为圣人。从人性本善这一认识出发，孟子将孔子的“为政以德”思想发展成仁政学说。这就是以民为本、爱民恤民、教育人民、为民制产的理想，也就是孟子所说的“王天下”的道理。

在价值观念上，孟子发展孔子的仁义观，但更重“义”字。他反复论述：“大人者，言不必信，行不必果，惟义所在”；“非礼之礼，非义之义，大人弗为”；“朝不信道，工不信度，君子犯义，小人犯刑，国之所存者幸也”（《孟子·离娄上》）。由此，孟子提出“义利之辨”：“何必曰利？亦有仁义而已矣。”（《孟子·梁惠王上》）在孟子看来，“义”是修身、齐家、治国、平天下的保障，人的生命可丢，唯义不可夺。“舍生取义”，这一观念由此而来，成为千古志士仁人的精神动力。

另一与孔子思想不尽相同的概念是“礼”。在孔子那里，“礼”偏重于“尊王”，即所谓正名，使臣下不犯上。而在孟子这儿，“礼”则偏重于“贵民”。孟子认为礼之本在民心。如果礼违背人道天性，则当以权变之法屈“礼”而从“仁”。一段有名的辩论很能说明这一问题：淳于髡问：“男女授受不亲，礼与？”孟子答：“礼也。”问：“嫂溺则援之以手乎？”答：“嫂溺不援，是豺狼也；男女授受不亲，礼也。嫂溺援以手者，权也。”问：“今天下溺矣，夫子之不援，何也？”答：“天下溺，援之以道；嫂溺，援之以手。”（《孟子·离娄上》）孟子将贵民的意识上升到有关人道观念的高度，认为礼应尊重人的本性，如礼违背人性，人们可以变通不从礼。这就是孟子有名的经（常）权（变）思想。

先秦时期，另一位对儒学发展作出重大贡献的是荀子。荀子，名况。汉人因避宣帝讳改称孙卿。赵人，生年不可确考，卒年约在公元前 238 年以后，曾在齐国位列大夫，并三次担任稷下学长——祭酒。后因遭遇谗言去齐至楚。楚相春申君以为兰陵令，又因谗言而去楚游赵。后又为春申君召回，仍为兰陵令。不久，春申君为李园所杀，荀卿乃废，老于楚。他平生四处讲学，形成一大学派，有名的弟子有李斯、韩非等。

在人性的问题上，荀子与孟子的思想大异其趣。孟子主张性善，而荀子主张性恶。孟子所谓的性是指人天生具备的向善的要求和可以为善的能力，是道德观念。荀子则将被孟子排斥于“性”之外的人的生理本能称之为“性”。荀子认为，“目好色，耳好声，口好味，心好利，骨体肤理好愉佚，是皆生于人之性情者也”，如果“从人之性，顺人之情，必出于争夺，合于犯分乱理而归于暴”(《荀子·性恶》)。所以荀子认为人性本恶。

在社会观上，荀子从全新的角度提出了一种异于孔、孟的思想——群分关系。荀子注意到人力不如牛，走不如马，而牛马却为人所用，究其原因是因为“人能群，彼不能群也”(《荀子·王制》)。他认识到社会性是人区别于其他动物的根本所在。为什么人会有社会性呢？“人何以能群？曰分”(《荀子·王制》)。是因为人与人之间又有区分，那就是社会生产的分工、社会贫富贵贱的等差、人伦关系的区分。有了这些区分，人就不会争夺，就能巩固“群”的关系，就能胜物。

荀子像

由于荀子重群分，所以强调以“君道”礼制为政。荀子认为，为了维护人的群分关系，需要“隆礼”，以礼维持社会中人的分别秩序。他的礼，有别于孔子的周礼，包含着法的内容。他经常礼、法不分，在坚持儒家基本观点的同时，援引法家观点，主张礼法并用，甚至主张使用刑罚。所以，他的弟子中出现韩非子、李斯这样的法家人物，也是情理之中的事情。不过，与真正的法家不同，他又认为不可过分使用严刑。他最早以载舟覆舟比喻君民关系：“君者，舟也；庶人者，水也。水则载舟，水则覆舟。”(《荀子·王制》) 就是在这一点上提出的。

荀子对儒家的另一发展，是吸收道家的天道自然无为的思想，建立了儒家的自然主义天道观。“天道有常，不为尧存，不为桀亡”（《荀子·天论》），这就是哲学史上著名的“天人相分”的命题。但这种“天人相分”并不是如后世理解的否定天命的存在，而只是认为天有其自己的职分，即“不为而成，不求而得”，而人的职分则是有所为，有所求。于是便产生“制天命而用之”的构想。这一构想，荀子承认天命的存在却赋予其自然性，承认天功却更想制胜而用之。“天人相分”中仍存有儒家“天人相应”的理论因子。

道家的学术

道家学术的渊源，班固认为出于史官。后人进一步阐述，认为道家源于史官文化背景而基于隐者的社会实践。史官文化指道家的理论渊源而言，隐者的社会实践指其依存的社会基础而言。先秦道家的派别，有多种不同的记载，就仅从史家记述与现存文献考察，主要有老、庄、列三家。比较而言，据称为战国时期列御寇所撰的《列子》一书，疑点很多，有学者考证它为伪书。所以现代人讨论先秦道家学术，多中意于老、庄哲学。

关于老子的身世，现在较为通行也较为权威的说法是，老子姓李，名耳，字聃，出生于楚国苦县厉乡曲仁里，其地在今河南鹿邑县东，毗邻安徽亳县。老子曾任周朝的史官。生卒年不可考，传说略早于孔子，孔子确曾向他请教过礼，而且他的学术对孔子有所影响。大约在鲁昭公二十六年（公元前 516 年）稍后，老子因周王室内乱，离职离开周。后老子西游，至函谷关，关令尹久闻老子大名，挽留老子为他著书，成五千言，就是《老子》的蓝本。

《老子》一书的版本，后世流传甚多，以两种为主：一是河上公本（河本），民间流传本；一是王弼注本，为历代官方定本。1973 年长沙马王堆三号汉墓帛书《老子》甲、乙本出土，1993 年湖北荆门郭店战国中期楚墓简本《老子》出土。新近出土的三种老子版本与传统的文本有较大差异，尤其是郭店简本出现了很多新内容。不过，从总体思想来看，这三个版本的《老子》仍属于传统的老学体系。

从现存的《老子》文献看，老子的学术思想是由自然论到人生论、政治论，阐明“道”、“德”之根本。就自然论而言，老子对自然性的“天”、“地”的生成，提供了一个全新的解释系统，认为道先天地生，天地由道生成，并在此基础上，

老子雕塑

由“道”的本根推衍出系统而完整的宇宙结构思想。这就是《老子》四十二章中所说的“道生一,一生二,二生三,三生万物。万物负阴而抱阳,冲气以为和”。“道生一”,指道生出其自身“一”。在老子的话语体系中,“一”即是“道”。“一生二”,是指道在不断运行中分离出阴、阳二物。“二生三”,指阴、阳二气产生之后,相互作用,二气和合,显示了道的一种孕育万物的饱满状态,道生万物触手可及。“三生万物”,阴阳二气交感所含能量释放,产生出万物。老子的“道生万物”的过程,也就是其宇宙生成论。这种系统而完整的宇宙生成论,是我国古代最早的形而上学的宇宙本体论。它的出现在中国历史上产生了深远的影响,成为中国古人对万物生成的一般看法。而其“有无相生”的对立统一认识,又使其思想中充满了辩证统一的智慧。这种智慧落实到政治理想,就是老子所说的“道常无为而无不为”。

老子身处衰周之世,解“道”说“德”,不仅表现出其对神秘宇宙探索的兴趣,也表现了被扭曲的政治情结,而且蕴涵着体现自我与拯救世道的人生精神。老子的人生观有三个层面:一是理想的层面,就是他说的“归根曰静”,表现出对生命价值的肯定。老子提出了以恬淡寡欲、清净质朴、一任自然为主旨的养生之道:“致虚极,守静笃,万物并作,吾以观复。夫物芸芸,各复归其根。归根曰静,是谓复命,复命曰常,知常曰明。不知常,枉作凶。知常容,容乃公,公乃王,王乃天,天乃道,道乃久,没身不殆。”(《老子》十六章)让心境保持原本空明的状态，不受外物的扰动，让生命回归其本源。同时，他“虚静”的人生并非消极等待，而是以静制动，用积极的精神同化自然。因为保存生命，避免大患，应效法天地：“天长地久。天地所以能长且久者，以其不自生，故能长生。是以圣人后其身而身先，外其身而身存。非以其无私邪，故能成其私。”（《老子》七章）圣人“外其身”，不特意关注生命，反而“身存”，很好地保全与护养生命。“外其身”、“无私”，是方法与手段，而“成其私”则是目的与效果。老子说：“天下莫柔弱于水，而攻坚强者莫之能胜，以其无以易之。弱之胜强，柔之胜刚。”（《老子》七十八章）他说的贵柔弱是手段，而攻坚强才是所期望的效果。因而，老子对待人生，主张“虚静”，是一种以静制动的策略，“虚静”的背后，隐藏着其刚大自主的人格。

书法作品：致虚守静

二是现实的层面，就是“圣人不仁”，揭示了一种愤世的人生观。《老子》七十七章：“天之道损有余而补不足，人之道损不足以奉有余。”其中之“人之道”，正是老子所处衰周之世的写照。其时诸侯争霸、弱肉强食，其祸酷烈，故老子愤斥“强梁者不得其死”（《老子》四十二章），而提倡“小国寡民”的理想社会。其时各国统治者增加田赋，民不聊生，故老子痛斥“损不足以奉有余”的不合理现实，而提倡“天地相合，以降甘露，民莫之令而自均”（《老子》三十二章）的自然美德。其时诸侯变更兵制，扩军备战，使得生灵涂炭，故老子认为兵戈非吉祥之物，非君子之器，而予以拒斥。不过，通观《老子》一书，老子批判现实，并不拘泥于具体事件，而是提升到形而上学的社会人生的高度。在《老子》中，凡一切不符合自然之“道”的东西，都是他批判的对象。

三是复归的层面，就是“返璞归真”，表现出与现实抗争后对人生真谛的追求。老子的人生哲学，并非仅仅出于学理上的探讨。他谈道说德的背后，是强烈的用世之心，对周王室衰败的深刻反思，这既是老子愤世人生的产生的原因，也是他真朴人生观的由来。如果说老子虚静人生观是以自然规范人生，并遭到现实社会的否定，从而激发起愤世人生，那么，真朴人生则是老子对现实的否定之否定。真朴人生的最高境界，老子称之为“玄同”：“挫其锐，解其忿，和其光，同其尘，是谓玄同。”（《老子》五十六章）如何才能达到真朴的人生？老子从修身之道与处世之道两方面入手，主张“见素抱朴”，“致虚守静”：为人要“虚怀若谷”，“柔弱不争”，“与人为善”，做到“功遂身退”。老子的一整套修炼之功表明，他提倡“自然”，并非任其自然，并不排斥心灵的制约与人生修炼。也可见“自然”是针对现实浮躁的批判，是精神的复归。

与老子相比，庄子的生平比较清楚。《史记·老子韩非列传》附传：“庄子，名周，战国时期宋国蒙（今河南商丘东北）人。”生活年代与梁惠王、齐宣王同时，约公元前 369 至前 283 年左右，比孟子稍晚。他做过管理漆园的小吏，后来一直过着隐居的生活，一生贫困，曾以编草鞋为生，有时还要靠贷粟度日。楚威王听说他是贤才，曾派人以重金请他入朝做国相，遭到他的拒绝。庄子主要接受并发展了老子的思想，同时兼有杨朱“全性葆真，不以物累形”（《淮南子·汜论训》）和田骈“贵齐”、“因性任真”的思想。与先秦其他著作一样，《庄子》一书，并非庄子一人所著，而是由庄子及庄子后学共同创作完成。关于《庄子》的流传及卷篇，有多种说法。流传至今的为郭象注三十三篇。因为唐代尊奉道教，封庄子为南华真人，庄子一书又称为《南华真经》。而其真伪，一般认为《庄子》内篇七篇为庄子本人所著，《庄子》外篇及杂篇多为庄子后学所作。苏轼认为《盗跖》《渔父》《让王》《说剑》四篇为伪作。但也有很多学者不同意苏轼的看法。

庄子不但坚持了老子哲学中的“道”这一哲学范畴，而且从多方面进行诠释。庄子认为“道”“自本自根”，就是说道的存在是第一性的，它不依赖于其他任何存在，“自古以固存”，天地万物都由道派生。同“本根”相联系，庄子还论述了大道的其他有关规定：第一，道具有普遍性与无限性，即无物不在、无时不在、无处不在，超越了任何实物与时空的限制。庄子论述道的存在时说：“道”在蝼蚁、在稊稗、在瓦甓、在屎溺（《庄子·知北游》）。第二，主宰性与规律性，即大道支配万物，同时使万物有固然之理，连鬼神也要受大道的支配。第三，形而上的超越性，即道没有具体的实物形态与时空形式，不能为一般感官和理智所认识，只有通过精神修养来体悟。庄子如此全面地论述了道的性质和规定，把老子所创立的道论在先秦推向高峰。

尽管就文化哲学的基本情况看，庄承老学而来，与老学相近。不过，与老学相比，庄学更重人生与心灵的陶养、导向自由的精神。从《庄子》内七篇的主要内涵看，可将其分为三个层面：第一层面包括《逍遥游》《齐物论》和《养生主》三篇。这三篇同时也是整个《庄子》的主论核心。在这一层面，庄子着重表现的是其对主体生命、精神的阐扬。《逍遥游》以“游”为中心，通过对各种自由形象的描绘，为读者提供了一个广阔无边的心灵世界和辽阔无比的精神空间，凸显超越现实而应化自然的人生价值。庄子笔下，浩瀚的宇宙中，那“抟扶摇而上九万里”的鹏鸟正喻示着人的阔大的精神生活领域和心灵空间，是自由心灵的象征。《齐物论》从理论上阐明破除自我中心主义、视万物平等，才能达到真正的主体精神的自由。《养生主》则是要求将万物普遍性的自由落实到人生的实际操作与人生的修养。该篇中设“庖丁解牛”的故事，阐发养生之纲——“缘督以为经”，破除传统习俗，摆脱“善”、“恶”观念的束缚，从道德价值规范中跳出，任其自然。视“养神”为“养生”之本，在庄子看来，人尽管形体会消失，但精神生命却会永存，这就是庄子著名的“火（喻永恒的精神）传薪（喻人的形体）尽”的言论。这一表述，表现出庄子对主体生命价值的探寻。

第二层面包括《人间世》和《德充符》两篇，表现的是现实社会的险恶，以及由此生发的隔离智慧的感慨。即由现实的悲剧意识转化为理想的自由意志。《人间世》描述人际关系纷争到结缘，像一张硕大无比的罗网，人们生活在其中，鲜有能避免的。庄子假借孔子和颜回师生两人的对话，揭示了知识分子生存之困难，统治者一意孤行，视民如草芥，而贤能的臣子只要一有爱民的表现，就会遭到忌妒和陷害。面对如此艰难的生计，庄子提出“无用之用”。在“商丘树”的寓言中，庄子表达了这一观点。商丘之大树，其枝干弯曲旋散，不能做栋梁棺椁；舐它的叶子，嘴巴就会溃烂受伤，嗅了它，就会使人狂醉不醒。正因为其无用，才能避免遭斧斤之伐而得以终其天年。同一篇中，庄子还从理论上提出“养中”、“心斋”之法，以摆脱祸害。《德充符》一篇，旨在说明道德充实之人不仅避免了《人间世》中人生的困境，而且实现了生命内在价值的提升。

第三层面包括《大宗师》和《应帝王》两篇，可以说是庄子倡导自然主义的实践，即从自然观的天人合一，人生观的死生如一到政治论的无为而治。《大宗师》描述尊大“道”为师的真人的人生境界。真人体现“道”的无限性、整体性和自由性。庄子形象化地通过对得“道”真人的刻画，表达人对宇宙的亲和感、融和感。

这是由“天与人不相胜”而推导出“天人一体”的观念。真人在大化流行中求生命的安顿，认为生来死归为自然变化的必然现象，从而导出“安化”的人生态度。如果说《大宗师》是庄子的“内圣”之学，那么《应帝王》便是其“外王”之道。《应帝王》集中表现了庄子批判儒家形态的德治和人治，而提出无治主义的观念。他主张为政之道，勿庸干涉，当顺人性之自然，以百姓的意志为意志。本篇的结尾，讲述了混沌的故事耐人寻味，南海之帝和北海之帝为了报答中央之帝混沌的善待，为其凿七窍，七窍成，而混沌死。这喻示哪怕统治者出于善心，有意为政，对人民来说也是灾难。

《庄子·齐物论》载：“昔者庄周梦为蝴蝶，栩栩然蝴蝶也，自喻适志与！不知周也。俄然觉，则蘧蘧然周也。不知周之梦为蝴蝶与，蝴蝶之梦为周与？周与蝴蝶，则必有分矣。此之谓物化。”庄子梦见自己变为蝴蝶，醒来时不知自己梦中变为蝴蝶，抑或蝴蝶梦中变为自己。这种美妙的境界，庄子称之为“物化”，是其艺术人生实现的必由之路。庄子的“物化”观，本质上是消解主、客体的对立，达到“心斋”、“坐忘”的境界。“心斋”就是为心灵净化而进行斋戒。不过，它不同于宗教的戒律，而是一种以“得道”为目的的精神修养功夫。具体过程是：

“若一志，无听之以身而听之以心；无听之以心而听之以气……气也者，虚而待物者也，唯道集虚。虚者，心斋也。”（《庄子·人间世》）

庄子像

“一志”，即心静神凝，不胡思乱想，“无听之以身”，是要摈弃耳目感官活动，“无听以心”，进而摈弃心智的思虑。人的一切自觉意识停止，只任由精气在体内活动。精气本身虚而无形，由此人就可以虚心待物，“道”便会在心中集聚而显示出来，这就是“虚室生白”，即在内心深处产生白色的光亮。“坐忘”是“心斋”的具体操作方法。“坐”便是静坐；“忘”便是忘怀。从忘物到忘形，从忘形而忘我，这便是“吾丧我”，也就是“至人无己”。丧失了自我意识，打通主、客体内外界限，主体精神与天地精神才能自由交融。

墨家的学术

墨子雕塑

墨家是中国先秦时期最重要的哲学派别之一，它由墨子创立于战国初期。

墨子姓墨，名翟。据考证，墨子实际上是姓墨台（台字读成怡），省略为墨姓，商朝孤竹国目夷氏的后人，历史上很有名的贤人伯夷、叔齐和墨子是同姓。墨子最直接的祖先，则是春秋时期宋国公子目夷。墨子生活的时代，大体上是孔子之后、孟子之前，更具体的生卒年则无法确定。至于墨子的出生地，同样是众说纷纭，有人认为是宋国人，有人认为是楚国人，有人甚至疑他为印度人，理由是“墨”即“黑”，“翟”通“狄”，墨子名字的意思就是皮肤黝黑的西方人。但大多数人则相信，墨子应该是鲁国人。因为从《墨子》一书中关于墨子的记载看，墨子的活动中心一直是以鲁国为主，他周游别国后所返回的目的地一般都是鲁国，其说较为合理。

墨子一生行事，史书记载很少。我们根据《墨子》和其他少量先秦典籍，对墨子的出身背景、思想性格及所做事业，可以有下面的基本判断：墨子应该是出身社会下层，或者至少特别熟悉当时社会下层手工业者的生活。墨子早年曾接受过儒家教育。据《吕氏春秋》记载：春秋时，鲁国惠公曾经派自己的大臣宰让到洛邑，请求周天子派人指点郊庙祭祀的礼节，周桓王就派了史角到鲁国。后来，惠公就把史角留了下来，史角的后人也就一直待在了鲁国，世代做鲁国的史官，而墨子曾向史角后人学习。所以，我们今天在《墨子》一书中，经常可以看到墨子对儒家经典著作《诗经》《尚书》等的征引。但墨子学说又与儒家有很多不同，如儒家亲亲，墨子尚贤；儒家主张爱人是由亲及远的差别之爱，墨子是一律平等的兼爱；儒家繁礼，墨子节用；儒家重丧，墨子节葬；儒家提倡音乐教化，墨子非乐；儒家远鬼，墨子明鬼，等等。

墨子形成自己的思想认识体系后，像先秦其他诸子一样，主要从事的是授徒讲学和游说列国这两个方面的工作。为实现自己的社会理想，墨子曾特地为弟子们出仕各国制定了一些具体的意见与原则：“凡入国，必择务而从焉。国家昏乱，则语之尚贤、尚同；国家贫，则语之节用、节葬；国家憙音湛湎，则语之非乐、非命；国家淫僻无礼，则语之尊天事鬼；国家务夺侵凌，即语之兼爱、非攻。”（《墨子·公输》）这段话所涉及的“尚贤”、“尚同”、“节葬”、“非乐”、“明鬼”、“兼爱”、“非攻”，基本涵盖了他的主要学术思想。

墨家的观点主张主要体现在《墨子》一书中。《墨子》不是墨翟本人自著，是在墨子之后编撰成书的。所以，同战国时其他的“子书”一样，虽然《墨子》大部分是对本派导师墨子言行的记录，但同时也包括一些墨家后起学者的思想观点。此书原有 71 篇，流传至今剩下 15 卷共 53 篇。佚失的 18 篇里，有 8 篇的目录保存了下来，即《节用下》《节葬上》《节葬中》《明鬼上》《明鬼中》《非乐上》《非乐下》和《非儒上》。全书内容大概可以分成如下几个部分：墨经部分 6 篇。包括《经》上、下篇，《经说》上、下篇，及《大取》《小取》等两篇。有时“墨经”专门指前四篇，6 篇合起来则叫“墨辩”。前四篇对墨家学说进行概括，后两篇涉及名理之辨和对其他学说的批驳。过去曾认为墨经是墨子所著，但现在已经比较确定地认为是墨家后学所为；墨论部分 24 篇，包括《尚贤》《尚同》《兼爱》《非攻》《节用》《节葬》《天志》《明鬼》《非乐》《非命》《非儒》等 11 个题目，每篇分上、中、下，实际上应该有 33 篇，现存 24 篇。除了《非儒》外，其余 10 篇习惯上被称为“墨家十论”或“墨家十诫”，代表了墨子的核心哲学思想。值得注意的是，“十论”中每题都分为上、中、下三部分，每题三篇之间的文字虽说有一定差异，但所论内容却完全相同。之所以如此，原因就在于《墨子》一书乃墨子死后弟子后学追记而成，对当初墨子讲学中的“十论”各有记载，自然就形成了虽内容相同而语言风格有异的情况。据研究，上篇大都文字简洁，符合秦人重实用的精神，当是秦墨所记。中篇征引《诗经》《尚书》最多，显然是受齐鲁地区儒家文化影响，则为东方之墨所为。下篇繁言好辩，大有魏、楚地区名家人士惠施等的风采，当是南方之墨所记。另外，《非儒》篇一般认为是后人所加。墨子本人虽然非儒，但并不对孔子人身进行攻击。现存《非儒下》则不然，它对孔子的私德痛加指责，许多地方不合事实，所以不能纳入墨家核心体系中；墨语 5 篇，包括《耕柱》《贵义》《公孟》《鲁问》和《公输》。这部分主要是记载墨子的言行，是全书中最少争议的部分，也是我们研究墨子生平的第一手资料。大约是墨子弟子所记，并由再传弟子修整过，因为文中对禽滑釐、耕柱等都像对墨子本人一样，使用了敬称；墨技11篇，原本20篇，佚9篇，现存《备城门》《备高临》《备梯》《备水》等11篇，主要讲的是守城之法，是墨家非攻思想在具体实践上的反映；杂说7篇。这7篇在通行的《墨子》中编排在最前面，各篇之间并没有一个统一的主题，只是对墨子基本主张的几个方面进行了发挥，当是后学所为。

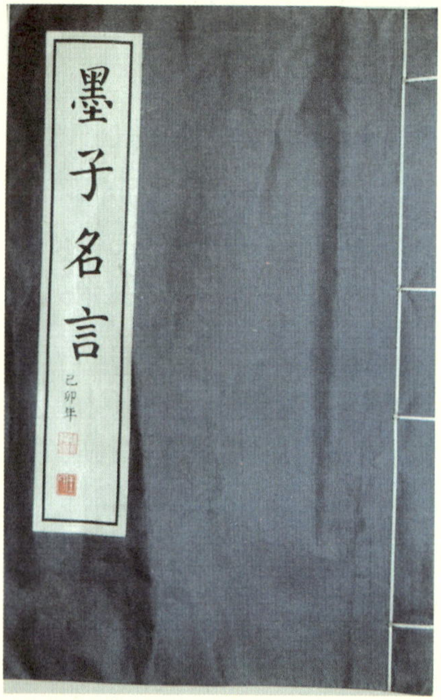

搜集墨子言论的《墨子名言》

由以上《墨子》全书的内容介绍来看，墨家思想体系的构成，主要由关乎治国大略的“十论”、科学思想及逻辑学等三部分组成，三者之间有内在的逻辑关系。关于这种逻辑关系，清代学者俞樾在《墨子间诂序》中已有所发明：“墨子唯兼爱是以尚同，唯尚同是以非攻，唯非攻是以讲求备御之法。”据此说推演：因为讲求备御之法，所以要研究科学、技术；因为研究科学、技术，需要总结理论，探求真理，是以讲究逻辑；因为注意立说的逻辑，墨家学派是以更好地组织了他们的思想体系，宣扬了自家的学说。这样，墨家学说在其政论、科学、逻辑之间，实现了一个成功的循环，构建了一个能够内部形成相互支持的理论体系。

总的来讲，如果我们说儒家以“仁”、“礼”为核心的思想体系，明显地带有没落贵族士人的特征，学说的目的是在一种新的社会关系条件下重新建立一个上下有序的社会秩序的话，那么墨家则是当时上升庶民士人的代表，学说所维护的是新兴小生产劳动者的物质利益和政治权力。墨家从平民角度出发的思想体系，在许多方面代表了当时社会状况下所可能达到的思想高度。可惜的是，墨家学说中的平等民主意识、科学实践精神在君主专制下并没有能够再发扬光大。

法家的学术

韩非子雕塑

法家是中国先秦时期的重要学派之一。其思想先驱可追溯到春秋时的管仲、子产，实际创始者是战国前期的李悝、吴起、商鞅、慎到、申不害等，而战国末期的韩非是法家思想的集大成者。法家的代表著作是《管子》《商君书》及《韩非子》等。作为一个学术派别，法家成员构成复杂，其具体观点常不尽相同，但都主张以“法”治国。也就是说，法治观念是法家作为一个学派的核心思想标志。

和先秦其他诸子的产生情况一样，法家的出现和最终形成有它的具体学术渊源和社会政治背景。从学术渊源上看，一般认为法家出于主管刑狱的“理官”（班固《汉书·艺文志》）之职。其职春秋时期开始常设，是专职的司法官，他们研究刑律并运用于实践，为后来法家学说的产生创造了学理上的前提条件。不过，法家产生的真正原因，还在于春秋战国时期具体社会历史背景的影响。我们知道，古代中国是一个典型的农业社会。农业生产的变化对社会生活的影响具有决定性的意义。西周实行井田制，这种农业生产制度是周朝统治者推行礼乐治国策略的经济基础和保证。但是自西周后期开始，周王室统治的经济基础井田制就开始动摇。春秋中后期，随着铁制农具在农业生产中的使用，牛耕开始普遍推广，社会生产力有了显著的提高。因此，大量荒田被开辟出来，在公田（即井田）之外形成“私田”，井田制趋于瓦解。到了战国时期，以一家一户为单位的个体耕作最终完全代替了原来井田制下的集体协作，封建个体经济逐渐占据了农业生产的主导地位。随着生产关系的改变，社会结构和政治模式也相应地发生了必然的变化。井田制的瓦解决定了宗法分封制不能继续施行，周王室失去了节制天下的力量，王权旁落，诸侯异政，大夫擅权，形成了儒家学者所说的“礼崩乐坏”的混乱局面。在政治制度上，西周之后以德使民、以礼治天下的施政策略走向失败。在“礼治”对社会治乱无效的情况下，只有别寻其他的方式和途径。同时，新兴经济、政治力量获得政权后，着力巩固自己的统治，也要求寻找新的统治方针。所以，从春秋后期开始，为了满足新兴经济、政治力量的要求，解决新的社会状况下的诸种难题，诸侯国中出现了一股改革、变法的热潮，以法治国成为当时主政者的选择。一大批有经验、有理想的政治家通过变法，以图富国强兵，在诸侯混战中保存国体，发展壮大。在这个变法改革运动中，制定成文法是各位改革家首先的而且是必然的一步。

法家学派在其内部是有一个较长时间的发展过程的，在每一阶段都有一些代表性人物。首先是一些春秋末年先驱式的法家人物，比如齐国的管仲，郑国的子产、邓析，晋国的赵盾、赵鞅、范武子，宋国的子罕等。他们主张通过变法或立法的途径来顺应历史的潮流，以缓和、解决当时的社会矛盾。他们在各自的立法或司法实践中，为后来法家学说的形成奠定了基础。管仲可以看成是这一批人的代表。管仲（？—公元前645年），名夷吾，仲是他的字，又称敬仲。他做过春秋霸主齐桓公的宰相。齐桓公之所以能“九合诸侯，一匡天下”，成为春秋时期第一个霸主，管仲相齐进行改革是主要原因。管仲的思想和业绩在当时就有很大的影响，后来的法家常尊管仲为宗师，并托名管仲编写了《管子》一书。该书对管仲的许多观点和思想都有反映，是我们今天了解管仲的重要材料来源之一。总之，作为法家先驱人物的管仲对后来法家学派的影响，主要有以下几点：首先，管仲主张改良旧礼、创立新法，以法统政、礼法并用，以法律手段推行经济、军事等政策以达到富国强兵的目的。其次，管仲认为法令是人们的行为准则，应该公布于众。他还认为要维护上下尊卑的社会秩序和治理好民众，就得运用赏赐和刑罚两手。最后，管仲还认为，“民之情，莫不欲生恶死，莫不欲利恶害”。这后来发展为战国时期法家变法的理论依据之一：“好利恶害”的人性论。因此，君主立法就要了解民心之“好恶”，并且因势利导加以利用。这样，立法才能符合民众的愿望，就会得到民众的拥护，这也就是后来法家所说的“因人情”。

战国时期的法家像他们的先驱一样，大都是各个诸侯国著名的政治家、军事家和思想家。他们大致可以分为前期法家和后期法家。其中，战国初期和中期的法家称为前期法家，主要代表人物是李悝、吴起、申不害、慎到和商鞅等。他们基本一致的倾向是强调变法以求富国强兵，并提出明确的变法措施。战国末期的法家则称为后期法家，主要代表人物是韩非和李斯等。他们注重“定法”，主张将现实的封建秩序用法律固定下来。在前、后期两阶段法家人物中，李悝是真正意义上的法家始祖。他在魏国做宰相的时候，对政治、经济、法制方面进行了一系列的改革。他总结了春秋以来各国的立法经验，并对当时的成文法运动进行了理论的概括，完成了中国古代第一部系统的封建法典《法经》。从他开始，法家思想才初步形成了一个体系，法家才成为一个学派。

商鞅像

商鞅是前期法家思想的主要奠基人。商鞅（约公元前 390 年—公元前 338 年）出生于卫国，本姓公孙氏，名鞅，因为是卫国国君的同族，也叫卫鞅，后来因为自己的封地在商，号称商君，历史上就称他为商鞅。所著《商君书》共有 29 篇，现存只有 24 篇。其思想主要包括法律起源论、变法论、法治论、赏刑论及专制论。商鞅主张用耕战思想教育人民，统一言行，极力反对儒书儒术，这种文化专制主义主张成为秦始皇“焚书坑儒”的思想先导。

韩非子则是后期法家的代表，也是整个法家学派的集大成者。韩非，（约公元前 280 —公元前 233 年），韩国人，其祖上为宗室贵族。他的思想“本于黄老”，但不同于老子，而成为典型的“刑名法术之学”。他曾师从荀子，但却走上了批判儒家的道路，成为法家思想的集大成者。他著有《韩非子》一书，共有 55 篇，其中大部分为其本人作品，但也可能掺入了少量他人的文字。《韩非子》当中，有许多篇目讲的都是帝王治天下的道理。比如他写的“六反”是论严刑峻法对于治理国家是如何重要，他的“八经”是讲治理国家的八项纲领，他的“主道”、“扬权”是告诉君王牢牢掌握大权的秘诀，“三守”是告诉君王怎样才能坐稳第一把交椅而不被人颠覆，“亡征”是告诫君王，国家要亡就会有四十七种先兆。韩非子在批判和吸收各家主张，总结前期法家的理论和实践的基础上，提出了“以法为本”，法、势、术相统一的“法治”思想体系。法就是法律、法令，是要求臣民必须遵守的；术就是权术，有两重意思：一是指任用、监督、考察、奖惩臣下的方法。二是指君主驾驭臣下的权术；势就是“威势”、“权势”，包括地位和权力，是君临臣民的客观条件。韩非认为，对于君主来说，治理国家中法治是必然的也是必要的，要“以法为本”。但是，光有法不行，还必须有术，“君无术则弊于上，臣无法则乱于下”。同时，法与术都必须以掌握权势为前提。如果君主手中无权，有法也发挥不了作用，有术也无从施展。所以，没有权势就谈不上法治。同样势也离不开法，有势无法就不是法治，而是“人治”或“心治”。因此，一个聪明的君主要“修术”以“行法”，要善于“抱法处势则治”。

综合先秦法家的代表言论，可以对法家思想的基本特征进行一个概括：首先，因为痛恨春秋以来战端频繁、民生困苦的“天下散乱”局面，法家鼓吹国家的统一与强盛。他们认为，只有实现统一，才能指望国家有繁荣的经济文化和强盛的国力。因此，他们要求建立一个统一的中央集权的国家。主张“事在四方，要在中央”，追求那种“海内为郡县，法令由一统”的政治局面。他们为废分封、设郡县作出了重大的历史贡献。

其次，法家主张君主专制，鼓吹君主独揽行政、立法、司法的大权。之所以如此，是因为法家在哲学上接受了道家的相关理论，把“道”与“君”一体化，认为道是万物的本源和世界的主宰，而君主是道在人间的体现。因此君主要独操一切权势，否则就不成其为君主；要保持权势，君主就必须拥有最高、最后的决断权。

其三，在如何实现法治上，法家强调了法治的公平、公开。他们认为，法是一种“公仪”，是集体价值观念的尺度与判断是非的标准，应该“如天地之无私”，“发于人间合于人心”。因此，执法必须守正不偏，去掉私心偏见，“法不阿贵”，“刑无等级”，“君臣上下贵贱皆从法”，做到“刑过不避大臣，赏善不遗匹夫”。公然否定了任何等级特权，体现了在法律面前的平等原则。

其四，追求变法革新，反对因循守旧。中国是一个传统的农业国家，保守怀旧的意识较强。先秦时期其他有影响的思想家或学派，都或多或少、或明或暗地赞美过去、非议当今，主张效法先王，让历史倒退。法家则高举“不法古，不循今”旗帜，主张根据变化了的情势，不断变法革新。

其五，因为法家大多具有实际的政治经验，所以大都能够正视现实，主张求实务实，反对过分理想化的学说或主张。他们认为，人都是“饥而求食，劳而求扶，苦则索乐，辱则求荣”的，君主应当利用这一人性来治理人民。他们因而制定了根据老百姓生产粮食布帛的多少，给予不同奖励和处罚的激励政策，最大限度地调动劳动者的生产积极性。

法家人物成分较为复杂，多由当时的政治家和思想家组成，其思想的理论来源主要是吸收各家学说之所长，糅合自己的观点，从而形成独有的法治思想。法家最大的特点就是与时俱进、革故鼎新，以“法治”取代“礼治”。他们的思想主要是关于治国方略的，涉及政治、经济、军事、教育、法律等众多领域。从其学说的出发点看，法家代表的是当时正处于上升势头的新兴地主阶级的利益，在当时具有比较明显的进步性。从对后世的影响看，法家思想既有积极的一面，也有消极的一面。特别是法家认可极端君主专制主义思想，主张实行专制主义文化政策，钳制了中国古代政治与文化的活力与创造性。

军事家孙武

孙武，又称孙子或孙武子。齐国人，其生卒年月已不可考，大致与孔子同时。因齐国内乱，他出奔吴国，“以兵法见于吴王阖闾”，被任命为将军，在吴国同楚、越的争霸中立下了战功。孙武是一位杰出的军事家。他总结前人以及自己的作战经验，著有《孙子兵法》一书，6000 余字。书中论述了战争观和战争规律：“兵者，国之大事，死生之地，存亡之道，不可不察也。”；“善用兵者，修道而保法，故能为胜败之政。”提出了比较系统的战略战术原则，如在战争中要掌握双方情况：“知彼知己，百战不殆；不知彼而知己，一胜一负；不知彼，不知己，每战必殆。”作战时要争取主动性，出奇制胜：“凡战者，以正合，以奇胜。”“攻其失备，出其不意。”要集中力量打歼灭战：“我专为一，敌分为十”，以众击寡，歼敌制胜。此外在治军问题上，孙子的名言是“合之以文，济之以武”，主张把思想教育同严格管理及训练相结合，等等。《孙子兵法》总结了一系列战争的规律，是我国古代优秀的军事著作，被誉为“兵学圣典”，不仅在我国军事史上占有崇高的地位，而且在世界军事史上享有极高的声誉。

孙武像

古代岁时历法

一、关于纪年

中国是一个农业古国，古人对于时间概念的认识和划分，往往以农作物的生长成熟期为标准。《说文》说："年，熟谷也。"这意味着"年"是指一般禾谷成熟的周期，大致相当于地球绕太阳一周的时间，即现代所谓太阳年。现代天文学把以太阳回归周期（回归年）为单位的历法叫做阳历，以月相的圆缺周期（朔望月）为单位的历法叫做阴历。中国从辛亥革命以后至今主要采用阳历。而在此前所使用的是阴历，因其便于农事，又叫农历，至今仍在农村使用。

阴历 1 年为 354 天（平年），阳历 1 年为 365 天（闰年），二者相差 11 天。阴阳历既要把月相变化 1 周作为 1 个月，又要使 1 年的平均长度等于太阳运行周期，还要保持名义上 1 年 12 个月的习惯，因而采取设置闰月的办法，3 年后插入 1 个月来消除这种误差。插入的这个月叫做闰月，这一年叫做闰年，闰年有 13 个月。3 年 1 闰还要多几天，逐年累积起来，季节就会错乱。于是改为 5 年 2 闰，但又少了几天。经过摸索，确定为 19 年 7 闰。这样，19 个回归年的天数和 235 个朔望月的天数便非常接近了（实际相差 2 时 9 分 36 秒）。中国历法从殷周时代已经知道置闰，最初放在岁终，称为"十三月"。后来改为附加于某月之后，如闰三月、闰四月，等等。古代历法对什么时候置闰非常重视，当闰而不闰叫做"失闰"。

一年从什么时候算起？古代有所谓"三正"，即：夏历以建寅之月（含立春之月，即农历正月；北斗星斗柄所指曰建，亦称斗建）为岁首，殷历以建丑之月（农历十二月）为岁首，周历以建子之月（含冬至之月，农历十一月）为岁首。这未必是夏、商、周三代历法的不同，而只是春秋战国时期三个不同部族地区历法的区别。晋为夏墟，故建寅；宋为殷墟，故建丑；鲁为周后，故建子。秦和汉初，曾以建亥之月（农历十月）为岁首。由于建寅的夏历划分春夏秋冬合于农时，便

2011年7月日历表

日	一	二	三	四	五	六
					1 建党节	2 初二
3 初三	4 初四	5 初五	6 初六	7 小暑	8 初八	9 初九
10 初十	11 十一	12 十二	13 十三	14 十四	15 十五	16 十六
17 十七	18 十八	19 十九	20 二十	21 廿一	22 廿二	23 大暑
24 廿四	25 廿五	26 廿六	27 廿七	28 廿八	29 廿九	30 三十
31 7月小						

2011年8月日历表

日	一	二	三	四	五	六
	1 建军节	2 初三	3 初四	4 初五	5 初六	6 七夕节
7 初八	8 立秋	9 初十	10 十一	11 十二	12 十三	13 十四
14 中元节	15 十六	16 十七	17 十八	18 十九	19 二十	20 廿一
21 廿二	22 廿三	23 处暑	24 廿五	25 廿六	26 廿七	27 廿八
28 廿九	29 8月小	30 初二	31 初三			

2011年9月日历表

日	一	二	三	四	五	六
				1 初四	2 初五	3 初六
4 初七	5 初八	6 初九	7 初十	8 白露	9 十二	10 教师节
11 十四	12 中秋节	13 十六	14 十七	15 十八	16 十九	17 二十
18 廿一	19 廿二	20 廿三	21 廿四	22 廿五	23 秋分	24 廿七
25 廿八	26 廿九	27 9月大	28 初二	29 初三	30 初四	

2011年10月日历表

日	一	二	三	四	五	六
						1 国庆节
2 国庆节	3 国庆节	4 初八	5 重阳节	6 初十	7 十一	8 寒露
9 十三	10 十四	11 十五	12 十六	13 十七	14 十八	15 十九
16 二十	17 廿一	18 廿二	19 廿三	20 廿四	21 廿五	22 廿六
23 廿七	24 霜降	25 廿九	26 三十	27 10月小	28 初二	29 初三
30 初四	31 初五					

2011年11月日历表

日	一	二	三	四	五	六
		1 初六	2 初七	3 初八	4 初九	5 初十
6 十一	7 十二	8 立冬	9 十四	10 十五	11 十六	12 十七
13 十八	14 十九	15 二十	16 廿一	17 廿二	18 廿三	19 廿四
20 廿五	21 廿六	22 小雪	23 廿八	24 廿九	25 11月大	26 初二
27 初三	28 初四	29 初五	30 初六			

2011年12月日历表

日	一	二	三	四	五	六
				1 初七	2 初八	3 初九
4 初十	5 十一	6 十二	7 大雪	8 十四	9 十五	10 十六
11 十七	12 十八	13 十九	14 二十	15 廿一	16 廿二	17 廿三
18 廿四	19 廿五	20 廿六	21 廿七	22 冬至	23 廿九	24 三十
25 圣诞节	26 初二	27 初三	28 初四	29 初五	30 初六	31 初七

公历、农历对照表

于农事，所以从汉武帝太初元年（公元前104年）改用《太初历》，以建寅之月为岁首之后，两千多年来基本上都采用夏正，所以旧历也叫夏历。春秋战国时期，由于历法制度不统一，不同古籍所记时间往往有差异。如《春秋》《孟子》多用周历，《左传》《吕氏春秋》和楚辞多用夏历，《诗经》因来自不同地区，故各篇历法颇不一致，需要具体分析。

古代历法家的纪年法，有所谓岁星纪年法、太岁纪年法和干支纪年法。

岁星纪年法。古代天文家把黄赤道带1周天分为12等份，由西向东命名为星纪、玄枵、诹訾、降娄、大梁、实沈、鹑首、鹑火、鹑尾、寿星、大火、析木等12天次。古人认为，岁星（即木星，简称“岁”）由西向东12年绕天1周，每年经行1个天次。假如某年岁星运行到“星纪”范围，这一年就记为“岁在星纪”，第二年岁星运行到“玄枵”范围，就记为“岁在玄枵”，其他以此类推，12年周而复始。如《国语·晋语》记：“君之行也，岁在大火。”《左传·襄公三十年》记：“于是岁在降娄。”就是岁星纪年之例。

太岁纪年法。古代天文家有所谓12辰的概念，大抵是沿天赤道将一周天分为12等份，由东向西配以子、丑、寅、卯、辰、巳、午、未、申、酉、戌、亥等12地支，其安排方向和顺序正好和上述12次相反。岁星由西向东运行，与人们所熟悉的12地支顺序相反，所以岁星纪年法在实际运用中并不方便。为此，古代天文家便设想出一个假岁星叫太岁，让它和真岁星背道而驰，这样就和12辰方向顺序一致，并以之纪年。例如某年岁星在星纪，便认为太岁在析木，相当于12地支之寅，这一年就是“太岁在寅”。第二年岁星运行到玄枵，便认为太岁在大火，相当于12辰之卯，这一年就是“太岁在卯”，其余以此类推。

由于岁星并非完整地每年走一个天次，而是稍多一点，积至86年，就要多走1个天次。所以岁星纪年法和太岁纪年法并不能反映逐年的实际天象，人们就废而不用，改用干支纪年法。这是一种和天象没有联系的抽象计算方法。干指10天干，即：甲、乙、丙、丁、戊、己、庚、辛、壬、癸。支指12地支，即：子、丑、寅、卯、辰、巳、午、未、申、酉、戌、亥。我国使用干支纪日起源甚早，而正式使用干支纪年一般认为始于东汉光武帝建武三十年（公元54年）。其方法是将10天干配12地支，如：甲子、乙丑、丙寅、丁卯、戊辰、己巳、庚午、辛未、壬申、癸酉、甲戌、乙亥、丙子、丁丑、戊寅、己卯……共得60组，称为60甲子，60年周而复始。从东汉起，至今不曾间断。古人称60岁为“花甲”,即“花甲子”的简称。因为天干与地支插花配合，所以称“花”。大约从东汉起，民间还把12地支附会为12种动物，叫做12生肖，即：子鼠、丑牛、寅虎、卯兔、辰龙、巳蛇、午马、未羊、申猴、酉鸡、戌狗、亥猪（见王充《论衡》的《物势》篇及《言毒》篇）。后世亦以此纪年，敦煌经卷中已有马年、兔年的说法，至今仍在民间流行。

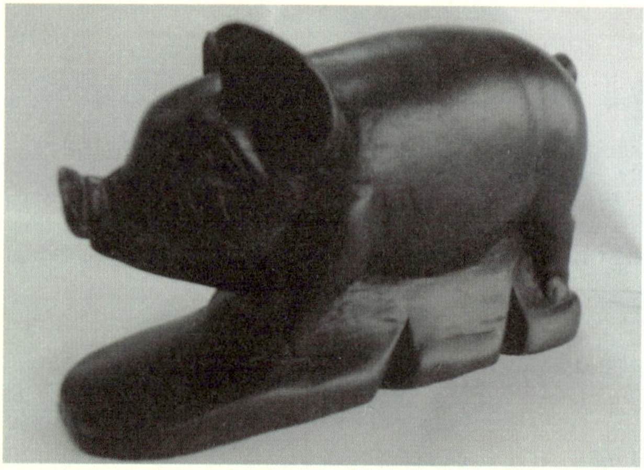

生肖石——亥猪

此外，还有历史学家的纪年法。历史学家最早以帝王纪年，例如周庄王元年、鲁桓公十七年之类，以元年、二年、三年……顺序递记，直到旧君出位为止。在一般情况下，于新君即位之次年重新纪年。春秋战国时期，周王纪年和各国诸侯纪年各成体系，《春秋》和《左传》以鲁君纪年，《国语·晋语》以晋君纪年，《竹书纪年》始以夏、商、周王纪年，周幽王以后以晋君纪年，三家分晋以后以魏君纪年。

从汉武帝开始，采用年号纪年。第一个年号是建元，建元元年即公元前140年。此后凡老皇帝去世或禅位，新皇帝即位都要更改年号，叫做改元。一般多于次年开始，重新按元年、二年、三年……计算。遇有重大事件，往往改元以志纪念。有时一个皇帝改元好几次，如汉武帝曾改元11次，武则天改元18次。明清两代较简便，基本上是一个皇帝一个年号（仅明英宗、清太宗各改元一次）。所以明清人往往用年号代称皇帝庙号，如称明成祖为永乐皇帝，明武宗为正德皇帝，清圣祖为康熙皇帝，清高宗为乾隆皇帝，等等。如果同一时期存在两个以上政权，则分别采用不同年号纪元，如三国时期、南北朝时期、宋辽金时期等皆是。除封建王朝用年号纪年外，历代农民起义政权也曾多次建元纪年，如隋末窦建德之“五凤”，唐末黄巢之“金统”、元末徐寿辉之“治平”、明末李自成之“永昌”等。

辛亥革命以前一段时间，一些革命报刊曾采用黄帝纪元。《皇帝魂》以光绪二十九年（1903年）为黄帝纪元4614年，《民报》以光绪三十一年（1905年）为黄帝纪元4603年。辛亥革命以后，以“中华民国”纪元。中华人民共和国成立以后，采用世界通行的公元纪年。中国历史上的准确年代计算，是从西周共和元年（公元前841年）开始的（始见于《史记·十二诸侯年表》），迄今不曾中断。而在那以前的年代，均为约数。今天阅读古书，要想知道中国古代某朝某帝某年相当于公元哪一年，可查阅方诗铭编《中国历史纪年表》（附在上海辞书出版社1979年出版的《辞海》之后），万国斯编《中国历史纪年表》（中华书局1978年重版），荣孟源编《中国历史纪年》（三联书店1957年出版）等书。

二、四季、十二月和二十四节气

中国古代对四季的认识有一个过程。商周以前，一年只分春秋二时。春秋可以代表一年，所以古代的历史书多称为“春秋”。后来又加上冬夏，合称“春冬秋夏”（见《墨子·天志》《管子·幼官图》）。再往后才依时序调整为春、夏、秋、冬四季，亦可称四时。古人很重视四季在农业生产中的作用，所谓春生、夏长、秋收、冬藏之说，就是从农业生产的几个重要环节说的。后世还附会许多政治的、伦理的色彩，并与五行四方干支等相配合。古人认为，春之神在东方，属甲乙木，其色青；夏之神在南方，属丙丁火，色赤；秋之神在西方，属庚辛金，色白；冬

夏季风光

之神在北方，属壬癸水，色黑。这些说法虽属迷信，但影响很大，在后世文学作品及社会生活许多领域中都有所反映。古人还将一季分为孟、仲、季三个月。按照夏历，1月为孟春，2月为仲春，3月为季春，4月为孟夏，5月为仲夏，6月为季夏，7月为孟秋，8月为仲秋，9月为季秋，10月为孟冬，11月为仲冬，12月为季冬。“季”也可作“暮”，如“暮春三月”，即季春三月。如果是殷历，则四季皆提前一个月，周历则提前两个月。四季的划分大致是以当时中原地区平均气温为准，如果从各地实际温度来看，南方北方四季的长短和温度是不尽相同的。

农历所谓月，是指朔望月，即以月相的圆缺周期作为一个月，也就是月球绕地球运行一周的时间。其平均长度为29日12时4分2.9秒，所以农历的月分为大月小月，大月30天，小月29天（阳历的月和月相没有联系，大月31天，小月30天）。农历纪月一般用顺序法，从正月、2月……到12月。以天干地支配合纪月见于《史记·历书》，与之同时也有采用地支纪月的。由于汉武帝以后一直采用夏正，故古人皆以正月为寅，2月为卯，3月为辰，4月为巳，5月为午，6月为未，7月为申，8月为酉，9月为戌，10月为亥，11月为子，12月为丑。旧时过年，有的人家在门楣上贴“斗柄回寅”，意思是北斗星的斗柄又回到寅的方位，表示正月来临，一年复始。古时还有用音乐上的12律配合12月的（见《礼记·月令》），正月太簇，2月夹钟，3月姑洗，4月中吕，5月蕤宾，6月林钟，7月夷则，8月南吕，9月无射（yì），10月玄钟，11月黄钟，12月大吕。所以古人又以12律的名称代指12月。此外，12月还有一些别称，1月称为元月，元是首之意，又称正月，正读征，据说因秦始皇名政，为避其讳而改读。2月为杏月，3月为桃月，4月为槐月，5月为蒲月，又叫端月，6月为荷月，7月为桐月，8月为桂月，9月为菊月，10月为梅月，又叫小阳春，11月为葭月，12月为腊月。命名多以植物为标志，反映了农业民族的心理习惯。

古人对于月相，有一系列专门的描述，每月初一称为朔，朔通苏，意即月亮复苏了。先秦时国君每月初一要到庙里设祭，叫做“告朔”。哪一天是朔日，从月相上看不出来，要靠推算。在周代，王室每年要把什么时候是1年的开始（正），什么时候是1月的开始（朔），通知各国诸侯，各国即据以确定历日，叫做“奉正朔”。每月15日称为望，16日称为既望，意即满月，最圆。每月最后一天为晦，意即月尽无光。古人把一个月的月相变化大致分为4个阶段：初吉——月牙初露到半圆，其中初三称为朏，表示月亮将要出来；既生霸（音pò，亦作魄，指月亮发光的部分）——月亮从半圆到满圆，其中初八为哉（初）生霸；既望——从月满到半圆；既死霸——月亮从半圆到消失，其中23日为哉死霸。后来，月相的名称较为通俗形象了。初四、初五，月相如娥眉，叫娥眉月。初七、初八，月相上缺如弓弦向上，叫上弦。这以后可以看见月面的大部分，叫凸月。十五六日之月，叫望月，满月。这以后月面始亏，可见之明亮部分逐渐减少，叫残月。到二十三四日，月相半明半暗，是下弦。再往后，二十六七日，又是娥眉月。这些名称，至今仍然使用。

古人把每个月分为两个节气，月首叫“节气”，月中叫“中气”，两者相隔半个月。每节设立专名，称为24节气。其顺序是：立春、雨水、惊蛰、春分、清明、谷雨、立夏、小满、芒种、夏至、小暑、大暑、立秋、处暑、白露、秋分、寒露、霜降、立冬、小雪、大雪、冬至、小寒、大寒。殷和周初，只确定了春分、夏至、秋分、冬至4个节气。在战国末期成书的《吕氏春秋》里，已有8个节气，增加了立春、立夏、立秋、立冬。所谓“四时八节”的“八节”，就是指上述八个节气。到汉初的《淮南子·天文训》，24个节气都齐备了。（另一说，24节气首见于《逸周书·时训解》，早于《淮南子》）夏至之日白天最长，冬至之日白天最短。古人还把春分叫日中，秋分叫宵中，因为这两天昼夜长短相等。24节气的确立划分是十分科学的，至今仍是农业生产的重要气候依据。它是中国历法的独特发明，外国至今只有二分、二至。24节气是按照太阳在黄道上运行的位置而划分的，在阳历中几乎每年固定，最多只差一两天，在农历中却是不固定的。这是由于农

“数九”天风光

历 1 个月比 2 个节气之间的平均天数少一两天，所以“节气”和“中气”在农历的月份中要逐渐推迟。这样就会出现有的月只有“节气”，没有“中气”；或者有的月只有“中气”，没有“节气”。从汉武帝时的《太初历》起，规定一年中没有“中气”的月份作为上一个月的闰月，这样每个“中气”就都在固定的月份里了。

和 24 节气相联系的还有“三伏”、“数九”等概念。“三伏”是一年中最热的时期。民间以夏至后的第三个庚日起的 10 天为头伏，夏至后第四个庚日起的 10 天或 20 天为中伏，立秋后第一个庚日起的 10 天为末伏。“三伏”共计 30 天或 40 天。“数九”是一年中最冷的时段，从冬至开始数起，每 9 天为一“九”。在黄河流域，“三九”、“四九”是一年中最冷的日子。“九九”数尽，也就是艳阳天，和暖的春天到了。南方还有所谓“入梅”、“出梅”，因为南方夏天梅子成熟时多雨，气候湿热，俗称“梅雨季节”。“伏”、“九”、“梅”等概念起源甚早，可能与 24 节气同时产生，在古代历书上，对这些日子都有相应的规定。

古人把 10 日称为 1 旬，1 个月分为上旬、中旬、下旬，后世又称上浣、中浣、下浣，浣意为洗。唐时规定 10 日一休息沐浴，故每月初十、二十、三十这三天称为休沐日。中国古代没有 7 天为一星期的概念，这一规定是近代西方历法传入之后才有的。

三、关于纪日和纪时

上古时代纪日，不是像现在这样，以初一、初二、初三……十一、十二、十三……二十一、二十二、二十三……的顺序纪日，这是稍后才使用的方法。最早是用天干纪日，如夏代后期几个帝王使用“孔甲”、“胤甲”、“履癸”等名号，即可为证。殷代已使用干支配合纪日法。河南安阳小屯村出土的殷墟甲骨文中，有一块武乙时期（约公元前13世纪）的牛胛骨，上面刻有完整的六十甲子，很可能就是当时为计算日数所使用的干支表。据考证，春秋时期第一次日食发生在鲁隐公三年（公元前720年）二月己巳，现经科学推算，这个日期是准确的。从那以后，各代史书都使用干支纪日法，一直延续下来，没有间断。民间则主要使用顺序纪日法。

近人还有使用韵目纪日法的。取平水韵之106韵目依次分别代表一个月中的某一天，如：一东、二冬、三江、四支、五微、六鱼、七虞、八齐、九佳、十灰等。一般多用于电报，如1927年5月21日，许克祥在长沙发动反革命政变，因为代表21日的韵目是“马”字。所以人们称这次事变为“马日事变”。

要知道古书上所记干支之日是农历该月的第几天，相当于阳历的几月几日，可查陈垣编的《二十史朔闰表》（中华书局1962年修订本）和薛仲三、欧阳颐编的《两千年中西历对照表》（三联书店1957年出版），前者以中历为主体，后者以西历为主体，均可互相换算。

古人对日期先后的概念相当明确。今日称今，昨日称昨，明日称翌日，明早称诘朝，三天前的日子称前日，过去的日子称昔、昔者、曩者，三天后的日子称后日，一旬以外的日子称为来日。

民间习俗——放鞭炮

古人对一年中一些特殊日子作出特殊规定，称为节日，各有不同的风俗习惯、活动，如：

元旦——正月初一，又叫元日，元者首

也。农历新年的庆祝活动多集中在这一天，一向极为隆重，叫做过年，现在叫春节。从五代起有贴春联的习俗。还有贴门画（神荼、郁垒或秦叔宝、尉迟恭像）、贴年画、放鞭炮、舞龙、舞狮等风俗。

人日——正月初七，据传说，正月初一为鸡日，二日为狗日，三日为猪日，四日为羊日，五日为牛日，六日为马日，七日为人日。

上元——正月十五日，又叫元宵节、灯节，民间多张灯为戏，举行灯会、花会、灯谜会。据说最初始于汉代，而盛于隋唐以后。

社日——立春后之第五个戊日，在春分前后，为农家祭社（土神）祈年之日。立秋后的第五个戊日为秋社，在秋分前后。

花朝——二月十二日，据说是百花生日。

寒食——在清明前二日，民间禁火三日，据说起源于晋文公纪念介之推。

清明扫墓图

清明——即24节气中之清明日，古人往往要祭祖，扫墓，至今某些地区仍然如此。

上巳——三月三日，人们多至郊外春游，水边宴饮，以袪除不祥，叫做踏青。

浴佛节——四月八日，据说是释迦牟尼的生日，各寺庙皆有盛大佛事活动。

端午——五月五日，又叫端阳节，人们都要吃粽子、划龙船，据说是为了纪念屈原或伍子胥。还有门前挂菖蒲、白艾，洒饮雄黄酒，襟前挂衣香粉荷包等习俗，据说可以避瘟疫。

伏日——一般约指初伏第一天，农家要歇伏避暑，举行酒宴。

七夕——七月七日，据说是夜牛郎织女鹊桥相会，人们陈酒脯瓜果于庭中，妇女结彩缕向月穿七孔针，穿过者为得巧，据说始于汉代。

中元——七月十五日，迷信的人认为是鬼节，佛家于是日举行盂兰盆会，源于目连救母传说。“盂兰盆”是天竺语，是解民倒悬之意。

中秋——八月十五日，月明而圆，潮水最大，是赏月和观潮的盛大节日。有祭月、吃月饼、吃团圆饭、供兔儿爷等民间习俗。

重阳——九月九日，又称重九，人们带茱萸囊，登高山，饮菊花酒，以避邪气。始于战国，盛于南北朝和唐宋。

冬至——即24节气中的冬至之日，古人认为冬至一阳生，所以也当做重要节日之一。

腊日——汉代以冬至后第三个戌日为腊日，要祭祀百神。南朝宗懔《荆楚岁时记》以十二月初八为腊日，简称腊八，民间至今尚有喝腊八粥的习惯。该日又是“佛成道日”，据说释迦牟尼于是日得道成佛。

除夕——一年的最后一天叫做岁除，要吃丰盛的“年夜饭”。其夜叫除夕，俗称大年夜，儿童有守岁不睡以迎接新年的习俗。

古代关于一日之内的时间划分，相当细致，名称很多。

古人根据天色把一昼夜划分为若干时段。一般地说，天将亮时为昧旦、昧爽，天已亮时为平旦、平朔，日出时为旦、朝、晨，太阳正中时为日中、日极，民间叫正午、中午，将近日中时为隅中，太阳西斜时为日昃、昃，日将落时为日曛、日入、日夕、暮，日落之后为黄昏、昏，黄昏以后是人定，夜晚叫宵或夕，半夜称为子夜，意即夜半子时。

古人多一日两餐，早饭叫朝食，又叫饔（yōng），在日出之后，隅中之前，约上午 9 点左右，这段时间叫食时或蚤（通早）食。晚饭叫飧（sūn），在日昃之后，日入之前（约下午四点左右），这段时间叫晡时。

古人将一昼夜划分为十二个时辰，以十二地支表示。子时＝前一天晚上 23 — 1 点，丑时 =1 — 3 点，寅时 =3 — 5 点，卯时 =5 — 7 点，辰时 =7 — 9 点，巳时 =9 — 11 点，午时 =11 — 13 点，未时 =13 — 15 点，申时 =15 — 17 点，酉时 =17 — 19 点，戌时 =19 — 21 点，亥时 =21 — 23 点。后来又将一个时辰分为初、正，

古时的测时器——圭表模拟器

如子初即等于晚上23点，子正即等于午夜零点。这样就和现在的24小时制大体对应起来了。所谓“小时”，也就是古代半个时辰的意思。

古人将一夜分为五段，即：甲夜、乙夜、丙夜、丁夜、戊夜，后来又称五更、五鼓，每更约两小时。夜间报更要击鼓，称为更鼓。二更半为半夜，五更将近天明。

古人最初将一昼夜分为100刻，后因100刻与12时辰不相合，乃改为96刻，平均每个时辰8刻，与现代每小时4刻正好相合。

古人最早以圭表测时。设一圆盘，斜面朝西，正中立一时针（称为表），沿盘周分别划出12时辰和96刻度，有如今之钟表表盘，依太阳照射时针产生的阴影所在位置来确定时刻。今故宫及北京天文馆均有日晷实物陈列。

从周代起，已使用漏壶计时器。上置漏水壶，下置承水箱，箱中有一条插着竹箭的小船，箭杆上刻有时辰刻度。漏壶中的水定量均匀地向下滴漏，承水箱中水位逐渐升高，箭杆随着逐步上升，到一定时刻，即显示出一定刻度。漏壶最初只有一个，后来发展到两个，甚至四五个成套使用。后世多用铜制，故习惯称“铜壶滴漏”。故宫中和殿曾有漏壶计时器实物陈列。

汉代以后，中国计时器不断发展。东汉张衡制造一种活动日历，叫做“瑞乾蓂荚”，从每月初一起，每日转出一片木板，15日则出现15片，然后每天转入1片，到月底落完为止。隋代已有钟车、漏车、鼓车，是可以移动的报时器。唐代梁令瓒制作了水力推动的“水运浑天铜仪”，其中包括计时器，每刻有一木人自动击鼓，每时辰有一木人自动敲钟。宋以后计时器越来越精巧，韩公廉设计的“水运仪象台”，其中已具有相当于现代钟表的关键部件“擒纵器”。元代科学家郭守敬所制“大明殿灯漏”，更为复杂，自动化程度更高。明末清初，西方以发条为动力的机械钟表制造法传入中国，从此计时器进入了新的时代。

先秦时期的社会风俗

一、衣食起居

衣食住行是社会生活的重要内容。谷物是古代人民的主食，主要有五谷，即黍（黄米）、稷（小米）、麦、菽（大豆）、麻（麻籽），加上稻为六谷。稷是北方

黍

人民的主食，古人以稷代表谷神，和社神（土地神）合称为“社稷”，并以此作为国家的代称。稻米是南方人民的主食。古人常以“稻粱”并称，粱即是稷的良种。人们把谷物蒸成饭或煮成粥，或将米麦豆炒熟碾成粉作为干粮，称为“糗”。远行时，放在竹箪里便于携带，故称“箪食”；或用水调成浆，放在陶壶里以便食用，故称“壶浆”。当时下层人民一日两餐：第一餐曰“朝食”（今 10 时左右），第二餐曰“飧”（sūn）（今下午 4 时左右）。

副食中蔬菜品种尚不多，《诗经》中提到的只有 20 多种。《素问》一书将葵、藿、葱、薤、韭列为五菜，其中葵和藿是主要蔬菜。果实主要有桃、李、梅、杏、枣等。肉类主要有牛、羊、猪、鸡、鸭、鹅、鱼等。调味品主要是醋和酱。古时各阶层人的饮食差别很大，羹饭虽是诸侯贵族与庶民的常食，但羹的名称繁多，质量不一。贵族食用动物肉配以五味调料制成的各式美味的肉羹，如羊羹、豕羹、犬羹、兔羹、雉羹、鳖羹、鱼羹、脯羹等。穷人无肉就用藜藿等菜做羹。

肉的吃法常见的有炙（zhì）、脍（kuài）、醢（hǎi）、脯以及羹。炙就是烤肉。古代的烤肉有两种，烤鲜肉叫炙，烤干肉叫燔。脍是细切的鱼或肉。《诗经》有炙兔和“鲤脍”的记载，可见烤肉、鱼片的吃法甚古。成语有“脍炙人口”，又可见这两种吃法被视为美味。醢是肉或水产品做的酱。制醢的过程很复杂，一般是先制成干肉，然后铡碎，用粱米制成的酒曲和盐搅拌，再用好酒渍，密封在瓶子里，经过 100 天后食用。脯即干肉，动物的内脏也可以制脯。现在腌咸肉、云南作牛干巴都是脯的简化。脯又叫脩，这是因为脯为条状。古书里常说的束脩就是成捆的脯。

中国酿酒的历史很悠久。古代的酒并不是烈性的，一般都是黍子或高粱（秫）煮烂后加上酒母酿成的，成酒的时间很短，不进行蒸馏，因而“酒薄”。烈性烧酒的推广大约是元代以后。酒有很多专称。酿造一宿即成的叫醴（lǐ），其味甜。现在的糯米甜酒、醪（láo）糟即与醴相似。经过多次酿制的酒叫酎（zhòu）。最烈的酒叫醲（nóng）醇。酒酿好后过滤，叫醅（pēi），所得到的是清酒。不过滤带有浮渣，叫浊酒。因为酒里含有杂质，所以古代的酒放得久了会变酸。除了米酒，古代还有葡萄酒之类，但也较晚。

古代的调味品主要有醯、盐、梅、姜、桂、酱、豉等，醯也是作为调料使用的。醯即醋，梅即青梅。其余的沿用至今，无须解释。要说明的是，由于生产水平的限制，在今天看来是极普通的调料，在古代也不易得。直到南北朝时父母死了还以不食盐醋酱以示其孝，可见这些调料当时还被视为奢侈品。古代调味不用糖，甘甜之味用梅之类。这是因为易溶的甘蔗糖大约唐代才有，而中国原有的“糖”即今之麦芽糖（饴）不溶于水。古代有个“饧”（xíng）字，也并不是今天的绵糖、砂糖，而是饴加米粉制成的糖块。

古代的饮食习惯也和现在有很大差别。先秦吃饭不用箸（筷子），而是用手抓。最初饮食器皿直接放到地上或席上，后来有了托盘（案），长方形或圆形，4只或3只短足，食器放在案上后摆在席上。吃肉时，把煮好的肉从镬（huò，即锅）里用匕取出放在砧板（叫“俎”）上，用刀割着吃。喝酒时先从贮酒器罍（léi）里倒进尊、壶，放在席旁，然后用勺斗斟入爵、觥饮用。

古代的住宅

古代的住宅最外面是门（院门），门外（有的在门内）有屏，又叫萧墙，即今之照壁。贵族的大门一般是三开间，当中一间是明间，为门，左右的暗间为塾。旧时称儿童读书的地方为私塾、村塾，即因最初在塾中教学。

门内为庭（又写作廷），即院子。在宫廷中是群臣朝见君王的地方，所以又叫朝，后代说朝廷。庭都比较大，现在北京太和殿前的大庭院即沿古而来。古代庭中要植树，据说植棘和槐，作为王公大臣列位的标志，所以“槐棘”或“三槐”等词用以指朝廷高位。但要注意：这并不是说只有帝王所居的庭才植树。君王的庭中还设火炬，叫庭燎。据说天子百燎，公 50，侯伯子男 30，大概庭燎的多寡跟庭的大小及地位高低有关。设庭燎并不全是为了照明，同时也是接待来宾的礼仪。

庭的尽头建堂。古代供起居用的建筑都建在较高的台上，堂也不例外。堂有东西两面墙，叫序。靠庭的一面（南面）有两根柱子，称楹。还有两个阶梯，称东阶、西阶。堂是平时活动、行礼待客之所。古人在室外尊左。因此西阶是宾客走的。《史记·魏公子列传》：“赵王扫除（阶）自迎，执主人之礼，引公子就西阶。公子侧行辞让，从东阶上。”走东阶，即不敢以尊者（宾）自居。堂既一面无墙，其边、角即暴露于外。堂边叫廉，廉必直，所以后来说廉正、廉洁。

按照古代礼仪，尊者在堂卑者在庭。《左传·宣公二年》：“晋侯饮赵盾酒，伏甲将攻之。其右提弥明知之，趋登，曰：‘臣侍君宴，过三爵，非礼也。’遂扶以下。”臣在君前“趋”行，是“礼”的规定；搀走赵盾的借口也是“礼”；但提弥明登堂却是无礼的，不过这是应付紧急情况的需要。

堂后是室，室门叫户，出户就到了堂上。堂室之间还有窗子，叫牖（yǒu）。户偏东，牖偏西。室的北墙上还有一个窗子，叫向。室的两旁若再盖屋子，就叫房（近似后代的耳房）。

室内的四角（隅）都有专名。《尔雅·释宫》：“西南隅谓之奥，西北隅谓之屋漏，东北隅谓之宧，东南隅谓之窔。”四角中以奥为最尊，是室内祭祀之处。室内的座位以西边（面向东）为最尊，其次为坐北朝南，再次为坐南朝北，东边的座位最卑。因此《史记·项羽本纪》记叙了这样的座次：“项王即日因留沛公饮。项王、项伯东乡（向）坐，亚父南乡坐。——亚父者，范增也。——沛公北乡坐，张良西乡侍。”

上古席地而坐，即在地上铺张席子坐在上面，稍讲究一些，在席子上再加一张席，谓之重席。贫苦人家往往无席可铺。对于贵族来说，居必有席，否则就是违礼。已经坐在席上，要对尊者自表谦卑就要避席、伏地。古人坐时两膝着地，两脚脚

背朝下，臀部落在脚踵上。现在朝鲜、日本还保留着这种坐法。如果将臀部抬起上身挺直，就叫长跪，又叫跽，这是将要站起来的准备姿势，也是对别人尊敬的表示。如果两腿平伸、上身与腿成直角，叫箕踞，因为形似簸箕。这是一种极随便的坐法，若有别人在场则是对对方的极不尊重。

上古室内的家具种类不多，几、床是最常见的。几为长方形，短足，类似现在北方的炕桌但更狭长。几是坐时凭依以帮助休息的。但平时倚几则是懒散不严肃的表现。《孟子·公孙丑下》：

“孟子去齐，宿于昼。有欲为王留行者，坐而言，（孟子）不应，隐（依）几而卧。客不悦，曰：‘弟子齐宿（恭敬）而后敢言，夫子卧而不听，请勿复敢见矣。’”

对于老人来说隐几是理所当然的。《礼记·曲礼上》：“谋于长者，必操几杖以从之。”历代帝王还以赐几杖表示养尊敬老。古代的床跟现代的不同，较矮，较小，主要是供人坐的。《史记·酷吏列传》说：“数年，（朱买臣）坐法废，守长史，见（张）汤，汤坐床上，丞史遇买臣弗为礼。”若在户外，例如行军时，床也当卧具。《左传·宣公十五年》：“宋人惧，使华元夜入楚师，登子反之床，起之。”从东汉后期起出现了一种“胡床”，顾名思义，这是从北方少数民族那里传入的。胡床类似现在的马扎，床面用绳带交叉贯穿而成，可以折叠，所以又叫绳床、校（交）椅。胡床虽然也叫床，但跟中原地区固有的床有很大不同。古书上还常提到榻。榻跟床差不多。《三国志·管宁传》注引《高士传》：“管宁自越海及归，常坐一木榻，积五十余年未尝箕股（即箕踞），其榻上当膝处皆穿。”由此可见在床、榻上坐时还是跪的姿势，坐胡床就与现在坐椅子一样了。

战国以前陆行的主要工具是马驾的车。马供骑乘大约到战国才慢慢多起来。因此先秦文献中经常车马连言，单说马也就包括车，单说车也意味着有马。

古代驾车以四马为常，例如《诗经》即多次提到“四牡”（四匹公马）驾车的情况。车驾四马叫驷，《诗经·郑风·清人》：“清人在彭，驷介旁旁。”也有驾两马的时候，叫骈，也叫併。驾三匹马叫骖（cān）。后来又可以驾六马，一般为皇帝专用。《史记·袁盎列传》：“今陛下骋六騑（fēi），驰下峻山，如有马惊车败，陛下纵自轻，奈高庙、太后何！”

古代的马车只有一根辕，驾辕的马叫服马，两旁的马叫骖，类似现在牲口车的“长套”。

古代也有牛车，称为大车。因为车身较大，是用以拉货的，东汉以后才成为乘坐的车。大车两根辕，一般驾一头牛。还有所谓小车，是一匹马拉的车，也叫

秦始皇陵出土的古代战车

安车，因为可以在舆内安坐。《礼记·曲礼上》：“大夫七十而致事（辞职）……适四方，乘安车。”皇帝征聘在野之士常用安车以示尊敬，有时还是“蒲轮”，即用蒲草包裹车轮，以减少车的颠簸。也有“驷马安车”，那就不是小车了。

驾车既然以四马为常，所以古人以驷为单位计数车辆。《论语·季氏》：“齐景公有马千驷。”这不只是说他有 4000 匹马，也指他有 1000 辆车。一车为一乘，说到多少乘也就意味着有多少组与之相应的马。《国语·晋语》：“秦后子来仕，其车千乘；楚公子干来仕，其车五乘”，根据上面分析可以推算秦后子及楚公子干各拥有多少组相应的马。

车子的主要组成部分和部件有辕、舆、轮和盖等。

车辕又叫辀（zhōu），后端连在车轴上，前端架起一根横木叫轭。连接轭和辕的销子叫輗（ní），小车上的叫軏（yuè）。《论语·为政》：“大车无輗，小车无軏，其何以行之！”没了輗或軏，马就无法驾在车上，所以孔子这样说。轭卡在马颈上，轭脚之弯曲部分叫做軥（qú），像个树杈。

车厢叫舆。舆的左右两边立木板或栏杆可以凭倚，叫犄（yǐ）。前边的横木可以手扶，叫轼。行车途中对人表示敬意就伏轼低头，这个动作也叫轼（也写作式）。《史记·魏世家》：“（魏文侯）客段干木，过其闾，未尝不轼也。”《礼记·檀弓下》：“孔子过泰山侧，有妇人哭于墓者而哀，夫子式而听之。”车舆后两端的横板或栏杆叫轸。轸的正中留有缺口以供登车。轸上拴着一根绳子，供上车时当拉手用，这根绳子叫绥。

车轮的辐条一般为 30 根。《老子》：“三十辐，共一毂（gǔ）。”毂是车轮中

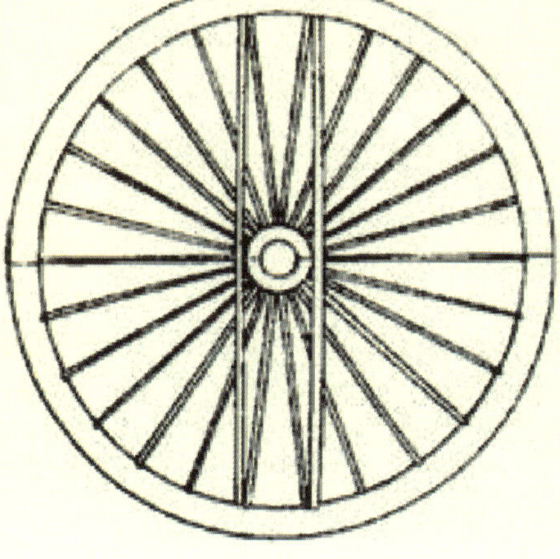

古代车轮

心有孔的圆木，空心处用以贯轴。车轴穿过毂后在轮的外侧还露出一段，叫軎（wèi）。车轮贯上轴后，为防脱落，便在軎纵向穿个小洞，插上一根金属棒，叫辖。辖是可以拔下来的，而没有辖车也就不能行驶。《孔丛子》："齐其危矣，譬若载无辖之车以临千仞之谷，其不颠覆亦难冀也。"车轴横在舆下。为固定轴，先在舆的底部安上两块木头，用绳索把轴绑在上面。因其形状像只伏着的兔子，所以就称为伏兔，又叫轐（fǔ）。

舆上可以立盖，遮蔽阳光和雨露。盖由一根木头支撑，形似大伞。盖为贵族专用，所以"冠盖"即指官宦。如班固《西都赋》："冠盖如云，七相五公。"舆中还可以铺席，车席叫茵。车舆的四周可以施帷，相当于后代的车围子，为上古妇人之车。以后车盖被取消，帷加了顶，就叫幔（màn）。

上古乘车是站着的，即立乘。《礼记·曲礼上》："妇人不立乘。"可见男子都是立乘。上古一般是一车三人，尊者在左，御者在中，车右（又叫参乘、骖乘）在右。若是国君或主帅在车，则居于中，御者与之对调。车右的任务是执戈御敌，车遇险阻时下去推车，因而都是勇而有力的人。因为车上左边一般是尊者所居，所以是上位。《史记·信陵君列传》写信陵君"从车骑，虚左，自迎夷门侯生。侯生摄敝衣，直上载公子上坐"。上坐，即所虚之左。

古代的车子因质料、用途的不同而有多种，常见的还有：

栈车，又写作轏，是以木条编舆的轻便车。《左传·成公二年》："丑父寝于轏中，蛇出于其下，以肱击之，伤而匿之。"轏车是载物和供临时住宿的，所以丑父寝于其中。因为车厢是木条编的，有空隙，所以蛇才能出于其下。

辎车，即有帷幔的车，也是用于载物兼供寝卧的。如果在帷幔上开窗子，以窗之启闭调节车内的温凉，就叫温车或辒辌（wēn liáng）车。从秦汉时起，辒辌车专用作丧车（载尸柩）。

传车，是用以传递消息法令的车，为驿站所专用，又称为驿、驲（rì）。

最后附带说说古人关于走路的一些规矩。

古人对走路的动作分辨得很细。汉代《释名》说，两足进曰行，徐行曰步，疾行曰趋，疾趋曰走。《尔雅》上又说“大路谓之奔”。这就是说，今天的慢步（漫步），古代说“步”；今天的走，古代说“行”；快步走，近似小跑，古谓之“趋”；古代的“走”，即今天跑；“奔”则是飞跑、狂跑。

古人走路还有不少规矩。例如《礼记·曲礼上》说：“堂上接武，堂下布武，室中不翔。”武即足迹，接武指向前迈的一只脚在紧挨着后一只脚处落地，也就是脚印一个“接”一个；“布”即散布、分布，“布武”即足迹不相连接。堂上面积小，走路不能迈大步，堂下地方大，不必有所顾虑。“翔”的本义是飞翔，在这里是比喻的说法，意思是在室内走路时臂的摆动要小，不要像鸟飞那样挥动两臂。这也是因为室内空间少，“翔”则会碰到别人。《曲礼上》还说：“帷薄之外不趋，堂上不趋，执玉不趋。”堂上不趋也是因为地方小；执玉不趋是怕玉摔坏；帷薄之外看不到里面的人不必要趋。《曲礼上》还说：“遭先生于道，趋而进”；“先生与之言则对，不与之言则趋而退”。这里以“趋”表示对对方的尊敬。

在他人面前趋是恭敬的表示，尤其是臣在君前，必趋。《战国策·赵策》：“左师触龙言愿见太后，太后盛气而胥之。（触龙）入而徐趋，至而自谢。”值得尊敬的还有多种，例如有丧者、行礼的卿大夫、邻居等。《论语·子罕》：“子见齐衰者（穿丧服的）、冕衣裳者（穿礼服的）与瞽者（盲人），见之，虽少（年轻），必作（站起来），过之，必趋。”《史记·万石张叔列传》：“庆（石庆）及诸子弟入里门，趋至家。”这些都是说以趋表示敬意。

原始人使用服饰的最初动机是为了装饰。后来，人类曾经历过几次冰河时期，由于气候变冷，衣服的御寒作用突出起来。进入文明社会后，衣服更有遮羞的功能。但御寒和遮羞，总是比较容易做到的。在社会生产力、社会制度和社会意识形态等多种因素制约下，服饰发展的方向，主要仍然在于装饰。

服装是服饰的基本内容。中国传统服装不外乎上衣下裳和衣裳连属两种形制。上衣下裳的服制，相传始于黄帝时代，这可以说是中国最早的衣裳制度的基本形式。衣裳连属制，古称深衣，其雏形也见于原始公社时期。

夏、商、周三代，中原地区华夏族的服饰是上衣下裳，束发右衽。安阳殷墟曾出土石雕和玉雕的奴隶主形象，身穿右衽交领衣，下着裙裳，腰间束带。这腰间所束之带，叫做绅带。古时臣子朝见君主，常执记事用的笏以奏事，入朝前或退朝后往往将笏插在绅带间，称为缙绅或荐绅。后世绅士的意义，即由此而来。周代贵族的服饰，大抵与商代相同，只是腹前常系一条像围裙一样的韨。这种韨，渊源于原始人常用树叶兽皮掩蔽下体。

古代帝王和官员的服装，还分礼服和公服，礼服用于祭祀和典礼，公服用于一般性的正式场合。无论礼服还是公服，都依身份不同而有所等差。

西周初年制礼作乐，制定了一套详细的冠服制度，有天子之服、诸侯之服、卿之服、大夫之服、士之服。帝王和官员的礼服都用冕服，冕服与冕相配。公服则主要是弁服，弁服与弁相配。冕和弁是周代冠的基本形制。冠是戴在头上的，冠和帽的区别在于前者只罩住头发而后者则覆盖整个头顶。冠产生之后，没有身份的人不准戴冠。

周代冠服式样

周代天子冕服，称“玄衣纁裳”，玄衣即黑色材料的衣服，纁裳即红色材料的围裳。玄衣纹样用绘，纁裳纹样用绣，一般用十二章：日、月、星辰、山、龙、华虫、宗彝、藻、火、粉米、黼、黻，又有“衮衣绣裳”。《诗·豳风·九罭》陈奂传疏：“衮与卷古同声，卷者，曲也。象龙曲形曰卷龙，画龙作服曰龙卷，加衮之服曰衮衣，玄衣而加衮曰玄衮，戴冕而加衮曰衮冕。天子、上公皆有之”。

由于受五行思想的影响，服装色彩通常以青、红、白、黑、黄五色为主，这五色被视为是正色，而以间色辅之。

周代冠服制度，对后世影响很大。如周代的冕服，就被后来历代统治者所沿用，作为祭祀的礼服。

至于当时的战甲，则多以犀牛、鲨鱼皮为之，上施彩绘。商代和周代，还有“练甲”和青铜甲，练甲即布甲。

古代男女皆披发不剪。身体发肤，受之父母，不能毁伤。商代男子发式以梳辫为主，也有用束发器将头发束拢，形如巾冠；妇女辫发式样，与男子大同小异，大多卷曲垂肩。西周因之，后世逐步演进。

春秋、战国之际，礼崩乐坏，各诸侯国在服饰上都有明显不同。《墨子·公孟》云：“昔者齐桓公高冠博带，金剑木盾，以治其国，其国治；昔者晋文公大布之衣，牂羊之裘，韦以带剑，以治其国，其国治；昔者楚庄王鲜冠组缨，绛衣博袍，以治其国，其国治；昔者越王勾践剪发文身，以治其国，其国治。”由于与少数民族交往，短衣、长裤、脚着皮靴的胡服出现在中原民族的服饰中。赵武灵王（名雍，生年未详，卒于公元前 299 年）为了军事上的需要，曾提倡胡服骑射，结果使赵国很快强大了起来。伴随胡服传来的还有带钩，用于结束革带，比以前绅带的结扎方式要便捷得多。

这个时期深衣十分风行，“圣人服之”，“先王贵之”，用途非常广泛，是仅次于朝祭之服的“善衣”。即使服短褐的庶人，也可用作“吉服”（《礼记 · 深衣》）。

二、婚姻丧葬

西周时男子 30 而娶，女子 20 而嫁。禁止同姓结婚，“男女同姓，其生不繁”。男女婚娶已有媒人，媒人是官媒，不是任何人都能充当的，但从《诗经》许多爱情诗来看，西周仍存在着男女自由婚配的情况。

春秋时期男女婚姻必须通过“父母之命，媒妁之言”。“六礼”已成为统一的婚姻仪式：一曰纳采，男家请媒人向女家求婚，常用雁作礼物，亦称委禽；二曰问名，男人请媒人问女方的名，以便回家占卜吉凶；三曰纳吉，男家在礼庙卜得吉兆后，备礼通知女方，决定缔结婚姻；四曰纳征，就是订婚，男家用丝帛、俪皮（两张鹿皮）等礼物送给女家；五曰请期，择完婚吉日，向女家征求意见；六曰迎亲，结婚之日，婿亲至女家迎娶新妇。迎亲之后，便可“合卺而饮”了。结婚年龄各国不尽相同，越国勾践规定男年 20 而娶，女年 17 而嫁，有的则男 20 而娶，女 15 而嫁，但一般是男 30 而娶，女 20 而嫁。婚姻已是一夫一妻制，但贵族是多妻制。贵族除嫡妻外，还有媵妾。“媵制”是春秋特殊的婚姻制度。婚姻上已有“同姓不婚”的规定，而

古代婚姻

南方诸国不禁同姓为婚。这时还存在两姓世为婚姻，如齐国和鲁国，所以姑舅之子女相为婚姻很普遍。离婚和改嫁不受限制。还有所谓合独婚姻，就是“取鳏寡而和合之，予田宅家室之”。此外男女相约私奔也屡见不鲜。

殷商时父母之丧，服孝三年。西周周公制丧葬之礼，内容详备，规定严格。丧服据亲疏不一，着五服，即是父母之丧，着斩衰之服，期三年；祖父母、伯叔父母、昆弟之丧，着齐衰之服，期一年；从父昆弟之丧，着大功之服，期九个月；再从昆弟、外祖父母之丧，着小功之服，期五个月；三从昆弟之丧，着缌麻之服，期三个月。周王去世，群臣诸侯，直至庶民，皆服丧三年。棺木，天子诸侯用松，椁四重（又说五重或七重），诸侯三重；大夫用柏，二重；庶人一重，用杂木，葬时有挽歌。至于坟墓，据说商之前死人平葬，无丘陇之识，所谓“葬田不妨田”，“不树不封”。商置坟墓，汤冢高七尺，四方，方各十步。西周规定：“天子坟高三仞，诸侯半之，大夫八尺，士四尺，庶人无坟。”坟地里“天子树以松，诸侯树以柏，大夫树以药草，士以槐，庶人以杨柳”。此外，还有许多丧葬之礼，如人死要招魂、沐浴、更衣、饭含（把米放在死人口中叫饭，把玉放在死人口中叫含）、小敛、大敛等。

三、战国时期的社会风俗

战国时期分裂割据，社会发生激烈变革，生活习俗出现了“乡殊俗，国异礼”的现象。如五月初五日，南方已有龙舟竞渡习俗，后来，逐渐演变为端午节。而中原地区则把五月初五日当做“恶日”、“恶月”，即驱邪避恶之日。同时，社会风气与春秋有明显的差别。明末清初著名学者顾炎武指出：“春秋时犹尊礼重信，而七国绝不言礼与信矣；春秋时犹宗周王，而七国无其事矣；春秋时犹论宗姓氏族，而七国则无一言及之矣；春秋时犹宴会赋诗，而七国则不闻矣；春秋时犹有赴告策书，而七国则无有矣。”这是基本符合事实的。

战国时期的服饰仍有严格的等级，如秦商鞅变法规定：衣服以家次，有功者显荣，无功，虽富无所芬华。贵族的衣料是精美的丝织品、葛麻以及名贵的皮革。贵族夏穿锦衣长袍，冬则以裘御寒。裘是由动物皮毛加工制成的，有狐裘、虎裘、黑羊裘等。裘外要加罩衣称裼衣，无裼衣是不礼貌的。庶人身份低，只能服犬羊之裘，不配裼。穷人则穿最劣等的粗麻织的褐，所以被称为“褐夫”。冠的式样很多，贵族喜戴高冠，有的戴平顶高冠，有的戴细高冠，有的冠前有两角，后垂几根鹊尾。楚国人一度喜戴独角形的獬冠。当时，服饰亦发生过变革，就是赵武灵王推广胡服，短衣窄袖，长裤和靴，称为“胡服骑射”。这一改革有其积极意义。

周代乐伎

战国时期人们已开始食用面饼，但平民所食“大抵豆饭藿羹”，藿是大豆苗的嫩叶。贵族的膳食非常精美。他们食用粮食加工的各种美味点心，称为“馐”。膳则是以六畜为主的牲肉制成的菜肴。屈原在《楚辞》中记载了吴楚地区许多美味佳肴，如焖乌龟、煮天鹅、清炖甲鱼、清炖肥牛筋、烩水鸭等。还有各种名目的美酒,如“瑶浆”、“吴醴”、“桂酒”等。烹饪技术越来越高超，讲究用料的选择、刀工、火候、调味等，并依据季节变化适应人的口味，“春多酸、夏多苦、秋多辛、冬多咸，调以滑甘”。饮食习惯据《庄子·逍遥游》说“适莽苍者，三湌（餐）而反，腹犹果然”，表明当时人每日三餐已成习惯。三餐分别称为朝食、昼食、夕食。

战国特别重视朝礼、祭礼和丧礼，借以提高君权、神权和族权。民间重视春季的“社祭”和冬季的“腊祭”。扫墓之风很盛,《孟子·离娄下》篇中曾耻笑一个齐国人乞食祭墓的祭品。

贵族的娱乐主要有女乐倡优。女乐后称乐伎，乐指音乐和乐舞。倡与唱通，指擅长歌唱的演员。优是杂技艺人，以滑稽多辩见长。战国时期优人多以矮小侏儒充任，又称俳优侏儒。民间娱乐有斗鸡、博弈、蹴鞠等。

中华文化的融合与统一

战国时期诸侯割据，“田畴异亩，车涂异轨，律令异法，衣冠异制，言语异声，文字异形”（汉·许慎《说文解字·叙》）。秦始皇统一天下后，雷厉风行地扫荡这种种之“异”，建立了统一的文化，促成了中华文化共同体的基本形成。政治的统一为文化的一统创造了必要的外部条件，在中国文化史上具有划时代的意义。

一、文字的统一

殷商以来，文字逐渐普及。作为官方文字的金文字，形制比较一致。但是到了晚周，兵器刻款、陶文、帛书、简书等民间文字，则大有区域的不同。到了战国时期，文字的形体更是非常紊乱，各国文字不统一，不但字体不同，同一个字所采用的声符、形符也有很大差异。秦统一六国以后，“文字异形”给政令的推行和文化的交流造成了严重的障碍。于是秦始皇责令丞相李斯对文字进行整理，除去和秦文字出入较大的，制定出新字体作为官方文字。李斯取史籀大篆，又汲取齐鲁等地通行的蝌蚪文笔画简省的优点，创造出一种形体匀圆齐整、笔画简略的新文字（称为“秦篆”，又称“小篆”）作为官方规范文字，颁行全国。对此，东汉著名文字学家许慎曾明确写道：

李斯雕塑

秦始皇帝初兼天下，丞相李斯乃奏同之，罢其不与秦文合者。斯作《仓颉篇》，中车府令赵高作《爰历篇》，太史令胡毋敬作《博学篇》，皆取史籀大篆，或颇省改，所谓小篆者也。

这说明秦始皇统一文字，主要是以秦字为基础，废除与“秦文”不同的原六国的异体字。简化字形，斟酌简省繁杂的史籀大篆，整理为“小篆”，作为全国规范化的文字。为推广小篆，秦始皇命李斯、赵高、胡毋敬分别撰《仓颉》《爰历》《博学》三篇，并用“小篆”写成，作为文字范本。

在秦代，除法定的“小篆”外，社会上还流行着一种更为简易的“隶书”。前人以为这种字体作于程邈。实际上，它是人们在繁忙地抄录公文狱事时逐渐创造出来的。大抵这种“草篆”初起于狱吏而用之于“徒隶”（公文抄录者），故名“隶书”。《汉书·艺文志》说：“是时始建隶书矣，起于官狱多事，苟趋省易，施之于徒隶也。”所以“隶书”不可能是程邈一人的发明，但他在群众创造的基础上加以整理，得到秦始皇的认可和采用，则是可能的。由于“隶书”笔画平正，结构趋于合理，便于书写辨认。因此在社会上广为传播，并成为全国常用的通行字体。

秦始皇图

秦代文字的统一，“隶书”的通用，结束了战国以来文字异构丛生、形体杂乱的局面。秦朝地域辽阔，各地方言差别极大，但有了统一的文字，使各地经济、文化的交往得到极大的促进，这在我国文字发展史上具有重要作用。从此，汉字的字形结构基本定型。

二、道路的统一

战国时期，各国车辆形制不一，道路宽窄有异，加之战争所需之城郭、堡垒林立，关隘险阻充斥，交通十分不便。秦始皇统一中国后，下令拆除种种障碍，定车宽以六尺为制，一车可通行全国。公元前220年，秦始皇下令以首都咸阳为中心，修筑“驰道”（天子道）。汉代的贾山在《至言》中写道：

（秦）为驰道于天下，东穷燕、齐，南极吴、楚，江湖之上，濒海之观毕至。道广五十步，三丈而树，厚筑其外，隐以金椎，树以青松。

贾山是汉初文帝时人，离秦不远，所说“驰道”之事应该是可信的。秦朝的“驰道”以国都咸阳为中心，东达今山东、河北和辽宁，南抵今湖北、湖南，东南至今安徽、江苏和浙江。而且路面极为宽阔，路基高厚，又以铁锤（金椎）夯筑得坚实平稳，还在道旁栽种了树木。在2200多年前，我国就能修筑如此宏伟的交通工程，实在令人惊叹！

秦始皇三十五年（公元前212年）又修筑咸阳通九原（今包头西北）的“直道”，劈山填谷，长达一千八百余里。司马迁曾亲自考察并走过这条“直道”的全程，所以他在《史记》里多次写道：

（始皇）三十五年，除道，道九原，抵云阳，堑山堙谷，直通之。（《秦始皇本纪》）

始皇欲游天下，道九原，直抵甘泉，乃使蒙恬通道，自九原抵甘泉，堑山堙谷，千八百里。（《蒙恬列传》）

关于“直道”的路线和途中经地，史籍记载不详。1975年，历史地理学家史念海先生进行一次实地考察后认定：“直道”从秦林光宫即今陕西淳化县北梁武帝村起，沿子午岭主脉北行，经旬邑县石门关及陕、甘两省交界处的五里墩至黄陵县沮源关后，再沿子午岭主脉西侧的甘肃省华池县东，又直北经陕西省定边县东南，复折东北方向达内蒙古乌审旗红庆河、东胜县西、昭君墓东，至包头市西的秦九原郡治所九原县。秦直道“堑山堙谷”，穿过沙漠草原，全长一千八百里，合今约七百公里。这条重要通道的修筑，对于防御匈奴奴隶主贵族的南下侵扰，密切北边与内地的经济文化交流与政治联系，有着重要的战略意义。

秦始皇还在偏远的云贵地区修筑道路。在水路交通方面，疏浚鸿沟（今河南汴河），联通济、汝、淮、泗等河流。又凿通连接湘江与漓江的灵渠，使长江和珠江两大水系联系起来。这些措施大大加强了中央与各地的联系，方便了商业贸易和文化交往。

三、度量衡的统一

战国时期，各国货币的标准、制度十分混乱。当时，不同的国家对铸币权限往往有不同的规定。秦、楚由国家直接掌握铸币权。秦自惠文王二年（公元前336年）“初行钱”以后，就由国家统一铸币。但在魏、赵、韩、齐等国，除国家铸币外，地方及一些大城市也可以独自铸币，甚至还能铸出地名。由于诸侯割据，各国货币制度殊为不一，因而货币的形状、大小、轻重、使用价值以及计算单位往往各不相同。仅就形制而言，就有布币、刀币、圆形方孔币、圆形圆孔币、郢爰和铜贝等。币制的混乱不利于商品交换，更不利于统一国家的财政收支和社会管理。因此，秦灭六国后，秦始皇下令统一全国货币。规定由国家统一铸钱，并把秦传统的严禁地方和私人铸钱的法令，推行到统一后的全国。以秦币为准，废除其他六国货币。货币分两种，黄金称上币，以镒为单位，重二十两；外圆内方的铜钱为下币，以半两为单位。秦始皇统一货币政策的实施，从根本上改变了长期以来币制的混乱状态。秦钱遍行于全国，有利于商品经济的发展和国家的统一。

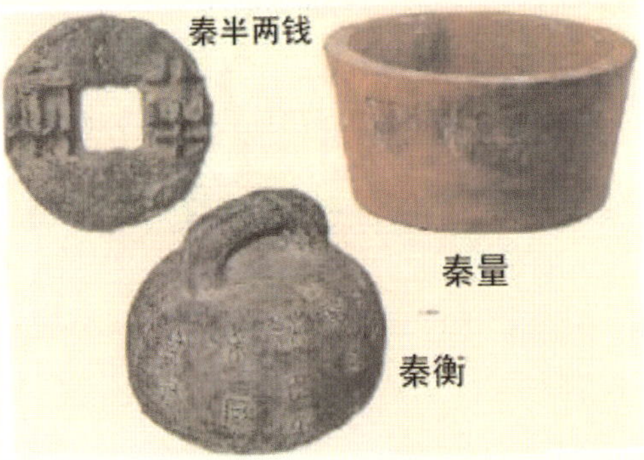

秦代货币和度量衡

在田制上，秦规定六尺为步，二百四十方步为一亩。这一亩制沿用千年大致不变（今一亩的面积相当于秦亩的101%）。

战国时期，各国的度量衡制度也相当混乱，计量单位很不一致。长期以来，由于秦国实行统一度量衡的政策，度量衡器比较一致，因而统一六国后，秦始皇便以秦制为基础，下诏统一全国度量衡。其诏书云：

廿六年，皇帝尽并兼天下诸侯，黔首大安，立号为皇帝。乃诏丞相状、绾，法度量则，不壹，歉疑者，皆明壹之。

这道诏书多铭刻在国家法定的度量衡的标准器和日用器上。对于不宜刻字的陶器，也用刻字木戳印上字样。这些措施为中华民族共同的经济活动提供了便利条件。

四、文化习俗的统一

秦始皇据五行说，自以为得水德，因亥属水，便以亥月（10月）作为岁首。黑属水，故衣服旌旗均尚黑，庶民以黑布裹头，称为“黔首”。法律也从水德，所以崇尚严刑峻法，“以法为教”。会稽刻石严令“禁止淫泆”，以杀奸夫无罪的法律条款来矫正吴越地区男女之大防不严的习俗，使之无异于中原，“大治濯俗，天下承风，蒙被休经。皆遵度轨，和安敦勉，莫不顺令。黔首修洁，人间同则，嘉保太平”（《会稽刻石》）。秦始皇多次出巡各地，颁令刻石，“大圣作治，建立法度，显著纲纪。……普施明法，经纬天下，永为仪则。……黔首改化，远迩同度，临古绝尤”(《史记·秦始皇本纪》)。秦政府还在各地设置专管教化的乡官,名曰“三老”。这一制度为秦以后历代承袭,成为中国封建政治的一大特色。“三老掌教化。凡有孝子顺孙,贞女义妇,让财救患及学士为民法式者,皆匾表其门,以兴善行”(《后汉书·百官志》)。

秦文化的特征

秦朝完成统一,实现了对全中国的统治,进而又采取许多措施巩固和发展统一。包括实行一系列政策,有意识地统一思想、文化,以至于“车同轨、书同文、行同伦”(《礼记·中庸》)。《史记·礼书》指出:“至秦有天下,悉内六国礼仪,采择其善,虽不合圣制,其尊君抑臣,朝廷济济,依古以来。”这是说,秦朝对六国文化是加以吸收并能予以兼容的。但是,秦朝在政治文化方面确定的原则是不师古、不崇经、以法为治、以吏为师。推行这些政策的极致,就是实行“焚书坑儒”的野蛮举措,予文化以严重的摧残,对思想和学术自由更是沉重的打击。因此,秦文化对于中原传统文化又并非主要是依照古代典法而制定、施行的。

由于秦朝统治的时间很短,其目的在于统一思想文化的政策并未来得及完全实施,也未取得预期的成效。与此同时,秦文化也未能在政治统一的新的历史条件下,对其他文化予以充分地吸收和消化。因此,在秦朝统一的短时期内,秦文化并没有和东方六国文化融为一体,其作为全中国主导文化的地位,也没有来得及完全得以确立。在原属东方六国的广大地区内,各区域文化继续表现着它们的特色和活力。

随着秦政权被推翻,秦文化所依赖的政治支柱崩倒了,秦文化也由文化融合的主体变为客体,其作为全中国统治文化的短暂时期也就宣告结束。但秦文化为大一统的国家形态和大一统国家观念奠定了基础,也就是为中央集权政治制度奠定了基础。秦代文化在中国历史上最有建树、对后世逐步发展起来的中国传统文化影响最为深远的,应当说是它的政治文化和制度文化。

秦文化具有鲜明的特点。从精神文化方面来看,秦文化具有鲜明的功利性。战国以至于秦汉时期,经常有人注意并描述秦文化的这一特点。如魏国的信陵君说:“秦与戎翟同俗,有虎狼之心,贪戾好利无信,不识礼仪德行。”(《史记·魏世家》）西汉初年，贾谊痛说“秦俗日败”，指出：商鞅变法以来，虽然“功成求得”，但却出现了社会道德水准严重下降的恶果，说秦人：“不知反廉耻之节，仁义之厚。”秦始皇又“废先王之道，燔百家之言，以愚黔首”，更使秦朝远离仁义礼乐，而去追求攻伐、垦荒、经济等与国计民生有直接利害关系的事情。《淮南子·要略》说：“秦人之俗，贪狠强力，寡义而趋势利。”司马迁也说：“今秦杂戎翟之俗，先暴戾，后仁义。”（《六国年表》序）这里所说的“俗”，部分有我们所说的“文化”的含义。以上言论，虽然包含了对秦国或秦人的敌对心理，但也揭示了秦文化的一些基本特征。

秦人因长期受生活环境的影响，在性格上受戎狄即西北少数民族的影响，倾向于强悍好斗，为了达到目的，可以狠下决心，不惜一切。秦文化注重实效、功利，质朴而率直，不事虚浮，追求大和多，不停地拓展，主动性极强，为了实现某一目标，定会一往直前，不惧任何困难和力量的阻挡。

儒家思想的确立

一、从崇尚黄老到独尊儒术

战国时期，道家之中曾并存着两个重要学派，一个是黄帝之学，一个是老子之说。有关前一学说的著作已佚失。1973 年在长沙马王堆三号墓出土了四种佚书：《经法》《十大经》《称》《道原》，它们很可能是战国时期流行的“黄帝四经”，属于黄帝学说。有关后一学说的著作，便是传世的《老子》，亦即

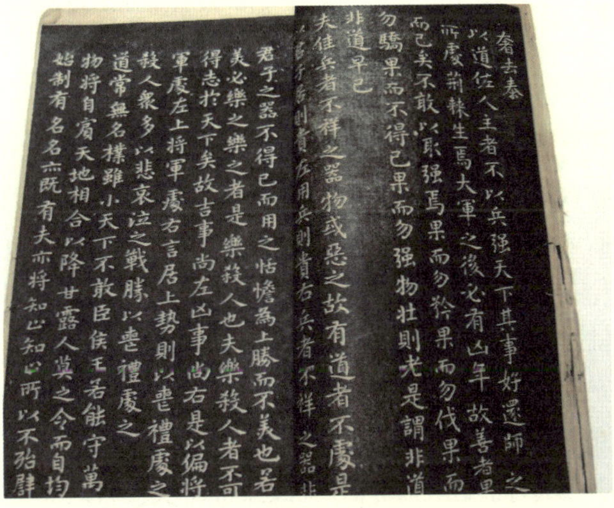

《道德经》书法

《道德经》。道家的这两个学派均讲“道”，主要不同点是，黄帝之说还讲“法”，或者说是在“道”之中又包含着“法”。

汉初的封建统治者亲身经历过秦末农民战争，目睹了显赫的秦帝国土崩瓦解的全过程。另一方面，汉初又面临着经济残破、百废待兴的严重局面。所以，西汉统治者迫切需要总结秦朝灭亡的教训和制定合适的统治政策，以缓和阶级矛盾，恢复、发展生产，使西汉王朝的统治巩固起来。在寻求治国方针政策的过程中，黄帝、老子之说特别引起汉初统治者的注意。该学说“历记成败、存亡、祸福、古今之道，然后知秉要执本，清虚以自守，卑弱以自持”（《汉书·艺文志》），非常适合汉初社会形势和封建统治的需要。因此，汉初统治者便将黄帝、老子的学说糅合在一起，并加以引申、发展，使之成为汉初封建统治的政治指导思想，时称“黄老之术”或“黄老言”，也就是我们所说的“黄老思想”。

秦王朝短期覆亡的过程，汉初统治者历历在目，而秦朝统治思想选择的重大失误也在警示着汉初统治者。汉朝统治者决心反省自励，进行新的抉择。

陆贾是第一个代表汉代统治阶级进行这种反省和抉择的思想家。在《四库全书总目提要》余嘉锡辩证中引孔融的话说：“汉初之拨乱反正，（陆）贾有力焉，融以贾与叔孙通、范升、卫宏而言，亦以贾为经学之儒也。然贾实具内圣外王之学，非叔孙通辈陋儒所敢望。”

陆贾认为“善言古者，合之于今；能述远者，考之于近”（《新语·术事》）。他从巩固新王朝统治的政治目的出发，检讨秦王朝短期灭亡的根本原因，认为“秦以刑罚为巢，故有覆巢破卵之患；以李斯、赵高为杖，故有倾仆跌伤之祸”（《新语·辅政》）。他根据秦始皇父子“务胜不休”，盲目蛮干，终于导致无所不为而无所为的悲剧性后果，总结出一条规律性的认识：“事愈烦而天下愈乱，法愈滋而奸愈炽，兵马益设而敌人愈多。秦非不欲为治，然失之者，乃举措暴众而用刑太极故也。”鉴于此，陆贾指出“道莫大于无为，行莫大于谨敬”，为政者应当“寂若无治国之意，漠若无忧民之心，然而天下大治”（《新语，无为》）。

在这种认识的基础上，陆贾提出了“无为无不为”的无为而治的统治思想。陆贾“无为无不为”的思想，为汉初的政治、文化定下了基调。饱受秦苛政之苦及战乱之灾的华夏民族，此时也亟待“休息乎无为”。在这样的背景下，汉惠帝初年，齐国丞相曹参“闻胶西有盖公，善治黄老言，使人厚币请之。即见盖公，盖公为言治道贵清静而民自定，推此类具言之”（《史记·曹参世家》）。曹参接受了“治道贵清静而民自定”的说法，以黄老之术治国，安定人民生活，恢复和发

展生产，促成了“文景之治”的社会繁荣。

汉初的黄老思想，大体上是在肯定封建统治秩序和君臣关系的前提下，主张“顺民之情，与之休息”，以达到无为而治的理想境界。应当承认，黄老之术作为汉初封建统治者的政治指导思想，对于促进西汉王朝的巩固和社会生产的发展，还是产生了显著作用的。

然而，中央集权的清净无为，恰恰给刘氏皇室分治的郡国提供了充分发展的机会。一些有识之士看到了这种危机，上书皇帝，提醒朝廷对此问题应予以充分重视。贾谊主张削减郡国的权力，景帝时的晁错也认为诸王国太强盛，实际已经威胁到皇室的安危，应该削减诸王藩地。汉景帝三年（公元前 154 年），吴王刘濞纠合吴、楚等六国，以“诛晁错，清君侧”为名，起兵叛乱，晁错被杀。汉武帝即位后，首先在政治上加强皇权的绝对权威，解决了诸王国与中央政权的矛盾。其次在思想上加强了严密的控制，逐渐疏远黄老之学而崇尚儒学。武帝即位初年，还是祖母窦太后掌权，她本来崇尚道家思想，对于提倡儒学的丞相窦婴等高级官员曾予以贬黜。但是这时儒家思想已经抬头，以至武帝即位的第五年，窦太后迫于压力，同意政府设置五经博士，明显表示提倡儒家经典的倾向。

元光元年（公元前 134 年），已经独掌大权的汉武帝策试“贤良”，要求属下解答总结历史治乱经验、指导当时政治活动的根本理论问题。董仲舒在对策时宣扬经过改造的儒家学说——“天人感应”说，这是董仲舒新儒学的理论基石。他认为“天者，万物之祖，万物非天不生”（《春秋繁露·顺命》），人也毫不例外，而且人的形象、情感均同天相符，自然相通，故“天人一也”。他说：“天子受命于天，天下受命于天子，一国则受命于君。君命顺，则民有顺命；君命逆，则民有逆命。故曰：‘一人有庆，兆民赖之’此之谓也。”（《春秋繁露·为人者天》）所以，如果人君统治得好，天就会降下祥瑞如凤凰、灵芝之类以示褒奖；如果管理得不好，国家将有失败之道。因此人君应当谨慎地依照天的意志行事，而且须及时注意改弦更张，这就叫“更化”，包括改正朔、改元、制礼乐、除弊政，等等。不过，董仲舒又强调指出“王者有改制之名，亡变道之实”，也就是说改制属更化范围，并不意味着改变或影响“道”。因为“道”之大原出于“天”，“天”不变，“道”亦不变。这个“道”，本意是指“天”的意志，而实际上却具体体现为封建统治的思想原则、基本秩序。

董仲舒从他的“天人感应”论出发，又将“阴阳五行”说同儒家的君臣、父子伦理观结合起来，进而提出“三纲”理论，认为天有阴阳，阳尊阴卑。对应于

董仲舒雕塑

人事，则是君尊臣卑，父尊子卑，夫尊妻卑。因而君为臣纲、父为子纲、夫为妻纲。

董仲舒还主张政治上的“大一统”局面，并由此引申出思想上统一的必要性。其所谓“大一统”即损抑诸侯，使天下都来向天子称臣。另外，提出以儒家学说作为封建国家统治思想，认为凡是不研习六艺（六经）之科、孔子之术的，都要断送他们的晋升道路，即所谓“罢黜百家，独尊儒术”。

总之，董仲舒的新儒学，基本上是以“天人感应”论为核心建立起来的唯心主义思想体系，它的出现，使儒家思想趋于神学化。这种新儒学极力为皇权的神圣性以及大一统帝国和封建秩序的合理性提供理论依据。同时，它又试图借助“天”的威力，来适当限制皇帝的行为，以防止暴政的出现而导致阶级矛盾的激化。

从此以后，儒家思想便逐步发展成为我国封建社会的正统思想理论并影响了两千年之久。汉武帝倡导的儒家学说对中国民族文化的形成起到重大的推动作用，对于社会习俗、伦理道德诸方面也产生了难以估量的深远影响。

二、儒家文化为什么能在中国传统文化中占据统治地位

自孔子开创儒家思想以来，儒家思想对中国人的影响就开始了。从董仲舒“罢黜百家，独尊儒术”一直到清朝末年，作为占统治地位的主导文化，儒家思想深深地渗透到中国的政治、经济、哲学、文学、历史、艺术等文化思想里面，对中国的民族精神、历史发展乃至风俗习惯都有着深远的影响。儒家文化不仅是中国传统文化的核心内容，而且2000多年来的发展，已经使儒家文化内化为一种人文品格，深深地积淀在中华民族的精神血脉里。儒家文化之所以能够在2000多年中深远地影响着中国文化的发展，是时代的选择和自身优势所致。

（1）从儒学独尊的时代背景来看，主要是因为从春秋战国到汉朝初年，中国的社会政治经济都发生了根本性的变化。但是，无论多么大的变化，有一点却未曾改变，那就是中国仍然是以农业为主。大多数人仍然是以农为业，不同在于身份的变化，由原来的农奴变为自由的农民，仍然是“聚其宗族，耕其田畴”。因此，原来的宗法社会到了汉朝时被保留下来，没有大的改变，所以原来的礼教制度有一部分仍然可适用于汉朝，但适用的范围扩大了，由原来的贵族扩大为全社会的人们。农奴得到解放后也乐于运用贵族的一部分礼教制度，以证明身份的提高，“自豪自娱也”。

从政治方面讲，秦汉虽然打破了春秋战国的混乱局面，建立了一统天下的封建帝国，但是秦朝的帝室仍然是古代的贵族。汉高祖虽然出身平民，但汉朝帝室仍是世袭。就这一点来讲，秦汉没有也不可能完全推翻上古的一切制度。因此，秦汉大一统之后，要制定社会上、政治上的种种制度，仍然要效仿上古的制度，并且还必须起用儒者来完成这一工作。因为儒者通晓以前的典籍制度，又有自孔子以来所开创的各种原有制度的理论根据。正如《庄子·天下篇》所言：

古之人其备乎！配神明，醇天地，育万物，和天下。泽及百姓，明于本数，系于末度。六通四辟，大小精粗，其运无乎不在。其明而在数度者，旧法世传之史，尚多有之；其在于诗，书，礼，乐者，邹鲁之士，搢绅先生，多能明之。

由此可见，当时的儒者通晓以前的典籍，了解以前的各种制度，从而在以前典籍制度的基础上制定出更加理想化、理论化的封建大一统下的各种制度。使得其秩序井然，粲然可观。而其他各家仅有政治社会的理想，缺乏具体实行的办法，或者虽有但不如儒家全备。因此，在秦汉大一统后建设的时期，其他各家当然不能与儒家相争胜了。

（2）从儒家自身来讲，儒家的六艺本来就不是一家之学，其中包含有多种思想的萌芽，更容易被人加以引申附会。儒家富有弹性的六艺，对于不同的思想，有兼容并包的可能。儒家独尊以后，与其本不相同的学说，仍然可以在儒家六艺之名下改头换面，保持它的存在。儒家不必完全反对其他各家的思想，其他各家也不必竭力反对儒家的独尊。所以儒家在汉代独尊以后能得以在中国维持统治2000多年。李泽厚先生认为由于孔子开创的儒家“仁”的思想具有自身独有的特性，这种独特性经过孟子、荀子、董仲舒等儒学大师的发展在汉代形成了对中华民族影响深远的文化——心理结构。这种文化心理结构由于具有相对独立的性质而在中国历史上长久延续和发展下来。以下着重谈谈儒家文化—心理结构的独

儒家之“礼”（雕塑）

特性。

由孔子开创的儒家仁学思想是一种整体模式，它由四个因素组成，血缘基础、心理原则、人道精神、个体人格，其整体特征则表现为实践理性。这几个因素相互依存、相互渗透或相互制约，从而使儒家思想具有自我调节、相互转换和相对稳定的功能。

第一，孔子讲“仁”是为了释“礼”，与维护“礼”直接相关。孔子从人际交往角度探讨礼乐文化的主旨，“礼”不再仅仅是对人的外在约束，而成为从爱己到爱人、从个体之爱到群体之爱的内在需求。孔子之“礼”直接来源于“周礼”，它是在周初形成的一整套的典章、制度、规矩、礼节，是原始巫术礼仪基础上的晚期氏族统治体系的规范化和系统化。以血缘家长制为基础（亲亲）的“礼”的等级制度是这套法规的骨脊，分封、世袭、井田、宗法等政治经济体制则是它的延伸和扩展。但是到了孔子的时代，“周礼”开始“礼崩乐坏”，氏族统治体系和公社共同体的社会结构瓦解崩毁。面对这一社会现实，孔子致力于维护、保卫“周礼”的统治秩序。以孔子为代表的儒家正是由原始礼仪巫术活动的组织者、领导者演化而来的“礼仪”的专职监督保存者。要求维护或恢复这种体系是“仁”的根本目标，“克己复礼为仁”。所以：

其为人也孝悌，而好犯上者，鲜矣。不好犯上而好作乱者，未之有也。君子务本，本立而道生，孝悌也者，其为人之本欤？（《论语·学而》）

“子奚不为政？”子曰：《书》云：“孝乎唯孝，友于兄弟。”施于有政，是亦为政，奚其为为政？（《论语·学政》）

弟子入则孝，出则悌，谨而信，泛爱众，而亲仁……（《论语·学而》）

君子笃于亲，则民兴于仁。（《论语·泰伯》）

参照孟子“亲亲，仁也”，“仁之实，事亲是也”，可以确证，强调血缘纽带是“仁”的一个基本含义。“孝”、“悌”通过血缘从纵横两个方面把氏族关系和等级制度构造起来。这是从远古到殷周的宗法统治体制（即“周礼”）的核心，也就是儒家所谓的“修身齐家治国平天下”。春秋时代和当时儒家所讲的“家”，不是后代的个体家庭或家族，正是与“国”同一的氏族、部落。所谓“平天下”，指的也是氏族（大夫）—部落（诸侯）—部落联盟（天子）的整个系统。正因如此，才有孔子所谓“迩之事父，远之事君”，孟子所谓“天下之本在国，国之本在家，家之本在身”；才有孔子的“兴灭国，继绝世，举逸民”，孟子的“反其旄倪，止其重器，谋于燕众，置君而后去之”等思想。它们都是要恢复原有氏族部落国家的生存权利。孔子把“孝”、“悌”作为“仁”的基础，把“亲亲尊尊”作为“仁”的标准，维护氏族父家长传统的等级制度，反对“政”、“刑”从“礼”、“德”中分化出来，都是在思想上缩影式地反映了这一古老的历史事实。恩格斯说：“亲属关系在一切蒙昧民族和野蛮民族的社会制度中起着决定作用。”孔子在当时氏族体制、亲属关系崩毁的时代条件下，提取这种血缘关系和历史传统，使其转化为意识形态上的自觉主张，对这种超出生物种属性质、起着社会结构作用的血缘亲属关系和等级制度作明朗的政治学的解释，使之摆脱特定氏族社会的历史限制，强调它具有普遍和长久的社会性的含义和作用，这具有重要意义。

古代“孝”故事——汉文帝为母尝汤药

第二，“礼”本是对人具有外在约束力的一套习惯法规、仪式、礼节、巫术。然而，在“礼崩乐坏”的时代浪潮中，这套传统礼仪（即氏族统治体制）遭到了普遍的怀疑和反对。当时，对“礼”作新解释的浪潮已风起云涌，出现了各种对“礼”的说明。在孔子以前，“礼”与“仪”本是不分的，它们是宗教性的原始礼仪巫术的延续，如今需要区分开来，以寻求和确定“礼”的内在本质。因为这时“礼”已经是自觉的明确的社会规范，其中包含重要的统治秩序，不能再是那种包罗万象而混沌一体的原始礼仪了。孔子在当时也寻求对“礼”做出新的解释。孔子对宰我问“三年之丧”的回答，表达了自己的看法：

宰我问：“三年之丧，期已久矣。君子三年不为礼，礼必坏；三年不为乐，乐必崩。旧谷既没，新谷既升，钻燧改火，期可已矣。”子曰：“食夫稻，衣夫锦，于女安乎？”曰：“安！”“女安则为之。夫君子之居丧，食旨不甘，闻乐不乐，居处不安，故不为也。今女安，则为之。”宰我出。子曰：“予之不仁也！子生三年，然后免于父母之怀。夫三年之丧，天下之通丧也。予也有三年之爱于其父母乎？”（《论语·阳货》）

由此可见，孔子把“三年之丧”的传统礼制，直接归结为亲子之爱的生活情理，把“礼”的基础直接诉诸心理依靠。这样，既把整套“礼”的血缘实质规定为“孝悌”，又把“孝悌”建筑在日常亲子之爱上，这就把“礼”以及“仪”从外在的规范约束解说成人心的内在要求，把原来僵硬的强制规定，提升为生活的自觉理念，把一种宗教性、神秘性的东西转变为人情日用之常，从而使伦理规范与心理欲求融为一体。“礼”由于取得这种心理学的内在依据而人性化，因为上述心理原则正是具体化了的人性意识。由“神”的准绳命令转变为人的内在欲求和自觉意识，由服从于神变为服从于人、服从于自己。孔子对“礼”的规定解释，更平实地符合日常生活，具有更普遍的可接受性。

正由于把观念、情感和仪式（活动）引导和满足在日常生活的伦理——心理系统之中，其心理原则又是具有自然基础的正常人的一般情感，“仁”不仅仅得到了比“仪”远为优越的地位，而且也使“礼”实际从属于“仁”。孔子用“仁”解“礼”，本来是为了“复礼”，其结果却使手段高于目的，被孔子所发掘、所强调的“仁”——人性心理原则，反而成了更本质的东西。外在的血缘（“礼”）服从于内在的心理（“仁”）：“人而不仁，如礼何？人而不仁，如乐何？”“礼，与其奢也，宁俭。丧，与其易也，宁戚”（《论语·八佾》），“礼云礼云，玉帛云乎哉？乐云乐云，钟鼓云乎哉？”（《论语·阳货》）“今之孝者，是谓能养，至于犬马，皆能有养，不敬，何以别乎？”（《论语·为政》）……不仅外在的形式（“仪”：玉帛、钟鼓），而且外在的实体（“礼”）都是从属而次要的，根本和主要的是人的内在伦理——心理状态，也就是人性。

第三，因为建立在这种情感性的心理原则上，孔子“仁”的思想在外在方面突出了原始氏族体制中所具有的民主性和人道精神。孔子绝少摆出一副狰狞面目，相反《论语》中大量记述着“爱人”，“老者安之，朋友信之，少者怀之”，“子为政，焉用杀”，“宽则得众，惠则足以使民”，“其养民也惠”，“百姓足，君孰与不足？百姓不足，君孰与足？”等要求由“亲”及人，由“爱有差等”而“泛爱众”的议论。孟子进一步提出要把“仁爱”的精神推广到所有人，这就是“老吾老以及人之老，幼吾幼以及人之幼”（《孟子·梁惠王上》），“亲亲而仁民”（《孟子·尽心上》）。人要爱自己的亲人，并进而爱整个人类，这就对个体的人提出了社会性的义务和要求，就必然强调人的社会性和交往性，强调氏族内部的上下左右、尊卑长幼之间的秩序、团结、互助、协调。它把人与人的社会关系和社会交往作为人性的本质和“仁”的重要标准。这就以血缘宗法为基础，要求在整个氏族——部落成员之间保存、建立一种既有严格等级秩序又具某种“博爱”的体系。这是孔子仁学的外在方面。

可见，“仁”不只是血缘关系和心理原则。它们是基础，“仁”的主体内容是这种社会性的交往要求和相互责任。孔子建立在“仁”思想基础上的政治经济主张是既竭力维护氏族统治体系的上下尊卑的等级秩序，又强调这个体制所仍然留存的原始民主和原始人道，坚决反对过分的、残暴的、赤裸裸的压迫与剥削。

第四，与外在的人道精神相对应、相联系，孔子“仁”的思想在内在方面突出了个体人格的主动性和独立性。在“礼崩乐坏”的时代里，原有的外在权威已丧失其力量和作用。孔子用心理原则的“仁”来解说“礼”，把复兴“周礼”的任务直接交给氏族贵族的个体成员（“君子”），要求他们自觉地、主动地、积极地去承担这一“历史重任”，把它作为个体存在的至高无上的目标和义务。

“为仁由己，而由人乎哉？”（《论语·颜渊》）

“仁远乎哉？我欲仁，斯仁至矣。”（《论语·述而》）

“当仁不让于师。”（《论语·卫灵公》）

“夫仁者，己欲立而立人，己欲达而达人。能近取譬，可谓仁之方也已。”（《论语·雍也》）。

“仁”既非常高远又切近可行，既是历史责任感又属主体能动性，既是理想人格又属个体行为。而一切外在的人道精神、内在的心理原则以及血缘关系的基础，都必须落实在这个个体人格的塑造之上。

“其身正，不令而行；其身不正，虽令不从。”（《论语·子路》）

“苟子之不欲，虽赏之不窃。”（《论语·颜渊》）

儒家以“修身”作为“齐家治国平天下”的根本，把原来只对首领的要求推广到每个氏族贵族成员，从而使所谓“制礼作乐”不再具有神秘权威性质。“礼”不再是原始巫师和“大宰”等氏族首领、帝王宰史的专利，而成为个体成员均可承担也应承担的历史责任或至上义务。这极大地高扬了个体人格，提高了它的主动性、独立性和历史责任感。

要追求个体人格的完善，必须把勤奋学习和锻炼意志相互结合起来，成为人格修养互相补充的两个方面。这种刻苦的自我修养和伟大的历史使命感，最终应使个体人格的“仁”达到一种最高点：

古代“仁”故事——舜帝耕田

“志士仁人，无求生以害仁，有杀身以成仁。”（《论语·卫灵公》）

“君子无终日之间违仁，造次必如是，颠沛必如是。”（《论语·里仁》）

“求仁而得仁，又何怨？”（《论语·述而》）

“仁者必有勇，勇者不必有仁”；“仁者无忧。”（《论语·子罕》）

“三军可夺帅也，匹夫不可夺志也”；“岁寒，然后知松柏之后凋也。”（《论语·子罕》）

孔子把本是宗教徒的素质和要求归结为这种不需服从于神的“仁”的个体自觉。因此，不必成为超凡入圣的佛菩萨或基督徒，却同样可以具有自我牺牲的献身精神和拯救世界的道德理想，可以同样孜孜不倦，临事不惧，不计成败利钝，不问安危荣辱。这就是“仁”的个体人格所具有的力量和作用。

从上述可以看出，孔子“仁”的思想具有血缘基础、心理原则、人道精神、个体人格这四个要素。这四个要素并不是机械地孤立存在，而是相互作用、彼此牵制以得到相互均衡、自我调节和自我发展的一个有机整体，并具有某种封闭性，经常排斥外在的干扰或破坏。这是孔子“仁”的特性，李泽厚先生称之为“实践理性”或“实用理性”的倾向或态度。它构成儒家甚至中国整个文化心理的一个重要的民族特征。

孔子用冷静的、现实的、合理的态度来解说和对待传统事物，用理性来引导、满足、节制情欲，在人道和人格的追求中取得某种均衡。不厌弃人世，也不自我屈辱，“以德报怨”，一切都放在实用的理性天平上加以衡量和处理。所以，“子不语怪力乱神”，“祭如在，祭神如神在……吾不与祭，如不祭”，“未能事人，焉能事鬼”，“未知生，焉知死”……这就是“仁”所具有的理性精神。这种理性具有极端重视现实实用的特点。它把在理论上难以解决的哲学问题“存而不论”，追求的是在现实生活中如何妥善地处理它。与此相应，不去追求来世拯救、三生业报或灵魂不朽，而是把“不朽”、“拯救”都放在此生的世间功业文章中。“用之则行，舍之则藏”。进则建功立业，退则立说著书……而这一切都是用理性作为实践的引导，来规范塑制情感、欲望和意志。这种“实践理性”所注重的不是言论，不是思辨，而是行动本身：“君子欲讷于言，而敏于行”，“听其言而观其行”，“君子耻其言而过其行”，“古者言之不出，耻躬之不逮也”。这样就把思辨理性和宗教神秘观念两者融合在实践理性之中。

孔子以“实践理性”为特征的“仁”的思想建立在血缘基础上。以“人情味”的亲子之爱为辐射核心，扩展为对外的人道精神和对内的理想人格，它确实构成了一个具有实践性格而不待外求的心理模式。这个“心理模式”经过孟子、荀子、董仲舒、朱熹、王阳明、王夫之等后代儒学大师的发展、传播，日渐渗透到中华民族的生活、关系、习惯、风俗、行为方式和思维方式中。对待人生、生活的积极进取精神，服从理性的清醒态度，重实用轻思辨，重人事轻鬼神，善于协调群体，在人事日用中保持情欲的满足与平衡，避开反理性的炽热迷狂和愚盲服从……这终于成为汉民族的一种无意识的集体原型现象，构成了一种民族性的文化——心理结构。正因为形成了这个颇具特色的思维模式和文化心理结构，儒家就能够或消化掉或排斥掉外来思想的侵犯干扰，而长期自我延续下来，在塑造汉民族性格上留下了重要痕迹。这可以说是儒家文化之所以在中国历史上占据主要地位、统治中国文化达 2000 年之久的最主要的原因。

三、儒家文化对中国文化的重大影响

正因为自孔子开始形成的儒家的这种民族性的文化—心理结构的独特性，儒家文化才对中国文化的形成与发展起着举足轻重的作用。一方面，因为儒家文化这种不完全、不直接服从和依赖于政治、经济变革的相对独立性和自身发展的规律，它才得以成为封建统治者的官方意识形态，对维护封建社会、维护统治者的利益，发挥了重要作用。另一方面，也正是儒家文化的这种独特性，才能够使中国文化在2000多年的发展中虽经历了阶级、时代的种种变异以及外来文化的冲击，却一直保持形式结构的相对稳定，使中国文化能够延续2000多年而不中断。

朱熹名言：仁者，以天下为己责也

第一，毋庸讳言，基于农业文明基础上的儒家文化，的确有许多思想具有时代性和局限性，有许多方面与现代社会格格不入，它所维护的封建专制思想严重遏制民主政治的实施。儒家由孔子开创的这种融合血缘、心理、人道、人格为一体的具有实践理性特征的文化—心理结构，既有其维护氏族统治体系的保守主张，又包含有氏族民主遗风、原始人道精神和个体人格的追求等合理因素的精神遗产。孔子之后的各代儒学大师从现实需要出发，各取所需，或夸扬其保守的方面，或强调其合理的因素，来重新解说、建造和评价它们，以服务于当时阶级的时代的需要。从而使这个结构形式在长期封建社会中与封建主义的各种内容如“三纲五常”、“存天理灭人欲”等混为一体而紧密不分了。

儒家文化中包含的对血缘基础宗法等级制的维护，对各种传统礼仪的尊重以及因循、保守，反对变革、更新等观念都与这个结构紧密相连。这个具有民族性的文化—心理结构是在生产水平非常低下的条件下建立的，所以它常常满足于某种平均的贫困，以保持、获得或唤起精神上的胜利和个体人格的完成。所谓“安贫乐道”、“何必曰利”，以道德而不以物质作为价值尺度，满足和维护农业小生产的劳动生活和封闭体系，和建立在这基础上的历史悠久的宗法制度是这个结构所具有的社会历史性的严重缺陷和弱点。鲁迅所揭露和指责的中国民众所具有的那种麻木不仁、封闭自守、息事宁人、奴隶主义，满足于贫困、因循、“道德”、“精神文明”等国民性问题正是儒家文化给中国人民在心理上、观念上、习惯上等带来的深重印痕。比如以这个结构为基础建立的制度化的儒家纲常伦理的思想，强化等级尊卑，强调绝对的义务体系，就严重束缚了人的个性解放。虽然如上述所言，儒家也追求个体人格，但这种人格的追求是以维持社会的秩序化、和谐化为目标的，从而在某种程度上束缚了个体人格全面而自由的发展。所以从这个意义上来讲，对个体人格的完善与追求本身就是对个性解放的束缚。这些都严重地阻碍了中华民族迈向工业化、现代化的脚步，成为“五四运动”以来直到今天仍然是我们不断地、彻底地要加以肃清的封建主义遗毒。

儒家“仁”的文化—心理结构的实践理性由于强调人世现实，过分偏重与实用结合，便相对地轻视、忽视甚至反对科学的抽象思辨，使中国古代科学长久停留并满足在经验论的水平，缺乏理论的深入发展和纯思辨。而没有抽象思辨理论的发展，是不可能有现代科学的充分开拓的。同时，由于实践理性对人的情感表露采取克制、引导、自我调节的方式，这就使生活中和艺术中的情感经常处在自我压抑的状态中，不能充分痛快地流露表达出来。这一方面造就了中国人的逆来顺受、“张公百忍”的性格。另一方面，在艺术中的情感压抑固然造就了“意在言外”、高度含蓄的美学风格，但“文以载道”、“怨而不怒”，要求艺术服从、服务于现实统治和政治，却又是有害于文艺发展的重大短处。这个短处由于得到老庄道家和楚骚传统的补充，才使中国古代文艺保存了灿烂的光辉。当然“仁”结构中的人道精神、理想人格对文艺内容又有良好的影响。

然而，上述这些负面影响只是儒家文化对中国社会的一个方面。另一方面，儒家“仁”的这个文化—心理结构又对中国产生了积极影响。中国民族及其文化之所以具有如此顽强的生命力，历经数千年各种内忧外患而终于能保存延续和发扬光大，与“仁”结构的稳定性具有直接的关系。

第二，用历史的眼光看，儒家“仁”文化所具有的这种独立品性，致使儒家文化既与皇权紧密地结合在一起，起到稳定社会、完善社会组织的作用，同时它作为一种有着独立品性的文化，对中国社会的道德人伦规范起到了极其重要的作用。儒家文化成为传统中国士人的精神命脉之所寄予普通民众行为规范的道德依据。“列君臣父子之礼，序夫妇长幼之别”，是对当时经济政治资源配置的相对合理地选择。儒家文化适应了承平时期凝聚社会人心，积极有为地推展事功的需要。儒家思想比较平易合理，使朝野都能接受，满足“内裕民生，外服四夷”的社会心理，其所主张与推行的伦理教化，大体上还是与民众的要求，特别是社会的秩序化、和谐化，缩小贫富差距，端正人心，淳化风俗的要求相适应。

儒家文化中的人道精神和人格理想，重视现实和经世致用的理性态度，乐观进取和舍我其谁的实践精神等，都曾在漫长的中国历史上感染教育熏陶了一代又一代的仁人志士。秉承儒家文化的仁义忠恕之道的传统儒生关切民间疾苦，批评时弊，参与社会政治，弹劾贪官污吏，使道统、政统、治统、学统之间保持了必要的张力。儒家所追求的“道统”与学术传承、经世实践、治民方略是相互配合的。儒生修养完善自身的道德人格，追求并护持“道”，道德的正当优先于政治上的利害。正是儒家文化的熏陶造就了像范仲淹的“先天下之忧而忧，后天下之乐而乐”、张载的“民吾同胞，物吾与也”、文天祥的“孔曰成仁，孟曰取义”、顾炎武的“天下兴亡，匹夫有责”、王夫之的“六经责我开生面，七尺从天乞活埋”……这些都闪烁着我们这个民族的基本观念、情感、思想的灿烂光芒。

范仲淹雕塑

儒家建立在宗法观念基础上的政治理想对秦汉以后中国国家政治结构造成了深远的影响。首先，“家天下”政权模式的长期延续。宗法制度原则的本质就是家族制度的政治化。家天下的家族统治在中国传衍了2000年之久，王朝的更迭往往是新旧家族的代兴与衰亡。其次，亲亲伦理政治原则的不断扩张。亲亲是宗法制度的基础。在西周的社会政治秩序中，亲亲成为首要的政治原则。由亲亲而重孝，重孝而慎终追远。古代的宗法文化不仅给君主一种血亲的归属感，同时它也构成一种现实的政治力量。亲亲伦理政治原则影响国家政治的另一表现是，它造成任人唯亲的官僚习气。亲亲原则给中国传统的政治涂上了浓厚的宗法色彩。最后，宗法原则成为维系王朝政治的习惯力量。家国一体、父权与君权结合的政治结构，在中国历史文化的形成发展过程中，发挥了独特的作用。以亲亲为基础，以君王国家为核心的伦理型文化是中国传统社会具有持久凝聚力的精神保障，也是中华文化历经磨难而未中断的文化动力。在魏晋南北朝时期长达数百年的分裂局面之下，在统一的国家基本上不存在的时候，中国文化仍能保存传承，就得益于中国有一个以亲缘关系为基础的社会组织，它是中华民族重新走向聚合的社会基础。

儒家从每个个体内心的要求出发去寻求构建社会（家、国、天下）的秩序化、和谐化的基础，使儒家文化渗透到朝野上下的每一个个体的内心，具有很强的民间性与草根性，民间不识字的老人、妇女亦怀抱同样的价值观念。儒家文化在民间、在历史上浸润近 3000 年，对各民族及其宗教、习俗、文化的融合都起到了极其重要的作用。

丝绸之路与敦煌文化

一、丝绸之路的开拓与变迁

“丝绸之路”这一概念有广狭之分。狭义的丝绸之路专指东起长安，横穿沙漠绿洲地带而西抵罗马的这条古代中西交往的大动脉。广义的丝绸之路则为古代东方与西方之间交通线的代名词，泛指中外经济文化交流的各条通道。除上述绿洲道外，还包括经由中国西南地区沟通东南亚、南亚、中亚、西亚、欧洲的南方丝绸之路（亦称西南丝绸之路、蜀布之路）；通过中国北方游牧民族地区，穿越欧亚草原的草原丝绸之路；经中国东南沿海交通各国的海上丝绸之路等。本文所述为狭义的丝绸之路。

学者们之所以用“丝绸”来命名这条古商道，是因为丝绸曾是这条通道上最主要的商品。

丝绸之路简图

中国是世界上最早种桑养蚕，生产丝织品的国家。早在商周至战国时期，丝绸的生产技术即已发展到了相当高的水平，丝织品已开始外运。因而可以说包括丝绸生意在内的中国与西方之间的直接间接联系早已存在。但是人们却习惯将张骞通西域（汉时对敦煌以西地区的总称）作为丝路历史的开端。这是由于沿路的大规模开拓经营起始于西汉，而张骞又是实地勘察的第一位官方使节。

汉武帝刘彻执国初期，强悍的北方少数民族匈奴环处于西汉王朝的西北方。他们经常派骑兵袭掠汉朝边境，构成严重的边患。此时汉朝经过六七十年的休养生息，国力已相当强大，具有雄才大略的汉武帝遂决定改变汉初以来的和亲政策，反击匈奴，争夺西域。这一决策促成了丝绸之路的全线开通，因为河西、西域乃是控制丝绸之路的关键地区。

为确保胜利，汉武帝首先进行外交努力，选派使者张骞赴西域联合仇恨匈奴的大月氏以合击匈奴。张骞作为中原王朝出使西域的第一位官方使节，于公元前138年出发，13年后返回，历经千难万险，先后到达过大宛、康居、大夏等地。此次出使西域既扩大了汉朝的影响，又带回了有关西域的大量见闻和知识，开阔了汉人的视野，改变了西汉以前的地域观念，为汉朝进一步开拓丝路，发展与周边国家的友好关系提供了极为重要的资料。

张骞西行后不久，汉武帝即采取一系列军事行动征战匈奴。其中尤以公元前121年进行的河西之战对丝绸之路的开通和敦煌河西地区的繁荣最具决定意义。这一战使汉王朝正式领有通往西方的咽喉要地——河西走廊，汉廷随后即在此设立酒泉、武威、张掖、敦煌四郡，并修筑众多城障烽燧，以护卫丝路。

丝绸之路顺畅之后，汉朝立即大力发展与西域各国的友好关系，于公元前119年派遣张骞再次出使西域。张骞此次西行所统率的既是一个规格很高的外交使团，又是一个规模庞大的商队。使团中有许多持节副使，可以沿途分赴各地，扩大交往范围。使团中的三百多名随员都各备有两匹马，全团共携带1万多头牛羊和成千上万的金币丝帛等贵重物品，可以与所到诸国进行物资交换。张骞到达乌孙后，很快将持节副使们分别派往大宛、康居、大月氏、大夏等地。几年后，这些副使们便在对方使者的陪同下陆续回到汉朝，此举使西北各国与中原王朝正式建立了友好关系。此后，中西交往迅速发展，中外使者相望于道。外国使团多者数百人，少者百余人，中国使团一年中也有五六起或十余起。官方与民间的商业贸易往来也更加频繁。汉宣帝时，在乌垒城（今新疆轮台东北）设西域都护府，统领和管辖西域诸国，更保障了丝路的畅通。在王莽当政时期和东汉期间，西域虽几度因政局波动暂与汉廷中断联系，但中西之间的经济文化交往并未受到太大影响，依然不绝如缕。通过频繁的交往，中国的丝绸、漆器、铁器大量西运，冶铁和穿井技术传入西方，而西方在向中国输入马匹、毛皮、瓜果、香药的同时，也带来了他们的文化艺术，特别是原盛行于南亚、西域等地的佛教，对中国封建社会产生了深远影响。

汉朝是丝路发展史上一个非常重要的朝代，丝绸之路的基本走向即奠定于这一时期。西汉时的丝路走向大致为东起长安，向西穿越河西走廊，经由敦煌境内的阳关或玉门关后西行至楼兰。此后便分为两条支线：一条经鄯善（今新疆若羌东北），沿昆仑山北麓至莎车，西越葱岭到大月氏、安息等国，称为南路；另一

丝绸南路途经的天山南麓风光

条则沿天山南麓西行，越葱岭至大宛、康居等国，称为北路。迨至东汉明帝时，汉军攻取伊吾（今新疆哈密），汉政府便又开辟了一条经此西行的新北道，这样三条主线基本齐备，敦煌也因为三线总凑之地而成了总绾东西的交通枢纽，被誉为“华戎所交一都会也”。

魏晋南北朝是中国历史上大分裂、大动荡的时期，丝绸之路的拓展稍逊于汉，但那时沿丝路的东西交往却相当繁荣，敦煌、姑臧（今甘肃武威）、平城（今山西大同，北魏前期都城）、洛阳等都是当时著名的商业城市。史书记载当时的洛阳为“自葱岭以西，至于大秦，百国千城，莫不款附，商胡贩客，日奔塞下”、“天下难得之货，咸悉在焉”。与商品转运同时，双方的文化艺术交流也很频繁，中国的养蚕和丝织技术就于这一时期传入波斯和拜占庭，而埃及的玻璃制造法和盛行于西方的希腊罗马式绘画及犍陀罗雕塑艺术也是在此时传入中国的。

隋平定陈后，又将交通西域、发展丝路贸易定为基本国策。隋炀帝杨广先委派黄门侍郎裴矩赴张掖招徕西域商人，主持与诸胡交市，继而又亲巡大西北，征伐阻遏丝路交通的吐谷浑，并举办了著名的27国交易会，使中西交往繁盛一时，丝路各线畅通无阻。在隋经营丝路活动中立有大功的裴矩曾撰绘一部《西域图记》，其序言详细描述了当时通往西亚、中亚、欧洲等地的几条道路的情况，被公认为是我国关于丝绸之路的最早、最系统的文字记录。依据裴序的描述，隋时的丝路基本延续东汉中后期确定的三条路线。三条支线各以鄯善、高昌、伊吾为门户，而皆通过敦煌贯通全程，敦煌仍然是丝绸之路上的咽喉要地。

唐朝是中国封建社会发展的鼎盛时期。建国后，唐朝积极经营河西、西域，使其西部疆域超出汉代，得以在龟兹、于阗、疏勒、碎叶（后以焉耆代碎叶）设立安西四镇，由安西都护府统领，驻兵防守。以后又置北庭都护府，统辖天山北路的羁縻州府。由于唐朝对天山南北实行了有效统治，这就为原有丝路的畅通和新开通从敦煌北玉门关经伊州、北庭、轮台，越伊犁河至碎叶而进入中亚的北新道提供了可靠保证。7世纪60年代以后，丝绸之路进入全盛期。敦煌、长安、洛阳等地都聚集了大批商胡，呈现出了国际都会的景象。通过频繁的交往，中国的陶瓷、炼丹术、造纸术西传，西方的祆教、景教、摩尼教、伊斯兰教，及制糖法、天文、医药知识传入中国，共同促进了东西方文明的发展。

唐代以后，陆上丝绸之路开始进入衰落期。自9世纪末开始，中国的政治、经济、文化中心逐渐向东南沿海转移。东西海上往来渐渐频繁，而此时中国西北地区出现各民族政权分裂割据的局面，使陆上丝路的安全难以保障，使用率自然降低。至南宋时，海上丝路终于取代了陆路。元代，由于蒙古的西征和对中亚、西亚广大地区的直接统治，东西驿道通畅，许多欧洲使者、教士、商人，如马可波罗等都沿此路东来中国，这条陆上丝路又繁荣一时。此时连接大都、和林、中亚的北方草原丝绸之路也已频繁使用，绿洲丝路已不是唯一的主要通道，其重要性大为减弱。明朝实行闭关政策，以嘉峪关为界，划关而治，中西交往主要依赖海路，陆上交通干线也已改道哈密，原来意义上的丝绸之路已无繁华可言，敦煌也随之成为荒凉之地，至清时陆路交通干线更远在甘肃通新疆的交通要道之南，备受冷落。

二、历史上的敦煌

敦煌地处河西走廊西端，西邻广袤的西域地区。从中原内地而来的西行者，必须经敦煌方能进入西域，进而抵达南亚、中亚、西亚，乃至欧洲和北非。因而敦煌成为古代使团商队东来西往的必经之地，是丝绸之路上最重要的交通枢纽。

敦煌位于中国西北内陆，该地属大陆性气候，干燥少雨，年降水量不到 50

祁连山风光

毫米，远远低于蒸发量，单靠天然降水根本无法成为生命之区。但它南倚祁连山，山上丰富的雪水为它带来了勃勃生机。

祁连山海拔达 4000 米以上，山顶终年积雪，人称“冰源水库”。其冰川的大部又都分布于北坡，每年春夏时节冰雪消融，雪水流入走廊，汇成石羊河、黑河、疏勒河三大水系，并缘河形成几片绿洲。敦煌就位于疏勒河流域的绿洲上。这块绿洲面积较大，土地肥沃，宜耕宜牧，是沙漠、戈壁包围着的一方难得的“生命之洲”。

敦煌地区历史悠久，在上古时期已有人类活动，战国秦汉时这里已发展成具有相当规模的民族聚居区。先后在此居住的有塞种胡人、乌孙人、月氏人、匈奴人等。这些游牧民族多骁勇慓悍，能征惯战。西汉初年汉武帝决心解决匈奴边患，争夺河西、西域。张骞出使西域遂使中国史书中出现了关于敦煌的最早记载。河西之战的胜利又使敦煌正式归入了汉朝版图。

敦煌的大规模开发建设起始于敦煌郡的建立。汉武帝元鼎六年（公元前 111 年），西汉政府在先期设置的酒泉郡分设敦煌郡，这一举措是确立敦煌在中华文明史上重要地位的关键一步，将敦煌从荒僻的边地变成河西重镇，为其日后的繁荣提供了基本条件。设立行政建制后，西汉加紧了敦煌地区的建设，于元封三四年间（公元前 108 —公元前 107 年）在其龙勒县境内修建了玉门关和阳关作为通西域的门户，为敦煌引来了丝路贸易之利。此后西汉又不断在敦煌郡内修筑城障烽燧，并建立了一整套候望通信系统，保障了敦煌地区的和平发展和丝绸之路的畅通。除建置军事防御设施外，西汉政府也十分重视发展敦煌地区的经济，曾多次从中原内地徙民至此，改变了这里的居民结构，使敦煌从少数民族聚居区演变成以汉人为主体民族的地区，当地的经济生活也从逐水草而居的游牧生活转变为以农耕为主。生产力水平有了很大提高，已开始采用代田法、牛耕、

古代丝绸之路上的商队（模拟图）

耧犁等先进的生产技术，农牧业、手工业和商业皆初具规模。

东汉国力逊于西汉，对西域、丝路的控制程度有所减弱，但作为前沿阵地，此时的敦煌在政治、军事上的重要性反而更加突出了。安帝（公元 107 —公元 125 年在位）以后的敦煌太守竟逐渐代行起西域副校尉西抚诸国、总护丝路南北道的职责。敦煌已发展成东汉统辖西域的军政中心，其地位得到了东汉朝廷和西域诸国的认可，许多西域小国的质子就留住于敦煌。从东汉中后期起，敦煌已成为一个重要的商品集散地与中转站，境内云集了大量商人。两汉之际中原板荡，河西敦煌却相对富庶安定，遂吸引了大批内地士人前来避难，他们带来了中原优秀的传统文化，使敦煌的文明程度迅速提高，很快赶上了内地的发展水平，涌现出张奂、张芝、张昶、侯瑾等硕儒大家，为全国所推崇。

魏晋南北朝时期敦煌地区政权更替频繁，先后经历了曹魏、西晋、前凉张氏、前秦苻氏、后凉吕氏、西凉李氏、北凉沮渠氏、北魏、西魏、北周等十个政权的统治。

魏晋时敦煌尚称得上稳定繁荣，农业、商业的发展促进了文化的进步，出现了许多世族文人，其中以索靖、氾衷、张甝、索紾、索永等“敦煌五龙”最负盛名，他们共同为敦煌儒学的发展作出了贡献。随着当地文化水平的提高，此时佛教也在敦煌悄然流行起来，竺法护、法称等高僧在敦煌译经传道，为几十年后敦煌成为佛教圣地，创建莫高窟打下了基础。

十六国时期最先占有敦煌的是汉人建立的前凉张氏政权。张氏自公元 301 年起统治敦煌达 76 年，在政治、经济、军事、外交与文化事业上都采取了积极灵活的策略，使敦煌等地得以稳步发展，而此时开凿的莫高窟更使敦煌扬名寰宇。继前凉之后统领敦煌的是氐族人建立的前秦。前秦将敦煌视为经营西域的基地，于建元末年从江汉、中原地区徙民一万七千多户至此，使敦煌人口在短期内迅速增多，有助于敦煌郡地的充分开发。前秦帝国崩溃后，受命远征西域的吕光遂于河西自建后凉，使敦煌遭受了十多年的黑暗统治，社会经济迅速衰退，直至西凉李氏统治时期方得以复苏。西凉政权的创建者李暠是世居河西的望族后代，原受北凉辖制，公元 400 年趁北凉内乱正式独立，改元庚子，建制于敦煌，使敦煌第一次成为国都。西凉统治者文化水平较高，统理有方，故此时敦煌政治进步，社会安定，经济发达，文化繁荣，深受邻地敬重。这种局面持续了 20 年。421 年北凉沮渠蒙逊亲率大军攻破敦煌城，残酷屠杀敦煌百姓，人民深受其害。但是沮渠氏信佛，敦煌的佛教因之空前发展，译经修禅、开窟造像活动并盛。

继北凉之后占据敦煌的是北魏。北魏十分重视敦煌的战略地位，在这里设立了军镇，将河西走廊西端的政治中心从酒泉移回敦煌。当时敦煌镇下统酒泉军、张掖军、晋昌戍、乐涫戍等，管辖范围似乎堪比西汉时的酒泉郡，因而历史上在以敦煌命名的州郡、军镇等行政区划中，要首推北魏敦煌镇的辖地最大。北魏及后来的西魏、北周时期的敦煌地方统治者都十分信佛。穆亮、元荣、于义等地方官都曾在此大事开窟建寺，写经弘法，有力推动了敦煌佛教和石窟艺术的发展。

隋与唐前期，敦煌十分辉煌。随着隋唐疆域的扩大和对外关系的发展，这一时期的敦煌已成了西北地区的政治中心、经济重地和文化都会，其佛教艺术也同样呈现出了绚烂多姿的风采。

在唐朝兴盛的同时，我国西南部地区兴起了一个强大的吐蕃王朝。安史之乱爆发后，吐蕃趁机大举东进，至大历十一年（公元 776 年）时已攻占了除敦煌以外的整个走廊地区，敦煌成了河西尚在抗蕃固守的唯一据点，至建中二年（公元 781 年）方陷于吐蕃之手。此后吐蕃在这里实行了近七十年的统治，强制推行吐蕃化政策，逼迫当地人民接受吐蕃落后的生产方式和生活方式，敦煌社会的正常发展受到严重阻碍。此时佛教却得到了吐蕃统治者的全力支持，僧侣地位提高，寺院经济发达，莫高窟等的开凿久盛不衰。

公元 848 年沙州豪族张议潮乘吐蕃内乱之机，率军驱逐吐蕃守将，奉土归唐。唐中央政权遂于大中五年（公元 851 年）遣使河西，设立归义军，并以张议潮为首任节度使，敦煌从此进入归义军时期。这一时期的敦煌历史约略可分为前后两期。前期作为唐王朝的一个西部方镇与中原的藩镇有某些共同特点。唐亡以后各地割据者纷纷自立为王，此时的归义军节度使张承奉也自封白衣天子，建立西汉金山国，成为第二个以敦煌为京畿的封建王国的国主。但几年后就因与甘州回鹘的战争中失败而将金山国降格改制为甘州回鹘的一个属邦——敦煌国。张承奉去世后接管政权的曹仁贵（议金）取消敦煌国名号，复称归义军，开创了归义军历史上的第二个阶段——曹氏时期，将归义军政权又延续了一百四十余年。归义军时期的敦煌基本是一个奉中原王朝正朔的半独立的地方王国，相对于板荡中原来讲较为安定，其政治、经济、文化、艺术的发展也比较平稳。

西夏至民国时期历时九百多年，为敦煌的衰落期。西夏政权在敦煌没有多少建树，敦煌曾一度成为沙州回鹘的活动区域。元代疆域辽阔，敦煌失去了战略上的重要地位。元朝仅将它作为一个屯田区进行经营，并将这里的汉唐遗民逐渐内徙入甘肃二州，加速了敦煌的衰落。明朝划关而治，先是将敦煌作为羁縻边卫，由蒙古族酋长统领，1524 年后更关闭嘉峪关，任吐鲁番人占据包括敦煌在内的

位于丝绸之路上的敦煌石窟

关外之地，终明之世敦煌的主体居民均为少数民族牧民。清朝是敦煌历史上最为不幸的时期。清朝政府虽几次对新疆用兵，平息了叛乱，敦煌的社会经济也随着西北56州县移民的到来而复苏,但文化上的损失却十分惨重。除敦煌石窟中壁画、塑像大量损毁外，封存近千年的藏经洞被愚昧无知的王圆箓道士发现并掌握，数万文书流散异域，造成了中国学术史上最大的遗憾。民国初年国民党政府无暇关顾文化，敦煌根本不受重视，至1944年敦煌艺术研究所成立于莫高窟附近，敦煌石窟方得到较为正规的保护、管理与研究，敦煌地区与丝绸之路历史也才受到了一些学人的关注。

三、敦煌石窟与敦煌文书

敦煌石窟这一概念也有广狭之分。

狭义的敦煌石窟专指莫高窟。莫高窟开凿于敦煌南部鸣沙山东端的崖壁上，距离敦煌县城25华里（此系指走直捷便道而言，今连接敦煌市区与莫高窟的公路大率呈矩尺形，里程为25公里），始凿于公元366年，开创者为沙门乐僔。他受三危山顶佛光的启示首开第一窟。不久禅僧法良又在其窟旁开第二窟，莫高窟的开凿活动就此展开，代代相沿，至元代方告中辍。清代和民国时期虽曾进行增补重修，但内容混杂，技艺低劣，非但没有艺术性可言，反而破坏了窟中原有的艺术效果。

至元代为止，莫高窟的艺术创作活动延续了千余年，其间开窟造像无已，精品杰作无数。经过一千六百多年的风雨剥蚀和人为破坏，现在莫高窟中尚保存有重要洞窟491个，彩塑两千多座，壁画45000平方米，不仅是我国最大的石窟群，也是横贯欧亚的古丝绸之路上规模最宏伟、历史最悠久、内容最丰富、艺术价值最高的文化与艺术宝库。已被联合国教科文组织列为世界文化遗产，引起了全世界文化史研究者的普遍关注。

广义的敦煌石窟泛指古敦煌郡境内的所有石窟，它以莫高窟为主体，此外还包括：

榆林窟绘画

西千佛洞，位于今敦煌城西35公里处的党河岸壁上，因莫高窟又称千佛洞，此石窟群居莫高窟之西而得名。西千佛洞的开凿时代与莫高窟相近，现尚残存北魏、西魏、北周、隋、唐、五代、宋、元、清、民国等时期修建或改建的洞窟22个，但损毁严重，内中所存彩塑、壁画数量不多。

榆林窟，又名万佛峡，位于安西城西南75公里处的踏实乡境内，开凿在榆林河峡谷两岸的断崖上。这一石窟群约始凿于北魏，大规模的营造活动盛行于唐代，特别是吐蕃时期。目前尚保存有北魏、西魏、隋、唐、五代、宋、回鹘、西夏、元、清、民国时期的大量绘画和雕塑作品，尤以吐蕃时期兴建的第25

窟，和西夏时期修建的第 2 窟及第 3 窟的艺术价值最高。

东千佛洞，位于安西县城东南 70 公里处桥子乡东南 35 公里处的峡谷河床两岸，是西夏和西夏以后开凿的一个以表现密宗内容为主的石窟寺。现存有塑像和壁画的洞窟 8 个，主要反映了西夏、元、清三个历史时期的石窟艺术。

小千佛洞，距安西县城 35 公里，始凿年代不详，现存晚唐和五代、宋时石窟 6 个，多已崩坏。

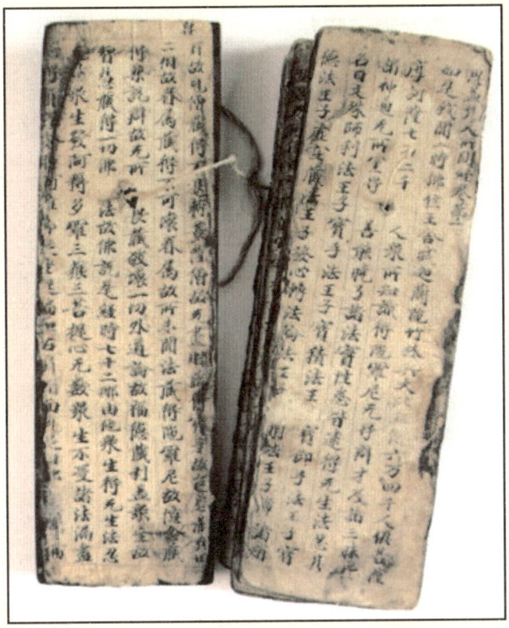
出土的敦煌文书

五个庙，位于今肃北蒙古族自治县城南 20 公里处的狼湾，约始凿于北朝，现存四窟中还保存有不少五代、宋、西夏、元等时期的壁画。

一个庙，位于今肃北蒙古族自治县城北约 12 公里处党河东岸的吊水沟北面的断崖上。约始凿于北朝或隋末唐初，现存两窟中尚残存有曹氏归义军时期的壁画、供养人题记和民国时期的绘画与游人题记。

这些窟群与莫高窟共同构成了敦煌石窟的全部内容，培植出了敦煌石窟艺术之花。

敦煌与其他丝路城市的最大区别在于它拥有更加浓郁的艺术与文化色彩。除石窟艺术外，敦煌保存的另一大文化瑰宝就是藏经洞出土的数万件古籍文书。

敦煌文书的发现有些偶然。清朝末年，一个名叫王圆箓的湖北麻城人来到莫高窟办起了“三清道观”，为修“功德”，开始雇人在窟内抄经，并清理底层洞窟口的积沙。光绪二十六年（公元 1900 年）五月二十六日清晨，一个姓杨的雇工发现第 16 窟甬道北壁是空的。当晚王道士即带着他挖开墙壁，开启了密室的封口，见到了洞中堆积如山的文物，这个密室就是后来震惊中外的今编第 17 窟藏经洞。

发现藏经洞之后，文化水平极低的王道士便将这些文物视为可以换钱的古董，使部分文书流散到社会上，引起了当时外国一些所谓“探险家”的注意。英国的斯坦因、法国的伯希和、日本的桔瑞超、吉川小一郎、俄国的鄂登堡等先后来敦煌，骗劫走了大部分文书，而中国的京师图书馆仅收藏到几千件。

敦煌文书的出土是19世纪末20世纪初我国文化学术史上的重大发现之一。与安阳殷墟甲骨、居延汉晋简策、明清大库档案相较，敦煌文书跨越时间长，数量庞大，内容丰富，具有极高的文物价值和文献研究价值。

从抄写或印制的时间上看，敦煌文书的写刻年代上至六朝，下迄宋初，历时700年。目前已知标有纪年的最早的敦煌写经为日本中村不折氏收藏的《譬喻经》，据其卷末题记可知该经抄于甘露元年（公元359年）三月十七日，甘露为前秦苻坚年号。现已确知年代最晚的写经抄于公元1002年，为俄藏《曹宗寿造帙疏》。另据报道，俄罗斯藏品中又有《景德传灯录》残卷。《景德传灯录》成书于宋真宗景德三年，如果该卷确属该书，则当抄于公元1006年以后。

前面已经谈到，敦煌文书在被发现后不久即惨遭外国文化侵略者的掳掠和中国封建官吏的盗劫，致使今日敦煌文书分藏于中、英、法、俄、日、美、韩、印等国的多个机构和私人手中，公布与研究的情况参差不齐。因而目前我们尚无法确知敦煌文书的准确数目，粗略估算约为5万件左右。

从内容上看，敦煌文书大致可分为宗教文书和世俗文书两大类。

宗教文书包括佛教、道教、摩尼教、景教各类经籍。其中佛教文书数量最巨，不仅居各宗教经籍之冠，更占敦煌文书整体的90%左右。对大藏经的校勘，特别是辑佚工作，和佛教史与佛学研究都具有重要意义。摩尼教与景教经籍的发现，更为这两种宗教史的研究提供了不可多得的珍贵资料。

世俗文书的数量虽远不及宗教文书，但其研究价值却更高。藏经洞出土的世俗文书的内容涵盖甚广，涉及政治、经济、军事、民俗、文学、艺术、科技等众多领域，有益于全面准确地反映我国中古时期的社会状况和文化风貌，弥补了现存史料不足给研究者带来的缺憾，纠正了以往史书中一些不确切的记述，解决了许多学术界争论不休的问题。可以说，深入研究敦煌文书，对全面、准确、深刻地了解中华文化史有着重要意义。

道教的起源

道教是以先秦道家学说为思想渊源，吸收、融合其他理论和修持方法而形成的中国本土宗教。它具有汉民族思想和信仰的特点，在长期的发展过程中，曾对古代的政治、哲学、文学、天文、历算、医学、物理及艺术、民俗等产生过广泛的影响，是中国传统文化的重要组成部分。

一、道教的起源

道教既有一般宗教的共性，更有其独特的风格和内涵。表现在其产生上，其孕育过程分散而缓慢。早期教派并非经由同一途径、在同一地区同时形成，而是经过不同的渠道，在多个地区分散发展，逐渐汇合在一起。因此，没有统一的创教教主和集中的创教时间。大致说来，道教酝酿于西汉，形成于东汉末年。人们往往把《太平经》《周易参同契》和《老子想尔注》看做道教信仰和理论形成的标志，而把五斗米道和太平道看做道教活动或实体出现的标志。

道教虽然产生于东汉末年，但其源头却可以追溯到远古时代。它产生的思想文化渊源和社会历史背景也比较复杂，概括起来，主要有以下几个方面：

第一，中国古代宗教与殷商时代的民间巫术。古代中国社会中，自然崇拜和鬼神崇拜十分盛行。人们视日月星辰、河海山川和祖先为神灵，加以祭祀和祈祷，并由此形成一套包括天神、地祇和人鬼的神灵系统。道教对民间信仰中的神灵加以吸收和改造，使之成为道教的尊神。殷商时代，巫风盛行，人们尚鬼重巫，往往以卜筮决疑难、断凶吉。巫师职业发达，不仅能交通鬼神，而且能祈福禳灾，由此产生符咒驱鬼的法术。道教正是直接承袭此种神道巫风而兴起的，尤其符箓

广东紫云道观

派的符咒、斋醮、科仪，多取自古代至汉的鬼神祭祀活动与巫术。

第二，战国至秦汉时期的神仙传说与方士方术。神仙崇拜是道教信仰的核心，也是道教区别于其他宗教信仰的显著特征之一。神仙传说最早可以追溯到战国时期的荆楚文化和燕齐文化。在《庄子》和《楚辞》中，神仙思想便屡见不鲜。如《庄子》中关于神人、至人、真人和圣人的文字，便是对神仙形象的最初描述。《离骚》和《九章》中也有许多生动浪漫的神游故事。神仙方士最早见于北方的燕齐一带，古代的方士借用齐人邹衍的阴阳五行学说解释他们的方术，从而形成神仙家（即方仙道）。此后，神仙传说和神仙方术皆为道教所承袭，神仙方术衍化为道教的修炼方术，神仙方士逐渐衍化为道士，甚至连道教描绘的神仙与神仙生活也多脱胎于这一时期的神仙传说。

道教“神仙”

第三，先秦老庄哲学与秦汉道家学说。老庄与秦汉道家都是学术派别，不是宗教，但道教在理论上却紧紧依托道家，打着道家的旗帜，对道家思想中的某些思想加以歪曲的解释和利用，将道家扭曲成神学。以“道”为例，在道家学说中，它是一种超乎想象的宇宙最高法则。因此，备受推崇而有神秘化的倾向。道教则进一步放大其超越性、绝对性，把“道”变成具有无限威力的全知全能至上神的代名词。就本质而言，秦汉巫术与神仙方术只能算作世俗迷信，只有在它们依附于道家理论，形成一套独特的道教神学体系以后，才一跃而成为与儒、释并列的大型宗教。作为道家的创始人，老子在发挥道家的过程中也自然被抬高，而被奉为教主和尊神。于是神化老子，奉习《老子》，便成为早期道教产生的重要标志。

西汉道家及黄老之学，基本上仍是一种社会政治和学术思潮，但其中包含了许多神秘主义的因素，加上治黄老之学者本来就有许多神仙方士，从而使得黄老之学向神仙方术的方向发展。东汉之后，逐渐形成崇奉老子为神明的黄老道，并与方仙道合流，成为早期道教的前身。

此外，道教还融会了先秦儒家、墨家、阴阳家等学派以及古代医药学、养生学和佛教的某些思想观点。因此，道教是诸宗教中排他性较少，包容性较多的宗教。它上溯远古，兼综百家，是一个在宗教形式下兼容并蓄的文化体系。在其后来的发展中，亦以开放的姿态，广纳博采，形成“包罗万象，贯彻九流”（陈樱宁语）的特点。这些恰恰反映了中国人多神共信、驳杂不纯的信仰特质。

二、道教的发展与演变

道教的发展经历了一个历史的过程。就这一演变过程而言，大致可以分为以下几个时期：

（1）汉魏两晋南北朝——道教的创建与改造时期。汉魏两晋南北朝时期是原始道教从民间兴起并逐渐演变发展成为成熟的官方正统宗教的时期。东汉后期，政治腐败，农桑失所，社会矛盾异常尖锐，这为道教的产生创造了条件。农民领袖往往利用方术和迷信思想号召和组织群众，又为道教的产生提供了广泛的群众基础。早期的道教主要有两派：一派是以张角为首的太平道，主要流传于河北、河南、山东一带，以《太平清领书》（即《太平经》）为其主要经典，以“中典太一”为至尊天神。张角自称“大贤良师”，主要的传教活动是利用“符心”给人治病。十多年中，信徒达到数十万人，遍布全国各地。公元 184 年，张角发动黄巾起义，215 年被曹操所灭。太平道亦因此衰绝。另一派是以张陵为首的五斗米道。主要流传于四川和陕南一带。张陵又名张道陵，自称受太上老君之命为天师，得“三天正法”和“正一盟威”之真传，规定信徒入教，须交米五斗，故人称“五斗米道”。五斗米道奉老子为教主，以《道德经》为主要经典。张陵死后，其子张衡、其孙张鲁先后继任。张鲁自称“师君”，割据汉中一带，建立政教合一的地区性政权达 30 年，后投向曹操，其子孙世代相传天师称号，改称“天师道”。

葛洪图

魏晋时期，道教开始分化。一部分继续在民间流行，保持着早期道教的性质，与农民起义结合；另一部分向上层发展，参与统治阶级内部的政治活动，从维护统治阶级的立场对民间道教进行改造。一些出儒入道的上层知识分子抛弃早期道教中某些不利于统治阶级利益的思想主张，将秦汉以来的神仙方术与道家的黄老思想相结合，形成了以长生不老、羽化登仙为主要内容的神仙道教，代表人物是葛洪。他著《抱朴子内篇》阐述道教理论体系，提出了以神仙养生为主、儒术应世为辅的儒道合一的思想，促进了道教从原始民间道教向成熟的官方宗教转变。

此后，北魏道士寇谦之、刘宋道士陆修静、梁朝道教大师陶弘景相继发起道教改革活动。寇谦之调整、改革了道教与皇权的关系；陆修静则重视斋仪规范，同时又广集道书，分道教经籍为洞真、洞玄、洞神三部（“三洞”），使之系统化，在整顿和重建道教组织方面发挥了重要作用。陶弘景则提倡佛道双修，而实际上以道为主，从而使道教的义理化在原有的基础上又得到很大的发展。以重视经典科教与神仙养生之术为宗旨的道教新派别成为道教发展的主流，道教也完成了从孕育产生到发展成熟的过程，最终成为为统治阶级服务的官方宗教。

（2）隋唐到北宋——道教的兴隆和理论大发展时期。隋唐至北宋，道教进入了兴隆和大发展时期。唐代统治者自称是老子李耳之后。因此开国之初即重道教。以后诸帝对道教始终加以扶持与崇奉，李唐一代道教的地位始终位于儒、佛之上。北宋历代皇帝对道教也都相当崇奉，真宗、徽宗尤以崇道著称。统治阶级的积极利用和大力扶持，对道教在各方面的发展都起了巨大的促进作用。社会地位大大提高，道士人数大增，道教的宫观规模日益壮观，神仙系统越加庞大，遍及全国。

这一时期，道教在理论方面的发展尤为突出。经历了南北朝时与儒、释之间的大辩论之后，道教在外部进一步吸取儒、释两家的思想来充实自己的理论。在内部则有南北不同派别之间相互交融，加上统治者的提倡，对道教的研究蔚然成风。许多道教学者都是道教史或学术史上影响较大的人物。他们或撰写论著阐述自己的学说，或通过整理注释道经发挥自己的思想，在道教的教理、历史、修持方法，以及医学、药物学、养生学、哲学思想、伦理思想等许多方面都有突出的成就。经书数量也不断增多，道教伦理有了重大发展。

（3）南宋辽金元至明中期——道教的发展、变革的新时期。南宋时期，封建统治者对道教仍继续支持，道教继续发展。但宋室偏安江南，与金、元南北对峙，南北割扼的政治经济局势以及民众陷于兵灾的痛苦，促使道教分衍宗派。在北方金朝统治的地区，先后出现了太一、大道、全真三支新道派，广泛流传于民间。其中王重阳创立的全真教对后世影响尤大。在南宋，则出现了净明道、金丹派等新兴道派。元代，统治者为缓和矛盾，对各宗教都大加提倡，对道教各派皆扶持利用，各派首领和著名道士亦被加官赐爵，致使许多失意儒士也纷纷入教，道教呈现出颇为兴盛的局面。

组织改革的同时，新兴道派对传统道教的教义和教制也进行了革新，使道教理论在这一时期有所发展。新兴道派力图革新教理，主张三教融合。在修炼方术方面重视内丹，强调精气神的修炼，斥外丹为邪术。内丹学此时趋于成熟。

（4）明后期至清——道教的逐步衰退时期。明代中叶以后，道教进入衰微期。道教内部，教团腐败，失去了自我更新的能力，理论教义不再有所创新。在外部，清代统治者重视佛教，对道教采取了抑制政策，道教逐渐失去了封建统治者的有力支持，加之理学的强力排斥，处境渐趋困难，呈现出明显的衰落景象。但官方道教日渐衰微的时候，民间道教活动却依然活跃。一些道派逐步与佛儒等结合，形成许多民间道教，在社会上广泛流传，渗透到文化生活的各个方面。

三、道教的信仰特征和基本教义

道教派系繁多，信仰十分繁杂，“上标老子，次述神仙，下袭张陵”（刘勰《灭惑论》），所崇拜的神箓有500余种，常见者也有240种。但其基本信仰和教义却大同小异。

第一，道。道教的基本信仰是“道”，也称“大道”。这是从道家中借来的一个概念，但与老子所讲的“道”既有联系又有区别。道教认为，道是宇宙万物之本源，同时又是“灵而有性的”“神异之物”，即宇宙、阴阳、万物都是由它化生而成的。也就是说，“道”是宇宙的本体，是天地万物的母体。它无所不在，无所不生，无所不化，无所不管，是一个包容一切、又生成一切的抽象无比的创世物。同时，道教还认为，“道”清虚自然，无为自化，人们只有清净无为，恬淡寡欲，才能体“道”，认为老子就是“道”的化身。与“道”并提的是“德”，道之在我者就是“德”，故道教规定信徒要“修道养德”。他们认为：“道”乃“虚无之系，造化之根、神明之本、天地之元”，万象“因之而生”，五行因之而成。得道成仙，不管是谁，只要认真修道养德，都可以成仙。这是道教的宇宙论，也是道教神学思想体系的核心。

道教信奉的最高神是“三清尊神”。一是“玉清元始天尊”即天宝君；二是“上清灵宝天尊”，即太上道君；三是“太清道德天尊”，即太上老君（老子）。称号不同，实质相同，都是“道”的人格化和别名。三清为经教的祖师，各传经书12部，分别称为洞真、洞玄和洞神，故道教把道经总称为“三洞真经”。或分三洞真经为七部，以洞真、洞玄和洞神为正经，以太玄、太平、太清、正一四部为辅经。因此，道教内部统称为：“三洞尊文，七部玄教。”

第二，长生成仙。同其他宗教不同，道教不是要求人们轻视人生，放弃今世，去追求死后的“天堂”，而是以贵生、乐生、成仙得道为其信仰目标。既重视来世，也重视今世；既宣扬出世思想，也注重入世。它把《道德经》中关于“谷神不死”、“长生久视”等神秘主义的词句同《庄子》中关于神仙的记载加以发展和进一步宗教化，作为他们追求的目标。认为人逆宇宙生成的方向进行修炼，就可以还归自然，与“道”合一、返本还原，达到与天地共长久的“神仙”境界。

道教徒们为了实现“长生久视”，与自然同长久，过不受限制与束缚的“神仙”生活，努力探索大自然和人生的奥秘，力图寻找到能够使其“成仙”的可靠方法。为此，建立了一套宗教理论、崇拜仪式及帮助人们“成仙得道”的修炼方法和“道术”。

道教仪式图

与基本信仰相联系，道教除了崇拜“道”，崇拜人格化的三清外，还崇拜由“道”衍生的宇宙万物，崇拜自然，崇拜“得道成仙”的历史人物，并且认为天界与人间一样有一个玉皇大帝为首的天上封建统治官僚体系掌管各类事务。由此，创造了一个几乎无所不包的庞杂的神仙体系。如传说中的八仙，即属于道教神祇系统。

道教的基本特点就是它保留了较多的民间信仰和方术。其宗教理论和信仰素质，都与中国的传统文化、生活风俗密切相关。在保留原始的自然宗教因素的同时，还夹带着不少迷信成分。它以长生成仙为信仰目标，以修身养性为现实利益，是一种既重视眼前利益，又有长远追求的宗教。因此，道教与中国人的传统相符合。

四、道教与中国传统文化

在长期发展过程中，道教对中国古代的思想文化领域和社会生活领域产生了巨大而广泛的辐射作用，留下了深刻的影响。概括起来主要体现在以下几个方面：

（1）道教与中国古代思想。从学术思想的角度来看，许多道教学者，如晋代的葛洪、南北朝的陶弘景等，在思想文化方面都各有一定的贡献。汉代以后，中国思想史发展呈现出儒、道、释三者之间的相互斗争、融合的重要特点。在这个漫长的发展过程中，道教与儒、释之间，一方面互相排斥，互相斗争；另一方面又互相吸收，互相渗透，最终形成你中有我、我中有你、互补共存的关系。从而促进了中国学术思想的发展。宋明理学的形成，很大程度上是儒家吸取了道、佛思想影响的结果。理学学者在创建其思想理论体系时，也大量地吸收利用了道教的思想资料，从理学的范畴、命题、思维方式到其本体论、认识论、心性论和修养论等的建构，很多方面都留下了道教思想的痕迹。可以说，宋明理学是儒、道、释三家思想的结晶。

（2）道教与古代文学艺术。道教对中国古代文学艺术的影响是非常突出的。首先，道教的世界观、人生观影响了许多古代文学家和艺术家，更有不少人本身就是道教的信徒。他们的生活道路、思想的形成过程与道教有着千丝万缕的联系，就其传世作品而言，也多显露出道教思想的影子。唐代诗人李白，就是反映道教思想的杰出诗人。其部分诗作堪称神仙诗的代表，人们称他为“诗仙”，他自己也以“谪仙人”自居。其次，道教所宣扬的教义和神仙思想为文学艺术提供了丰富的创作题材和表达内容。道教活动的主要目的，在于长生成仙。这种神仙思想反映到文学艺术领域，就成为文学艺术的重要题材之一。古代以道教神仙思想为题材的作品，充满于诗、词、歌、赋、戏剧、小说等各种文学形式之中，数量甚多。魏晋南北朝的“游仙诗”，就是抒写神仙漫游之情的一种诗歌。唐宋时期道教兴盛，反映在唐诗、宋词中，以神仙思想为题材的作品相当多。在宋词中，不少词牌得名即来源于道教的有关神仙故事。而音乐、舞蹈、书法、雕塑等各类艺术作品，也都或多或少地取材于道教，包含着道教的教义或神仙生活的内容。此外，道教的空灵玄想、体悟入道的认识论和方法论对中国古代的审美意识和创作思维也产生了影响，大大丰富了中国传统的文学艺术形式。

道教人物——上清灵宝天尊

（3）道教与中国古代科技。道教对我国古代科学技术发展的影响，也是不容忽视的。道教为了追求长生成仙，从开创时起便十分重视修炼方术。虽然它所追求的目标只不过是一种幻想，是不可能实现的，但在其长期发展过程中，各种修炼方术客观上却为中国古代科学技术的有关领域积累了许多很有价值的经验。这对中国古代科学技术的发展有十分重要的意义。例如，丹鼎派的道士们，为了炼制出长生不死的仙药，从事炼丹活动，对各种炼丹术作了认真的探试，留存下来的资料甚多。虽然科学思想与神仙思想往往交织在一起，但其中的合理精华是不能否认的。而且正是这种炼丹术的发展，为近代实验化学的产生创造了条件，可以说它是近代实验化学的前驱。

道教与古代医学、药物学也有着密切的关系。道教炼丹家为了炼丹在不知不觉中成了医学和药物学专家。在东晋葛洪的《抱朴子内篇》中，关于物种变化的一些论述以及对多种炼丹方法的介绍，对化学和生物学都是极为重要的贡献。隋唐之际的著名道士孙思邈，更是这方面的杰出代表。他所撰的《千金要方》，内容之丰富，规模之宏伟，为前此各种医著所不及，被誉为我国最早的一部临床实用的百科全书，具有很高的学术价值和实用价值，对祖国传统医学的影响极其深远。可见道教在医学、药物学方面的贡献，都是应当肯定的。

道教的养生术，与预防医学紧密结合，作为祛病延年的重要手段，在道书中的论述颇多，内容十分广泛，涉及诸多方面，其中包含很多合理因素，值得我们认真发掘和整理。现代人修炼的气功也可溯源于道教，是人们对道教修养方法的一种运用，比如要求清静、息虑、守丹气，都是古代道教的现代化运用。

《周髀算经》成书

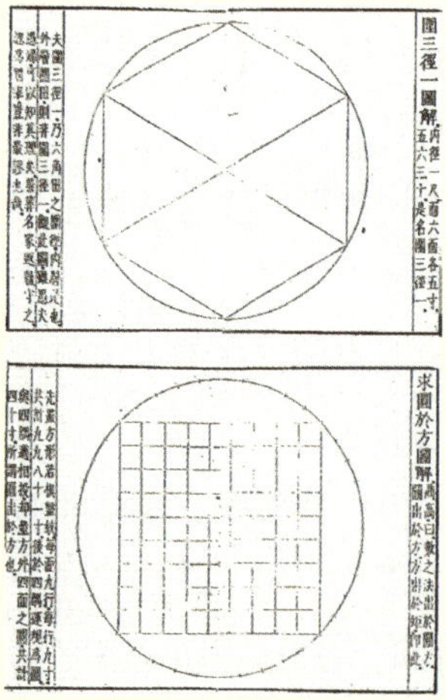

《周髀算经》内页

《周髀算经》原名《周髀》，是流传至今的一部最早的数学著作，同时也是一部天文学著作。在中国古代，按所提出的宇宙模式的不同，天文学共有三家学说，即“盖天说”、“浑天说”、“宣夜说”。“盖天说”是其中之一，而《周髀算经》就是阐释“盖天说”的。该派学说起初主张天圆像张开的伞，地方像棋盘；后来改为天像斗笠，地像覆盘。天在上，地在下；日月星辰随天盖而运动，其东升西没是由于近远所致，不是没入地下。

据考证，现传本《周髀算经》大约成书于西汉时期（公元前 1 世纪）。南宋时的传刻本（嘉定六年，1213 年）是目前传世的最早刻本，收藏于上海图书馆。历代不少数学家都曾为此书作注，其中最著名的是唐·李淳风等人所作的注。《周髀算经》还曾传入朝鲜和日本，在那里也有不少翻刻注释本行世。

从所包含的数学内容来看，书中主要讲述了学习数学的方法，整数与分数四则运算、开方算法。《周髀算经》是我国古代数学发展史上的一部重要著作。

造纸术的发明

造纸术的发明是我国汉代科学史上一项伟大的成就。西汉时代多以麻为原料造纸。麻纸多呈不规则形状，质厚色黄，结构较密，坚硬有韧性但表面比较粗糙。东汉元兴元年，蔡伦在前人造纸术的基础上，改进和推广了造纸技术。他采用了树皮、麻头、破布、渔网等做原料，不仅大大扩充了造纸的原料来源，降低了成本，而且大大提高了纸的质量。这种纸有纸草之便而不似其易于破损，有竹木简牍之廉而不似其庸赘，有甲骨金石之坚硬却不似其笨重，有缣帛羊皮之柔软却不似其昂贵。由此纸张得到迅速推广，人们称这种纸为“蔡侯纸”。公元 105 年则被普遍认为是造纸术的发明年代。

古代造纸图

造纸术的发明是中国古代最伟大的发明之一，也是人类文明史上一项最杰出的成就。纸的出现，是人类文明的基础，它作为一种新的信息载体在中国率先出现，使中国汉代的文明勃兴超过了世界其他文明。8 世纪左右，阿拉伯人才开始用中国的技术和设备造纸。纸的出现和推广，使汉以后的文化生活出现了崭新的面貌，纸的质量也越来越好。但纵观汉代的书写材料，占主要地位的仍是简牍和缣帛。直到晋代以后，由于经济发展，造纸术流传到长江流域和江南一带，造纸材料进一步丰富，才出现了较多较好的纸。

1957 年在陕西西安东郊出土的古纸残片，1977 年在甘肃居延烽燧出土二片古纸，都是汉初发明造纸术的有力证据。

张衡的浑天仪和地动仪

一、浑天仪

东汉太史令张衡根据自己对天体运行规律的认识和实际观察，认真研究了盖天说、浑天说和宣夜说，认为浑天说比较符合观测的实际，并在前人研究的基础上，对浑天说加以修正和完善。

在此期间，张衡创制了一个能够精确地表现浑天思想的“浑天仪”，并且写出了《灵宪》《灵宪图》《浑天仪图注》等天文学著作，成为浑天学说的代表人物之一。

公元 117 年，张衡在京都洛阳研究出了一台利用水力推动而自动运转的大型天文仪器——水运浑象仪（浑天仪）。

这台仪器的主体是一个大空心铜球，上面布满了星辰，球的一半隐没在地平线下面，另一半露出地面，就像人们看到的天穹一样。仪器靠漏壶流水的力量推动齿轮系，带动铜球缓慢地运转，一天旋转一周。到了晚上，人们从仪器上可以看到星辰的起落，它和实际天象完全相合。

浑天仪是有明确记载的世界上第一架用水力发动的天文仪器，其中应用的齿轮系和凸轮机构在当时可以说是极其复杂的，浑天仪实质上可以认为是天文钟。

在一千八百多年前，我国能够制造出这样复杂而精巧的仪器，是很值得自豪的。

二、地动仪

经过长期研究，并汲取了当时民间预报地震的经验，汉顺帝阳嘉元年（公元 132 年），张衡终于发明了世界上第一台测定地震方位的仪器——候风地动仪，在人类与地震斗争的历史上，又写下了光辉灿烂的一页。

张衡地动仪（仿造）

地动仪是世界上第一架可测地震方位的仪器，它是利用倒立惯性震摆的原理制成的。其基本构造符合物理学原理，能探测到地震波的首先主冲方向，是现代地震仪的先驱，也是当时世界上遥遥领先的发明。在国外，过了一千多年，直到13世纪，在波斯马拉哈天文台才有类似的仪器出现。到18世纪，欧洲才出现利用水银溢流来记录地震的仪器。地动仪的灵敏度很高，最低可测地震强度为3度左右（据12度地震烈度表）的地震。据记载，地动仪制成以后安置在洛阳。公元138年，距洛阳700公里的陇西发生了一次6级以上的地震，当时洛阳没有震感，而地动仪作出了反应。此次陇西地震的实测成功，开创了人类使用科学仪器观测地震的历史。约在4世纪初，地动仪在动乱中失落。

华佗的外科手术

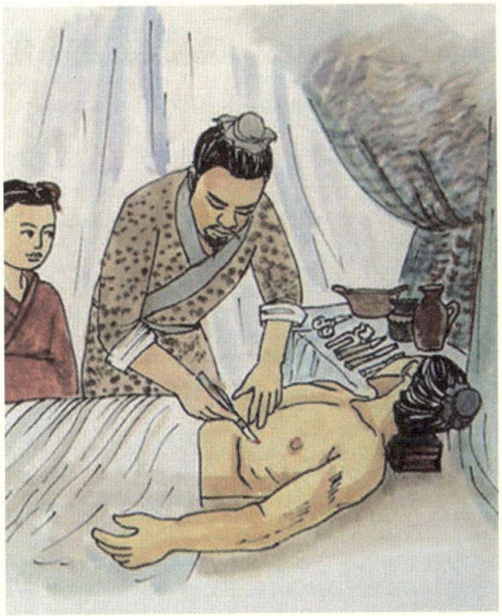
华佗施行外科手术（模拟图）

华佗，字元化，名旉，沛国谯（今安徽亳州）人。他精通内科、外科、妇产科、小儿科和针灸科，尤其擅长外科和针灸科。他医术高超，并发明了一种名叫“麻沸散”的麻醉剂，在病人动手术前先让病人用酒饮下，即失去知觉。然后，“刳破腹背，抽割积聚。若在肠胃，则断截湔洗，除去疾秽，既而缝合，傅以神膏，四五日创愈，一月之间皆平复”。这就减轻了病人许多痛苦。华佗是世界上最早采用全身麻醉方法的医生。华佗也很重视锻炼身体，教人作五禽戏，即模仿虎、鹿、熊、猿、鸟的动作，以增强体质，预防疾病。

此外，东汉时编成的《神农本草经》，记载了365种药物的性能和用途，是我国最早的一部药物学著作。

秦汉时期的教育

一、官学

秦始皇焚书坑儒，确立秦朝的教育制度，主要内容是禁废私学，以吏为师，以法为教。吏师除由博士担任外，多由各级官吏充任，县以下由三老采用李斯、赵高、胡毋敬用秦篆编写的《仓颉篇》《爰历篇》《博学篇》为教材，教授儿童书法和识字。

汉武帝时在长安设立太学，置《诗》《书》《易》《礼》《春秋》五经博士教授儒家经典。政府从贵族子弟中选拔一部分18岁以上、仪表端正者到太学学习五经，称为博士弟子，亦称太学生，最初50人，后来扩大到3000人。东汉初，在洛阳重建太学，光武帝曾亲自到太学讲学，以示鼓励。顺帝时修筑学舍，造240房，1850室。质帝时太学生增至3万人。京师出现了太学区，太学生成为一支巨大的社会力量。

汉代太学为儒家所垄断，是“独尊儒术”教育政策的体现。汉人传经有一定的师承关系。西汉传经重“师法”，东汉传经重“家法”。师法重传授，明本源；家法重立说，争派别。

汉代太学内设有讲堂，是博士传经、太学生学经的课堂。太学生学经以自学为主，也开展问难论辩，同时，允许太学生到校外拜师求学。太学注重考试，初为一年一试，考试方法是“设科射策”。后改为二年一试，按成绩（据通经多少）录用为官吏。

汉代太学生也参与政治活动。西汉哀帝时司隶鲍宣获罪下狱，太学生王宣领导千余名太学生开展营救活动，才使鲍宣免于一死。东汉末年政治黑暗，宦官与外戚展开激烈的斗争，太学生卷入了这场政治斗争，抨击朝政，攻击宦官。该朝先后发生了两次迫害太学生的“党锢之祸”。

东汉后期，灵帝光和元年（公元 178 年）在洛阳鸿都门外设立了一所艺术专科学校，称鸿都门学。学生专门学习研究辞赋、尺牍及书画等。

两汉在郡国均设立官学。郡国设学，县邑设校，乡设庠，聚设序。学与校设经师一人，庠与序设孝经师一人。地方官学也以儒学为教学内容，用孝悌等封建道德教育学生。东汉时郡国学校更加发达。“四海之内，学校如林，庠序盈门”。

二、私学

汉代教育家郑玄雕塑

两汉时私学繁盛。一些经学大师和名儒立馆著书讲学授徒。私学学生有两类：一类为著录弟子，凡不经老师亲授，只在其门下著录姓名者，即为其著录弟子；另一类是受业弟子，即是老师直接教授的弟子。如董仲舒致仕之后就著书讲学，学生常有数百，乃至数千。蔡玄通五经，门徒千人，著录弟子达 16000 人。马融是东汉著名的经学大师，有学生数千。

私学中名为“精舍”、“精庐”的学馆，其程度相当于太学。但大多数是教儿童的“学馆”、“书馆”、“书舍”，其程度相当于小学，称为“蒙学”。小学生先学习字书如《仓颉篇》《急就篇》等，再学习《论语》《孝经》等。

董仲舒、王充、马融、郑玄等都是两汉时期著名的教育家。董仲舒在学习方法上倡导勤学好问、融会贯通，注重专一和勤勉努力，这样学识才能广博，道理才能清楚。他还强调教师教学时要以身作则，他自己任教时就“进退容止，非礼不行”，为学生做出表率。

王充认识到教育可以改变人的本性。在教学中提倡实事求是，强调要专心一致，发挥主观能动性，才能做到博与通。他主张信闻见、明效应、“开心意”、重思考，这样可使人“知一通二，达左见右”。在教学中贯彻批判和问难精神，要求学以致用，敢于破除对孔孟的盲目迷信。

马融在教学中采用“次相授受法”，即由其高业弟子转相传授，培养了大批人才。

郑玄从事教学30余年，教学中平易近人，不拘师法和门户之见，博采群言，学说独具创见，深受学生欢迎。他认识到教育的作用，提出“存是去非”的观点，就是保存和发展先天的善性，消除后天不良的品德观念。他还把教学内容归结为“修德学道”两大类。在学习上主张立志自强，重于实行，提倡心解和启发，并力主尊师，强调教师的作用，提出“师善则善”的观点。郑玄的教育理论，在我国教育史上占有重要地位。

秦汉时期的社会风俗

一、衣食起居

秦汉时人民的食粮，北方以粟为主，南方以稻米为主，其他粮食有稷、粱、秫、菽等。汉人仍以食羹饭为主，汝南童谣“饭我豆食羹芋魁”。羹饭就是杂粥，但食用面饼也很普遍。《汉书·宣帝纪》：“宣帝微时，每买饼，所以买家，辄大售，亦以自怪。”饼有煮饼、蒸饼、汤饼等。大约东汉时期开始用发酵的面做饼。副食品中蔬菜主要有葵、芹、芋等；肉食主要有牛、羊、猪、狗、鸡等，汉人尤喜食狗肉，西汉名将樊哙曾以屠狗为业。烹调方法有脍、炙、炮、煎、熬、煮、灼等，常用调料有蜜、姜、桂、蒜、荽（香菜）等。汉人喜整羊整狗烧炙，“各自以刀割食”。秦汉人还喜食盐豉。《史记·货殖传》说，蘖曲盐豉千荅，比千乘之家。东汉石刻画像中有一“庖厨图”，画面上有许多厨人，有的汲水，有的杀猪宰羊，

东汉石刻画像“庖厨图”

有的煮饭，在炉灶上面悬着许多腊味。说明贵族豪人的奢侈生活。

西汉服饰（模拟图）

秦汉时服饰等级分明，“贵贱有级，服位有等”。帽子（冠），贵族官吏戴冠、冕、弁等。冕是帝王、诸侯及卿大夫所戴的礼帽，只在大典时用；皮弁也属礼帽，在大礼时用；冠是通常的礼帽。君臣上朝时，皇帝戴通天冠，冠高9寸，正竖顶少斜，直下为铁卷，梁前有山，帽梁与展筒高起如山。诸王戴远游冠，形制如通天冠，有展筒横于前，无帽梁与展筒之前高起的山。三公九卿尚书博士戴进贤冠，冠前高7寸，后高3寸，长8寸。有五梁至一梁（冠上横脊），以分等级，如三公冠三梁，尚书冠二梁，博士亦冠二梁，中书郎等冠一梁。武官戴大冠，亦名武弁和武冠，冠形如弁，用金铛饰首，并插貂尾。鹖冠，古代武士冠，冠上插野鸡长尾羽毛，汉时虎贲戴之。贵人喜戴平冠，前仰后俯，无翅，贵妇人高髻大袖，髻“四方高一尺”。一般平民不戴冠冕，束发用巾（约3尺）裹头，秦人以黑巾裹头，百姓称为黔首。汉末王公贵族以戴幅巾为雅事。帻，亦是平民覆髻之巾。汉时在额前作山形，又加帻屋，短耳。原为卑贱者所戴，后因汉元帝戴帻服，群臣上下贵贱皆戴，便以颜色分贵贱。卑贱者戴绿色，官吏戴青色或赤色等。

汉代男子的服装式样，主要有曲裾和直裾。曲裾即深衣，而将衣襟接长，向后拥掩，但多见于西汉早期。及至东汉，男子一般皆穿直裾之衣。直裾又称襜褕，后世的交领袍就是由襜褕发展而来的。襜褕西汉已经出现，但并不作为正式的礼服，究其原因，实与当时的内衣有关。古代裤子称袴，仅用两只裤管套住膝部，用带子系于腰间。这种裤子穿在里面，如不用外衣将它掩住，裤管就会外露，这在当时社交场合中，当然是不允许的。后来裤的形式日益完备，出现了有裆的犊鼻裈，由于内衣得到改进，曲裾绕襟的深衣之制已属多余，所以直裾的襜褕逐渐普及，终于取代了深衣。

从东汉开始，上层的袍服转入制度化，史书常列“舆服”一门予以记载。

袍，上古特指装填旧丝绵的长衣，为御寒之服。《礼记·玉藻》孙希旦集解称："纩与缊皆渍茧擘之，新而美者为纩，恶而旧者为缊，衣以缊著之者谓之袍。"缊袍本贫贱所服。而到了秦汉时代，精制长衣却也称为袍了。汉代以袍为贵，颜色有限制。唐以后，只有皇帝才可以穿黄袍。

与袍形制略同的有禅衣，禅衣也用作官员朝服，但只能穿在袍服之内。

西汉时期，铁制铠甲已经成为军队的主要装备。胄，又称兜鍪、头鍪、盔、首铠，多用铜、铁等金属制成，也有用藤条或皮革制作的。有的在其顶端竖铜管，作插鹖尾、鸟翎及缨饰之用。甲，通常是以铁片制成鱼鳞或柳叶形状，然后连缀而成。披于肩髆者叫掩髆，当胸者叫胸甲或胸铠；贴于两腋、垂于两腿之外者叫"裙"。除胄甲外，当时军事服装还有缇色的絮衣和红色的裤子，武士穿上这些服装时，常喜袒肩，后世称偏护一方为"左袒"，即源于这种穿着习惯。

自上古以来，妇女的服装与男子的服装形制基本相同，而仅在质料、花纹上有所区别。汉代妇女日常服饰则上衣下裙，裙的形制与裳相似，但已带有女性的装饰特点。汉代命妇的礼服是曲裾深衣，通身紧窄，长可曳地，下摆呈喇叭形，行不露足。衣袖有宽、窄两式，袖口大多镶边。通常用交领，领口很低，以便露出里衣。如穿几件衣服，每层领子必露于外，最多达三重以上，故称三重衣。又有绕膝深衣，宽袖紧身，衣服绕至臀部，然后用绸带系束。下摆大多宽敞，以便举足行步。在衣的领、袖及襟边都钉有相同质料制成的衣边。有的绘有精美的纹样，富有浓厚的时代色彩。另外还有袿衣，其制与深衣基本上差不多，唯底部由衣襟曲转盘绕而形成两个尖角，具有装饰效果，却是常用的服式。更有襦，为短衣，长度一般只到腰间，穿时多配裙。裙用 4 幅连接拼合而成，上窄下宽，垂至地，不施边缘。裙腰用绢条，两端缝有系带。这种服装起于战国，一直流传到清代。

裙，形如圆筒，可装腰、束腰或与上衣连成连衣裙。古代男女皆可着裙；唐以后，裙成为妇女专服。

汉代妇女承战国南楚的风尚，多梳髻。髻有种种样式，如堕马髻，是一种略带倾斜的发髻，能增加妇女的妩媚娇羞之态，似刚从马上摔下来的样子，故名。又如倭堕髻，由堕马髻演变而来，髻歪在头部的一侧，似堕非堕，汉乐府《陌上桑》，就提到过这种发式。汉代还有戴特制的假髻来装饰头发的，从此髻式成为妇女的重要装饰内容。因髻饰有巾帼，所以后世称妇女为"巾帼"。

汉代帝、后和贵族死后的殓服，有以金属丝连缀玉片而成的玉衣，玉衣分金缕、银缕和铜缕三种。只有上层贵族才可殓金缕玉衣。

履是汉时鞋的总称。皮革制的称鞮，木制的称屐，草鞋称扉。鞋底上加一层木底的称舃（xì）。

秦汉宫室建筑极其壮丽，如秦始皇筑的阿房宫，汉初萧何营造的未央宫，汉武帝兴建的柏梁、甘泉通天台，长安飞廉馆、建章宫、明光宫等。贵族豪族的住宅，其结构仿宫室，重楼高阁。《后汉书·黄昌传》："彭氏旧豪纵，造起大舍，高楼临道。昌每出行县，彭氏妇人辄升楼而观。"东汉地主庄园建筑更具特色，住宅、堡垒、农工林牧渔合为一体。一般居民房屋的基本形式是房三间，一间为堂，二间为室。这时虽然有了砖瓦，但墙壁仍多夯土筑成，屋顶也极少用瓦，多以茅草覆屋。室内家具一般有席、床、榻等。床主要用于睡眠，榻是坐具。

二、婚丧节俗

汉代婚姻比较自由，能尊重本人的意愿。汉代重视"重亲"，即表亲婚，而且不忌行辈，如惠帝与张皇后是舅甥通婚，哀帝与傅皇后是表姑侄通婚。寡妇无须守节，可以改嫁，武帝姐守寡后嫁给卫青，光武帝姐湖阳公主守寡后欲嫁给宋弘，寡妇卓文君与司马相如相爱私奔。贵族妇女尚情夫，如盖长公主私通丁外人，梁冀妻私通秦宫；有的还蓄纳男宠，公然不讳。

秦汉时民间多是一夫一妻制，贵族则是多妻制，媵妾名目众多，有小妻、小妇、旁妻、妾、下妻等。皇帝后宫妃以千计，贵族豪强皆妻妾成群。汉时盛行早婚，汉昭帝结婚年12，上官皇后才6岁。但一般男子15—16而娶，女子13—14而嫁。西汉中期后由父母包办的买卖婚姻、交换婚、童养媳、招养婚日渐普遍。

秦汉夫妻（模拟图）

秦汉婚仪，基本上按古代"六礼"进行。但在汉代，六礼之中最重视聘礼，有些贫民因拿不出聘礼而娶不到妻子。"嫁娶尤崇侈靡"，夫家大摆酒席，宴请宾客。宾客在酒席上饮酒欢笑，言行无拘无束，而且开始有闹新房之习俗。

汉代提倡孝道，夫妻合葬，形成重丧厚葬之风。"今京师贵戚，郡县豪家，生不极养，死乃崇丧，或至刻金镂玉、檽梓楩柟，良田造茔，黄壤致藏，多埋珍宝、偶人、车马，造起大冢，广种松柏，庐舍祠堂，崇侈上僭。”贫民则死不得葬。贡禹曾说：“今民大饥而死，死又不葬，今犬猪所食。”此外，汉代守墓之风极盛，如为父母庐墓守孝，为恩师守丧，为长吏守丧，为王侯守丧等。秦汉帝王坟墓称为“陵”，陵墓之旁有“寝”。秦始皇陵规模宏大，陵中“宫观百官，奇器珍怪”，“以水银为百川江河大海，机相灌输，上具天文，下具地理”。费民财力，不计其数。汉代皇帝继位一年后就为自己造陵，挥霍无度。河北满城发掘的汉景帝儿子刘胜夫妇墓，墓室是一座豪华的地下宫殿。刘胜墓的墓洞容积约 2700 立方米，窦绾墓约 3000 立方米。二墓所开石方，如果折成高、宽各 2 米的隧道，可长达 1.5 公里。所耗人力、物力是惊人的。

秦汉是我国古代节日风俗形成的重要时期，如年节。汉武帝行《太初历》，以夏历孟春正月为岁首，一年的第一天为“正”，一月的第一天为“朔”，奉正朔即表示承认正统，否则就是叛逆。这种制度一直沿用两千多年，而每年年节的风俗也由此渐渐固定下来了。过年时，汉人立神荼、郁垒两位神仙于门户，以拒厉鬼。又要击鼓跳“逐傩（nuó）”舞，驱鬼除瘟疫。东汉皇帝每年要跳“傩”舞，盛况空前。当元旦日来临，汉人在自家堂阶前用火烧烤竹节，发出噼噼啪啪的响声，迎接新的一年来临，此即放爆竹的来源。接着，全家祭祖、饮椒柏酒、喝桃汤，可保佑在新的一年里免除百病、驱鬼压邪、身体健康。又如元宵节也起源自汉代，正月十五日，汉武帝隆重祭祀太一神，通宵达旦用盛大灯光祭祀，从此逐渐形成张灯结彩的习俗。其他节日的形成也大都始于秦汉，如清明，汉代已有扫墓之俗；七夕，汉代已有牛郎织女的神话传说；中秋，秦汉时有敬老之俗；重阳，汉代有佩茱萸（艾子）、食蓬饵、饮菊花酒和登高的习俗。

建安文人集团的形成

东汉末年的建安年间（公元 196 —公元 220 年），文学出现过繁荣兴旺的局面。

建安文学成就斐然，前提是人们思想的大解放。东汉桓帝（公元 132 —公元 167 年）、灵帝（公元 156 — 189 年）在位之时，屡兴党锢大狱，使统治集团自身力量受到严重削弱。张角兄弟领导的黄巾农民大造反失败之后，豪强军阀林立，

曹操雕塑

混战不已。在弱肉强食的兼并战争中，代表中小地主集团利益的曹操、孙权、刘备三分天下，在各自的势力范围内恢复生产、革除弊政、兴办教育。但是战争仍未停止，社会动荡仍在继续。在这样的历史背景之下，儒家礼教的统治地位一落千丈，而曾活跃于先秦的法家、道家、墨家、兵家、纵横家、名家和阴阳家的思想，以互相折中和融通的方式重新发展，公开地与儒学争夺意识形态领域里的文化阵地。

曹操反对谶纬迷信，蔑视儒家礼教，发现“人”的价值，强调“人”的作用，主张精神自由和思想解放，更新了许多陈旧的传统观念。他凭借其特殊的政治地位奖掖作家，激发他们指点江山的豪情壮志。由于曹操的因势倡导和作家们的共同努力，使文学脱离了图解儒家经学的附庸的地位，改变了两汉文学题材单调、形式僵化的面貌，迎来了体现革新精神的建安文学的诞生。

建安文坛的代表作家是“三曹”和“七子”。

以曹操、曹丕、曹植（即“三曹”）为代表的建安诗人，继承了汉代乐府民歌的现实主义精神，生动地描写了汉末动乱时期的社会面貌，表现了建安作家积极奋发的进取精神，呈现出情辞慷慨、清新刚健的风格特征，开创了后人称之为“建安风骨”的文学传统。

这个时期随着东汉政局的支离破碎，儒学也失去了昔日的尊严，不再独尊。

老庄、名、法、兵等各家思想学说都活跃起来，建安文人的精神世界也由封闭走向开放，能够以更通达的心态去面对现实人生。他们在唾弃经学章句的同时，重新挖掘了儒家哲学的精华，“士志于道”的价值追求重新得到肯定，表现出强烈的参与意识和使命感。天下分崩、群雄逐鹿的时代风云唤起了他们的满腔热情，他们挥翰墨、逞才情，力图在天下由分而合、由乱而治的历史进程中留下自己坚实的足迹。因此，他们的作品都表现出对现实生活的强烈关注，特别是那些悲悯民生多艰、吐露胸襟抱负的作品，尤其受后人推重。这个时期的作家同汉代儒者相比，表现出高度的“内心自觉”，更推崇个性自由。他们不再循规蹈矩，几乎个个都倜傥不群。他们更注重追求在有限的生命中实现永恒的价值，因而在他们的作品中表现更突出的是注重对个体生命不朽意义的追求。这直接促进了建安时代文学观念的变化，推动了此时期的文学创作。

曹操虽不是一个专职作家，但他“以相王之尊，雅爱诗章”。他“登高必赋，及造新诗，被之管弦，皆成乐章”(《三国志·魏志·武帝纪》)。他在戎马倥偬中创作了大量的乐府诗，他是第一个用乐府旧题写新辞的诗人。他“鞍马间为文，往往横槊赋诗”，或叙事抒怀，或写景言情，都能表现出一个政治家博大的襟怀和深刻的眼光。曹操的乐府诗风格悲凉慷慨，沉郁雄健，语言古朴自然。他的《蒿里行》写道：

关东有义士，兴兵讨群凶。
初期会盟津，乃心在咸阳。
军合力不齐，踌躇而雁行。
势利使人争，嗣还自相戕。
淮南弟称号，刻玺于北方。
铠甲生虮虱，万姓以死亡。
白骨露于野，千里无鸡鸣。
生民百遗一，念之断人肠。

他的《薤露行》写道：

惟汉廿二世，所任诚不良。
沐猴而冠带，知小而谋疆。

犹豫不敢断，因狩执君王。
白虹为贯日，己亦先受殃。
贼臣持国柄，杀主灭宇京。
荡覆帝基业，宗庙以燔丧。
播越西迁移，号泣而且行。
瞻彼洛城郭，微子为哀伤。

这些诗都真实地描绘了汉末社会的残破景象，流露出对人民疾苦的深切同情，表现了忧世悯乱的情怀，具有强烈的现实性。这类作品被后人誉为“汉末实录，真诗史也”（钟惺《古诗归》）。

曹操是一个雄才大略的政治家和军事家。他逐鹿中原，向往成就“一匡天下”的霸业，这种雄心抱负在他的诗中有充分体现。曹操善于在诗歌中表现自己积极的社会理想，处处灌注着要求建功立业的进取心。他在任何时候都相信生命的意义和力量，这样就使他的诗具有强大的鼓舞力量和鲜明的个性。其诗最动人的艺术力量，就在于他身处黑暗时代，却从中显示出人的奋斗的强光。他的诗同汉乐府诗比较起来，更富有进取精神和浪漫气质。曹操那“日月之行，若出其中。星汉灿烂，若出其里”、“山不厌高，海不厌深。周公吐哺，天下归心”、“老骥伏枥，志在千里，烈士暮年，壮心不已”的名句，都生动地表现了他吞吐日月、囊括宇内的宏大抱负，山海般的胸怀，以及不信命、不服输的乐观精神。敖陶孙在《诗评》中说：“魏武如幽燕老将，气韵沉雄。”

曹丕的七言乐府独创新体，其代表作《燕歌行》是现存最早、最完整的文人七言诗。其诗为：

秋风萧瑟天气凉，草木摇落露为霜。
众燕辞归雁南翔，念君客游多思肠。
慊慊思归恋故乡，君何淹留寄他方。
贱妾茕茕守空房，忧来思君不敢忘。
不觉泪下沾衣裳，援琴抚弦发清商。
短歌微吟不能长，明月皎皎照我床。
星汉西流夜未央，牵牛织女遥相望。
尔独何辜限河梁，别日何易会日难。

山川悠远路漫漫，郁陶思君未敢言。
寄声浮云往不还，涕零雨面毁容颜。
谁能怀忧独不叹，展诗清歌聊自宽。
乐往哀来摧肺肝，耿耿伏枕不能眠。
披衣出户步东西，仰看星月观云间。

曹丕的诗歌情韵清婉，言辞清丽，明显地表现出建安诗歌渐开“骋辞之风”、“益尚华靡”的发展趋势。

曹植是建安时期文学成就最高的诗人，在“三曹”中影响最大，其诗集五言诗之大成。《七步诗》是其代表作之一，其诗为：

煮豆持作羹，漉豉以为汁。
萁在釜下燃，豆在釜中泣。
本自同根生，相煎何太急。

曹植雕塑

这首诗用同根而生的萁和豆来比喻同父共母的兄弟，用萁煎其豆来比喻同胞骨肉的哥哥残害弟弟，生动形象、深入浅出地反映了封建统治集团内部的残酷斗争和诗人自身处境艰难，沉郁愤激的感情。

曹植的诗歌创作以曹丕称帝（建安二十五年）为界分为前后两个时期。烈士悲心和公子豪情和谐交融构成他前期诗歌的主旋律。曹丕称帝后，曹植受到曹丕的疑忌和压抑。后期他是在频繁的迁徙和严密的禁锢中度过的。他后期的作品既有蹈死不顾的激奋抗争，又有“慷慨独不群”的精神追求，还有“本是同根生，相煎何太急”的身世之悲。后期的诗篇充满浓郁的壮士失意之感，散发着一股遒丽悲烈之风。

曹植的诗兼有豪逸悲壮、工丽深致的风格。钟嵘在《诗品》中说：“魏陈思王植，其源出于《国风》，骨气奇高，辞采华茂，情兼雅怨，体被文质。粲溢古今，卓尔不群。”

在曹氏父子周围，还聚集了一批才华横溢的诗人，其中较著名的是所谓“建安七子”，即孔融、王粲、刘桢、陈琳、阮瑀、应玚、徐干。“七子”都才华横溢，均以诗文显赫当世。

孔融（公元 153 —公元 208 年），字文举，是孔子的二十世孙，鲁国曲阜人，后来为曹操所用。他年少时曾让大梨给兄弟，自己取小梨，这就是“孔融让梨”的故事。孔融为建安七子之首，文才甚丰。但现存作品只有散文和诗。散文如《荐祢衡表》《与曹公论盛孝章书》，辞藻华丽，骈俪气息较多。《与曹操论禁酒书》则有诙谐意味。著名的诗文有《杂诗》，其第二首曰：

远送新行客，岁暮乃来归。
入门望爱子，妻妾向人悲。
闻子不可见，日已潜光辉。
孤坟在西北，常念君来迟。
褰裳上墟丘，但见蒿与薇。
白骨归黄泉，肌体乘尘飞。
生时不识父，死后知我谁。
孤魂游穷暮，飘摇安所依。
人生图嗣息，尔死我念追。
俯仰内伤心，不觉泪沾衣。
人生自有命，但恨生日希。

该诗以白描手法写丧子之痛，读来哀婉动人。

王粲（公元 177 —公元 217 年），字仲宣，山阳高平人，出身于一个名门世族家庭，其曾祖父、祖父都曾位至三公。在七子中属王粲的成就最高。他的《七哀诗》（有三首）和《登楼赋》最能代表建安文学的精神。《七哀诗》之一《西京乱无象》曰：

西京乱无象。豺虎方遘患。复弃中国去。远身适荆蛮。亲戚对我悲。朋友相追攀。出门无所见。白骨蔽平原。路有饥妇人。抱子弃草间。顾闻号泣声。挥涕独不违。未知身死处。何能两相完。驱马弃之去。不忍听此言。南登霸陵岸。回首望长安。悟彼下泉人。喟然伤心肝。

该诗深刻揭示汉末军阀混战造成的惨象及人民的深重灾难，读来使人触目惊心。

刘桢（？ —公元 217 年），字公干，东平宁阳人。博学多才，八九岁时，即能诵读《论语》及诗赋数万言。他的文学成就主要表现在诗歌，特别是五言诗创作方面。今存诗十五首，《赠从弟》三首为代表作，言简意明，平易通俗，长于比喻。

陈琳（？ — 公元 217 年），字孔璋，广陵人。陈琳擅长章奏书记。《饮马长城窟》为他的诗歌代表作，该诗假借秦代筑长城故事，揭露当时繁重的徭役给民间带来的苦难。

阮瑀（？ —公元 212 年），字元瑜，陈留尉氏（今河南开封）人。所作章表书记很出色，名作有《为曹公作书与孙权》。诗歌语言朴素，往往能反映出一般的社会问题。阮瑀的音乐修养也很高，他的儿子阮籍、孙子阮咸皆是当时名人，位列“竹林七贤”，均妙于音律。

应玚（？ —公元 217 年），字德琏，汝南南顿县（今河南省项城市南顿镇）人。擅长作赋，诗歌亦见长，代表性诗作有《侍五官中郎将建章台集诗》。

徐干（公元 171 —公元 217 年），字伟长，北海（今山东潍坊市）人。主要著作是《中论》，曹丕称赞此书“成一家之言，辞义典雅，足传于后”。其情诗《室思》也写得一往情深。

建安七子在中国文学史上具有相当重要的地位。他们与“三曹”一起，构成建安作家的主力军。他们对于诗、赋、散文的发展，都曾作出过贡献。

建安七子以写五言诗为主。五言诗是直到东汉后期才兴盛起来的新诗体，桓、灵之世“古诗”的出现，标志着五言诗已经初步成熟。而建安七子的优秀五言诗，写得情采飞扬，变化多致，使五言诗在艺术上更臻于精美。

建安七子写了大量的小赋，他们在张衡、蔡邕等已经取得的成就基础上，为小赋的进一步繁荣作出了贡献。建安七子的小赋有三点值得注意：一是取材范围更加扩大，题材的普通化、日常化进一步冲淡了过去大赋的贵族性质；二是反映社会现实的功能更趋加强，直接描写政治事件的作品有所增多；三是抒情色彩愈益浓厚。对于建安七子的赋，曹丕在《典论·论文》中曾给予了相当高的评价，刘勰在《文心雕龙·诠赋》中也表达了同样的意见，还特别认为王粲、徐干二人是曹魏一代的“赋首”，说他们可与宋玉、司马相如、左思、潘岳等并列。

在散文方面，孔融的章表，陈琳、阮瑀的书记，徐干、王粲的论说文，在当时都能独树一帜。它们的共同优点就是曹丕所说的“文以气为主”(《典论·论文》)，贯注了作者独特的气质。建安七子散文名篇有孔融《荐祢衡疏》《与曹公论盛孝章书》，陈琳《移豫州檄》《为曹洪与魏太子书》，阮瑀《为曹公作书与孙权》，王粲《务本论》《荆州文学记官志》等。建安七子的散文在形式上有逐步骈化的趋向，尤以孔融、陈琳比较显著。他们的一些作品对偶整饬，又多用典故，成为从汉末到西晋散文骈化过程中的一个不能忽略的环节。

“竹林七贤”的成就

魏晋正始时期，正是曹氏政权和司马氏政权斗争十分惨烈的时候。由于外部世界的变化无常，功业、声名、伦理、道德……的可靠性遭到深刻地怀疑，人们不得不重新思考人生的意义和生命的价值。人们越来越转向对精神世界的追求，而盛行一时的魏晋玄学也大大推动了这一趋势。由于强权政治的压抑，使得这个时期诗歌的现实性大大减弱，诗风也由建安时期的情辞慷慨、清新刚健转变为隐

竹林七贤（模拟图）

晦曲折、抑郁哀伤。

这个时期出现的“竹林七贤”，啸傲林下，把酒临风，放浪形骸，纵心任性，充分展示自己的个性，以表现对现实、政治的不满。“竹林七贤”放达不拘的个性，飘逸飞扬的神采，超然尘外的精神，揭示出一种新的审美境界，成为魏晋时期文化精神的代表，对当时的文化时尚、审美情趣、创作风格都产生了深刻的影响。

“竹林七贤”是指阮籍、嵇康、山涛、刘伶、阮咸、向秀、王戎七个人。

嵇康，谯国铚县（今安徽宿州西南）人，字叔夜。虽家世儒学，但学不师授，唯好老庄之说。与魏宗室婚，官至中散大夫，故又称嵇中散。他崇尚自然、养生之道，著有《养生论》，倡导“越名教而任自然”。嵇康善鼓琴，以弹《广陵散》著名。嵇康在文学上的贡献是很大的。他的四言诗成就很高，如《幽愤诗》和《赠秀才从军》等。嵇康轻视利禄，不会以“从军”为值得“赠答”的事。他也是借这些作品，抒发自己的隐逸情趣。文学史上几乎一致认为，嵇康的散文成就高于诗歌。他的散文名篇有《管蔡论》《养生论》《声无哀乐论》等。这些议论性散文，立论大胆，议论透辟。文学史上认为，嵇康和阮籍都是正始文学的代表作家。

阮籍，字嗣宗，陈留尉氏（河南开封）人。阮籍的诗以《咏怀》八十二首最为著名。阮籍透过不同的写作技巧如比兴、象征、寄托等，借古讽今，寄寓情怀，形成了一种“悲愤哀怨，隐晦曲折”的诗风。除诗歌之外，阮籍还长于散文和辞赋。今存散文九篇，其中最长及最有代表性的是《大人先生传》。阮籍的论说文也很出名，比较全面地反映了他的思想。如《通老论》《达庄论》《通易论》《乐论》等，都是采用“答客问”的辩难式写法，主人公则是“阮子”、“阮先生”或“先生”。读者从这些文章中，可以看到他为自己塑造的玄学家形象。文章注重结构上的逻辑层次，一般都首尾照应，论证逐层深入，善于作抽象的、本质的分析，体现了魏晋时期思辨方式的进步。这些论说文的语言风格比较朴素凝重，不尚华饰，稍有骈化的痕迹。

刘伶，字伯伦，沛国（今安徽宿县）人。他反对司马氏的黑暗统治和虚伪礼教。为避免政治迫害，遂嗜酒佯狂，任性放浪。一次有客来访，他不穿衣服。客责问他，他说：“我以天地为宅舍，以屋室为衣裤，你们为何入我裤中？”他这种放荡不羁的行为表现出对名教礼法的否定。著有《酒德颂》一篇。

山涛，字巨源，河内怀县（今河南武陟西）人。早孤，家贫。好老庄学说，与嵇康、阮籍等交游。为人小心谨慎，在“竹林七贤”中年龄最大。投靠司马氏，仕途平步青云，但生活非常节俭。曾官至侍中，迁吏部尚书、太子少傅、左仆射等。

每选用官吏，皆先秉承晋武帝之意旨，且亲作评论，时称《山公启事》。山涛敢于直言，不唯上。“竹林七贤”之一的王戎曾经这样评价山涛：“他就像未经雕琢的玉石，未经提炼的矿石，人们都喜爱它的珍贵，却不能估量它的真实价值。”

向秀，字子期，河内怀（今河南武徙西南）人。曾官至黄门侍郎、散骑常侍。擅诗赋。其哀悼嵇康、吕安的《思旧赋》，情辞沉痛，闻名于世。

阮咸，西晋陈留尉氏（今属河南）人，字仲容。阮咸是阮籍之侄，与阮籍并称为“大小阮”。阮咸也是著名的音乐家，作有《三峡流泉》一曲。

王戎，字冲，琅玡临沂（今属山东）人。“竹林七贤”中年龄最小的一位。自幼聪慧，身材短小而风姿秀彻。据说能直视太阳而不目眩，中书令裴楷称其“灿灿如下电”。曾与同伴在路边玩耍，见道旁有结满李子的李树，其他人争相去摘，只有王戎不动声色，别人问他为何如此，他说“树在道边而多子，必苦李也”。验之，果然如此。王戎长于清谈，以精辟的品评与识鉴而著称于世。

说起魏晋文学，人们常常把“竹林七贤”作为一个整体来看，但就现存作品而论，真正对魏晋文学及其后世的文学创作产生较大影响者，只有阮籍和嵇康。他们都是反对司马氏的玄学家，所以他们的诗文都带有一定的庄老思想色彩和浓厚的愤世嫉俗的感情。各种版本的中国文学史论及“竹林七贤”的时候，几乎毫无例外地仅仅拈出阮籍和嵇康二人，再向外延伸，也就是对向秀的《思旧赋》略加论述。这是客观情况使然。因为宋代以后，“竹林七贤”的集子大多失传，现在看到的阮籍和嵇康的集子，多是明人辑本。而山涛等人的集子散佚既久，又不见明清学人的辑本，自然也就很难对他们的文学创作加以评说了。

陶渊明与田园诗

西晋末至东晋时期，玄学思想浸入文学领域，出现了盛行一时的“理过其词，淡乎寡味”的“玄言诗”。晋末宋初，陶渊明在诗坛上异军突起，才给诗坛带来了清新的空气。

陶渊明，浔阳柴桑（今江西九江）人，曾任州郡僚属和彭泽令，中年时（义熙元年，公元 405 年）归隐田园，盘桓陇亩，至死不仕。他别号“五柳先生”，也称“靖节先生”。陶渊明是我国文学史上著名的田园诗人。

陶渊明在诗赋和其他作品中都表现了自己不同流俗的情怀。他一生用主要精力创作了大量的田园诗。他的田园诗绝不同于一般的为写景而写景的田园诗，而是很巧妙地把对田园生活的描绘与抒写个人怀抱有机地结合起来，并且在描摹景物时处处都渗透了诗人的思想、人格和情操。因此北宋诗人陈师道说："渊明不为诗，写其胸中之妙尔。"（陈师道《后山诗话》）陶渊明田园诗的杰出所在，就在于他不是单纯描写一般隐者的闲情逸趣，而是在诗中常闪耀出理想的光辉。

陶渊明三仕三隐的生活经历，都是围绕着坚持节操、不同流俗这一思想脉络发生的。他因施展抱负而出仕，又因现实污浊、理想难以实现，自己又不肯同流合污而毅然归隐。他归隐不是因丧失理想，而恰恰是坚持自己的理想。因此他虽然生活在田园中，但仍关心时事，内心充满对黑暗社会的憎恨和对美好生活的热爱。陶渊明尽管大半生都生活在山野田园中，但他时时关心时事，并把自己的生活感受、人生理想都付诸笔端。

在田园诗中，他描绘那恬美静穆的田园风光，抒发自己闲适自得的心境，赞美那"方宅十余亩，草屋八九间。榆柳荫后檐，桃李罗堂前。暧暧远人村，依依墟里烟。狗吠深巷中，鸡鸣桑树颠"的清新、宁静、安适的田园生活。他在"采菊东篱下，悠然见南山"中悟出了"归隐"的人生真谛。他归隐后亲自参加农业劳动，理解了劳动的意义，这使得他的田园诗比较真实动人，形象逼真，语言朴实平易，意境淡雅深远。在长期的劳动中，他突破了个人狭小的生活天地，产生了改变农村生活的理想和动机，幻想着一个没有剥削、没

陶渊明雕塑

有压迫的理想乐土，这就是“桃花源”式的理想社会。他的名作《桃花源诗并序》，虚构了一个人人怡然自乐、“春蚕收长丝，秋熟靡王税”理想世界，作为自己精神寄托之所，以与现实世界的剥削压迫制度相对立。《桃花源诗并序》是诗人思想的升华，标志着诗人思想发展的最高峰，也是其最有思想价值的篇章之一。

桃花源锄归（模拟图）

陶渊明的诗歌是中国文学史上的瑰宝。他是中国文学史上第一个大量写作田园诗的作家，是田园诗派的开创者，以后田园诗成了历久不衰的诗歌题材。而陶渊明那不慕荣利富贵、不为五斗米折腰的思想品格和高尚志节，也为后代士人所效法。其性格中的不屈、真率、豪迈作为一种积极因素，早已参与到中华民族伟大的人格建构之中。

魏晋玄学与清谈

所谓魏晋玄学，是指中国魏晋时期出现的一种崇尚老庄的思潮。与世俗所谓玄学、玄虚实有不同。“玄”这一概念，最早出现于《老子》“玄之又玄，众妙之门”。扬雄也讲玄，他在《太玄·玄摛》中说：“玄者，幽摛万类，不见形者也。”王弼《老了指略》说：“玄，谓之深者也。”可见，玄学即是研究幽深玄远问题的学说。魏晋时人注重《老子》《庄子》和《周易》，称之为“三玄”，而《老子》《庄子》则被视为“玄宗”。

玄学的产生是从两汉到魏晋思想史上的一个极为重要的变化，它标志着两汉儒学的没落和一个哲学思潮的崛起，汉代自武帝提出“罢黜百家，独尊儒术”以来，虽然在实际上采用了法家的治国方法，但在思想原则上确实是独尊儒术的。因此，由儒学政治伦理学说与阴阳五行学说糅杂而成的包罗万象的“宇宙发生论”成为大一统的汉帝国巩固其统治的理论基础。从此，儒家思想就严格地控制着人们特别是知识分子的思想和行动。与此同时，学术界也兴起了“说五字之文，至于二三万言”的经学考证为主导的文风。到了东汉，随着统治阶级一天天走向腐朽，儒学也一天天走向神秘和烦琐化，其虚伪面目也一天天暴露出来。东汉中后期，儒学逐渐成为知识分子沽名钓誉的手段，他们“饰伪以邀誉，钓奇以惊俗”，弄虚作假，两面派作风盛行，加上推举制度的败坏，使这个时期出现了“举秀才，不知书；察孝廉，父别居。寒素清白浊如泥，高第良将怯如鸡”的腐败现象。正直的知识分子入仕无门，这就不能不使他们对包罗万象的“宇宙发生论”和阐发圣人微言大义的“经学”产生怀疑。东汉末年，由于统治阶级内部的腐败黑暗及其造成的社会大动乱，连年不断的战争，朝不保夕、流离失所的生活，大规模的死亡，这一切都与汉帝国所竭力宣扬的儒家王道形成了强烈的对比，于是人们对儒学的信仰动摇了。到了魏晋，统治阶级内部不择手段地互相争夺和北方统治阶级的南逃，更是加深了对儒学的信仰危机。

儒学信仰危机的加深，促使知识分子另找出路。当时不少知识分子从事先秦诸子的研究，也有人企图推翻汉代经学，重新在原始的儒家经典中作新的发掘，也有人综合各家，别创新说。这种以复古手段，试图摆脱汉儒禁锢的努力，使得许多消沉泯灭的学派开始活跃起来，同时也为玄学的出现创造了条件。

玄学是由道家的思想发展而来的。由于东汉末年统治者对儒生的残酷迫害，广大知识分子对政治黑暗的残酷现实深感失望，有的甚至吓破了胆，生怕干政会招致杀身之祸。在动荡不安的社会生活中，下层知识分子既不敢也不能入仕，又不满于经学的烦琐和名学的虚伪，他们愤世嫉俗，向往超越黑暗社会的痛苦和追求个体的自由，这样就很容易地从先秦诸子中找到了道家，因为道学思想对人世黑暗和人生痛苦进行激愤的批判，玄学正是在道家思想的基础上建立起来的。

玄学的产生把道家从隐秘多年的处境下张扬出来，同时，为佛学传入中国创造了条件，这样就为以儒道佛三家结合为骨干的中国传统文化的正式形成奠定了基础。

魏晋玄学的发展大致分为 4 个阶段：

一、玄学的开创时期

主要代表人物有何晏与王弼。何晏重要著作：《道德论》《论语集解》；王弼重要著作：《老子注》《老子指略》《周易注》《周易略例》。

这时的玄学，以老学为主。在他们看来，整个世界“以无为本”、“以有为末”，认为“无”是世界的本体，“有”为各种具体的存在物，是本体“无”的表现。并认为世界的本体“无”是绝对静止的，现象的“有”是千变万化的，运动着的万有最后必须反本，归于“虚静”。他们崇尚老子的无为而治，认为儒家的名教出于道家的自然，治理社会要以道家的自然无为为本，以儒家的名教为末，主张调和儒道两家的思想。

二、竹林时期

主要代表人物为阮籍与嵇康。嵇康重要著作：《声无哀乐论》《养生论》《释私论》；阮籍重要著作：《通易论》《通老论》《达庄论》。

他们从道家自然无为思想出发，提出了“越名教而任自然”的主张，带有强烈的反儒倾向。同时他们又都欣赏庄子的遁世逍遥的思想，希图以消极的手段反抗司马氏的强权政治。所以他们在老学之外，同时重视对庄学的研究。阮籍、嵇康的老庄学，为玄学从老学向庄学的过渡起到了承前启后的作用。

三、西晋元康时期

代表人物是郭象与向秀。向秀重要著作：《庄子注》；郭象重要著作：《庄子注》。

郭象的玄学，是在魏晋之际向秀《庄子注》思想基础上发展起来的。郭象的玄学，以庄学为主，以反对何晏、王弼贵无论玄学的面目出现，提出了自己的玄学崇有论思想。他主张“有”之自生独化说，以此否定“无中生有”说和“以无为本”说，认为“有”是自生自化的，并不需要一个“无”作自己存在的根据。由于他割裂了事物之间的联系，把自生独化说成各自孤立的毫无联系的东西，最后得出了神秘主义的独化于玄冥之境的思想。郭象提倡名教即自然的儒道合一说，认为逍遥游与从事名教世务，本是一回事，因此逍遥游并不要遁世。

四、玄佛合流时期

主要代表人物有道安、支遁、僧肇等。

自西晋短暂的统一之后，从永嘉丧乱开始至东晋时代，社会处于动荡与分裂之中，给佛教的发展提供了良好的土壤，两晋时期佛教得到了很大的发展。佛教的大乘空宗思想又与老庄玄学思想类似，一个讲“空”，一个讲“无”。在玄学盛行的形势下，佛教徒们为使佛教得到更大发展，便纷纷以玄学来解释印度佛学，于是产生了佛教玄学。

其中尤以僧肇的思想影响为最大。僧肇著有《不真空论》与《物不迁论》等文，对当时的佛学，尤其是从思想上对魏晋玄学作了总结。他认为玄学的贵无思想与崇有思想都是各执一偏的理论。真谛应当是合有无为一。“虽有而不有”，“虽无而非无”，“有无异称，其致一也”。这是说，从真谛说万物性空为无，但无并不绝虚，还有着因缘和合而生的假有；从俗谛说万物为有，但有是因缘所生的假有，其性为空，并不是真有，所以万物应当是亦有亦无、有无一如的。僧肇的佛教玄学最后完成了魏晋玄学思维发展的一个三段式的发展过程，即从贵无到崇有再到合有无为一的认识过程。

一般认为，魏晋玄学可分为三个派别：一派是正始年间何晏、王弼的贵无论，一派是西晋中期裴頠的崇有论，一派是稍后郭象的无无论。

贵无论。正始名士王弼、何晏，是玄学的创始者，何晏是正始年间的清谈领袖，《文心雕龙·论说》云：“迄至正始，务欲守文，何晏之徒，始盛玄论。于是聃、周当路，与尼父争途矣。”也就是说，由于何晏等人提倡玄学，老庄之学兴起，儒家的正统地位发生动摇。何、王二人的理论追求接近，而王弼的理论造诣又较何晏为精深。他们“以无为本”，把“无”作为天地万物的根本，所谓“万物之宗”。王弼有时用“母子”、“本末”来说明“有”和“无”的关系，在万物还没有形成的时候，天地之间只有抽象的“道”，也就是“无”，等到万物形成以后，“道”就像母亲关心子女一样，继续发挥作用。所以，他强调说：“守母以存其子，崇本以举其末。”也就是说，一旦抓住了问题的根本，许多细枝末节就可以迎刃而解。“体用”这对概念，在中国思想史上是最为重要的概念之一，最初也是由王弼提出的，“体”就是“本无”，指事物的本质，“用”就是“末有”，指事物的现象。根据他的贵无思想，王弼提出了“得意忘象”或“得意忘言”的方法，凡事要从根本、大意上着手，而不要在表面现象上绕圈子，这种务求简易的方法，对于后世的学术思想影响十分深远。

正始十年，何晏为司马懿所杀，王弼同年也病死，年仅二十四岁。稍后的竹林名士，以嵇康和阮籍为代表，接续王、何的贵无论思想，而更加强调道儒之不可调和。譬如，嵇康提出“越名教而任自然”，强调不受名教的束缚，任其自然，达到一种忘我的“混沌境界”。他们将老庄自然无为的思想发挥到了极致。嵇、阮旷达不羁，蔑弃礼法之士，当时与之交游密切的，还有山涛、向秀、阮籍的侄子阮咸、王戎、刘伶，他们经常宴集于竹林之下，被称为“竹林七贤”。从这些竹林名士谈玄，开始重视《庄子》,到郭象则以《庄子》为主了。

王弼雕塑

崇有论。这个理论是由裴頠提出的，用来纠正贵无论的“虚诞之弊”。裴頠是晋朝的名士，也是位重要的政治人物，撰有《崇有论》。他说当时的情况，是“上及造化，下被万事，莫不贵无”。在他看来，事物是不可能“无中生有”的，天地万物的总体才是根本。他说：“夫总混群本，宗极之道也。”事物之间互相依赖的关系，存在着一定的规律，这是所谓的“理”，这些“理”不可能单独存在，必须存在于具体的事物之中，这才可以成为“有”。

无无论，亦称独化论。王弼主张得意忘言，最终还是保留一个“无名之域”，也就是竹林名士所要追求的“混沌境界”，就像陶渊明说的“此中有真意，欲辩已忘言”。郭象（约公元252－公元312年）肯定了这种境界,称之为“玄冥之境”。他接着裴頠的话问，既然不能“无中生有”，那么万物如何产生呢？郭象的答案是“块然而自生”。天地万物不假外力，自然而然地自己产生出来，所以他说“造物者无主，而物各自造”，这里所谓“自生”，其实就是“独化”。郭象认为，所有的事物，都在上面所说的“玄冥之境”里独自发生、变化，所谓“独化于玄冥”。在社会思想方面，郭象认为，名教与自然并不是对立的，在一种“无心”的境界里，可以把两者调和起来，做到“虽在庙堂之上，然其心无异于山林之中”。

我们已经说过，衣冠士族聚在一起讨论这些“虚胜”、“玄远”的问题，称为“清谈”或“玄谈”。玄学实际上产生于士大夫这些日常谈论之中。从历史渊源来说，魏晋清谈是由汉末清议演变过来的，为朝廷取士品评人物是其中的重要内容。当时政治腐败，农民起义此起彼伏，社会危机严重，汉末名士清议，同时也在批评朝政。但是，由于后来的时势变化，品评人物、谈论时政会有性命危险，清议渐渐变为清谈，士大夫转而讨论起宇宙人生的大道理。特别是司马懿为夺取曹魏天下，发动兵变，在社会上制造恐怖气氛，士族名士为了逃避祸患，远离政治生活，如阮籍“发言玄远，口不臧否人物”。(《晋书·阮籍传》)

司马炎建立西晋王朝，一开始就很腐败，在他死后，发生了著名的“八王之乱”，北方少数民族乘机侵入中原，经过几十年动乱，西晋灭亡。就在这样的内忧外患之中，士族集团之间互相倾轧残杀，形势危如累卵，这就是玄风大畅的社会原因。袁宏《名士传》，列举了正始名士、竹林名士和中朝名士。所谓“中朝名士”，就是指活跃于西晋中期的清谈名士。这些名士首推王衍和乐广，都信奉贵无论，其他还有裴楷、郭象等都是当时最出色的清谈名士。这些名士是元康、永嘉玄风的主角，由于他们多数身为朝廷重臣，后人因此常发清谈误国之叹，其实也有他们不得已之处，破败已成大局，一两个人如何扭转。

公元317年，司马睿在建康称晋王，次年称帝，建立东晋王朝。此时北方已是五胡十六国的混战局面，北方士族大举南迁，为了消除士族之间的纷争，特别是在王敦、苏峻、桓温之乱后，朝廷崇尚清净无为，玄言清谈由是发展到顶峰。东晋之所以能够偏安百余年，与当时清谈极有关系。西晋清谈发展了玄学理论，东晋清谈的特点则是与佛教的结合，佛理与玄理的融合，使得这一时期的清谈更见洒脱。

玄学、清谈对于学术、人性的解放，摆脱两汉经学的烦琐考证，揭露当时名教礼法的虚伪，功不可没。而且，在当时特定的社会历史背景下，有其不得已的因素。但是，久而久之，这种崇尚空谈、轻视实用之风气，必然是要退出历史舞台，要有一种务实的精神来加以补救，才有可能改变中华民族积弱不振的处境。

佛教东传

关于佛教何时传入中国，目前至少有六种说法，即“先秦说”、“秦朝说”、“西汉武帝时期说”、“西汉末年说”、“西汉末东汉初年说”和“东汉初年说”。持“东汉初年说”者影响较大，这是因为在东汉初年的汉明帝时代，班超出使西域，以后三十六国内属，西域道路畅通，为佛教的传入中国腹地提供了环境。佛教主要通过陆路和海路传入中国。佛教从印度传到中亚，又通过“丝绸之路”进入中国内地，再由此传到东亚的朝鲜和日本。海路则通过交州传入中国南方，同时传入今天的东南亚诸国。

佛教在中国传播的过程伴随着佛教经典的翻译，根据学者研究将佛经翻译事业分为三个阶段：一为外国人主译期（自东汉至两晋），二为中外人共译期（东晋南北朝），三为本国人主译期（隋唐）。

第一阶段译经成就以汉末西域僧人安世高与支娄迦谶为代表。安译系佛教小乘上部经，重点在“禅数”。支译系大乘经部，重点在“般若”，以“缘起性空”为传授之理。安、支两系译经传统决定了中国佛学在大、小乘与空、有部之间的交互发展，尤其是支译的大乘般若空观与魏晋玄学“本无”观的结合，促进了大乘佛学隆盛地位的出现。

佛教在中国的广泛流行，开始于4世纪。当时正值所谓的“五胡十六国”时期，中国处于战乱之中，为佛教的传播提供了社会基础。这也是中国译经的第二阶段，最值得注意的是道安与鸠摩罗什两位高僧。

佛祖像（模拟图）

当时，道安法师是佛

教界的领袖，又是我国第一个僧伽制度的建立者。他努力寻求戒律，以补当时律藏不齐全的缺陷，并制定了当时全国风行的僧尼规范，中国僧人出家后，废除原有姓氏，一律以“释”为姓，是由道安提倡并从他开始的。他整理了已译出的经典，撰成了中国第一部“经录”。他极力奖励翻译事业，并第一次总结了翻译的经验。

他的学生中最有名，贡献最大的是慧远法师。慧远法师早年从道安学习佛法。晋哀帝兴宁三年（公元 365 年），他随道安南游樊沔。孝武帝太元三年（公元 378 年），襄阳被苻秦军队攻陷，道安为秦军所获。慧远带着徒众南行，到了浔阳（今江西九江市），爱庐山峰林清静，从此隐居庐山，历三十余年，影不出山，迹不入市。据说在东晋元兴元年（公元 402 年），他率众于精舍无量寿佛像前建斋立誓，期生往净土，结白莲社，一时参加的达一百二十三人。慧远以为出家的人号为沙门，在于能破习俗的愚暗，教导有情众生转向觉道。因而主张出家修行，即和世俗之人以世法为准则者有所不同。他指出佛徒应高尚其事，不敬王侯，才能变俗以达其道。他所主张的，以罪福报应导俗和以禅观念佛入真的见解，对后世的影响尤其深远。后人追奉他为净土宗的初祖。道安的另一位弟子僧肇（公元 384 —公元 414 年）著有《不真空论》《物不迁论》《般若无知论》等，发挥般若中观的学说，对以往佛学和玄学所讨论的中心问题作了总结。

在佛教传播史上，来自西域的鸠摩罗什占有极其重要的地位。他不但是一位佛学大师，而且也是一位伟大的佛经翻译家。鸠摩罗什，中文名童寿，天竺国人。他从小修习佛理，后来游历西域各国，并学习佛学。他不仅名震西域，而且还远传到东方各地。当时统治北中国的前秦皇帝苻坚听说了他的声名，便派大将吕光讨伐罗什所在的龟兹国，以求获得罗什。吕光得到罗什后，东行返回，在归途中听到苻坚被杀害的消息，吕光就在凉州的姑臧停留下来，并建立了后凉政权。但吕光及其后的后凉君主对弘扬佛法兴趣并不是很大，而统治中原的后秦君主姚兴听说鸠摩罗什在凉州，就派人讨伐后凉君主吕隆，吕隆大败，后来便上表归降了后秦，罗什也于姚兴弘始三年（公元 401 年）十二月二十日来到长安。姚兴待之以国师之礼。他们二人常常整日交谈，研讨佛理。罗什到来后，被请入西明阁及逍遥园，翻译众经。罗什能够背诵许多佛经，又通汉语。罗什执梵文本，姚兴执旧译汉文本，相互校译，新译本比旧译本文义圆通，众人心悦诚服。罗什译经，意义与文不悖，而文字典丽，发挥幽致。他翻译了大量的佛经，为佛教的传播作出重大的贡献。就佛学方面来说，鸠摩罗什最重要的贡献在于对由龙树创立的中观系统典籍的介绍。由于他的努力，这一系的经论著作，如《中论》《百论》《十二门论》《维摩经》《法华经》《大品般若经》《小品般若经》《金刚经》等，以及《大品般若经》的解释《大智度论》，传译到中国。

南北朝时期，从广译佛经进入深入地研究佛经、讲经和著述之风甚盛。围绕研究佛经的不同和理论主张的差异，出现了涅槃、成实、三论、毘昙、地论、摄论、楞伽等学派。继魏晋盛行般若之后，涅槃佛性学说特别受到人们的重视。竺道生（公元 355 —公元 434 年）在南朝大讲“一切众生，悉有佛性”，“一阐提人（谓善性灭绝者）皆得成佛”和“顿悟成佛”的理论，在佛教界起到了振聋发聩的作用。南朝宋文帝和梁武帝等人都提倡这个理论。从此，般若空义和涅槃佛性理论成为中国佛学的两大理论支柱。《大乘起信论》虽题为印度马鸣造，陈真谛译，实际是南北朝末的编译著作。此书认为人的精神世界（心）生来即具有善（真如、净）、恶（无明、染）的两个方面。前者即众生所秉有的佛性，后者即情欲烦恼；前者被后者遮蔽不能显现。此书主张通过信奉佛教，坚持断恶修善的修行，就可使佛性显现，达到解脱。这种佛教心性论为隋唐大部分佛教宗派所吸收。

在这一时期，中国有多位西行求法者。中国佛教史上第一个西行求法的人是朱士行。朱士行是曹魏时代颍川地方人。少年出家，他出家后，专心精研经典。当时最流行的译本是《道行般若》，他在洛阳便常常讲此经。但因感当时所译的般若经文句艰涩，难以理解。他慨叹大乘里这样的要点竟译得不彻底，就发愿寻找原本来弥补这一缺憾。甘露五年（公元 260 年），他从长安西行出关，穿过沙漠，辗转到了大乘经典集中地的于阗。在那里，他果然得到《放光般若》的梵本，凡九十章，六十余万字（二万余颂）。后命弟子送回洛阳。他自己则留而未归，以 80 岁高龄病死西域。

法显像

另一个求法者是被称为“5 世纪初的伟大旅行家”的法显。法显是东晋初年人，3 岁时，父母送其至寺院出家。20 岁受大戒。因慨叹佛教传入中国 200 余年，经、论传译失真，律藏残缺，从而矢志寻求。东晋隆安三年（公元 399 年），他已 65 岁，他与同学从长安出发，经河西走廊，出玉门关，渡流沙，于 401 年到达和阗，复从和阗越葱岭入北印度境内，后又游历中印度和南印度，于东晋义熙元年（公元 405 年）返回巴连弗邑，在摩诃衍僧寺住了三年，学习梵语和抄写经律，计得《摩诃僧祇部律》《萨婆多部钞律》（约七千偈）及《摩诃僧祇阿毗昙》等梵本。后来又到达东印度的多摩梨帝国，继续学习、抄经和画像。两年中，求得《弥沙塞律》《杂阿含经》和《杂藏经》等梵本，均为汉土所未有。法显以高年立志西行求法，前后约经 15 年，游历 30 余国，往返途中，历尽艰险。在印度搜集、抄写了数百万字的佛教经典并进行翻译，其游记《佛国记》则是研究当时的中外交通和中亚、南亚诸国的历史、宗教、地理、文化、社会情况的第一手资料。

玄奘西行

玄奘是唐朝时期著名的三藏法师，俗姓陈，本名祎，佛教法相宗创始人，也是四大名著之一《西游记》中唐僧的原型。

玄奘的家族位于河南洛州缑氏县（今河南省偃师市南境），家族本是儒学世家。上有三个哥哥。他的曾祖、祖父都是官僚，到了他父亲陈惠，便潜心儒学不做官了。

少时因为家境困难，跟着他二兄长捷法师住在洛阳净土寺，学习佛经，在那里待了五年，当时还是隋朝时期。在这期间他学习了小乘佛教和大乘佛教，而他本人偏好后者。他十一岁（公元 620 年）就熟习《法华》《维摩》。十三岁时（公元 622 年）洛阳度僧，破格入选。其后听景法师讲《涅槃》，从严法师学《摄论》，升座复述，分析详尽，博得大众的钦佩。隋炀帝大业末年，兵乱饥荒，玄奘和他的二兄前往长安后，得知当时名僧已多聚在蜀地，便又同往成都。在那里听宝暹讲《摄论》、道基讲《杂心》、惠振讲《八犍度论》。三五年间，究通诸部，声誉大著。唐高祖武德五年（公元 622 年），玄奘在成都受具足戒。武德七年（公元 624 年）离开成都，沿江东下参学。先到了荆州天皇寺，讲《摄论》《杂心》，淮海一带的名僧闻风来聚。六十高龄的大德智琰也对他执礼甚恭。讲毕以后，继往赵州从道深学《成实》，又到扬州听惠休讲《杂心》《摄论》。贞观元年（公元 627 年），玄奘再到长安，从道岳、法常、僧辩、玄会诸师钻研《俱舍》《摄论》《涅槃》，他很快就穷尽各家学说，受到称赞，声誉满京师。仆射萧瑀，奏请令他住庄严寺。但是玄奘觉得多年来在各地讲筵所闻，异说不一，特别是当时流行的《摄论》《地论》两家有关法相之说不能统一，很想得到总赅三乘学说的《瑜伽师地论》，以求会通一切（这一见解大概是受了当时来华的波颇蜜多罗的启发而生），于是决心往印度求法。

玄奘雕塑

玄奘自出家以还，便曾经计划往天竺学习佛法，但多次都未成事。公元627年，唐玄奘终于由长安出发只身前往天竺，沿着西域过帕米尔高原前往，历经艰难险阻后到达天竺。在天竺的十多年间，玄奘跟随过许多有名的僧人。他停留过的寺宇包括当时有名的佛教学习中心——那烂陀寺。他向该寺的主持，印度佛学权威戒贤法师学习佛经。以后玄奘更是徒步考察了整个南亚次大陆，在一次佛学讲座中名扬全天竺，被当地僧人尊称为“大乘天”。

公元643年，他起程回国，并将当地的约657部佛经带回中土。公元646年回到长安，受到了唐太宗的热情接待。永徽三年（公元652年）玄奘在长安城内慈恩寺的西院筑五层塔，即慈恩寺塔（故称），也就是今天的大雁塔，用以贮藏自天竺携来的经像。1962年寺内建立了玄奘纪念馆。故大雁塔成为了玄奘西行求法、归国译经的纪念建筑物。回到中土后，在唐太宗的支持下，在长安设立了国立翻译院，参与的学生与人员来自亚洲东部各地。他花了十多年时间在今西安北部约150公里的铜川市玉华宫内将约1330卷经文译成汉语。玄奘本身最感兴趣的是“唯识”这一部分。这些佛经之后再传往韩国和日本。

玄奘因著自己的见解以及翻译与注解经文的努力而创始了法相宗。虽然这一宗派没有持续很久，但是他的许多学说却深深地影响了其他较为成功的宗派。

由玄奘法师口述而成的《大唐西域记》，堪称中国历史上的经典游记。因为印度历史记录的缺乏，这本珍贵的游记也是研究印度历史不可缺少的文献。

佛教在中国流衍的宗派

佛教在长期流衍中国的过程中，出现过许多派别，比较重要的有八个宗派，分别是天台宗、法相宗、华严宗、三论宗、律宗、密宗、净土宗和禅宗。

天台宗的创始人智顗，住在浙江天台山。该派因此得名。此宗以鸠摩罗什译的《法华经》《大智度论》《中论》等为依据，吸收了印度传来的和中国发展的各派思想，重新加以系统组织而形成自己新的思想体系。它的宗义以五时八教为总纲，以一心三观、三谛圆融为中心思想。

天台宗把释迦如来所说的经教，划分为五个不同的时期，称为五时教，就是华严时、阿含时、方等时、般若时、法华涅槃时。天台宗从教理内容上把佛教分为浅深不同的四个级别，就是藏教、通教、别教、圆教，称为“化法四教”。藏教是声闻小乘教；通教，通前小乘，通后大乘，通大小乘的大乘初级名为通教；别教是纯大乘教；圆教，大乘圆融无碍、圆满无缺的法门称为圆教。藏、通、别、圆就是以从浅至深为次第的四教。此宗又从佛陀说法的机感不同，将佛的教法分为顿、渐、秘密、不定四种，称为“化仪四教”。所谓三观是修行的观法，即空观、假观、中道观。此三观可以于一心中获得，名为一心三观。三谛指的是真谛、俗谛、中道谛。此三谛举一即三，虽三而常一，说三说一是圆融无碍的，所以叫圆融三谛。一心三观、三谛圆融是圆教的教义，说明诸法无碍，事理圆融。天台宗以自宗为圆教，别的宗属前三教。此宗派僧师认为三谛圆融系于一心，修行者灭惑证智达到解脱，修证成佛。该宗至九祖湛然于晋陵之荆溪传教，大倡天台定祖之说，与弥漫当时的禅宗之说相抗

佛教圣地——浙江天台山

衡。湛然提出的草木瓦石皆有佛性的观点，又是天台宗法心性说的极端发展，形成对本宗修证观（由禅及慧）的解构。

法相宗，是由印度弥勒、无著、世亲创立的宗派。此宗因为是依弥勒说、无著记录整理的《瑜伽师地论》为根本教典而立的宗，所以也叫瑜伽宗。唐朝的玄奘法师译传此宗并著成《成唯识论》，所以此宗又称法相唯识宗，又因为传法大师玄奘与窥基师徒常住慈恩寺，窥基有“慈恩大师”之号，也称慈恩宗。它的教义以五法三自性，八识二无我为总纲，以转识成智为宗旨。所谓五法是：一名、二相、三分别、四正智、五如如。三自性指的是遍计所执性，依他起性，圆成实性。八识即眼识、耳识、鼻识、舌识、身识、意识、末那识、阿赖耶识。二无我是人无我和法无我。“五法”是对一切法的概括，“名”和“相”指世间有为法皆有名有相，称为名相之法；“分别”指人们的主观能对事物分别认识；“正智”指圣人清净无漏实智；“如如”指如实智所对真如理境。三自性说源自印度瑜伽行派，针对大乘性空学说提出。法相宗认为，事物的性质不出三种，所以叫三自性，而三性又不离识。诸识生时，现似“见分”与“相分”，这是依他；意识周遍计度，执著为“能”与“所”，是遍计所执；远离“有”、“无”二执，显万法唯识，这是圆成识。八识中的“识”是认识的意思，前六识是人们认识外部世界的机能、作用，末那识联系前六识与阿赖耶，阿赖耶识则为“根意识”。二无我指：每个有情或众生都没有永恒不变的实体，即一般所说的自我或灵魂叫人无我；客观事物也没有恒常不变的实体，即自性或绝对的真实叫法无我。二元我也叫做我、法二空。此宗认为“三界唯心，万法唯识”，所以有“八识”之说。他们认为世间物象皆属精神作用的因缘和合而显现，唯有真如佛性（圆成实性）是真实的。人体认真如，须断除执著，“转识成智”，方能修为得道。而“转识成智”，又在“因明”之理。

华严宗。以《华严经》为根据，对《华严经》有深入的研究和精辟的阐发，是在前人三论、天台、慈恩、地论师、摄论师等学说发展的基础上形成的一个思想体系。创始人是7世纪末的贤首国师法藏，所以叫贤首宗。法藏综合前人说法，提出了“五教十宗”的说法，以确立“华严”系的正宗与崇高。所谓五教：一是小教，即声闻小乘教；二是始教，即大乘开始初级阶段的教义；三是终教，即大乘终极阶段的教义；四是顿教，即大乘中顿超顿悟的法门；五是圆教，即圆满无缺，圆融无碍的理论。此宗把佛教分作浅深不同的五种教义，比前此天台宗多加一种顿教，所以称为五教。所谓“十宗”，即“我法俱有”、“法有我无”、“法无去来”、“现通假实”、“俗妄真实”、“诸法俱名”（以上六种属小乘）、“诸法皆空”、“真俗不空”、“相想俱绝”、“圆明俱德”（以上四种属大乘）。尽管法相宗始终围绕“别教一乘”和“无尽缘起”讨论佛法，但其在破与立之间，力图用逻辑方法贯通诸家异说，视佛学为一个由小到大、由始到终、由渐到顿、由偏到圆的过程。为说明万千事物皆“一真法界”的显现，该宗派提出“四法界”，即“事法界”、“理法界”、“理事无碍法界”与“事事无碍法界”。诸义相“统唯一真法界，谓总赅万有，即是一心。然心融万有，便成四种法界”（《注华严法界观门》）。如果能达到“一一事中，理皆全遍”（《华严发菩提心章》），世界上各种事物（包括概念）皆“圆融无碍”。有情众生之所以轮回于生死苦恼之中，是因为有“妄想”（世俗认识和情欲）。如果能认识法界缘起重重无尽，事事无碍的道理，就可清除“妄想”，达到觉悟。其中“一一事中，理皆全遍”与“无碍法界”思想，与天台宗“一念三千”、“一心三观”有异曲同工之妙。

万佛像

三论宗，又名法性宗，三论宗主要依据鸠摩罗什译的《中观论》《百论》《十二门论》研究传习而形成的宗派。三论主要说明诸法性空的义理，故也称法性宗。三论所传习的是中观学派思想，即中道正观的说法。《中论》有“众因缘生法，我说即是空，亦为是假名，亦是中道义”。诸法性空的中道实相论为此宗的中心理论。这种理论总说世间、出世间万有诸法，都是从众多因缘和合而生，是众多因素和条件结合而成的产物，这叫缘起。离开众多因素的条件就没有事物是独立不变的实体，这叫无自性，也就是性空。即缘起事物的存在就是性空，不是除去缘起的事物而后说空。与三论法相关，引出三论宗的一系列主张：如八不中道（不生亦不灭，不常亦不断，不一亦不异，不来亦不出）。二谛论（第一义谛与世俗谛）及判教原则等。其中以二谛论最为重要。色即是空，空即是色，色空不二，真俗不二就是中道，也叫诸法实相。

律宗主要是学习和研究戒律的。以《十诵律》《四分律》《摩诃僧祇律》《五分律》和《毗尼母论》《摩得勒伽论》《善见律毗婆沙》《萨婆多论》《明了论》为基本经典。律宗的教理分成戒法、戒体、戒行、戒相四科。戒法是佛所判定的戒律；戒行是戒律的实践；戒相是戒的表现或规定，即五戒、十戒、二百五十戒等。该宗的主要学说是戒体论。戒体是受戒弟子从师受戒时所发生而领受在自心的法体。即由接受的作法在心理上构成一种防非止恶的功能。这是律宗教理的核心理论。戒律有声闻戒、菩萨戒。就戒条戒相说有五戒、十戒、具足戒之分。五戒是出家、在家佛弟子共持的戒；十戒、具足戒是出家弟子的戒。菩萨戒有在家菩萨戒，出家菩萨戒。出家菩萨戒如《梵网戒经》有十重四十八轻戒。在家菩萨戒如《优婆塞戒经》有六重二十八轻戒。又总摄菩萨戒为三聚，三聚是三类的意思，称为三聚净戒。一是摄律仪戒，是戒相，是“诸恶莫作”；二是摄善法戒，是“众善奉行”；三是饶益有情戒，是“利益一切众生”。

密宗又名真言宗。8世纪时印度的密教，由善无畏、金刚智、不空（即“开元三大士”）等传入中国，从此修习传授形成密宗。此宗依《大日经》《金刚顶经》建立三密瑜伽，事理观行，修本尊法。此宗以密法奥秘，不经灌顶，不经传授不得任意传习及显示别人。因此称为密宗。该宗认为世界万物、佛和众生皆由地、水、火、风、空、识“六大”所造。前“五大”为“色法”，属胎藏界（有“理”、“因”、“本觉”三个方面的意义）。“识”为“心法”，属金刚界（有“智”、“果”、“始觉”、“自证”四个方面的意义）。主张色心不二，金胎为一。两者赅宇宙万有，而又皆具众生心中。佛与众生体性相同。众生依法修习“三密加持”就能使身、口、意“三业”清净，与佛的身、口、意三密相应，即身成佛。此宗仪规复杂，所有设坛、供养、诵咒、灌顶等，均有严格规定，需经阿阇梨（导师）秘密传授。

在中国至今仍有较大影响的是净土宗和禅宗。净土宗由唐代道绰（公元562—公元645年）及其弟子善导（公元613—公元681年）主要依据《无量寿经》《阿弥陀经》《观无量寿经》和《往生论》等创立。此宗认为相信阿弥陀佛及西方极乐世界（净土），反复诵念“南无（意为归命，致敬）阿弥陀佛”，就可消除无量的罪，死后可被阿弥陀佛接引转生西方净土，过福寿无边的生活。北魏昙鸾大师，承菩提流支之教，盛弘念佛法门，自行化他，流传渐广。此宗主张劝人念佛求生往西方净土极乐世界。此宗简单易行，所以能够吸引广大群众。修学此宗不一定要通达佛经，广研教乘，也不一定要静坐专修，行住坐卧皆可称念“南无阿弥陀佛”。只要信愿具足，一心念佛，始终不怠，临命终时，就可往生净土。当然平时也要持戒诵经，广行众善以作助行。由于法门简便，所以最易普及，在中国得到广泛的流行。

禅宗的产生过程最为奇特。在一次灵山法会上，佛祖释迦牟尼拈花示众，不言一语。座下的众僧们面面相觑，不知其意。只有大迦叶尊者开颜微笑。释迦牟尼便对大家宣布："我有正法眼藏，涅槃妙心，实相无相，微妙法门，不立文字，教别外传，付嘱大迦叶！"这据说是禅宗的缘起，从此也以"不立文字"，"直指人心"为传法要诀。

禅法据说最早由菩提达摩传入中国。达摩自称是释迦牟尼的第 28 代徒孙，即是印度禅宗的第 28 代祖。南朝梁武帝普通元年（公元 520 年）或大通元年（公元 527 年）他航海到广州。梁武帝信佛，把他接到都城建康传法。但是当时南朝的佛教重视讲义理，与达摩的禅宗重坐禅，提倡"见性成佛，不立文字"的理论不合。据说他到建康以后，梁武帝同他说佛理，问他："我修建了这么多佛寺，写了这么多经卷，度了这么多僧人，有何功德？"达摩回答说："都无功德。"武帝问他："何以无功德？"他说："这都是有求而做的，虽有非实。"由于他同梁武帝话不投机，于是便离开建康北上。传说达摩渡过长江时，并不是坐船，而是"一苇渡江"，可能是立在一束芦苇上划过长江。同年他来到北魏，开始在洛阳一带游历，传习禅宗。后来入嵩山少林寺面壁九年，坐禅修行。

禅是禅那的简称，汉译为静虑，是静中思虑的意思，一般叫做禅定。此法是将心专注在一法境上一心参究，以期证悟本自心性，这叫参禅，所以名为禅宗。达摩为中土禅宗始祖，在他之下又传五世。在 8 世纪间，此派曾分为南北两宗。北宗神秀（约公元 606 —公元 706 年）一派主张渐修，盛极一时，但不久便衰败；南宗慧能（公元 638 —公元 713 年）主张顿悟，后世尊为六祖，弘传甚盛。

六祖慧能是禅宗史上最为传奇的人物。他俗姓卢，原籍范阳（今北京涿县），父亲原有一定的官职，后被贬迁，慧能也随迁到了新州（今广东新兴县）。慧能二十四岁时，父亲逝世，家境贫寒，他以砍柴谋生，奉养老母。有一天，他在广东南海路过一间旅店，忽然听到有人在店里大声诵读《金刚经》，就放下肩上的柴草，静心息虑、至诚恳切地听。当听到"应无所住，而生其心"时，他豁然大悟，顿时感到身心安乐。于是，他走上前去对这位念经客人说："刚才你所念的是什么经？是从哪里得来的？"客人说："这是《金刚经》，它是我从蕲州黄梅县东禅寺五祖弘忍大师那里得来的。"慧能便决定去从弘忍大师学佛。一个月后，慧能到了东禅寺，五祖弘忍便收留了慧能在寺中干杂活。几个月后，弘忍把门人唤到堂下，说："诸位，世人生死问题是最重要的，你们只求福报，不求脱离生死苦海，自性失了，有福报又算什么呢？你们各自去写一首表达自性的偈子交给我看，我就要传衣钵了。”当时已升任上座的神秀和尚便作偈一首道：“身是菩提树，心如明镜台；时时勤拂拭，勿使惹尘埃。”慧能认为这四句话，道理虽然说得很好，只是渐次法门，不合“应无所住，而生其心”的清静妙修的道理。于是，他根据此偈也作了一首偈子道：“菩提本无树，明镜亦非台；本来无一物，何处惹尘埃。”弘忍对于慧能所作的偈子非常赞赏。他亲自拿一根手杖，跑到米房去看慧能。此时，慧能正在米房舂米，弘忍就借事显理，暗通消息，问曰：“米熟否？”慧能说：“米熟久矣，欠筛耳。”大意是说，我参禅功夫早已成熟，透彻玄关，只是没有得到您五祖老人的衣钵了。弘忍就将手杖向米袋上敲了三下，慧能心领神会。到了半夜三更，慧能就恭敬虔诚地走到五祖的卧室，一见弘忍就跪了下来。弘忍就为慧能开宗讲法，将祖传的衣钵传给了慧能。

慧能离开黄梅，逃过众人追踪，来到曹溪山中和猎人们一起干活。这样潜修十五年后，觉得弘法的时候到了，就赶到广州法性寺去参拜印宗法师。当天夜里，慧能在殿中听到两个和尚因佛前所挂的长幡被风吹动而争论。一个和尚说是风动，一个和尚说不是风动而是幡动，彼此争吵不休。慧能就说，既不是风动，也不是幡动，而是“仁者心动”。当时印宗法师在旁边听到慧能的话，颇感惊异，认为来者一定是位大德高僧，就请慧能为大家开示佛法要义。慧能趁机就把弘忍传给他的衣钵亮了出来，印宗“于是为能剃发，愿事为师。能遂于菩提树下，开东山法门”。自此也就正式受戒为僧。次年，慧能移住曹溪宝林寺，开讲佛法达 30 余年，声名远播，成为禅宗六祖。

慧能大师像

慧能倡导顿修顿悟、明心见性的禅法，在中国佛教史上掀起了一场不假他求、但明自心的革新运动。从慧能开始，“禅”的意义发生了根本性的转变，从以往的禅定修行转化成一种在人心深处、贯穿于百姓日常生活的对于真实性的体悟。慧能弟子或再传弟子等所记载的慧能的言行录《坛经》，是唯一一部中国僧人的说教被称为“经”的著作。

从唐到宋，禅宗南宗又分为五家七派。南宗六祖慧能弟子中，有南岳怀让（公元 667 —公元 744 年）和青原行思（？ —公元 740 年）两大支系。由这两大支系又分成五宗七派。从南岳先分出一派沩仰宗，次又分临济宗。青原行思一系分出三派：曹洞宗、云门宗、法眼宗。由两系分为五宗，以后又从临济宗分出黄龙、杨岐两派，合前五宗名为七派，都曾兴盛一时，经过一段时期有的就衰绝不传了。后来的禅宗只有临济、曹洞两派流传不绝，临济宗更是兴旺。近代所有的禅宗子孙，都是临济、曹洞两家后代。

佛教各宗在各自的发展过程中兴衰不一。有的宗派，如三论宗初兴起时流传很盛，后来渐衰。有的宗派如天台宗，起初流传不广，后来却很盛行。有的宗派，如禅宗一直在发展流传，从未衰歇过。因为禅宗奉行“一日不作，一日不食”的禅林宝训，对于社会的依赖性不大。禅宗又讲究“不立文字，直指人心”的修行法则，也不需要太多的典籍，所以虽遭会昌之难，影响不大，一直传承下来，并有很大的发展。尤其是禅宗的佛性思想与修悟方法，得到士大夫阶层的认可，成为中国特有的佛教派别，所以影响最为久远。

五族入华

从东汉末年开始，匈奴等五个少数民族大规模向内地迁移。西晋灭亡之后，这五个少数民族在中国的北方建立了许多割据政权，后由鲜卑族建立的北魏所统一。五族的入华与汉化，极大地加深了中国各民族之间的交流与融合。中国古代史籍谈到魏晋南北朝时期进入中原并建立政权的五个少数民族，有“五胡乱华”的说法，这无疑流露出一种夷夏大防的狭隘观念。五族进入中原，虽然改变了汉族在中原地区旧有的统治地位，但从文化融合的角度看，异族文化与汉族文化的碰撞、交流，却为双方的文化都带来了新的面貌。由于时事分裂动荡，两晋南北朝时期的民族融合充满激烈的碰撞、冲突，甚至是战争与流血。但中国文化却因此开拓了格局，更新了血液。

早在西汉时期，我国边疆就生活着许多少数民族。东汉以来，西部和北部边疆的许多民族开始向内地迁移，在辽西、幽并、关陇等地，同汉族犬牙交错地生活在一起。汉魏统治者为了边防和经济上的需要，常常招引其入塞。这样，北方的民族关系就逐渐复杂起来。这其中主要有匈奴、鲜卑、羯、氐、羌五个民族。

西晋灭亡以后，晋室南迁，北方出现了十六个割据政权，其中主要是由这五个民族建立。下面分别简要介绍一下五族入华和建立政权的情况：

古代匈奴人（模拟图）

匈奴：东汉时期，北方的匈奴分裂为南、北匈奴。南匈奴归附东汉，北匈奴向西方迁移。东汉末年，南匈奴迫于鲜卑的压力，向山西北部、中部迁移，与汉人杂居。北方混战期间，匈奴豪右拥众据土。曹操统一中原后，严加控制，分匈奴为五部，每部置帅，选汉人做司马进行监督。西晋时期，塞外匈奴、“杂虏”又源源入塞，前后共达二十余万人。西晋末年，匈奴贵族刘渊起兵反晋。刘渊进攻西晋，于永嘉二年（公元308年）在平阳（今山西临汾）称帝,国号汉。永嘉五年（公元311年），匈奴兵攻下洛阳，晋怀帝被俘，晋军在长安拥立愍帝。建兴四年（公元316年），匈奴刘曜夺得长安，西晋灭亡。西晋灭亡后，镇守关中的刘曜于318年灭汉，在长安建立前赵。后匈奴族人又建立大夏、北凉政权。

鲜卑：东汉时期，鲜卑活动于今西拉木伦河流域以北的蒙古草原东部，后趋于强盛，连年侵扰幽、并、凉三州，直到光和年间，才逐渐衰落。三国时期，鲜卑族的慕容部内迁辽西。西晋时期，内迁徒河（今辽宁义县），不久又迁到大棘城（今辽宁锦州），从事农桑和畜牧。西晋灭亡后，鲜卑慕容皝于337年称燕王，342年迁都龙城（今辽宁朝阳），史称前燕。在关东地区，鲜卑慕容部先后建立了后燕、西燕、南燕三个政权。

鲜卑族的拓跋部原先居住在今黑龙江省嫩江流域大兴安岭北部，后逐步南迁。公元258年该部移居盛乐（今内蒙古自治区托克托县）地区，发展顺利。当北方各民族反抗西晋时，拓拔猗卢统一了拓跋部，出兵援助西晋刺史司马腾、刘琨，被西晋封王。西晋灭亡后，鲜卑拓跋部在平城（今山西大同）一带建立代国。376年，代国被苻坚所灭。淝水之战以后，拓拔珪在386年重建国家，改国号为魏。398年，拓拔珪称帝，定都平城。此外，陇西鲜卑乞伏部乞伏国仁建立西秦，

古代羯族人（模拟图）

定都苑川（今甘肃榆中）。

羯族：羯族早先附属于匈奴，被称为“匈奴别部”，在西晋时入塞，其主要部分在上党郡武乡县同汉人杂居。居住在上党的羯人习惯农耕，生活上与汉人已经没有多少差别。西晋灭亡后，羯人石勒在襄国（今河北邢台）称赵王，329 年灭前赵，330 年称帝，迁都邺城，史书上称“后赵”。

羌族：羌族是我国的古老民族之一，商周时期已经出现在我国历史上。羌人分布在西海（青海）附近，南抵蜀汉以西，西北接西域诸国。汉武帝、汉宣帝时曾派兵镇压羌人，此后一部分羌人逐渐内迁，在金城、陇西一带与汉人杂居。王莽时期在羌人地区设立西海郡，迁羌人居住其中。王莽末年，羌人大量入居塞内，散布在金城等郡，与汉人杂处。东汉时期，羌人掀起过大规模的反抗运动，虽然被东汉王朝镇压，但动摇了东汉王朝的根基。东汉末年，不少羌人居住在关中、益州。有些羌人还远离故土，散处中原。曹魏政权为了充实关中，常常向关中强行迁徙羌人，使关中的羌人大量增加。羌人姚苌在 386 年于长安称帝，史称“后秦”。

氐族：氐族与羌族一样，除大部分居住在青海、甘肃以外，也有不少人居住在关中和益州。曹魏时期，统治者大量向关中迁徙氐人。西晋灭亡后，在后赵时期徙居中原的氐族，于后赵崩溃之际，由苻坚率领西归关中。351 年苻坚自称大秦天王、大单于，352 年改称皇帝，在长安建立前秦。前秦在 370 年灭前燕，376 年灭前凉和代，不久又夺得巴蜀，进入西域，使北方又出现统一的局面。383 年，前秦苻坚发兵九十万，企图攻灭东晋，在淝水之战中被东晋击溃。前秦政权随之灭亡，北方再次陷入混乱局面。396 年，氐人吕光建立后凉。

十六国割据的局面，由鲜卑族建立的北魏所结束。鲜卑族拓跋部的拓跋珪建立魏，魏太武帝拓跋焘完成了北方的统一。其后北魏分裂为东魏和西魏，又被北齐、北周所取代。从北魏到北齐、北周，总称为北朝。

五个少数民族进入中原并建立政权之后，和汉族的交往日益加深，同时由于建立了政权，需要加强和巩固对国土内各族人民的统治。因此汉化就成为迫切问题。五族中的许多割据王侯，都意识到要学习汉族的文化，借鉴汉族的政治、经济制度。在十六国中，几位颇有政绩的君主，都曾积极地推行汉化。前赵的开国之君匈奴族人刘曜，在长安设立儒学，仿照汉族建立了租税制度。建立后赵的氐人石勒,很注意吸收汉人为官,他本人虽然不识字,却很注意学习汉族的历史文化。据史书记载，刘曜常常要别人读史书给他听，对政治很有自己的看法。他的一些措施就效法汉高祖。他攻取河北以后，在襄国设立太学，挑选汉人中“明经善书”之人，任命为“文学掾”，教授氐人将佐的子弟。他还要求各地也建立学官。后赵灭亡后，由氐人所建立的前秦，在苻坚时期曾一度统一黄河流域，国势比较强盛。苻坚十分重视汉族文化。他重用有治国之才的汉人王猛，抑制氐族部落贵族势力。氐族贵族十分排斥王猛。建有大功的氐族贵族樊世当众侮辱王猛，苻坚坚决支持王猛，处死了樊世。王猛后担任中书令、京兆尹，曾于数十天中，诛杀贵戚豪强二十余人，于是政令大行。苻坚还注重兴修关内水利，发展交通运输，兴办学校，在他统治的十余年内，“关陇清晏，百姓丰乐”，为统一黄河流域奠定了基础。前秦灭亡之后，姚苌建立后秦，也很重视学习汉族文化，他大兴儒学，促进了汉族文化的保存和发展。

当然，在五族中，汉化最深入，成效最显著的还是建立北朝的鲜卑族。北魏初年的统治者大力发展农牧业经济，大力兴办学校。孝文帝亲政后，在政治上加强中央集权，整顿吏治，严格考课。他在广大农村实行三长制，即五家立一邻长，五邻立一里长，五里立一党长。这样就将对基层的管理权集中到官府手中。在经济上，他推行均田令、制定并实行“户调制”，改善了国家的财政状况。太和十八年（公元494年），孝文帝不顾鲜卑贵族的反对，将都城迁到洛阳，从此开始了全面、彻底的汉化过程。他禁止在朝廷上使用鲜卑语，要求使用汉语，

北朝时已汉化的鲜卑族人（模拟图）

还将鲜卑族原有姓氏改为汉姓。他还废除鲜卑式的官服，改用汉式官服。他兴办学校，制定了郊祀宗庙的礼制，认为鲜卑贵族命官颁爵以武功为主，与汉人制度不合，妨碍了鲜卑族和汉族统治者的进一步融合，就下令加以改革。他大力提拔汉人，规定诸王的属官都要任用汉人，他为自己几个弟弟定亲，也求婚于汉族高门。婚姻的纽带加强了鲜卑族和汉族上层的联系。积极的汉化，使鲜卑族迅速适应了中原的政治、经济生活，北魏的国势迅速强盛。

也应看到，十六国、北朝时期的民族融合道路维艰。在这个分裂动荡的时代，民族对立的矛盾仍然十分突出，五族的汉化无一不遇到强大的阻力。前秦苻坚重用汉人王猛，氐族贵族人言汹汹。北魏孝文帝推行汉化，遇到守旧的鲜卑贵族的强烈反对，他们多次发动叛乱反对孝文帝的改革。同时，由于南北方的分裂对峙，东晋南朝的汉族与北方的少数民族仍然有很多隔阂。当时南方人称北方人为索虏、伧父、虏父，北方人称南方人为岛夷。南宋著名诗人陆游认为，“汉子”这个蔑称大概就来自南北朝时期北方民族对南方汉族的称呼。这种民族对立，无疑对民族文化的融合产生许多消极的影响。这也是分裂动荡的两晋南北朝在民族融合上面临的最大障碍。统一的隋唐在消除这种障碍上做了更多的努力，民族融合也步入一个新时代。

魏晋南北朝时期的社会风俗

一、饮食起居

魏晋人饮食的进步，就是食用发酵的面饼。西晋人称“面起饼”，一般仍称蒸饼。后来蒸饼的形状由扁平变成圆形，即为馒头。东晋人“春祀用曼头（馒头）”。馄饨大约出现在南北朝，形制与今天不同。颜之推说：“今之馄饨，形如偃月，天下通食也。”但魏晋人仍以羹饭为常食。副食中，北方多食牛羊，南方则多食鹅鸭鸡猪鱼等。南朝陈武帝抗击北齐军，陈蒨送米3000石，鸭千头，说明南人常食鹅鸭。其时南方正推广牛耕，故禁食牛肉。蔬菜与秦汉基本相近，喜食葱、蒜、韭等。胡瓜即今黄瓜，是由印度传入我国的。但魏晋常食盐菜，北魏大臣高允家内厨房唯盐菜，菜是做羹的。贫苦之家则食盐饭。饮酒上下成风，名士“胡将”尤多狂饮。酒的种类很多,有菊花酒、葡萄酒等,贵族还有斗酒斗富之风。另外，南方一些地区已有饮茶的习惯，还能用甘蔗制作冰糖，称为石蜜。

我国古人宴饮皆席地而坐。魏晋开始“坐床”。“胡床”是这时的主要坐具。它是东汉后期从西域传入中原地区的。其形制矮而轻，可以折叠。“胡床”的坐法与传统的跪坐不同，是臀部坐在“胡床”上，两腿和脚垂直踏地。由跪坐到垂脚坐，是我国人民生活习俗上的较大变化。“胡床”至唐时改造为交椅。

魏晋南北朝时期的服饰（模拟图）

魏晋时各族人民迁移杂居，服饰混杂，“冠履衣服，袖袂裁制，日月改易，无复一定”。南北服饰稍有差异。南方士族“尚褒衣宽大，大冠高履”。贵族官吏服用各色鲜艳的袍服，如绛纱皂袍、五色纱袍、纱朱衣、绛单衣、绛卓褠衣等。北方由于受少数民族服装的影响，人们普遍穿着短衣窄袖，长裤、皮靴为特点的“胡服”。后来，北魏孝文帝进行服饰改革，宣布禁鲜卑旧服，推广汉服，但收效不大。

二、婚丧节俗

魏晋南北朝时人们婚姻生活形式多样，婚俗变化较大。士族不与庶族通婚，社会上形成了严格的等级婚姻。等级婚实际上是一种内婚制。北魏文成帝拓跋濬于和平四年（公元463年）宣布“皇族、师傅、王公侯伯及士民之家，不得与百工、伎巧、卑姓为婚，犯者加罪”。孝文帝又定姓族，确定了等级婚姻制度。但是，当时一些没落的士族贪图庶族之财利，结婚者仍很多。于是，财婚、买卖婚姻大盛。赵翼在《廿二史答劄记》中说：“魏、齐之时，婚嫁多以财币相尚，盖其始高门与卑族为婚，利其所有财贿纷遗，其后遂成风俗，凡婚嫁无不以财币为事，争多竞少，恬不为怪也。”为了钱财，婚姻不论行辈，丧内亦可为婚，婚礼也遭破坏。

其时，有一种“拜时婚”，因时局混乱，男女双方急于嫁娶而形成的，婚礼十分草率。婚礼时，新娘用轻纱或红帕蒙首，由新郎掀开，拜见公婆，便可成婚。新娘蒙首之俗由此渐渐普及。南朝盛行闹新房，许多新娘因闹房而受伤。北齐则有新婚夜捉弄新女婿之俗。南北聘礼亦略有不同，南朝重聘，多达 20 多种，较贵重；北朝北齐时较简单，只需羔羊、雁、酒、面等物。早婚现象严重，沈后 10 岁嫁归陈文帝。北魏献文帝年 17，而儿子孝文帝已 5 岁。北周规定男年 15、女年 13 必须及时嫁娶。

魏晋对离婚和改嫁比较自由，甚至未婚女子亦可自择夫君。《晋书·王濬传》记述，刺史徐邈有女未嫁，邈大会佐吏，令女于内视之，见濬美姿貌，遂婚之。另外，还出现了较特殊的婚姻关系，一帝可娶数后，如北周宣帝立杨氏为皇后，接着又立朱氏、元氏、陈氏、尉迟氏为后。臣民可置双妻，事实上废除了妻妾之别。如温峤有二妻，俱封夫人。北朝亦一夫多妻，北魏大臣奚斤“有数十妇”。

魏晋初年，厚葬守丧之俗有所转变。《宋书·礼志》指出：“汉以后天下送死奢靡，多作石室、石兽、碑铭等物。建安十年，魏武帝以天下凋弊，下令不得厚葬，又禁立碑……晋武帝咸宁四年又诏曰石兽、碑、表，既私褒美，兴长虚伪。伤财害人，莫大于此。一禁断之。”但厚葬奢侈之风不久又复兴，如刘曜在长安筑寿陵，周回 4 里，下深 25 丈，以铜为棺椁，黄金饰之，葬其父及妻，墓高 90 丈。又如张骏墓内随葬品有真珠簏、琉璃榼、白玉樽、赤玉箫、紫玉笛、珊瑚鞭、玛瑙钟，水陆奇珍，不可胜数。同时谀墓和相墓之风大盛。墓前树碑碣，大作赞美文章，颂扬先世。营墓必先相墓，择地筑墓，以求吉利，并图后代荣华富贵。相墓术称为“堪舆之学”。晋郭璞是著名的相墓专家。在北魏竟又出现野蛮的殉葬，如王洛儿死，太宗鸩其妻周氏，合葬一墓。

魏晋时期，北方少数民族迁入中原地区，北方汉人大批南迁，南方山区少数民族出山居住。迁移和杂居，使我国的节日风俗又有发展。据梁人宗懔《荆楚岁时记》记载，正月十五日元宵节，又新增做豆粥、祭门户、迎紫姑、卜蚕桑的习俗。五月初五日端午节，由于南北文化的融合，伟大爱国主义诗人屈原的逝世纪念日逐渐得到共识。这就使各地原有的风俗与纪念屈原相结合。南方水乡，尤其是沅湘一带、汨罗江畔，每年要举行水上竞渡，“俗为屈原投汨罗日，伤其死，故命舟楫以拯之”。同时，也是禳毒除病之日。“五月初五日采艾以为人形，悬于门户上，以禳毒气。”七夕节，魏晋人不仅完善了牛郎织女的故事，而且增加了“晒书”的风俗，又初步形成了用瓜果祭牛郎织女、“乞巧”的风俗。九月九日重阳节，魏晋人于是日多佩茱萸，食饵，饮菊花酒，据说可令人长寿。十二月初八日为腊日，这一天村人击细腰鼓，戴胡头及做金刚力士以逐疫。

总之，魏晋南北朝时期，政治上的割据造成南北地域上的分裂。南方和北方在相对独立的状态下经历了社会风俗的不同演变，从而表现出较为明显的地域特征。

吕才、李华的反世俗迷信思想

神学迷信是一种落后的迷信思想。反对神学迷信，是唯物主义和无神论思想一个相沿已久的主题。初唐的吕才和盛唐的李华是隋唐五代时期反神学迷信的代表人物。

吕才（公元 600 —公元 665 年），博州清平（今山东聊城）人，仕唐，历任太常博士、太常丞、太子司更大夫等职，以博学多识闻名于世，通晓阴阳、方技、舆地、历史、乐律等方面的知识。他著作甚丰，但多已散佚，现存《旧唐书》本传中的引文和《全唐文》中的《叙宅经》《叙禄命》《叙葬书》等遗文都是反神学迷信的。

《叙宅经》是批判建筑住宅选择方位的。按照迷信的说法，住宅建筑方位的不同，会给人带来不同的吉凶祸福。我国在商周之际已有卜宅之文，到唐代更发展到五姓之说，即人的姓氏按发声分为宫、商、角、徵、羽五类，并分别与木、火、土、金、水五行相配，以决定住宅及门户的方位。吕才在《叙宅经》中首先指出这种说法的自身矛盾，他说："言五姓者，谓宫、商、角、徵、羽等，天下万物，悉配属之，行事吉凶，依此为法。"如果这样，姓张与姓王的属商，姓武和姓庾的属羽，这可以说是按声韵划类的，但如果以姓柳的属宫，姓赵的属角，这就与音韵无关了。而且遇到复姓，就更不容易区分类别了。其次，他又指出三点:（1）五姓之说不见于经典记载，过去阴阳诸书，也没有这种说法，只是"野俗口传"而已。（2）中国远古"黄帝之时，不过姬、姜数姓"，后来，因赐姓，及"因邑因官，分枝布叶"，衍变出很多，这些是五姓之说所不能包容的。（3）按《春秋》记载，陈、卫、秦为水姓，齐、郑、宋为火姓。但这些姓"或承所出之祖，或系所属之星，或取所居之地，亦非宫、商、角、徵，共相管摄"。全文简短，分析周密，批驳

古代住宅门前的吉兽雕塑

有力。

《叙禄命》是驳斥算命可以推算和预言人生贵贱寿夭之说的。吕才先引前人之语称：算命者是“高人禄命以悦人心，矫言祸福以尽人财”。但因“多言或中，人乃信之”。对此，他依据史实驳斥说：“长平坑卒，未闻共犯三刑；南阳贵士，何必俱当六合。”又进一步说：“今时亦有同年同禄，而贵贱悬殊；共命共胎，而夭寿更异。”之后，他又列举了鲁庄公、秦始皇、汉武帝、孝文帝、宋高祖五个国君帝王的年月生辰为例，核以史实，以证其不验。如秦始皇的生辰是“岁在壬寅，此年正月生者，命当背禄，法无官爵”，“为人无始有终，老而弥吉”。但史实却与这种说法正好相反，秦始皇身为皇帝，“有始无终，老更弥凶。唯建命生，法合长寿，计其崩时，不过五十”。又如汉武帝，“乙酉之岁七月七日平旦时生。亦当禄空亡下，法无官爵”，“老而方盛”。但汉武帝即位时，“年始十六，末年已后，户口减半”。此外，鲁庄公、孝文帝、宋高祖按生辰推算的禄命也与史书记载的实际禄命不符。吕才的驳斥论证非常充实。

《叙葬书》是驳斥丧葬主人富贵吉凶的。吕才引证经典认为：古代本无“吉凶之义”，近代才有阴阳葬法，“或选年月便利，或量墓田远近，一事所失，祸及死生，巫者利其货贿，莫不擅加妨害”。但天地之间自有常理，“丧葬之吉凶”不过是妖妄之说。之后他又进一步论述说：

（1）古代王、诸侯、大夫、士及庶人死后，“葬有定期，不择年月”。

（2）据葬书“己亥之日用葬最凶”，但按《春秋》记载：“此日葬者凡有二十余件。”

（3）夏、商、周丧葬“直取当代所尚，不择时之早晚”，春秋以后也“葬不择时”。

（4）“葬书云：富贵官品，皆由安葬所致；年命延促，亦曰坟垅所招”，而“《孝经》云：‘立身行道，则扬名于后世，以显父母。’《易》曰：‘圣人之大宝曰位，何以守位曰仁’”，葬书与这些儒家经典是不相合的。

（5）“古之葬者，并在国都之北，域兆既有常所，何取姓墓之义？”而“今之丧葬吉凶，皆依五姓便利”。这也是不合古葬之义的。

（6）依据葬书，“卜葬一定，更不回改，冢墓既成，曾不革易”。而“人臣名位，进退何常，亦有初贱而后贵，亦有始泰而终否”，“无时暂安”。

（7）“皆信葬书”，也有悖人之常情，如“擗踊之际，择葬地而希官品；荼毒之秋，选葬时以规财禄。或云辰日不宜哭泣，遂莞尔而对宾客受书；或云同属忌于临圹，乃吉服不送其亲”。

上述三篇是唐太宗命吕才等人刊正《阴阳书》的一部分，而这部分所讲的住宅方位，人生禄命，葬地风水，可以说是我国古代迷信的最主要部分。吕才本着“救俗失，切时事”的宗旨，并引证儒家经典一一进行了批判，虽然吕才所刊正的《阴阳书》“为术者所短”，但因为“诏颁行之”，应该说是对当时社会产生了一些影响的。

李华，生卒年不详，开元二十二年中进士，天宝年间，任监察御史、侍御史及礼部、吏部员外郎等职，“善庙文”，著作颇多，是古文运动的先驱者之一，他反对神学迷信的思想主要表现在《卜论》一文中。

《卜论》是批判龟卜迷信的，而龟卜是我国古老而重要的迷信活动之一。龟与凤、龙、麟合称四灵，也是四灵中唯一实有的动物，并以长寿而著称。“古之圣者，刳而焌之，观其裂画，以定吉凶。”李华认为：龟既是人们崇拜的灵物，“而夭戮之，脱其肉，钻其骸，精气复于无物，而贞悔发乎焦朽，不其反耶”？也就是将灵物杀死，使其精气消失，然后企望从其焦朽的余骸中求得神明启示，这怎么可能呢？灵龟自身难保，又怎么会以神意去启示人呢？再说“人与天地合其德，与日月合其明，与四时合其序，与鬼神合其吉凶”。而将灵龟杀死也是不合于德、明、序及吉凶的，如果这样，用死龟壳是得不到什么的。

李华又讲述了历史上迷信的发生发展过程，如远古祭祀用尸，“自虞夏商周不变”，这种做法到战国就废除了。又如古代新制的钟鼓器械，要涂上牲畜的血以避鬼，现在也不这样做了。也“未闻屋室不安身，而器物不利用”。因此，“卜筮阴阳之流，皆妄作也”。这种“妄作”不是从来就有的，也不是不会消亡的，龟卜只是迷信形式的一种，是可以废除的。

李华对龟卜的批驳是从儒家不语怪力乱神的观点出发的。他不可能用现在的科学常识去解释龟卜迷信，更没有辩证唯物主义的理论可以利用，所以在对占卜的批驳中，没有否定鬼神的存在。

卢藏用、李筌的“天人观”

儒家的始祖孔子主张唯心主义的“天命”论，以论证君权神授。西汉董仲舒发展了这一思想，建立起天人感应的神学理论，在天人关系上，加强了天的权威。另外一些唯物主义思想家，如荀子提出了“明天人之分”的观点，认为自然有它自己的客观规律，并不以政治的好坏而改变。入唐以后，佛道二教兴盛，尤其是佛教思想，给思想界注入了新的活力，在天人关系上出现了一些新观点。卢藏用和李筌继承了唯物主义传统，吸收了佛教等思想，对“天人观”作了具有一定进步意义的阐述。

卢藏用（约公元 656 —公元 713 年），字子潜。幽州范阳（今北京西南）人。以辞学、篆隶、琴棋著称于世，曾任魏州司马、中书舍人、吏部侍郎、尚书右丞等职。先天年间，因附太平公主罪，配流岭表，开元初去世。他在中宗神龙年间，有感于“俗多拘忌，有乖至理”，著《析滞论》对之论述。

《析滞论》采用答客问的论证方式。主要阐述天与人事的关系，并对卜筮和祷词等迷信做了一定的揭露和批驳。

文章以客人首先发问引出论题曰：“天道玄微，神理幽化，圣人所以法象，众庶由其运行。”“从之者则兵强国富，违之者则将弱朝危。”“先生亦尝闻之乎？”卢藏用以主人回答的表达方式，引前人经典中“国之将兴，听于人；将亡，听于神”、“祸福无门，唯人所召，人无衅焉，妖不自作”之语，明确表示“得丧兴亡，并关人事；吉凶悔吝，无涉天时”。然后强调了人事的作用：“古之为政者，刑狱不滥则人寿，赋敛蠲省则人富，法令有常则国静，赏罚得中则兵强。所以礼者士之所归，赏者士之所死，礼赏不倦，则士争先。苟违此途，虽卜时行刑，择日出令，必无成功矣。”又证以史实说：“太公犯雨，逆天时也，韩信背水，乖地利也，并存人事，俱成大业。”又说：“金鸡玉鹤，方为楚国之殃；《万毕》《枕中》，适构淮南之祸。”在天人关系上，卢藏用鲜明地坚持了重人事的观点，但他并没有完全否定天道的作用，有着“天道所以从人”的观点。他认为天也有意志，辅助有德的人，灾降不善的人。当“客人”听了“主人”的宏论要“焚蓍龟，毁律历，废六合，斥五行，浩然清虑”时，卢藏用又以“主人”的身份阐述自己的观点说：“此所谓过犹不及也。夫甲子所以配日月，律历所以通岁时，金木所以备法象，蓍龟所以筮吉凶。圣人以此神明德行，辅助谋猷，存之则协赞成功，执之则凝滞于物。”

卢藏用还不能以科学知识，解释“天”等自然现象，完全否定龟卜的作用，所以也不能彻底地坚持唯物主义观点。

李筌，生卒年代不详，仕于开元、天宝时期，曾任左羽林兵曹参军、翰林学士等职。李筌现存文仅《大唐博陵郡北岳恒山封安天王铭并序》一篇，反映了他的天人观思想。

五岳历来被统治阶级所尊崇。李筌在文中对五岳之一的恒山威灵作了描述：“恒之灵，藏往知来，威远惧近”，并肯定了神的存在和作用：“阴阳不测之谓神，神聪明正直，害盈福谦，裨我淳黎。荒扎不勃，拯膏雨，佐秋成。”但历代统治者因敬畏于五岳的神圣而未敢加封，然玄宗则“王五岳而公四渎”，把五岳四渎置于自己的封赏之列。对此，李筌极力进行了赞誉：“昔省方展礼于虞帝，敬鬼尚祀于殷人，未有加望秩之荣，锡封崇之号，斯盖我皇之能事也。”李筌虽然没有触动天，否定天命，也没有否定神和神的作用，但与前者比较起来，已经突出了人的作用。

卢藏用和李筌的观点都触犯了儒家视为神圣的“天”，这与当时佛教藐视“天”的说教有一定的关系。关于此点，后于他们的柳宗元和刘禹锡表现得更为明显一些。

柳宗元、刘禹锡的“天人观”

柳宗元和刘禹锡不仅是政治家、诗人和文学家，而且也是著名的唯物主义思想家。

柳宗元的唯物主义思想主要表现在对天人关系的探讨上。柳宗元的《天说》一文，是针对韩愈唯心主义天人感应说所作的批判。韩愈认为天有意志，能赏罚，柳宗元则针锋相对地指出：“彼上而玄者，世谓之天；下而黄者，世谓之地；浑然而中处者，世谓之元气；寒而暑者，世谓之阴阳，是虽大，无异果蓏、痈痔、草

柳宗元雕塑

木也。”“天地，大果蓏也；元气，大痈痔也；阴阳，大草木也，其焉能赏功而罚祸乎？功者自功，祸者自祸，欲望其赏罚者大谬；呼而怨，欲望其哀其仁者，愈大谬矣。”也就是说天和人事是互相不干涉，没关系的。

战国后期，楚国的浪漫主义诗人屈原著《天问》一诗，对宇宙、自然、历史和神话传说诸问题，提出了疑问，柳宗元著《天对》加以解答，主要对宇宙的构成提出了自己的看法，并对宇宙的无限性有所认识。

关于宇宙的构成，柳宗元认为："庞昧革化，惟元气存，而何为焉？"这就是说，宇宙是由混沌的、庞大的、没有意志的、运动着的元气构成的。他还进一步认为：元气是天和阴阳二气的基础，"合焉者三，一（元气）以统同，吁炎吹冷，交错而动"，从而形成了千变万化的物质世界。

关于宇宙的大小，《天问》言："斡维焉系？天极焉加？"是问天不停地运转，是否有绳子系着，又系在何处，天的边际又放在何处？《天对》回答说："乌徯系维，乃縻身位。无极之极，漭弥非垠。或形之加，孰取大焉。"就是说，天没有边际，广大无限，怎么能找一个更大的东西来放置天呢？

柳宗元被贬永州后，又写了《非国语》67篇及《时令论》等文章，系统地阐述自己的唯物主义见解，批判神学迷信思想。如柳宗元在《非国语·三川震》中讲到周幽王二年，三川发生地震，伯阳父认为是周亡的预兆。柳宗元认为：山川是天地间的"物"，"阴与阳者，气而游乎其间者也，自动自休，自峙自流"，是不以人的意志为转移的。山崩地震是"自崩自缺"，是与人事没有关系的，为什么要互相联系起来呢？柳宗元在《非国语·卜》中还教人不要相信占卜迷信，在《贞符》中教人不要相信"符瑞"。在《时令论》中他指出："圣人"是不侈谈神怪而注重人事的。在《非国语·神降于莘》中柳宗元还进一步指出："力足者取乎人，力不足者取乎神。"说明那些鼓吹神道的，正是力量虚弱的表现。

刘禹锡著《天论》上、中、下三篇，进一步补充了柳宗元关于天的唯物主义思想。他说："天，有形之大者也；人，动物之尤者也。天之能，人固不能也；人之能，天亦有所不能也。"也就是说天是物体中最大的，人是动物中最突出的，天和人都有自己独特的职能。刘禹锡认为天的职能是"生万物"，人的职能是"治万物"。万物弱肉强食而生存，人则通过礼法制度来维持其社会秩序，天人互不干涉。也因此，"人道明，咸知其所有，故德与怨不归乎天"，否则"人道昧，不可知，故由人者举归乎天，非天予乎人尔"。

刘禹锡还认为：天"形恒圆而色恒青"，"恒高而不卑，恒动而不已"，"不能自休于俄顷"，这些都是由于有合乎必然规律的"数"的存在和不可阻挡的"势"在作用，天体不能"逃乎数而越乎势"，而且"以理揆（度量）之，万物一贯也"。也就是说万事万物的原理、原则是一样的。那么为什么会这样呢？因为"万物之所为无穷者，交相胜而已矣，还相用而已矣"，也就是万物互相存在的作用，是事物发展的根本。在这个物质世界中的人，应该"与天交胜，用天之利，立人之纪"，发挥人的作用。

柳宗元、刘禹锡关于天人关系的一些观点，战国时期的荀子、东汉时期的王充，都曾大致提出过，但他们反对人们对天进行探讨研究，认为自然界的事物是"不为而成，不求而得"的，这叫做"天职"。人对天职，不虑、不察，"不与天争职"，圣人也"不求知天"。君子对于天地万物，更"不务说其所以然"。这种主张限制了人们的研究，使问题不能深化。王充在《论衡·命义篇》中"为了说明人的富贵贫贱是由于禀气受命，把人的地位、财产和天上星象的大小尊卑联系起来，这实际上等于背离了天道自然的主张，把天神秘化了"。

柳宗元、刘禹锡在天人论上继承了荀子、王充的主张，又有了一定的发展。柳宗元、刘禹锡对天人观的发展，与他们受佛教的影响有关。如柳宗元认为佛教"往往与《易》《论语》合，诚乐之，其于性情奭然，不与孔子异道"。刘禹锡也广读佛书，交际僧人，"深入智地，静通道源，客尘观尽，妙气来宅，犹煎炼然"。柳宗元和刘禹锡在思想认识上受佛教影响甚深。

世俗观念认为君主是人世间的主宰，而天是宇宙间的主宰，比君主还高一等。君主可以无法，但不可以无天。这种观念将天神秘化、权威化，人们对天只能敬畏，不能藐视，更不能亵渎，也就谈不上把天同大自然中的其他现象一样，加以考察研究了。佛教则认为天和人同属于六凡，都处在迁流不息的轮回之中，只有修持佛道，超凡入圣，达到涅槃境地，才能摆脱轮回之苦。天的地位远在佛、菩萨之下。人可以成佛，天若不成佛的话，地位也就在成佛的人之下。这一说法解除了天的权威和神秘感，使“天”有可能置于被考察、被研究的地位。柳宗元、刘禹锡对天的唯物主义研究，应该说是在佛教这些说法的前提下进行的。

罗隐的反君主专制思想

晚唐朝政腐败，这使一些有识之士对封建王朝的弊病有了较深刻的认识，从而对现实社会进行较深刻的剖析和批判，这其中的代表人物是罗隐。

罗隐（公元 833 —公元 910 年），本名横，字昭谏，自号江东生，新城（今浙江富阳）人。《旧五代史》本传称其“诗名于天下，尤长于咏史，然多所讥讽，以故不中第”，遂改名隐，后因战乱返归乡里，在杭州镇海节度使钱镠属下为幕僚。钱镠为吴越王后又任著作郎、转运使、给事中等职。著作甚丰，现存有《罗昭谏集》8 卷,《甲乙集》10 卷,《谗书》5 卷。罗隐的反君主专制思想主要表现在《谗书》中。

《谗书》之“谗”，是坏话的意思，对此罗隐在《谗书》自序中说：

丁亥年（咸通八年，867 年），春正月，取其所为书诋之曰：他人用以为荣，而予用是以为辱；他人用是以富贵，而予用是以围穷。苟如是，予之书乃自谗耳，目为《谗书》。

他在《谗书》重序中，还进一步阐明了编撰此书的目的：

《谗书》内页

盖君子有其位，则执大柄以定是非；无其位，则著和节而疏善恶，斯所以警当世而诫将来也，自杨、孟以下，何必以名为？

罗隐这样一再毫无隐讳地抒写自己的观点，反映了他耿直不屈的性格，这种性格是他在《谗书》中反君主专制思想的基础。

据传统的说法，唐尧的儿子丹朱不肖（品行不好），故传位给虞舜，虞舜的儿子商均也不肖，故舜又传位给禹。罗隐在《谗书·丹、商非不肖》

篇中认为“陶虞之理，大无不周，幽无不照，远如不被，苟不能肖其子，而天下可以肖乎？自家而国者，又如是乎？盖陶虞欲推大器于公共，故先以不肖之名废之，然后俾家不自我而家，而子不自我而子，不在丹、商之肖与不肖矣”。罗隐的论证并不精密，他也不是在推考历史，更不是为丹朱、商均鸣冤，而是借以说明天下是天下人之天下而不是帝王一家之天下，君位的世袭也不是从来就有的，与古代圣君“推大器于公共”的做法是大相径庭的。

罗隐在《英雄之言》中认为：强盗“视玉帛而取者，则曰：‘牵于寒饥”；“英雄”“视国家而取者，则曰：‘救彼涂炭’”。强盗声称救饥寒，用不着评论，值得评论的倒是那些英雄之言。那些英雄既然说要救百姓于“涂炭”，那么就“宜以百姓为心”。但实际上这些英雄所考虑的是一己之私利。刘邦见到秦始皇富丽壮观的宫殿，则说：“居且如是”；项羽见到秦始皇出游的盛况，则说我“可取而代”。这说明他们的救百姓于“涂炭”，不过是满足自己私利的幌子而已。君王夺取天下，与强盗劫掠财物的本质是一样的。

罗隐在《汉武山呼》中还认为“左右之谀佞者”、“穷游极观者”、“发于感悟者”，其“三者有一于是，则为国之大蠹”。他举例说：汉武帝继位时，国家富庶，他“听左右之说，穷游观之靡，乃东封焉”，目的是“祈其身”。上之所好，下必逢迎，“由是万岁之声发于感悟”（据说，汉武帝登中岳太室之山时，随从官员声言在山下听到山在呼喊“万岁”）。之后，汉武帝更加意满志得、好大喜功，“然后逾辽越海，劳师弊俗，以至于百姓困穷者，东山万岁之声也”。因此，罗隐指出“是以东封之呼不得以为祥，而为英主之不幸”。

晚唐时期君主专制的弊病日益显露，罗隐抨击专制弊病虽为正统的士大夫们所不满，但却很受下层人们的欢迎，以致“率成谩作，顷刻相传”、“齐东野人，猥巷小子，语及讥诮，必以隐为称首”。可见罗隐的思想是有一定社会基础的。

唐三彩与金银器

隋唐五代时期，陶瓷制造业也得到了很大的发展，其生产技术也有很大的提高。在制瓷方面，邢州（今河北邢台）生产的白瓷“类银”、“类雪”，杜甫有诗咏白瓷说：“大邑烧瓷轻且坚，扣如哀玉锦城传。君家白碗胜霜雪，急送茅斋也

唐三彩

可怜。”越州（今浙江绍兴）生产的青瓷深受当时人们的喜爱。尤其是到五代时期，这里生产的秘色瓷器，胎质釉色都比以前进步，更是当时瓷器中的最上品。陆龟蒙《秘色越器》诗：“九秋风露越窑开，夺得千峰翠色来”，盛赞秘色瓷的精美。除青瓷、白瓷两大瓷系外，还有黑釉、酱釉、黄釉、褐釉等瓷器。当时生产的瓷器不仅工艺水平高，而且品种繁多，器形和装饰也形成了独特的风格。仅从装饰手法看，就有绘画、划花、刻花、印花、堆贴、捏塑等。装饰的纹饰有树木、花鸟、动物、建筑、人物、星、月等，具有鲜明的时代特色。就制陶而言，更有着划时代的发展，这就是代表当时制陶工艺水平和成就的“唐三彩”。

“唐三彩”是唐代三彩陶器的简称。所谓“三彩”，是因为在陶器的釉色装饰上多以黄、绿、褐三种颜色为主而得名。但实际上并不仅限于这三种颜色，釉色还有白、蓝、赭、茄紫等多种，即使黄、绿，也有深、浅之不同。名称上也不仅限于“唐三彩”，如以蓝色釉为主的称之为“蓝三彩”，因其稀少，尤为珍贵。

“唐三彩”类瓷，但实为陶器。它与瓷器有本质的区别。唐三彩一般精选高岭土、巩县土和黏土做坯体。坯体一般是用手捏塑和模制的方法制成。坯体制成后阴干，再送入窑炉烧成陶胎，火温要达到1100℃左右。陶胎冷却后再施以釉彩。釉彩中须加入一定比例的铅，作为助熔剂，以便釉的熔点降低。然后将挂好彩釉的陶胎，再次放入窑内焙烧至炉温900℃左右，在焙烧的过程中，胎体表面釉料受热熔化，自然地向四周流动扩散，致使各种釉色相互浸润交融。这样，再次烧成的陶器，便呈现出斑斓绚丽而又自然天成的奇异釉色。又由于铅的作用，釉面还显出明亮夺目的光泽。

唐三彩的种类繁多，从考古发现看，大体可分为人物、动物、器具和建筑模型4种。人物俑包括男俑、女俑、文官俑、武士俑、骑马俑、牵马俑、驭驼俑、天王俑、乐舞俑等；动物俑包括马、牛、驼、猪、羊、狗、鸡、鸭、鸟等；建筑模型有房屋、亭阁、假山、水池、井栏、兵器架、马车、牛车等。日常生活用具更是应有尽有。

从艺术造型上看，唐三彩有较强的表现力和写实性。尤其是人和动物造型，不仅线条优美流畅、形态自然、生动活泼、栩栩如生，而且不同社会地位和等级的人物，往往表现出特定的感情特征，具有永久的艺术魅力。

贵族妇女俑大都体态丰满，艳丽动人，并有意加强脸部的体积，对发式进行高度的概括处理，使脸部形象更加圆润饱满。有时还把人体比例缩短，用上大下小的体积变化来反映当时“丰颊体肥”的审美特征。一般妇女俑也大多姿态自由、面容丰腴、肌肤细腻、双手纤巧、两足丰柔，同时又根据不同的人物、服式、材料等“随类赋彩”，使色彩和造型完美地结合起来。

文臣俑多峨冠博带，或瞪眼挺胸，或表情拘束，似乎在窥测上司的脸色。

武士俑往往怒目圆睁，肌肉发达，作剑拔弩张之势；或为姿态各异的骑马射猎状，有的带犬奔驰，有的背弓荷箭，有的举手向上身体外倾。不拘常规的形式变化，充分展示了武士们的英武和勇敢，以及唐代国力强盛和经济繁荣所反映出的时代特征和社会风貌。

唐三彩中还有很多胡俑。其脸部造型和体格及衣履装束都体现了西亚人所具有的特点。胡俑多牵马俑和驭驼俑。牵马俑往往从自信、熟练、内行的牵马姿势中，表现出良好的驭马本领。驭驼俑的驼上一般还负有行裹包，会令人想到古丝绸之路上长途跋涉、历尽艰辛的胡商驼队。

出身社会下层和活跃于舞台上的艺人俑造型多样，更是趣味无穷，但一般衣着简单、身躯扭动、奔放乐观、无拘无束。天王俑又多作脚踏魔鬼之势，被踏魔鬼作咧嘴鼓目、挣扎而无法脱逃状。

在人物俑的衣着处理上，唐三彩还吸收了中国古代绘画的技巧，多用阴刻线纹，线条流畅自如、疏密相间，使塑像衾服飘举，天衣飞扬，有“吴带当风”的韵味。有的衣褶稠叠贴体，衣紧袖窄，有“曹衣出水”的风采。唐三彩的动物造型以马最多，也最为动人，或腾空奔驰、或缓步徐行、或昂首嘶鸣、或低头啃蹄、或追逐戏耍，无论哪一种形象，都给人一种气魄、一种力量，并有一种浪漫、活泼的感觉。

生活器具从造型上看，显得雄浑饱满、雍容华贵，有许多器物还造型独特。

器物的各个部分又往往不拘一格，富于变化，充满情趣。如双鱼扁形壶，壶体以两条并列的鱼组成。贝型杯，外壳如海贝形象。凤首壶的造型更复杂一些，由口、颈、流、腹、足、柄等部分组成。其管状流如前伸的尖喙，再配以扁长的凤头、细长的颈部，将凤凰亭亭玉立的形态和壶类器具修长的造型融为一体，从而充满了艺术的魅力。

唐三彩的装饰纹样也丰富多彩，内容有人物鸟兽，花草蔓枝等。在雕塑技巧上也手法多样，有划花、刻花、堆雕、捏雕、浮雕等。由于运用适当，更增加了器物的艺术感染力。

唐三彩不仅是蜚声中外的艺术品，而且是用于殉葬的明器。此外，三彩器由于典雅别致，当时富贵人家也把它陈设在厅堂之中，作为观赏物。三彩器也为来唐的外国人所喜爱。朝廷征调大量精品享用，或赠送友邦。现在在朝鲜、日本、印度尼西亚、伊拉克、埃及等许多国家都发现了唐三彩遗物。这是我国与世界各国人民友好往来的历史见证。

唐三彩创始于唐初，高宗至玄宗天宝年间进入极盛时期，安史之乱以后，日渐衰落。唐以后虽然仍生产三彩陶器，有所谓“辽三彩”、“金三彩”等，但在数量、质量、釉色、造型艺术等各方面都不能与唐三彩相提并论，以后三彩器几乎失传。今天，经陶瓷专家的多年潜心研究，这一古老的工艺又焕发了新的色彩，制品已达数百种，远销世界很多地区。随着我国经济文化的发展，唐三彩必将更加丰富多姿。

除“唐三彩”外，唐代金银器的制造也取得了突出的成就。

金银器的制造在我国有着悠久的历史。从考古资料来看，金银器早在春秋战国时期就产生了。秦汉以后，随着神仙迷信和炼丹术的兴盛，金银器的制造得到了进一步的发展。按照炼丹家的说法：“黄金入火，百炼不消，埋之，毕天不朽。”以此炼入人的身体，“能令人不老不死”。同时，方士和炼丹家认为使用黄金做的饮食器皿，也有延年益寿、长生不死的效应。这种思想一直到唐朝仍为统治阶级所接受。如“武德中，方术人师市奴合金银并成，上（李渊）异之，以示侍臣，封德彝进曰：‘汉代方士及刘安等皆学术，唯苦黄白不成，金银为食器，可得不死。’”唐后期李德裕也曾对敬宗说：“臣又闻前代帝王虽好方士，未有服其药者。故《汉书》称黄金可以成，以为饮食器，则益寿。”以此劝阻敬宗饵食丹药时用黄金制成的器皿。可见唐朝统治者铸造黄金器皿的目的是明确的。不过，也应该看到，金银是稀有金属，本身具有制造华贵器皿的条件，这也是统治阶级制造、使用金银器皿的又一个重要原因。

我国在东汉时期已经进行较大规模的金银器制造了。到了东汉末期已经有了较多纯金、纯银质地的器物。当时墓葬中随葬的金银器也日益增多。魏晋至隋代，在长沙、南京、大同、西安等地的墓葬遗址中，都发现了这一时期的金银饰物和器皿，文献上更有了关于馈赠、赏赐、贡献、偷盗、查抄金银器的记载。到唐代金银器制造进入了一个兴盛时期。

唐代金银器

唐代中央少府监的中尚署下有“金银作坊院”，专门制造金银器。按唐律“一品以下食器，不得用纯金纯玉”，所以“金银作坊院”所作的金银器皿主要是供皇室享用的。此外，当时各地官吏每逢四节还向李唐皇室贡献包括金银器在内的各种礼物。所进器物还往往刻藩镇官衔姓名，并作为考绩的根据。因此，各地官吏竞相进奉金银器以讨好皇帝，有时数额非常大。如盐铁转运使王播于“大和元年五月，自淮南入觐，进大小银碗三千四百枚”。但皇帝并不因此满足，还不断向各地宣索，并于唐宣宗大中八年创建了另一个专门为皇帝打造金银器物的作坊文思院。

当时皇室拥有大量的金银器，除供自己享用外，还用以赏赐臣下，收买异己，赠予佛寺，或作为民族贸易交往的珍品，往往数量都很大。如高宗李治为了得到大臣长孙无忌的支持立武则天为皇后，曾“密遣使赐无忌金银宝器各一车”。又如玄宗曾为安禄山治第于亲仁坊，“既成，具幄帟器皿，充牣其中”，重要的金银器有“银平脱屏风，帐方丈六尺；于厨厩之物皆饰以金银，金饭罂二，银淘盆二，皆受五斗，织银丝筐及笊篱各一；他物称是”。

唐代金银器在今天不断被发现或被发掘出土面世。从文物的种类看也非常繁多。银器有银盒、银盆、银盘、银罐、银笼子、银樗等。金器有金碗、金笄、金腰带、金棺等，而且做工都非常精致。如 1970 年在西安出土的金花鹦鹉纹提梁银罐，高 24.2 厘米，下底直径 14.3 厘米。罐外壁刻有鹦鹉和鸳鸯，周围饰以环状花枝，所有纹饰都镏金。同时出土的还有刻花莲瓣金碗，碗高 5.5 厘米，口径

13.7 厘米。碗外壁捶出两层莲花瓣，莲瓣内刻有鸳鸯、鸭、鹦鹉、狐及卷叶花饰。这两件文物都是很难得的精品。更值得提到的是 1987 年对法门寺地宫的科学发掘，共得到唐皇室御制和内库供奉的金银器 121 件（组），其系列性、集群性之强，文化内涵之丰富均为我国唐代考古所仅见。

法门寺这批金银器制作富丽堂皇，极为精美。除日常生活用品外，还有成套的茶具和各式各样的熏香用具及许多与佛教有关的金银器皿。其中金银法器、供养器及瘗藏舍利的容器，既是难得的艺术珍品，也是研究佛教考古的宝贵资料。其制作以皇家的文思院为主，代表了唐代金银器制作工艺的最高水平。

这批金银器中錾铭文字的约占总数的 1/4，内容都有一定的叙述式，即负责制作的部门，制作的原因、时间，器物的名称、件数、重量、质地、工匠、僧人、监制官及职衔等。这对鉴定文物，研究特定时代的生产和工艺水平、内官设置、社会关系、佛教与政治的关系，佛教发展趋势等问题，都有极其重要的史料价值。

辉煌的唐诗

唐诗泛指创作于唐代的诗。唐代（公元 618 —公元 907 年）是我国古典诗歌发展的全盛时期。唐诗是我国优秀的文学遗产之一，也是全世界文学宝库中的一颗灿烂的明珠。尽管离现在已有一千多年了，但许多诗篇还是为我们所广为流传。

唐代的诗人特别多。李白、杜甫、白居易是世界闻名的伟大诗人，除他们之外，还有其他无数的诗人，像满天的星斗一般。这些诗人，今天知名的就有 2000 多人。他们的作品，保存在《全唐诗》中的也还有 42863 首。

唐诗的题材非常广泛。有的从侧面反映当时社会的阶级状况和阶级矛盾，揭露了封建社会的黑暗；有的歌颂正义战争，抒发爱国思想；有的描绘祖国河山的秀丽多娇。此外，还有抒写个人抱负和遭遇的，有表达儿女爱慕之情的，有诉说朋友交情、人生悲欢的，等等。总之从自然现象、政治动态、劳动生活、社会风习，直到个人感受，都逃不过诗人敏锐的目光，成为他们写作的题材。在创作方法上，既有现实主义的流派，也有浪漫主义的流派，而许多伟大的作品，则又是这两种创作方法相结合的典范，形成了我国古典诗歌的优秀传统。

唐诗的形式和风格是丰富多彩、推陈出新的。它不仅继承了汉魏民歌、乐府传统，并且大大发展了歌行体的样式；不仅继承了前代的五、七言古诗，并且发展为叙事言情的鸿篇巨制；不仅扩展了五言、七言形式的运用，还创造了风格特别优美整齐的近体诗。近体诗是当时的新体诗，它的创造和成熟，是唐代诗歌发展史上的一件大事。它把我国古曲诗歌的音节和谐、文字精练的艺术特色，推到前所未有的高度，为古代抒情诗找到一个最典型的形式，至今还为人民所喜闻乐见。

唐诗的发展大致经历了初唐、盛唐、中唐、晚唐等阶段。

初唐是唐诗繁荣的准备时期，最不可忽视的便是“初唐四杰”——王勃、杨炯、卢照邻、骆宾王。此外还有陈子昂、沈佺期、宋之问等。唐代建国初的诗歌仍沿着南朝诗歌的惯性发展，柔靡纤弱，毫无生气。“初唐四杰”的出现开始转变了这种风气。他们才气横溢，不满现状，通过自己的诗作抒发愤激不平之情和壮烈的怀抱，拓宽了诗歌题材。“初唐四杰”的出现，从某种意义上来说，是劈开了当时继南朝以来的委靡之气。

在诗歌格律方面，初唐时期的沈佺期、宋之问也作出了不小的贡献。他们总结了前人探索诗歌格律的成果，以自己的诗作，促进“近体诗”的定型，为盛唐的诗歌结构做好了准备。

杜甫评“初唐四杰”时说：“王杨卢骆当时体，轻薄为文哂未休。尔曹身与名俱灭，不废江河万古流。”这个评价既是对初唐诗坛现状的客观反映，也是对“初唐四杰”诗歌的确切评价。

到了公元8世纪初，唐王朝出现了所谓的“开元盛世”，经济、文化发展到鼎盛。盛唐时期的诗歌创作领域也出现了大批优秀诗人，写下了内容异常丰富的诗歌。其中田园山水诗和描写边塞战争的诗占相当大的比重。“诗仙”李白和“诗圣”杜甫也出现在这时。

王勃雕塑

韦应物雕塑

盛唐山水田园诗派的产生不是偶然的。隐逸风气盛行，庄园经济的发展，佛老思想的广为传播，分别是盛唐山水田园诗派产生的政治原因、经济原因和思想原因。其中，隐逸风气的盛行尤为关键——在经济繁荣、生活富足的“开元盛世”既有视隐逸为“终南捷径”者，也有借隐逸以遁离现实者。他们都寄情于山水、栖心于田园，使山水田园成为自己的主要审美对象。于是，山水田园诗的创作也就盛乎一时了。田园山水诗的代表人物主要有王维、孟浩然、韦应物、柳宗元等。

王维（公元 701 —公元 761 年），字摩诘。原籍祁（今山西祁县），后迁至蒲州（今山西永济），晚年居于蓝田辋川别墅。开元进士科第一（即状元），任过大乐丞、右拾遗等官。其诗、画成就都很高，善画人物、丛竹、山水。他在诗歌范畴显然有更高的成就，是唐代山水田园诗派的代表人物。

孟浩然（公元 689 —公元 740 年），本名浩，字浩然。襄州襄阳（今湖北襄樊）人。世称“孟襄阳”，又称“孟山人”。与王维合称“王孟”。以写田园山水诗为主。

韦应物（公元 737 —公元 792 年），长安（今陕西西安）人。其山水诗景致优美，感受深细，清新自然而饶有生意。

柳宗元（公元 773 —公元 819 年），字子厚。祖籍河东（今山西永济）。出生于京都长安（今陕西西安）。与韩愈共同倡导古文运动，并称“韩柳”。世称柳河东或柳柳州。柳诗现存 140 多首，均为贬谪后所作。前人把他与王维、孟浩然、韦应物并称王孟韦柳。其诗语言朴素而自然，风格淡雅而意味深长。

边塞诗是唐代诗歌的主要题材，是唐诗当中思想性最深刻、想象力最丰富、艺术性最强的一部分。参与人数之多、诗作数量之大，为前代所未见。其创作贯穿整个唐朝。其中，盛唐是边塞诗创作的鼎盛时期，涌现出了著名的边塞诗派。代表人物有高适、岑参、王昌龄、李颀等。他们的诗歌集中体现了盛唐边塞诗的美学风格，即：雄浑、磅礴、豪放、浪漫、悲壮、瑰丽。除此之外，盛唐大诗人李白、杜甫都写过边塞诗，这些边塞诗成为他们代表作的一部分。如：李白的《关山月》《塞下曲》六首、《战城南》《北风行》，杜甫的《兵车行》《前出塞九首》《后出塞六首》等。另外一些诗人也有边塞诗的名篇传世，如王昌龄有《出塞》《从军行》，王之涣有《出塞》，王翰有《凉州词》。

盛唐时期的边塞诗特点鲜明。一是具有浓郁的汉代情结。唐代边塞诗有一种典型的文化现象——以汉代唐，出征的军队称为汉兵，将领称为汉将，边塞称为汉塞，就连天上的月亮也称为汉月。不仅如此，一般的边塞诗在提及周边少数民族时，也往往沿袭汉代的称谓，把交战对方称为匈奴，把其首领称为单于、左贤。在称颂战地英雄时，常常提到的也是汉代的霍去病、李广、卫青、班超、马援等，以呼唤英雄精神的回归。这种汉代情结既是对历史的继承，又是对历史的超越。二是具有鲜明的边地风貌。自然景观多是黄沙白云、冰川雪山。地理区域多是塞外、雁门、漠北、玉关、黄河。异域风物多是羌笛、胡笳、琵琶、战马。人物多是戍卒、将帅、胡人等。

盛唐诗人中最著名的当属李白、杜甫。

李白（公元 701 —公元 762 年），字太白，号青莲居士，出生在西域碎叶（今中亚吉尔吉斯共和国的托克马克），幼时随父移居四川绵州昌隆（今江油县）青莲乡。

李白是盛唐最杰出的诗人之一，也是我国文学史上继屈原之后又一伟大的浪漫主义诗人，素有“诗仙”之称。他经历坎坷，思想复杂，既是一个天才的诗人，又兼有游侠、刺客、隐士、道人、策士等人的气质。儒家、道家和游侠三种思想，在他身上都有体现。

李白雕塑

李白留给后世九百多首诗篇。这些熠熠生辉的诗作，表现了他一生的心路历程，是盛唐社会现实和精神生活面貌的艺术写照。

李白性格豪迈，热爱祖国山河，游踪遍及南北各地，写出大量赞美名山大川的壮丽诗篇。他的诗，既豪迈奔放又清新飘逸，而且想象丰富、意境奇妙、语言轻快。

李白的诗歌从形象塑造、素材摄取到体裁选择和各种艺术手法的运用，无不具有典型的浪漫主义艺术特征。

李白成功地在诗歌中塑造自我，强烈地表现自我，突出抒情主人公的独特个性，因而他的诗歌具有鲜明的浪漫主义特色。他喜欢采用雄奇的形象表现自我，在诗中毫不掩饰、也不加节制地抒发感情，表现他的喜怒哀乐。比如对权豪势要，他“手持一枝菊，调笑二千石”（《醉后寄崔侍御》二首之一）；看到劳动人民艰辛劳作时，他“心催泪如雨”。当社稷倾覆、民生涂炭时，他如“过江誓流水，志在清中原。拔剑击前柱，悲歌难重论”（《南奔书怀》）那样慷慨激昂；与朋友开怀畅饮时，“两人对酌山花开，一杯一杯复一杯。我醉欲眠卿且去，明朝有意抱琴来”（《山中与幽人对酌》），又是那样天真直率。总之，他的诗活脱脱地表现了他豪放不羁的性格和倜傥不群的形象。

李白诗歌的浪漫主义艺术手法之一是抓住事情的某一特点，在生活真实的基础上，加以大胆的想象夸张。他的夸张不仅想象奇特，而且总是与具体事物相结合。夸张得既自然、不露痕迹，又大胆而真实可信。起到突出形象、强化感情的作用。有时他还把大胆的夸张与鲜明的对比结合起来，通过加大艺术反差，加强艺术效果。

李白最擅长的体裁是七言歌行和绝句。七言歌行篇幅长、容量大，形式自由，宜于表达诗人矛盾复杂的思想，抒发奔放恣肆的才情。李白的七言歌行又采用了大开大合、跌宕跳跃的结构。诗的开头常突兀如狂飙骤起，诗的中间形象转换倏忽，往往省略过渡照应，似无迹可循，诗的结尾多在感情高潮处戛然而止。

李白的五七言绝句，更多地代表了他的诗歌清新明丽的风格。如《早发白帝城》《送孟浩然之广陵》等，妙在“只眼前景、口头语，而有弦外音、味外味，使人神远”。（《说诗晬语》上）

李白诗歌的语言，有的清新如同口语，有的豪放，不拘声律，近于散文，但都统一在“清水出芙蓉，天然去雕饰”的自然美之中。这和他自觉地追求自然美有关。他继承陈子昂的文学主张，以恢复诗骚传统为己任，曾说“梁陈以来，艳薄斯极，沈休文又尚以声律，将复古道，非我而谁欤？（孟棨《本事诗·高逸》）”他崇尚“清真”，讽刺“雕虫丧天真”的丑女效颦，邯郸学步。他的诗歌语言的自然美又是他认真学习民歌的结果，明白如话，通俗生动。

李白的诗歌对后世的影响是巨大的。韩愈说：“李杜文章在，光焰万丈长。(《调张籍》)”中唐之后李杜成了文人们心中的明灯，引导着诗歌创作的方向。李贺、杜牧、苏轼、陆游、辛弃疾、高启、杨慎、黄景仁、龚自珍等诗苑名家，无不从李白诗中获得灵感和启迪。“明窗数编在，长与物华新。(陆游《读李杜诗》)”李白诗歌的生命力，在后人建设新文学的过程中不断被强化。

杜甫雕塑

杜甫（公元712—公元770年），字子美，自号少陵野老。祖籍襄州襄阳（今湖北襄阳），一般认为出生于巩县（今河南巩义）。后世称之为“诗圣”。他的作品被誉为“诗史”。

杜甫与李白齐名，但他们的性格和诗风却很不相同。李白像狂放不羁的骏马，杜甫像忍苦载重的犍牛。各具风范，各有价值。杜甫诗风老成稳健，倾向现实主义。他的全部诗作，一方面反映了一个诚实的知识分子一生的遭际，同时也是唐帝国由盛转衰那段历史的真实写照。

以饥寒之身而忧怀天下，是杜甫诗歌中透露出来的最为崇高的品质。杜甫一生始终把自己的命运和国家的前途联系在一起。他用诗歌来记述当时重大的事件：如用《前出塞》论拓边战争的残酷，用《兵车行》写百姓的生离死别，用《丽人行》讽刺权贵们的骄奢淫逸，用《春望》记述国破家亡的沉痛。虽然自己衣食无着，他仍怀着“穷年忧黎元”的炽热情怀，忧国忧民，而不是像当时有些诗人那样，在遭逢失意以后，不再关心民瘼，而是抱着“独善其身”的观念，躲到寺院或者别墅中诵经，以自我保全。

以宽容精神善待人生，是杜甫诗歌中透露出来的最为博大的襟怀。杜甫虽然历尽贫寒，却总对朋友、亲人、邻里甚至自然山水充满无尽的热爱和关心。他与李白是好朋友，常常赞叹李白的“飘然思不群”，先后作了十几首诗来思念他。他还作了大量的赠别诗，来勉励每一个朋友，或要勇于承担责任，或要靖国安民，或要清正廉洁，或要保重身体，处处流露出对朋友的无尽牵挂和真诚期待。或许是常年漂泊，他对妻子儿女总是牵肠挂肚，他不仅在烽火连天中思念家信，而且在月夜中想念妻子，还痛惜小儿的早夭，笑着儿子的顽皮，体现出一个丈夫和父亲深沉的责任感。此外，他对山水美景的赞叹，对一草一木的观察，也都充满了深厚的怜爱之情，无论景色开朗明媚还是阴沉伤感，都令他诗情涌动，都成为他情志得以表述的最好媒介。

善于叙事是杜甫诗歌被称为诗史的重要原因。任何文学作品都从不同的侧面来反映社会现实，抒情诗书写的是一个时代人们的情感，哲理诗则表达的是人们的思考和认识，但叙事的作品则更为直观地展现一个时代的社会形态。杜甫充分利用叙事诗特别是乐府诗这一体裁，多角度地展现了安史之乱中人们的喜怒哀乐，使我们仿佛看到了一个个栩栩如生的艺术形象，仿佛经历了一段段历历在目的生离死别。例如在他典型的叙事诗《新婚别》中，杜甫选取了新娘和新郎的暮婚晨告别这一镜头，用这种特殊的遭遇来刻画新娘的心理状况。面对刚刚成亲却要面临离别甚至不知能否再见的丈夫，新娘一方面表达了她希望和丈夫不分离的情感，希望能随丈夫一同到军营，“与君永相望”；另一方面也表述了她在家国危亡时的理性，她担心自己到军队会影响士气，因而希望丈夫不要挂念自己，“努力事戎行”。该诗作通过塑造这样一位忠于爱情又通情达理的妇女形象，既表达了战争给人民带来的痛苦，也表达了人民希望平息战乱的愿望。这种典型的艺术概括，还体现在他“三吏”、“三别”的其他篇章中。叙事作品所塑造的鲜明形象、所展现出来的社会环境以及故事流程，能够表现出历史进程中最为深刻、独特的一角，因而杜甫的叙事诗成为我们了解唐代历史的一个灵动的窗口。

这种把论断和情感寄托在形象之中的创作手法，使杜甫的叙事诗具有感人的力量。诗歌叙事不同于历史叙事的一个重要原因在于诗歌叙述客观事件时，常常要浸润着许多主观的情感、论断，以寄予作者的爱憎倾向和是非观念。杜甫常常充分利用细节描写来激发读者的感情，如《兵车行》中的“爷娘妻子走相送”，渲染出一幅妻离子别的出征场面，国破家亡的惨痛、作者的同情和伤感跃然纸上。诗人能通过简单的描述寄托深厚的情感。他还多借用对话或独白的手法塑造人物，如《垂老别》以一位老人口吻叙述自己的从军经历，《无家别》以一个单身汉的自言自语来写其不幸遭遇，而《新安吏》《潼关吏》则通过对话来叙述。言语之间，主人公的遭遇情感得以淋漓尽致地传达。特别是《石壕吏》先写“暮投石壕村，有吏夜捉人”，又写“吏呼一何怒，妇啼一何苦”，看似客观的叙述中，隐藏着作者鲜明的爱憎倾向，结尾写“独与老翁别”，更寄托了作者的沉痛之感和无奈之意。

将沉郁顿挫的风格贯穿到各种各样的诗体中，是杜甫成为集大成者的又一原因。杜甫诗歌在形式上博采众家之长，其所创作的五古、七古、五律、七律甚至绝句、乐府诗都被后人推崇。例如五古的《自京赴奉先县咏怀五百字》《北征》，七古的《茅屋为秋风所破歌》《洗兵马》，五律的《月夜》《春望》，七律的《秋兴八首》《登高》等，乐府歌行体的《悲陈陶》《哀江头》《兵车行》《丽人行》等，都充分发挥了各种体式的声情意蕴，把这些诗体的艺术容量发展到极致。它们或雄浑奔放，或悲壮沉痛，或清新自然，或简朴古直，多彩多姿，但总体来看，却总有沉郁之气、顿挫之感。清人吴瞻泰在《杜诗提要》中说：“沉郁者，意也；顿挫者，法也。”他认为沉郁是他诗歌的意境内容方面的特征，而顿挫是他的诗歌技法所表现出来的声情感。这是有道理的。杜甫的诗歌意境雄浑深沉，气氛悲凉苍茫，章法曲折多变，音韵抑扬顿挫，语言凝练含蓄，即词约意丰、言简意赅。在内容上，他把我国现实主义诗歌传统推进到一个新的历史阶段；在形式上，则对此前各种诗体进行探索，特别是对七言律诗的技法作了全面的创新，使之成为后代诗歌创作的重要体式。

成都杜甫草堂

杜甫之所以成为一个集大成的诗人，是因为他用史诗一样的笔触全面地反映了唐代由盛到衰的过程，真切地表现了在这一过程中社会各阶层的生活情状，也表现了一个正直的知识分子不幸的遭遇和心路历程。他的描写细腻真实，客观冷静。他的诗歌以高度的艺术概括力凝聚了那段历史最为深刻、惨痛的一幕幕，使我们在体察历史的过程中，也体会到了诗歌所能达到的“惊天地，泣鬼神”的感染力。

到了唐代中后期，王朝的鼎盛期已过，但诗歌创作仍未衰竭，先后出现了韩愈、李贺、白居易、李商隐、杜牧等风格不一的杰出诗人。他们的诗从不同角度反映了唐帝国走向衰落过程中的危机和民间苦难，艺术成就很高，对后世影响也很大。

韩愈（公元 768 —公元 824 年），字退之，唐河内河阳（今河南孟县）人。韩愈既是散文大家，同时也是著名诗人。他最崇拜李、杜，但并未亦步亦趋地去摹拟他们，而是通过自己的探索创出独特的风格。韩诗的特点是求奇避俗，与他的好友孟郊一道被称为“韩孟诗派”。

李贺（公元 790 —公元 816 年）也是唐代中期一位有名的诗人。他的诗受韩愈影响，但风格又不同于韩愈。其诗想象丰富，形象怪特，辞语瑰丽，常把鬼魅题材写得阴森可怖，被称为“鬼才”。

中唐时期成就最高的诗人是白居易。白居易(公元 772 —公元 846 年)字乐天，河南新郑（今郑州新郑）人。白居易主张“文章合为时而著，歌诗合为事而作（《与元九书》）”，即诗文要为时代服务，为现实服务。这种明确的理论是相当进步的。他熟悉和同情百姓疾苦,他的政治讽喻诗《新乐府》50 首和《秦中吟》10 首,都是为民请命的好作品。白居易诗名很大,在外国(如日本)也有很大影响。他的名作还有长篇叙事诗《长恨歌》和《琵琶行》，前者写唐玄宗李隆基和杨玉环的爱情故事，后者写一名乐伎的辛酸遭遇，都写得真切动人，流传千古而不衰。

晚唐时社会状况急转而下，宦官专权、藩镇割据，又爆发了最终令唐王朝轰然坍塌的黄巢大起义。面对这种情况，诗人们大都忧时嗟生、消极悲观，关注对象从社会转入自身情感，吟诵男女之情蔚成风气。艺术成就大逊于前期。

杜牧和李商隐是晚唐诗人中的佼佼者。

杜牧(公元 803 —公元 853 年)，字牧之，京兆万年(今陕西西安)人。杜牧与晚唐另一位杰出的诗人李商隐齐名，并称“小李杜”。他的古体诗受杜甫、韩愈的影响，题材广阔，笔力峭健。他的近体诗则以文辞清丽、情韵跌宕见长。晚唐诗歌的总的趋向是藻绘绮密，杜牧受时代风气影响，也有注重辞彩的一面。这种重辞彩的共同倾向和他个人“雄姿英发”的特色相结合，使其诗歌

杜牧雕塑

风华流美而又神韵疏朗，气势豪宕而又精致婉约。

李商隐（约公元 812 或 813 —约公元 858 年），字义山，号玉谿生、樊南生。原籍河内怀州（今河南沁阳），祖辈迁荥阳（今河南郑州）。李商隐的诗具有鲜明而独特的艺术风格，文辞清丽、意韵深微。有些诗可作多种解释。好用典，有些诗较晦涩。现存约 600 首，特别是其中的无题诗堪称一绝，最为突出的便是他的爱情诗。李商隐擅作七律和五言排律，七绝也有不少杰出的作品。清朝诗人叶燮在《原诗》中评李商隐的七绝“寄托深而措辞婉，实可空百代无其匹也”。

总之，唐代诗歌，无论就其作者之众多、题材之广泛，还是就其艺术之高超、影响之深远来说，都是空前的。

祆教的流传

波斯祆教人物画像

祆教是公元前 6 世纪，波斯人琐罗亚斯德创立的，所以又称琐罗亚斯德教。该教以《阿维斯陀》为经典，通称《波斯古经》。教义一般概括为“神学上的一神论和哲学上的二元论”。经文认为宇宙间有善恶两种力量在进行斗争，善神代表清净光明，恶神喻意污浊黑暗，人们应该从善避恶，弃暗投明。该教以火象征光明，代表善神，并加以崇拜，所以又称拜火教。除拜火以外，他们还崇拜日、月、星辰。中国人认为它拜天，其神曰“胡天神”，并特为它造“祆”字以代称其神，所以又被称为祆教。有时又连称为火祆教。

公元 3 世纪萨珊王朝（公元 229 —公元 652 年）兴起后，定火祆教为国教。从此，中亚昭武九姓诸国和我国古代新疆地区的疏勒（喀什）、于阗（和阗）、焉耆等城邦，也相继成为崇拜火祆教的地区。

关于火祆教传入内地的最早年代，中外学者曾作过大量的论述。陈垣先生认为在 516 至 519 年之间。他说：“中国之祀胡天神，自北魏始，灵太后时（公元

516—公元527年),胡天神初列祀典。”饶宗颐先生则认为“更应在其前”。总之,从史书记载来看,北魏、北齐、北周的皇室都曾带头奉祀火祆教,说明祆教在内地已经有了一定的发展。

隋唐时期,火祆教在中原地区进一步流传,主要表现在祆祠的设立和专司其教的职官的设置上。唐高祖武德四年(公元621年),长安布政坊设立祆祠,其后醴泉坊、普宁坊、恭靖坊、崇化坊等处也相继建起祆祠。东都洛阳会节坊、立德坊、南市、西坊亦有祆祠。唐人张鷟《朝野佥载》卷三载:“河南府立德坊及南市、西坊皆有胡祆神庙。每岁商胡祈福,烹猪羊,琵琶鼓笛,酣歌醉舞。酬神之后,募一胡为祆主。其祆主取一横刀,利同霜雪,以刀刺腹。食顷,平复如故。盖西域之幻法也。”该书还提到“凉州祆祠庙,至祈祷日,祆主至西祆神前舞一曲,即却至旧祆所,莫知其所以然也”。此外,像河西走廊的甘州、伊州、沙州、西州等地也建有不少祆祠。

伊斯兰教兴起以后,火祆教受其逼迫。7世纪中叶以来,大批祆教徒东迁。政府为了有效地管理该教,继承前朝旧制,设管教之府称萨宝府,官职分为萨宝、祆正、祆祝、率府、府史等,主持祭祀,自四品至七品不等,也有流外四、五品。《隋书·百官志》论北齐官制云:“有京邑萨甫二人,诸州萨甫一人”,隶属于鸿胪寺的典客署。又云:隋代有雍州萨保,视从七品,诸州胡二百户已上萨保,视正九品。唐代有萨宝视流内正五品,萨宝府祆正,视流内从七品,有萨宝府祆祝,视流外勋官,萨宝率府,视流外四品,萨宝府史,视流外五品。宋敏求《长安志》卷十说:“萨宝府官,主祀祆神。”皆以胡人充任其职。信仰其教的人,也主要是胡人。《新唐书·百官志》记载:“两京及碛西诸州火祆,岁再祀而禁民祈祭。”证明火祆教并不能在老百姓中随便传播。所以,火祆教虽然很早就传入内地,但其发展及传播并不很广。据会昌五年(公元845年)灭佛时同时禁断火祆教的政府公告称:“勒大秦、穆护祆三千余人还俗。”火祆教徒加上大秦景教徒也才不过两三千人。可见,火祆教在中国流传并不很广。

宣宗大中初年兴复佛教,祆教同样也被解禁,准许在胡人中流传。宋人张邦基著《墨庄漫录》卷四提到东京开封府城有火祆祠,其庙祝姓史,自云:“家世为祝累代矣,藏家世补受之牒凡三,有曰怀恩者,其牒唐咸通三年(公元862年)宣武节度使令狐(绹)给;有曰温者,周显德三年(公元956年)端明殿学士权知开封府王(朴)所给;有曰贵者,其牒亦周显德五年(公元958年)枢密使权知开封府王(朴)所给。自唐以来,祆神已祀于汴矣;而其祝乃能世继其职,斯亦异矣。”从考古发掘资料也可证明袄教在晚唐仍在流行，陕西西安土门村唐咸通十五年（公元874年）苏谅妻马氏墓志的出土证明了这一点。据马氏墓志载，马氏及其夫苏谅均为波斯人，都是袄教徒，苏谅曾任左神策军教兵马使。志文用汉文和婆斯婆罗钵文合刻，纪年使用袄历，并用袄教善神为死者祝福。马氏死时，距波斯萨珊王朝灭亡已有二百余年，而死者仍用故国文字和历法镌刻志文，信奉其国教。可见袄教在晚唐五代的胡人中仍在流传。

景教的流行

景教是基督教的一个支派，由曾任君士坦丁堡主教的叙利亚人聂思脱里创立。该教因反对基督教的“二位一体”说而被视为异端，受到迫害。公元5世纪以后景教在波斯得到很大发展，并于唐初传入中国。

景教传入内地时，又称“大秦景教”或“大秦教”。大秦指罗马。随着唐初西域之路的重新打通，中西交流更加频繁。贞观九年（公元635年），叙利亚人阿罗本等教士经波斯来到中国长安，在唐廷受到礼遇。唐太宗派大臣房玄龄等率仪仗

景教寺院（波斯寺）

赴西郊迎接，准许其译经传教。贞观十二年（公元638年），唐太宗下诏赞扬该教：“波斯僧阿罗本远将经教来献上京，详其教旨，玄妙无为，生成立要，济物利人，宜行天下。”于是下令在长安义宁坊“建寺一所，度僧廿一人”。可知太宗并未真知该教教义，只觉得其教合于道家之旨，有利教化，故予支持。高宗时允许在各州建景教寺院，封阿罗本为镇国大法主，不少教士还供职或服务于朝廷和军队。

景教寺院初建时，因其教传自波斯，故名波斯寺。玄宗天宝四载（公元745年）下令改称大秦寺。肃宗、代宗、德宗诸帝都尊重该教。建中二年（公元781年），曾于大秦寺立《大秦景教流行中国碑》，碑石至今仍保存在陕西省博物馆，是研究景教在内地流传的重要材料。碑文的作者景净为波斯人，它记叙了景教在唐代前期传播的情况。从碑文汇载来看，该教颇受皇室及上层的礼遇，如太宗优宠阿罗本；玄宗令高力士送五圣写真（高祖、太宗、高宗、中宗、睿宗五帝之画像）供奉于大秦寺内，诏佶和、罗含等教士于兴庆宫修功德；肃宗宠教士伊斯以贵职；代宗于圣诞日赐天香以告成功。大臣如房玄龄、魏征、尉迟恭、郭子仪等也尊崇该教。景教受中国当时习俗及佛教的影响多用时语传布教义，如称教士为“大德”、“僧”、“僧首”，教士亦有通佛、道、儒学者，所以其教得以受容于中国社会。但其教士及信徒多为外国人，碑文所记72个景教徒的名字，即以汉文和叙利亚文对照，所以该教流传并不很广。

武宗会昌灭佛时，景教和祆教同时被禁断，但在边远地区仍有景教活动。敦煌遗书中曾发现过几种有关景教的典籍，如《大秦景教三威蒙度赞》《尊经》《大秦景教宣元本经》《一神论》《大秦景教大圣通真归法赞》等，说明景教在西北地区仍在流行。此外，阿布·赛义德《东游记》提到唐末黄巢起义军攻占广州时，杀回、景、祆教徒及阿拉伯商人12万或20万人之多。无论这一记载是否确切，但至少可以说明当时沿海一带有不少西来新宗教徒保持原来的信仰。

摩尼教的传播

摩尼教创立于公元3世纪的波斯，因创教人摩尼（Mani）而得名。我国旧译明教、末尼教、牟尼教、明尊教、二尊教等。该教在琐罗亚斯德教的基础上，吸收了基督教、佛教、诺斯替教等教义，形成了自己的独特信仰，并创立一套独特的戒律和寺院制度。该教初在波斯广泛传播，后受袄教排斥，定为异端，摩尼被处死。但摩尼教却传至亚非欧广阔的地区。该教基本教义为“二宗三际论”。“二宗”，指光明与黑暗两种力量。“三际”，即初际、中际和后际，也即过去、现在和未来。该教认为，在原初没有天地之际，光明与黑暗、善与恶是相对的二元，各拥有自己的王国。光明的德行是爱、信、忠实、崇高（具足）、贤明、温顺（忍辱）、智慧、了解、秘诀、洞察；黑暗的德行是愚痴、淫欲、自大（自誉）、乱他、嗔恚、不净、破坏、销散、死亡、诳惑。在中际，即世界创造之后，黑暗侵入光明王国并与光明相混同。光明王国的主宰——大明神或大明尊为摆脱世界的黑暗，率领其使者或侍从净气（净风）、妙风、明力（妙明）、妙水、妙火与黑暗王国的主管——凶神及其僚属烟雾、熄热、恶风、黑暗、湿气进行长期斗争。在斗争中，大明神通过其使者善母创造了原人——人类始祖的形式，但原人在参加和黑暗的斗争中被凶神所败，投入地狱深渊。大明神为拯救其使者和原人，最后派出先知摩尼。在摩尼及其宗教的教化之下，终于战胜黑暗，光明与黑暗又恢复各自的王国，彼此分离。从摩尼教的教义来看，似乎与袄教有些相似，实际上有显著的不同。摩尼教不仅讲善恶二元，而且教义中始终贯穿善恶二元论，是典型的二神论宗教。

该教戒律可简单概括为“三封十诫”。三封即口封、手封和胸封。口封是不吃酒肉，不说谎言；手封是不做坏事；胸封或称阴部封，即戒淫欲。十诫是：不拜偶像，不妄语，不贪，不杀，不淫，不盗，不诈伪或行邪道巫术，不二心，不惰，每日进行 4 次祈祷，实行斋戒和忏悔。

摩尼被处死后，该教得以迅速传播，遍及亚、非、欧广大地区。摩尼教从西域传入中国，先至新疆地区，后至内地。武周延载元年（公元 694 年），“波斯国人拂多诞，持二宗经伪教来朝”。女皇武则天亲自接见了摩尼教经师，令其与僧徒辩论。武则天悦摩尼教教义，留其课经。这是摩尼教入中国的最早记载。

摩尼教在中国流传的过程中，受中国传统文化的影响，有逐步佛教化的倾向，并主张调和摩尼教和佛教、道教的关系，认为摩尼、释迦、老子三圣同一。它在唐代曾两度合法传播。一在玄宗开元二十年（公元 732 年）之前，一在天宝以后。史载：开元七年（公元 719 年）六月，“吐火罗国支汗那王帝赊，上表献解天文人大慕阇”，盛称其人智慧幽深，无所不知，可询问君臣事意及摩尼教法，乞为置法堂供奉传教。慕阇乃中亚摩尼教团中的高级僧侣。开元十九年（公元 731 年），摩尼教经师奉玄宗之命，于集贤院翻译《摩尼光佛教法仪略》。近代敦煌遗书中曾发现该经残卷，此经已将摩尼教的基本教义教规介绍出来。同时该教与道教互相依附，与佛教彼此渗透，形成中国摩尼教的新特点。该经有一段关于老子化摩尼的经文，云："我乘自然光明道气，从真寂境，飞入西那玉界苏邻国中，降诞王室，示为太子。舍家入道，号末摩尼，转大法轮，说经戒律定慧等法，乃至三际及二宗门，教化天人，令知本际。上至明界，下及幽涂，所有众生，皆由此度。"又谓"三教混齐，同归于我"，"是名总摄一切法门"。此处老子化胡并非西晋王浮《化胡经》原文，乃唐人所增，内中混同三教，把释迦、摩尼视为一体，用道教、佛教解说摩尼教法，皆唐人观念。开元二十年，玄宗发布敕令："末摩尼法，本是邪见，妄称佛教，诳惑黎元，宜严加禁断"，但"以其西胡等既是乡法，当身自行，不须科罪"。这道禁令，不准唐人信奉，但胡人不在限制之列。

摩尼像

天宝以前，传摩尼教至中国者主要是波斯、吐火罗等中亚、西亚国家。至德以后，使摩尼教在中国广泛传播者则为回鹘。摩尼教传入回鹘，应当和传入中原的时间相去不远。当唐人禁断摩尼教时，在回鹘则臣君上下，一致尊奉，成为国教。安史之乱时，唐政府曾两借回鹘兵平叛，所以唐廷亦解除禁令，准许摩尼教在内地传布。大历三年（公元 768 年）唐朝批准在长安为回鹘建摩尼寺，名曰"大云光明寺"。大历六年（公元 771 年），又下敕在荆、扬、洪、越等州各置大云光明寺一所。元和二年（公元 807 年）又在河南府、太原府置摩尼寺三所。摩尼教从京师长安扩展到今山西、河南、湖北、江西、江苏、浙江等广大地区，成为仅次于佛教的外来大宗教。在回鹘派来唐朝的使团中，常常有许多摩尼教徒同行，如元和十二年（公元 817 年），回鹘遣摩尼 8 人至；长庆元年（公元 821 年）五月，回鹘宰相、都督、公主、摩尼等 573 人，入朝迎公主；唐政府曾于贞元十五年（公元 799 年）四月，以久旱令摩尼师祈雨。

唐武宗时，回鹘汗国解体，摩尼教和景教、祆教、佛教等外来宗教同时遭到禁断。各地的摩尼教寺院被关闭，财产没收，甚至还有在京城的女摩尼 72 人处死的情况，外国教徒送远处收管。遭此打击，摩尼教由公开活动转入秘密传教。

摩尼教徒生活俭朴，不茹荤，不饮酒，死后裸葬，且提倡同教人相亲相恤，互助合作。其教义中的向黑暗斗争、争取光明的宣传，很容易为下层劳苦大众所接受，成为农民组织反抗压迫斗争的外衣。五代后梁贞明六年（公元920年），陈州人毋乙、董乙利用摩尼教起义，一时声势甚盛，但被镇压。后来摩尼教逐渐与中国民间秘密宗教相结合，成为农民运动的有力工具。

基督教的传入

基督教是公元1世纪产生于巴勒斯坦的一种信奉耶稣基督为救世主的宗教。它与佛教、伊斯兰教并称为世界三大宗教。目前在全世界约有十亿基督教徒。基督教又是西方最重要的宗教，对西方各国的历史、政治、思想及文化都产生过巨大的影响。

今天所说的基督教，包括三个主要组成部分，即：罗马公教——在中国称为天主教；希腊正教——在中国称为东正教；抗议宗教——在中国称为新教或基督教、耶稣教。

基督教自唐代初年传入中国，已有1300余年的历史，其间曾两度灭绝，一度衰落。中国基督教的历史可分为唐、元、明末清初和近现代四个阶段。

唐代传入中国的景教是曾被基督教斥为异端的聂斯托里派。此派的创始人聂斯托里（约380－451年）生于叙利亚，曾任君士坦丁堡的主教。

基督教堂

聂斯托里派教徒工技艺，善经商。唐初，中国与西方之间的丝绸贸易十分繁盛，聂斯托里派教徒便沿此路进入中国。在中国，他们自称为景教，教外典籍称之为波斯经教或迷诗诃教，意即弥赛亚教。

唐代贞观九年（公元635年），波斯僧阿罗本抵达长安。唐太宗命中书令房玄龄迎于西郊。这是最早来华的景教传教士。阿罗本进入长安后，便奏上景教经典，并向唐太宗解释教义。贞观十二年（公元638年），唐太宗诏敕在长安义宁坊建波斯寺，度僧21人。到唐高宗时，景教便有“法流十道，寺满百城”之盛，在长安、洛阳、沙州、成都等地都建有景教寺。唐玄宗时，命景教僧与来自大秦（东罗马帝国）的主教一起，在兴庆宫举行宗教仪式。唐玄宗还下令从此将波斯寺更名为大秦寺。唐德宗建中二年（公元781年），景教僧徒在长安附近建立了“大秦景教流行中国碑”，记录了景教传入中国后146年的历史。但到了唐武宗会昌五年（公元845年），皇帝下令灭佛，景教亦受打击。当时景教与回教、祆教的僧人一共有2000余人。西来的景教僧被“送回本国收管”。景教从此一蹶不振，在中原地区灭绝。

元代，成吉思汗率领蒙古族崛起于北方草原。他首先攻灭了几个信奉景教的部族，如汪古部、克烈部等，这些部族中的一些妇女被纳为后妃。从此，景教徒进入了蒙古宫廷。景教在元代被称为也里可温，意为信奉福音的人，教堂称为十字寺，教徒被称为“迭屑”或“也里可温”。元朝在礼部之下设崇福司掌管也里可温教徒，其长官的地位略低于掌管佛道二教的官员。当时，在大都（今北京）、上都及西北、华北、江南等地都有十字寺。仅镇江府副达鲁花赤马薛里吉思就在镇江及附近大兴土木，修建了七所也里可温教寺。在元代，也里可温受到优遇，曾有教士食官禄，教徒也一度受到免从军籍及免租的优待。

波斯僧阿罗本像

天主教在元代首次传入中国。蒙古西征后，

为说服蒙古人皈依天主、罢兵修好，罗马教皇曾几度派使节到上都，但收获不大。元世祖时，威尼斯商人波罗一家充任了天主教传入中国的媒介。后来，马可·波罗的《游记》一书，向西方人介绍了中国的情况。1294 年，意大利方济各会士约翰·孟高维诺携教皇尼古拉四世的信抵达大都，被允许设堂传教。1307 年，他又受命为汗七里（即大都）总主教区的主教。他在大都建了两座教堂，并在 10 年间为 6000 人施洗礼，汪古部首领高唐王阔里吉斯便是从景教改宗天主教的著名人物。从 1313 年起，福建泉州也设立了主教区。当时，泉州是东方第一大港，各国商人云集。在那里，先后有几名方济各会士担任主教。1328 年，约翰·孟高维诺去世。后来，罗马教皇又派过主教来华，但均未到达。元以后，也里可温与天主教皆在中国绝迹。

明代初期，有两百余年没有基督教的任何活动。到了 16 世纪末，天主教再度传入中国。当时，欧洲通往亚洲的新航路已经开辟。殖民主义者一批批前往东方。在这种背景下，大批天主教传教士也来到了亚洲。

明代万历十一年（1583 年），意大利耶稣会士利玛窦从澳门到达广东肇庆。为了适应中国国情，他穿上和尚袈裟，被称为西僧。以后，他又陆续到了韶州、南雄、南昌等地，并易袈裟为儒服，尽量结交文人学者。1601 年，他进入北京，向万历皇帝进呈了自鸣钟、三棱镜、天主像等，并获准在宣武门内居住。他主张将天主教义附和于儒学，以争取中国的士大夫。他还与徐光启等人合译了《几何原本》等西方科学著作，并写了《天主实义》等宗教著作。利玛窦去世后，一些西方传教士得到机会到北京帮助修改历法与造炮，到明末，教徒达到了 38000 人。

清代初年，天主教发展较快，来自科隆的耶稣会士汤若望颇得顺治皇帝的欢心，被尊为长辈，满语为“玛法”。但到了康熙初年四大臣辅政时，钦天监主管伊斯兰历的官员杨光先上书指责汤若望潜谋造反、邪说惑众、历法荒谬，由此引起了在全国驱逐传教士。康熙亲政后，亲自验明西方的历法较杨光先等人测算的准确，翻了此案。同时西方传教士亦因其自然科学知识而受到康熙的重视。其中最有名的有南怀仁、张诚、白晋等人。他们都曾进宫为康熙讲授西方科学知识。康熙三十年（1692 年），皇帝下御旨对天主教弛禁。到 1700 年，天主教徒达到 30 万人。但因传教士之间为在华传教方针而冲突，引起了“礼仪之争”。争论的焦点是：造物主之名能否译作“天”或“上帝”，以及是否允许中国教徒保留祭孔祀祖的习俗。为此先后有几位教皇下谕裁决，最后引起教皇与康熙皇帝的直接冲突。康熙为维护国家主权，下令禁教，只留有技艺的传教士在宫中服务。雍正以后各朝，教禁更严，天主教处于十分衰微的境地。

1727 年中俄《恰克图条约》签订后，俄国也正式派传教士来到北京。不过，东正教基本上在俄国人中信奉，在中国影响不大。

19 世纪初，新教各教派也纷纷派人来华传教。最早来华的是英国伦敦会传教士马礼逊。他于清朝嘉庆十二年（1807 年）到达广州，以后又有美国公理会传教士禅治文、卫三畏、伯驾等人。在禁教的情况下，这些早期来华的新教传教士只能翻译圣经，印刷宣传品，办医院及搜集情报，为传教作准备。

1840 年鸦片战争爆发。1842 年，在新教传教士的参与下，中国第一个不平等条约《南京条约》签订，条约允许外国人在通商的五个口岸建堂传教。1858 年与 1860 年签订的《天津条约》和《北京条约》又规定天主教、新教与东正教士都可以自由进入内地传教。后来法国传教士又擅自在《中法条约》的法文本中加入“传教士在各省租买土地，建造自便”。从此，在不平等条约的保护下，大批传教士进入中国内地。一部分传教士依仗条约横行乡里，包揽诉讼，强夺民产，引起各地人民的公愤与反抗。1856 年到 1899 年，全国共发生大小教案 300 余起。这场反洋教斗争，是中国人民反帝斗争的一个组成部分。后来，斗争愈演愈烈，终于酿成了 1900 年的义和团运动。

20 世纪初期，受到义和团运动打击的天主教与新教为了适应新的形势，都不同程度地改变了以往的传教方针，教会发展较快。教会内部为了减弱其“洋教”色彩而进行了“本色化运动”和“教会合一运动”。新教还大量开办学校、医院，力图扩大影响。1946 年，罗马教廷将中国天主教会由“代牧制”改为“圣统制”。到新中国成立前夕，中国约有天主教徒 300 万人，新教徒 70 万人。

1948 年至 1951 年，外国传教士从中国内地撤走，中国天主教与新教走上了自治、自养、自传的道路。

隋唐佛学

佛教自汉代传入中土，历中古及近古，成为重要的宗教部。佛教以其澄明之境与因明之理，不仅丰富了中国旧有宗教的内涵，而且开辟了学术的新境界。而佛学作为一种学说占驻“一代之胜”的地位，则离不开魏晋玄学的启引。佛学至隋唐时代极盛。

一、佛教宗派与三教会同

近代佛学史家吕澂在《中国佛学源流略讲》一书中说：魏晋时一些佛学者“原与玄学者出身相同，又由于佛学当时还不能独立，必须取资玄学家的议论，因而般若学说必然与玄学学说接近”。释太虚在1935年题为《建设现代中国佛教谈》的讲演中指出：“中国佛学黄金时代，便是隋唐的佛学，在中国文化史上曾放过特别的光彩……佛学到了唐代，大小乘十三宗的盛弘，如千岩竞秀，万壑争妍，实是全佛学界之洋洋大观。”这两段话实际上说明了一个问题的两个方面，就是魏晋时佛学没有独立而取资玄学，因取资玄学而至隋唐独立，其主要征象又在佛学宗派化的完成。由此推述，佛学在隋唐的隆盛及宗派化的完成，又不仅取资玄学，而是在与儒、道参融的“三教”取资会同中发展并兴盛的。

作为外来的宗教，佛教首先遇到的问题是，它要想在中国这块全新的土地上扎根，就要想方设法让脑中已被儒、道思想占据了地盘的华夏民族对它不怀敌对心理。佛教徒们为此进行了各种努力。在学术史上，如果说汉代是继先秦诸子学纷争之后以经学形式完成了一次学术的会通，分歧只是表现在今、古学之争，那么，唐代又是继魏晋南北朝学术纷争后进行新的学术重整。这时文化政策的崇儒、尊道、礼佛为三教会通的明显特征，但学术歧异也在争辩三教的优劣。尽管唐代文化政策较为宽松，但三教抵斥的现象也非常明显。重要的有唐初傅奕反佛、武周崇佛斥道、韩愈在唐宪宗时上表谏迎佛骨以及唐武宗灭佛等事件。其中唐武宗灭佛即内含了儒、道与佛学的争锋。

佛像

唐武宗会昌年间的灭佛事件是中国佛教史上的一件大事，佛教称之为“会昌法难”。促使武宗灭佛的直接原因是寺院经济的极端膨胀。由于中唐时期特别是唐宪宗一朝大力扶植佛教，致使佛教势力越来越大，成为中国佛教史上罕见的极盛时期。佛门僧尼凭借皇帝的支持和扶植，巧取豪夺，不仅触犯了地主和贵族的利益，而且极大地影响了国家的财政收入。寺院经济逐渐形成了同皇权利益严重对峙的可怕局面。此次灭佛也与武宗的宗教信仰有直接的关系。唐武宗本人崇尚道教的长生不老之术，即位之初，就召集道士赵归真等八十一人进入宫中，修建金箓道场，并前去亲受法箓。次年又采取一系列措施鼓励道教。在提倡道教的同时，不断下诏限制佛教。在当时宰相李德裕等人的赞同下，会昌五年，唐武宗开始了大规模的灭佛行动。三月，敕令天下寺院不得设置庄园，并下令盘查清点天下寺舍奴婢和财物。同时将城中寺舍的奴婢分为三等，分别收遣。八月，唐武宗再次下诏，突出强调由于全国和尚数量越来越多，寺院遍布，耗费了很多的人力、物力和财力。与此同时，僧徒们又与官府勾结，破坏法纪，威胁国家安全，不予以打击，大唐王朝就难以稳定和巩固。这道诏令对只有招架之功、已无还手之力的佛门子弟给予最致命的打击。既然佛教势力发展到足以跟朝廷抗衡的地步，作为朝廷的执政者，自然就不能等闲视之了。这次对佛教的打击相当沉重，全国共有 4600 座佛寺被毁，拆招提、兰若 4 万余所。勒令还俗的僧尼达 260500 之多，没收寺院肥沃田地数千万顷，收寺院奴婢为两税户达 15 万人。

但唐武宗毕竟是个特例，统治者需要利用佛教为其政治服务。所以宣宗上台之后，又下令恢复佛教，佛教继续流行。

与三教之间的斗争相比，儒释道三教进一步融合的趋势已经成为时代思潮的主流。从儒学方面来说，早在隋代，王通站在儒教的立场提出“三教于是乎可一”的主张，力图用儒家学说来调和佛、道二教。和韩愈同为唐代古文运动领袖的哲学家柳宗元，虽然他也怀着儒家治国平天下的政治抱负，但他不赞成韩愈的排佛行动。柳宗元从小好读佛经，他发现佛教思想中也有不应排斥的因素。这些思想往往与《易》和《论语》相合，其观点并非与孔子完全对立。刘禹锡也主张佛教应当与儒学地位相等，儒学以中庸之道治理民生，而极少谈及性命之学，世道衰微的时候容易被人遗弃，所以儒学适宜于治世；佛教以彼岸世界救众生于水火。因此乱世反而容易为人接受。二者犹如车轮和车辕，表面虽异，但相辅相成行道致远的功用相同。韩门弟子李翱在政治上虽继承乃师的排佛主张，理论上却援佛入儒，将佛教的法统观念和心性学说加以改造，提出了对宋明理学具有启发意义的道统说和复性论。

唐代三教会同的典型表现莫过于唐德宗时仿效汉代金马、石渠故事而形成的三教论衡制度。唐德宗诞辰日，召集儒、释、道三家代表进入内殿讲论。以僧鉴虚对韦渠牟，许孟容对赵虚，僧覃延对道士郗惟素。开始三家似乎存在矛盾，而到结束时，所有的纠结都涣然冰释。讨论完毕，僧鉴虚对德宗皇帝说：我唐天下，文宣王（孔子）是古今的圣人，释迦如来是西方的圣人，皇上您是南赡部州的圣人。三教讨论的结果归于肤浅的颂圣，可见也是政治的需要。文学家白居易曾经参加了唐文宗大和元年的那次三教论衡。在麟德殿内的道场，设三高座，升座的儒官原服，赐金鱼袋，释为赐紫引袈裟门，道也是赐紫道士。论辩时，预有安排，已形成一定的套数，僧问儒对，僧难儒对，儒问僧答，儒难僧答，儒问道答，道问儒对，道难儒对。白居易作为儒者的代表与僧人义林、道士杨弘元谈论三教义理，比如《毛诗》称六义，《论语》列四科，何者为四科？何者为六义？孝者百行之先，曾参至孝，为何不列于四科？又如《维摩经》“不可思议品”中说须弥至大至高，芥子至微至小，为何芥子之内，容得下须弥山？就是容得下，又怎能看见呢？再如《黄庭经》中养气存神长生久视之道是什么意思，等等。三教论衡是在始若矛盾而终至江海同归的过程中进行的，论争的目的在于融合三教而同归于善，借神道设教来提高帝王的政治威望。

由于三教会同的宽松学术环境，佛教宗派在隋唐时极度昌明。对此，汤用彤《隋唐佛教史稿》认为：“隋唐佛教，承汉魏以来数百年发展之结果，五花八门，演为宗派。且理解渐精，能融会印度之学说，自立门户，如天台宗、禅宗，盖可谓为纯粹之中国佛教也。”其实，列祖继宗，在唐以前已有，但形成有明确而独立之理论思想的宗派，实至隋唐始确定。这一方面源于隋唐时代寺院经济与僧官制度的确立，所谓“国家大寺”，皆“敕赐田庄”（《法苑珠林》卷六十二），所度僧尼并由祠部发放“度牒”，以免除地租徭役。另一方面，则在大乘空观与中国传统的心性之学的整合，构成了隋唐时代的佛教文化。

二、佛性论及其思想特征

隋唐佛教宗派化，带来了佛学理论的变化。其特征主要有：其一，诸宗皆兴判教，以判别佛学真伪、传法定祖、梳理统绪、排斥异己、各自为教、以为佛祖正传，此与中国固有学术托古改制相类似。其二，诸宗派皆有明确的理论与教义，形成各树其帜的教派，独立成学，颇似中国固有的诸子学风。其三，诸宗派以建立“佛统”为己任，所以有“传灯”与“付法”说，以表明立宗正统和传法意义。

唐人韩愈大倡儒学“道统”与此相关。其四，隋唐佛教诸宗派经唐武宗会昌灭佛（史称“法难”），诸宗派衰落，而“净土宗”与“禅宗”则更加兴盛。探究其原因，大约有两点：一是会昌灭佛，使对寺院经济和佛教典籍有较大依赖性的教派（如天台、法相、华严等）相继式微，而保持山林佛教特色，强调“农禅合一”的禅宗和为民间信仰所接受的净土宗则享有自身的生存余地。二是净土与禅宗均提倡简便法门，切合士大夫文人和下层民众心理，文人化和民间化对佛学的接纳是唐以后禅、净并存或禅、净合一的重要文化原因。

在佛教宗派化的过程中，其中最突出的学术变化就是佛性论的发展与隆崇。汤用彤《隋唐佛教史稿》认为：“佛法演至隋唐，宗派大兴。所谓宗派者，其质有三：一、教理阐明，独辟蹊径；二、门户见深，入主出奴；三、时味说教，自夸承继道统。用是相衡，南北朝时实无完全宗派之建立。”固然各宗派有各自的教理，但隋唐佛教对佛性的重视与阐发，则是各宗派共有的宗旨。考察中国佛性论的发展，经历了由大乘般若空观到涅槃佛性论再到禅宗（尤其是南宗）心性说。就隋唐佛学而论，其佛性理论的构建，已显现出超越先秦诸子、汉代经学、魏晋玄学的学术精神。择要可归纳为三点：

第一，佛性本有既为纷繁的宗派学术寻求一个根源意识，也为其宗教信仰找到了一个哲学本体。在佛性的研究过程中，始终存在着佛性“始有”与“本有”的争论。唐初玄奘法师西天取法，其中一重要问题就在证明佛性“本有”。尽管玄奘以后这一问题仍未解决，但自《涅槃经》提出“一切众生皆有佛性”，并形成佛性如来藏倡导的“如来即在众生身内”的思想，佛性本有已成为主导意识。这一观念到禅门诸师倡“惟指佛心，即心是佛”，则将佛性论与心性说合而为一，开“心即是佛”的顿悟法门。

佛像

第二，在佛性论中，由渐入顿是自孔子倡导的“人能弘道，非道弘人”的主体精神在佛性“心觉”上的进一步弘扬。佛学的基本精神是寻求解脱，达到真如佛性，旧说“精勤修习”，“渐得解脱”（《杂阿含经》），自般若学兴，始生渐顿之辨及由渐而顿之说。比如洪州禅师大珠慧海撰《顿悟入道要门论》引经论说，以“妙观察智”之法，破人、法两我之执，达“即凡即圣”的境界。

第三，在佛性论的学理中张扬自性，以破除迷执物障，反对偶像崇拜，是一种自我意识的觉悟。中国佛性论发展到唐代禅宗，大倡“识心见性”、“见性成佛”。《涅槃经》解如来藏“一切众生悉有佛性，即是我义”，是个性与自性的高度张扬与自觉。这种个性的张扬与对外物的破除，到临济宗的“禅宗革命”达到极致，甚至出现了《祖堂集》所载义玄“呵佛骂祖”的狂禅模式。如此破执，从学术史的意义来看，是对汉晋以来笺注主义学风以及对佛经传译之影响的廓除。同样也是对传统学术中强调个性、平等的“人人皆可为尧舜”思想的发挥与张扬。

隋唐各族文化的交汇

隋唐王朝时期社会稳定，经济发展，文化繁荣，加之实行开明的民族政策，更加促进了我国多民族联合体的形成和巩固。为各民族文化的交汇和融合，创造了良好的氛围。

一、隋唐王朝开明的民族政策

我国中原汉族和周边少数民族自古以来就有割不断的历史联系。维系这种历史联系的重要因素是各族间经常性的经济、文化交流。这种经济、文化交流在隋唐时代空前发展。隋、唐王朝极具特色的开明的民族政策，发挥了很好的作用。

一般来说，统一的中央集权王朝时代，也是多民族国家形成、发展的重要时代。在我国历史上，秦汉、隋唐、明清，正是这样的时代。由于政治稳定，社会升平，国力强盛，统治者便会产生“扬国威、徕远人”的欲望，追求“四夷降服，海内乂安”。实现这一政治目标的手段，不外乎“威惠并用”，文德与武功交施。和亲、招抚、赐赠与战争是最基本的方式，特别是以国力为后盾的武力征服，是封建王朝处理民族关系的政策前提。这一点，隋唐与秦汉、明清无大区别。

不过，隋唐与其他时代不同的是，隋唐时的中国，是当时世界上最富强的国家。因而，隋唐人能以一种优越、平和的心态，对待周边远近“四夷”，这是其开明民族政策产生的一个前提。而这一政策形成的最主要的因素，还是隋唐统治阶级内部构成的局部更新。

两晋南北朝时期，出现了所谓“五胡乱华”的局面。处于我国北部边疆地区的匈奴、鲜卑、氐、羌、羯纷纷南下，入主中原。相当多的少数民族人民留在了中原，与汉族交错杂居，并逐步融合。其上层则在与汉族地主阶级的对抗、纷争中，逐步封建化，与汉族地主合流，成为地主阶级中的一种新的成分，使隋唐统治集团中增添了许多少数民族的血液，促进了统治阶级内部构成的局部更新。

隋、唐王朝统治核心的关陇集团，本身就是一个胡汉合流的统治集团。皇室杨氏、李氏，是胡化较深的汉族，他们数代都与胡姓通婚。隋文帝杨坚的皇后和唐高祖李渊的母亲独孤氏姐妹是鲜卑人。唐太宗的母亲窦氏、皇后长孙氏，都是汉化程度较高的鲜卑人。唐太宗的姊妹中，襄阳公主嫁给窦诞，长沙公主嫁给豆卢怀让，他的女儿也有 6 人嫁给了这几家汉化了的鲜卑人。皇族的民族偏见比较淡薄，是显而易见的。另据统计，隋代二品以上官员中，父系有少数民族血统的就有 63 人。唐朝更是番臣番将殷庭，除了长孙无忌、王珪、于志宁、豆卢钦望等汉化已极深的鲜卑族人外，还吸纳了许多少数民族首领加入到统治集团中来。如阿史那社尔、阿史那道真父子和执失思力是突厥人，契苾何力是铁勒人，高仙芝是高句丽人，哥舒翰是突骑施人。多民族混血的文武大臣就更多。隋、唐统治集团中融入如此多的少数民族血液，使这个集团朝气蓬勃，使其观念、统治意识与统治政策，在整个封建社会里，都表现出一种空前绝后的开明特色，特别是其民族观与民族政策，不仅远远

唐太宗李世民像

超越了前代的封建统治者，后代的封建帝王也很难企及。

我国传统的民族意识是在春秋时期形成的，即所谓“春秋大义”，主张“内诸夏而外夷狄”，认为夷狄“非我族类，其心必异”，所以必须谨守“夷夏大防”。这种“大汉族主义”的民族观念，充满了对少数民族的歧视和防范。融入多民族血液的隋、唐统治者，从观念上就反对民族偏见与民族歧视。隋文帝就曾讲过：“溥天之下，皆曰朕臣，虽复荒避，未识风教，朕之抚育，俱以仁孝为本。”大业七年（公元611年），西突厥处罗可汗归隋，隋炀帝对他说：“今四海既清，与一家无异，朕皆欲存养，使遂灵性。”唐太宗则更明确地讲：“夷狄亦人耳……不必猜忌异类。盖德泽被洽，则四夷可使如一家；猜忌多，则骨肉不免为仇敌。”他晚年总结自己在“服四夷”方面取得突出成就的原因时又说：“自古皆贵中华，贱夷狄，朕独爱之如一，故其种落皆依朕如父母。”可见，在隋唐帝王的观念意识中，“夷狄”虽与汉族存在文化、习俗等方面的差异，但他们也是人，也是自己的臣民，所以不应该歧视他们，应当“爱之如一”。隋唐统治者的这种民族观念不只是停留在口头上，而是贯彻到了其处理民族关系的原则和方式中，形成了其特色鲜明的开明民族政策。

为了实现“四夷降服，海内乂安”，隋唐统治者对周边少数民族政权，难免会使用武力征服。即使其与周边部分少数民族的关系是通过招抚、册封、和亲等方式确立的。这种关系也大多是以国力的强盛和武力的强大为后盾的。但也有许多少数民族自愿归附唐朝，一方面是出于对唐朝国家强盛的倾慕，另一方面是因为唐朝能坚持“中华”、“夷狄”“爱之如一”，不歧视少数民族，因而减弱了民族隔阂，增强了少数民族的向心力。

隋、唐政权在民族政策中贯彻其民族怀柔思想主要表现在以下几个方面：

第一，根据边疆地区的不同和各民族的不同特点，采取不同形式的羁縻政策，以确立其与周边民族的稳定关系。

隋唐王朝对于被征服地区和归附的少数民族，除在个别汉人较多、汉化较深的地区同中原一样设立州县外，大多是采取羁縻的方式。具体做法：（1）设置羁縻州府。唐朝在贞观四年（公元630年）平定东突厥后，开始在北方边境设置羁縻州府，以当地少数民族“首领为都督、刺史，皆得世袭。虽贡赋版籍多不上户部”。各族酋长可按本民族的习惯统治羁縻州府。这些羁縻州类似民族自治州，体现了唐政府对少数民族习惯的尊重。（2）册封以定“君臣之位”。隋时突厥染干可汗归降后，隋文帝就封其为意利珍豆启民可汗，让其继续统治所部。唐朝继续采取这种办法，对于政府不便直接控制的一些少数民族，就册封其在本民族中有威信的首领为可汗。由于唐朝国力强盛，很多少数民族首领都希望能得到唐的册封，以稳定自己的统治，避免外族的侵扰。（3）和亲以确立甥舅关系。和亲是汉代以来处理中原王朝与边疆少数民族关系时常用的一项措施。隋、唐王朝也继续利用这种政治联姻，来加强其与少数民族的联系。特别是唐与吐蕃，自文成公主嫁给松赞干布之后，确立了世世代代的甥舅关系，密切了西藏、青海地区与祖国的联系。

西藏佛像

隋、唐王朝，特别是唐朝，通过实施不同形式的羁縻政策与措施，把周边各族与中原汉族一起纳入到一个民族大家庭中，各族“和同为一家”，为各民族间的经济文化交流，创造了极好的环境。

第二，优待各族酋长及其子弟，让其入朝做官或充宿卫。唐朝对归降、归附的各少数民族酋长，不仅不加歧视，还给以各种优厚的政治待遇。如贞观六年（公元629年）突厥突利可汗自请入朝，唐太宗授以右卫大将军之职，封北平郡王，死后还许其子袭爵。贞观四年（公元630年）被俘的突厥颉利可汗，唐太宗对其也赐田宅，归还其家属，授官右卫大将军。奚、契丹酋长归唐后，唐不仅封官授爵，还赐姓李。对归降的各级酋长，只要其愿意入朝，唐大都授以武职，与汉官享受同等的待遇。如贞观四年平定东突厥后，“其酋长至者，皆拜为将军、中郎将等官，布列朝廷，五品以上者百余人，因而入居长安者数千家”。有的还受到特别的恩宠，如阿史那社尔尚南阳长公主、阿史那忠尚定襄公主、契苾何力尚临洮公主，均典兵宿卫。

唐朝对各少数民族首领、酋长的信任与优待，取得了少数民族上层的敬服与拥戴。这不仅增强了唐朝中央政府对周边少数民族的吸引力，而且大量少数民族首领入朝做官，也对各族文化的交流，起到了直接的促进作用。

隋、唐王朝开明的民族观念和民族政策，有利于消除各民族间的隔阂，增强少数民族的向心力，在唐太宗时期，就出现了“四夷大小君长”争相归附的局面。

贞观四年，西域与北荒（指内外蒙古地区）君长共推唐太宗为“天可汗”，唐朝天子既是汉人的皇帝，又是各民族的共主，具有双重的政治身份。直到唐后期，一些少数民族首领仍称唐天子为“天可汗”，这正是唐代统一的多民族国家进一步发展的象征。正是在这一背景下，各族经济、文化的交流，才得以充分地展开。

二、汉族文化在少数民族地区的传播

隋唐时期民族间的文化交流，是在多层次上展开的。由于这一时期中原汉族封建文明已进入高度成熟期，而周边少数民族社会发展水平还相对较低。汉族文明向周边少数民族地区的传播，就成为当时文化交流的一个主要方面。

在东北地区，当时活动的少数民族主要有契丹、室韦、靺鞨等，大都属于东胡系。靺鞨的粟末部还曾建立了强大的渤海国。

靠近内地的契丹、奚、粟末靺鞨受汉文化的影响较深。以“逐水草、善射猎”著称的奚族，8 世纪中叶前，在潢水之北已是“禾稼”遍野。其农作物以穄为主，在史籍中留下了“稼多穄，已获，窖山下。断木为臼，瓦鼎为釜，杂寒水而食”的记载。契丹族在阻午可汗时，农业、手工业已有所发展，邻近中原的迭拉部，在耶律阿保机的祖父时，已“喜稼穑”，“相地利以教民耕”。阿保机之父撒剌时“始置铁冶，教民鼓铸”。唐末五代战乱之中，幽、涿一带的许多汉人为躲避战乱，涌入契丹地区，把内地先进的生产技术和文化进一步传入契丹。幽州人韩延徽入契丹后，成为阿保机的谋主。他不但教给契丹农耕、营建等技术，还帮助阿保机确定君臣名分，制定国家的各项制度，对契丹国的崛起发挥了重要作用。

粟末靺鞨人在营州附塞时，就从汉人那里学到很多东西。渤海国建立后，农业和手工业达到相当高的水平。特别是陶瓷烧制技术很高，“渤海三彩”颇负盛名。渤海的城市建筑，大多是模仿唐朝。上京的外郭城、宫城、皇城及坊市，布局与建筑风格与唐朝长安极为相似。渤海国的政治体制也是效法唐朝。中央政权的核心是政堂、中台、定诏三省，及忠、仁、义、礼、智、信六部。其职掌也与唐中央的相应机构大体相同。渤海国还经常派遣留学生到长安来学习，旧史记载“其王数遣诸生诣京师太学，习识古今制度”，有的还参加唐朝的科举考试，如曾任渤海国相的乌炤度和其子曾先后考中进士。这些人回国后，对唐文化在渤海的传播起了积极作用。

渤海国还派人到唐求取各种典籍，如开元二十六年（公元 738 年），“渤海遣使求写《唐礼》及《三国志》《晋书》《十六国春秋》，许之”。汉字是渤海的通用文字，渤海人的文章大都是用骈体文写成，文句流畅、对仗工整。渤海人还会用汉语作诗，裴颋、裴璆父子不仅在同行内颇有诗名，还被日本推为诗界“领袖”。

渤海人的绘画与雕刻也表现出浓郁的盛唐风格。1980 年发现的孝贞公主墓中的壁画，人物形象、服饰与唐永泰公主墓中的壁画所绘极为相似，体态丰盈，着色浓艳。贞惠公主墓出土的石狮造型古朴洗练，与乾陵石狮极为相似。这是中原文明在东北地区广泛传播的实物见证。

在北方草原地区，当时活跃在这块广阔的土地上的少数民族，主要有突厥、薛延陀、回纥、黠戛斯等铁勒系各族。他们大多过着“逐水草而居”的游牧生活。他们先后在大漠南北建立过突厥汗国、薛延陀汗国、后突厥汗国、回纥汗国。由于游牧经济的脆弱性，他们的政权常不稳定。又由于畜牧经济的单一性，草原各族常常依赖与中原的物质交流作补充。这种交流有的是在和平环境下进行的，有的则靠战争。不论如何，经济文化方面的联系是割不断的。

北方草原各族在与中原人民的交往中，多方面地接受了汉族文化的感染。在双方频繁的经济交往中，内地的农业、手工业技术和产品大量输入北方草原地区。唐朝初年，突厥就用马、羊等畜产品和唐朝交换丝织品。武则天统治时期，应后突厥默啜司汗的请求，赐予农作物“种子四万余石、农器三千事以上”。当时还有很多汉人流入草原。默啜可汗一次就从赵州、定州掠走男女八九万口。这些地区的汉人都是从事农耕的，他们进入草原地区后必然也把内地先进的农耕技术带入那里。回纥在与唐的绢马贸易中，换回了大量的丝织品、金银器、茶叶等。回纥商人经常结

古代渤海国雕刻

队南下，多时达3000人，还在长安开设各种店肆。唐朝曾将3位公主和4个大臣、宗室之女嫁往回纥。频繁的人员往来，使回纥人学到了不少东西。从8世纪开始，回纥人逐步走向半定居的生活，在漠北草原建起了好几座城市，如葛勒可汗在仙娥河（今色楞格河）畔建筑了富贵城，弃羽可汗在嗢昆河（今鄂尔浑河）畔建筑了城市和宫室。《辽史》中也记载了唐代的好几个回鹘城和回鹘可敦城。

北方各族当时大多还处于原始社会末期或奴隶制时代，社会制度和政治制度都比较落后。他们在与中原王朝的接触中，受到内地先进的社会制度的影响，逐步走向封建化，政治组织形式也日益健全。突厥启民可汗附塞时，隋炀帝曾几次率百官侍卫到启民可汗牙帐巡幸。隋亡后，炀帝的孙子杨政道逃入突厥，在突厥的汉人“悉隶之，行隋正朔，置百官于定襄城”。汉人的政治制度对突厥必然会产生一定影响。贞观四年以后，突厥受汉人政治制度的影响更大，据《阙特勤碑》及《苾伽可汗碑》的记载：“突厥伯克弃本族之称号，而用唐家的称号……其间各地悉尊大唐天子而行其国之法度。”回纥的政权组织主要沿用突厥制度，但其可汗世代接受唐朝的封号，所以也采用了较多的唐朝的官号，在政权组织中设置外宰相、内宰相、都督、将军、司马等官。甚至黠戛斯的官职中也有宰相、都督、职使、将军等，这都是受唐朝影响的痕迹。

中原文化向北方草原的传播是一个漫长的历史过程。早在北齐时《净名》《涅槃》《华严》等佛经就由汉人传入突厥。后突厥汗国时，汉族的手工工艺技术传入突厥。在阙特勤死时，唐玄宗派金吾将军张去逸等携带“高手工匠”前去帮助建立墓碑，并刻石为像，四壁画其战阵之状。唐玄宗还亲自撰写了碑文。考古学者曾经发掘出了阙特勤的墓葬，发现其墓前雕制有与乾陵墓前少数民族首领形象相同的石像，还发现了与唐代中原建筑材料相同的莲花纹瓦当。到回纥时代，汉文化在北方草原的传播更广。回纥的历法采用的是唐开元历，直到9世纪中叶西迁后还继续使用。1928年在新疆吐鲁番出土一部《菩萨大唐三藏法师传》的回鹘文译本，译者汉文造诣很深，译笔流畅，这也是汉、回鹘文化交流的一个很好例证。

在西北地区，西域各族自古以来就和内地有极密切的关系。隋唐时期，更成为盛况空前的东西文化交流的纽带。当时西域有三条大道：南道、中道、北道，即历史上有名的“丝绸之路”，可通往中亚、西亚各国及欧洲。汉人所生产的绫、锦、罗、绣、绢、细、丝和金、铁等，大量输送到这里，再由这里运往西方。文化上的交流就更为频繁。高昌统治时期，由于统治者是汉人，所以高昌无论在政治上还是文化上，都极力模仿汉族。当时高昌国的教育也学习“《毛诗》《论语》《孝经》、历代子史，集学官子弟以相教授”，并派遣子弟到长安官学学习。西域的焉耆、龟兹、疏勒、于阗，原本就有汉人居住，如《新唐书》记载在龟兹西北一个地方，“有小城三百，本华人，为突厥所掠，群保此，尚华语”。汉族和各少数民族的杂居，必能促进文化交流与融合。

在青藏高原，我国藏族的先民在7至9世纪建立了吐蕃王朝。吐蕃王朝是一个奴隶制政权，王朝的最高主宰是赞普。在唐太宗时代，吐蕃赞普松赞干布统一了青藏高原，他主动与唐朝修好。自文成公主入藏和亲，从此汉藏“和同为一家”，唐与吐蕃世世为甥舅之国。双方前后举行较大的会盟8次。公元823年立的“唐蕃会盟碑”，至今仍竖立在拉萨大昭寺的门前，成为汉藏人民友好的历史见证。

中原先进的生产技术和物质文化成果输入青藏高原，是从文成公主入藏和亲开始的。文成公主到吐蕃时，就带了各种谷物和芜菁种子及烹饪食物、饮料等，还有金玉书橱、金玉饰物，各种花纹图案的锦缎垫被等。文成公主曾对尼泊尔公主讲：“世间诸工巧，妆饰与烹饪，耕稼纺织等，技艺亦相敌。”她还从内地“召致甚多木匠、塑匠，建甲达惹毛切殿”。可知内地的烹饪、服用、纺织、耕稼和建筑等生产技术，随文成公主入藏而大量传入吐蕃。到唐高宗时，松赞干布又派使者使唐，“请蚕种及造酒、碾硙、纸墨之匠，并许焉”。唐中宗时，金城公主又一次入藏和亲。中宗“赐锦缯别数万，杂伎诸工悉从”，大量的丝织品和生产技术再一次大规模地传入吐蕃。唐朝生产的茶叶也传入吐蕃，建中二年（公元781年）唐使常鲁到吐蕃，赞普向他出示的茶叶就有寿州茶、舒州茶、顾渚茶、昌明茶等多种。藏人嗜茶成俗或许是从唐时始。

自文成公主入藏后，松赞干布就“袭纨绮，渐慕华风”，于是就派遣一些贵族子弟到长安国子监学习“诗书”。金城公主入藏时，又请得《毛诗》《礼记》《左传》《文选》各一部，汉文典籍由此传入吐蕃。金城公主还将在唐流行的龟兹乐带入吐蕃，使吐蕃人对唐乐倾慕不已。长庆时，唐朝使臣到吐蕃，赞普欢迎唐使，“乐奏《秦王破阵曲》，又奏《凉州》《胡渭》《绿腰》、杂曲”，百伎皆汉人。到现在，拉萨还保留有很多唐时的乐器。

佛教传入青藏高原也与文成公主有一定关系。吐蕃人原本信奉的是苯教，这是一种崇拜自然神灵和精灵鬼怪的多神教。在公元5世纪拉脱脱日年赞赞普在位时，有人曾把梵文佛经带入吐蕃秘密收藏。文成公主信佛，入藏时车载释迦佛像，还带去了360卷经典。加之尼婆罗芝尊公主从印度带入一些法物，佛教开始流传。

建中年间，吐蕃又请唐朝派遣高僧去讲经。唐“遣僧良诱、文素二人行，每人岁一更之”。在赤松德赞赞普在位时（公元742年—公元797年），正式奉行“无上正觉佛陀教法”，将佛教定为国教。

文成公主入藏图

文成公主入藏时，曾带有医方100种，医学论著4种，诊断法5种，医疗器械6种。8世纪赤松德赞的御医玉妥、元丹贡布，就吸收唐内地以及印度、尼婆罗、大食的医学成就，总结前人经验，写成藏医藏药学上的《四部经典》《居希》（包括《扎居》《协居》《门阿居》《其马居》），成为我国古代医学的宝典。

在云南滇池地区，隋唐时期分布着西爨、东爨等一些蛮族部落。西爨又称白蛮，受汉文化影响较深，经济文化发展水平较高。东爨又称乌蛮，经济生活以畜牧业为主，分为6个大部落，称“六诏”。8世纪上半叶，南诏王蒙皮逻阁得到唐玄宗的支持，逐步统一了六诏，建立了一个以大理为中心，统治范围达到今云南东部、贵州西部、四川南部的南诏奴隶制政权。南诏通过接受唐朝的册封，确立了与唐的藩属关系，从而与唐朝在政治、经济、文化等方面，都保持着密切的联系。

南诏对吸收汉文化一直采取非常积极的态度。南诏王“不读非圣之书，尝学御人之术”。异牟寻“颇知书，有才智”，他在给唐西川节度使韦皋的信中也说南诏王室世代“人知礼乐，本唐风化”。在8世纪末9世纪初，异牟寻派遣许多大臣子弟到成都“就学”，“教以书、数，业成则去，复以他子弟继之，如是五十年……学于成都者，殆以千数”。汉族文人流寓南诏的也很多，有的还做了大官，如相州人郑回，官至清平官。这都促进了汉文化在南诏的广泛传播。

南诏的政治制度大体是仿效唐朝。王下设清平官、酋望、大将军，清平官相当于唐朝的宰相。中央官署有士、户、法、兵、客、仓六曹，后又扩为“九爽”，颇有唐六部九寺的影子。

经济上南诏也实行授田制度，是效法唐的均田制。从唐高宗、武则天时代开始，唐朝多次赐“锦袍、金带、缯彩”等丝织品给南诏。大和三年（公元 829 年），南诏从成都掠去“子女工技数万……南诏自是工文织”。此外，南诏人的耕作方法及房屋建筑都“悉与汉同”，足见汉文化对南诏的影响之大。

南诏通行汉文，流传至今的《南诏德化碑》《崇圣寺钟铭》《石钟山石窟题记》《南诏铁柱铭》等都是用汉文写成的。唐朝儒学、诗歌、书法、音乐、佛教、道教都传入南诏。南诏诗人杨奇鲲、杨义宗的佳作《途中》《题大慈寺芍药》《洞云歌》流传至今，被收入《全唐诗》。“书圣”王羲之在南诏极受尊宠，被立庙祭祀，学习书法的人很多。唐朝还曾将“胡部龟兹音声二列”送与南诏。南诏早期信奉天师道。唐朝晚期，“婆罗门”和瑜伽密宗传入，“阿阇黎教”盛行。

通过上述分析我们可以看出，隋唐五代时期，唐朝和周边少数民族地区的联系极密切。中原地区的铁器、金银器、瓷器、丝织品、茶叶及农业、手工业生产技术，通过经济交流，大量输入少数民族地区，丰富了少数民族的物质生活；中原先进的封建生产方式、政治组织制度，促进了少数民族的社会进步。汉族精神文化方面的成就在少数民族地区的传播，既有利于各民族的共同发展，也发挥了增加我国各民族内在凝聚力的作用。

三、少数民族对隋唐文化的贡献

中华文明是由我国各民族的先人们共同创造的，绚丽多彩的隋唐文化中，就有不少周边少数民族文化的成分。

首先，隋唐五代时期，汉族与周边少数民族的经济交流极为频繁。边疆各族以贸易、进贡的形式，将边疆地区出产的各种物品，即所谓“方物”，源源不断地输入内地，极大地丰富了唐人的物质文化生活。

北边各族向内地输送的主要是畜产品和狩猎品。唐朝初年，因内地缺马，常以互市的形式向突厥、党项市马、牛、羊。唐与回纥的绢马贸易，换回了大量的马、骆驼，其中有许多被用作畜力，推动了内地农业生产的发展。西域产名马，隋炀帝时通西域，就常“责其名马”。龟兹、焉耆也常向内地进贡名马。另外，南诏的越睒有一种“日驰数百里，世称越睒骏”的良马，唐时也传入内地。据统计，唐代引进边区少数民族及外国马匹的种类达 83 种之多，对内地马种的改良，起了较大的作用。各族还常把狩猎品作为珍奇进献给唐朝，如回纥进送的貂鼠裘，

隋唐时传入内地的棉花

吐蕃进送的獭褐、犛牛尾，南诏进贡的犀、象，及渤海进贡的海豹皮、貂鼠皮、“海东青”等。

金银、玉器及各种珍奇宝物的进贡，也是一个重点。如回纥进贡的鸭头子玉带，吐蕃进贡的金胡瓶、金盘、金碗，南诏进贡的铎鞘、浪剑、郁刀、琥珀，渤海进贡的玛瑙杯及人参等珍贵药材。还有一些少数民族地区的优质水果也传入内地。如南诏传来的石榴，“子大，皮薄如藤纸，味绝于洛中”，还有一种蔓胡桃，也“出南诏，大如扁螺，两隔，味如胡桃”。

棉花和棉布传入内地有两条路线：一路是自南方少数民族传入，一路是从新疆传入。据西晋人华峤《后汉书》的记载,东汉哀牢夷（居于今云南保山县一带）就产棉布。魏晋时期，交、广地区也产草棉。唐朝棉布称作白氎布，从南诏传来的白氎布质量最好，周去非《岭外代答》称：“南诏所织尤精好。白色者，朝霞也。国王服白氎，王妻服朝霞，唐史所谓白氎吉贝、朝霞吉贝是也。”新疆产棉最迟始于6世纪，唐时高昌也盛产白氎布，大量输入长安。

唐太宗还从高昌引进了葡萄酒的酿造法。《南部新书》记载，唐太宗“收马乳蒲桃种于苑，并得酒法，仍自损益之，造酒成绿色，芳香酷烈，味皆醍醐，长安始识其味也”。由此，“葡萄美酒”盛传于唐人之口，甚至在河东太原，也出产一种名为“燕姬葡萄酒”的美酒。

这些物品的输入，其作用绝不可轻视。每一件小小的东西，都可能以不同的方式引发唐人的想象力，从而有可能改变其生活模式。

其次，隋唐时期，周边少数民族与中央王朝的人员往来极为频繁，“万国衣冠拜冕旒”，盛况屡见。商人、留学生汇聚京师，还有许多突厥人、回纥人、昭武九姓胡人，长期滞留内地。他们的生活方式、风俗习惯，对内地人也产生了极大的影响。

贞观四年（公元630年）唐朝平定东突厥，许多突厥人入朝为官，入居长安者数千家。突厥人的生活习惯对唐人感染极强烈。史载唐太宗长子承乾，“好突厥言及所服，选貌类胡者，被以羊裘，辫发，五人建一落，张毡舍，造五狼头纛，分戟为阵，系幡旗，设穹庐自居，使诸部敛羊以烹，抽佩刀割肉相啖”。贵为太子的承乾，对突厥人的生活方式如此痴迷，可以想见突厥习俗当时在长安所产生的影响之大。承乾还曾“学胡人椎髻，剪彩为舞衣，寻橦跳剑，鼓鞞声通昼夜不绝”。这也是当时“长安胡化盛极一时”的反映。到开元时，“胡风”更盛，“太常乐尚胡曲，贵人御馔尽供胡食，士女皆竟衣胡服”。宴饮也以“胡姬压酒”为时尚，烧饼、胡饼、搭纳等“胡食”，极受唐人欢迎。从驾宫人骑马“皆著胡帽，靓妆露面，无复障蔽”，士庶之家的仕女从而仿效，胡装盛极一时。回纥装也曾极受欢迎，后蜀花蕊夫人《宫词》有“回鹘衣装回鹘马，就中偏称小腰身”之句，说明回鹘妇女紧身装颇得妇女们的青睐。

唐代风行的打马球，又称击鞠，是藏族人民在我国体育史上的重大贡献，唐时由吐蕃传入内地。唐太宗曾在安福门观看“西蕃”人打马球。景云中，金城公主入藏时，吐蕃球队还与唐皇家球队举行过一场盛大的比赛。唐玄宗时期，马球运动也风行民间。

纵观中国历史，唐人的社会生活丰富多彩，臂鹰打猎、驰马击剑、赋诗沽酒、跳舞唱歌、杂技百戏、色彩纷呈。这和唐人吸纳少数民族生活方式和风俗习惯是有一定关系的。

最后，隋唐文化在艺术方面的成就极高，特别是音乐舞蹈非常发达。这与唐朝能够博采外来文化的长处，有极大关系。

中国乐舞原本较质朴，以后不断吸收少数民族和外国乐舞。隋炀帝确定的“九部乐”中，就有龟兹乐与疏勒乐。唐太宗又增加了高昌乐，合称“十部乐”。后来唐人又将燕乐分为“立坐二部”，属于立部伎的有《安乐》《太平乐》《破阵乐》《庆善乐》《大定乐》《上元乐》《圣寿乐》《光圣乐》，凡八部。“八部乐”大多为新制，自《破阵乐》以下，“皆擂大鼓，杂以龟兹之乐，声振百里”。属于坐部伎的有《燕乐》《长寿乐》《天授乐》《鸟歌万寿乐》《龙池乐》《破阵乐》，凡六部，大多为武后、玄宗时所造。“自《长寿乐》以下，皆用《龟兹乐》，舞人皆著靴。”说明这些新制燕乐吸收了很多少数民族乐舞的优秀成分。另外，开元、天宝时颇负盛名的《霓裳羽衣舞》，也是唐玄宗根据西凉乐舞加工润色而成的。“胡部新声”不断进入隋唐宫廷，是唐代文化融合的一个重要内容。

唐朝还从西域传入许多杂技乐舞，如健舞、软舞、字舞、花舞、马舞等。健舞曲有《稜大》《阿连》《柘枝》《剑器》《胡旋》《胡腾》，软舞曲有《凉州》《绿腰》《苏合香》《屈柘》《团圆旋》《甘州》等。其中胡旋、胡腾、柘枝三大健舞最受唐人欢迎。

在绘画方面，隋唐之际有名的画家尉迟质跋那与其子尉迟乙僧，都是于阗人，画史上称为大、小尉迟。尉迟乙僧“善画外国及佛像”，他的画风属于凹凸派。中国唐朝以前的绘画以线条为主。盛唐大画家吴道子受尉迟乙僧画法的影响，以凹凸法渗入人物画中，山水树石画也别开生面，发展出后代的晕染泼墨画法，这是少数民族在我国文化史上的重要贡献之一。

隋唐文化对东亚文化的影响

隋唐文化盛极一时，并不断向外部世界作文化辐射。汉字、儒学、纲常律令、科学技术、中国化佛教等都对周边乃至远方发生影响。在东亚，以这些因素为共同特征，以中国为中心，形成了今天所谓的“东亚文化圈”。

4世纪中叶，大和朝廷大体上统一了日本列岛。日本国王曾多次向中国南朝政权遣使朝贡，并请求授予封号。公元589年，隋朝统一了中国，结束了自东汉末年以来中国近四个世纪的分裂动乱，社会经济文化迅速发展。

当时日本正是圣德太子摄政，他励精图治，锐意改革。为了直接吸取中国的先进文化，圣德太子先后向中国派出了四批遣隋使（公元600年、607年、608年、614年），这是中国和日本作为两个统一国家正式交往的开始，也是日本统治者采取主动积极态度，派遣大型文化使团直接吸收中国先进文明的开端。遣隋使可以说是后来遣唐使的先驱。

公元618年，唐朝灭隋，建都长安（今西安）。唐帝国经济文化空前繁荣发达，成为东亚最强大的帝国，声威远扬，对日本和亚洲各国都有巨大吸引力。日本通过四次遣隋使，朝野上下对中国文化更加仰慕向往，出现学习模仿中国文化的热潮。623年。遣隋留学僧惠齐、惠日等人在留学中国多年后回国，向天皇报告大唐国是法律制度最完备的国家，建议派使节赴唐学习。为了达到更加直接有效地学习唐朝先进制度和文化的目的，日本政府决定组织大型遣唐使团、派遣优秀人物为使臣，并携带留学生、留学僧去中国。

唐代遣唐使所用船（模拟图）

公元 630 年，舒明天皇终于派出了第一批遣唐使，从 630 — 895 年的二百六十多年间，奈良时代和平安时代的日本朝廷一共任命了十九批遣唐使，其中任命后因故中止者三次，实际成行的十六次。但是有一次仅抵朝鲜半岛的百济国，有两次是作为送回唐朝专使的“送唐客使”，另有一次是因入唐日使久客未归而特派使团前往迎接的“迎入唐使”。因此实际上名副其实的遣唐使是十二批。

这十几批遣唐使大致可以分为三个时期：

初期：公元 630—669 年，共任命七次。使团规模较小，船只一二艘，成员一二百。航线走朝鲜半岛沿岸的北路，目的主要是为了学习唐朝的制度。

中期：公元 702—752 年，是极盛时期，共任命成行四次。使团规模扩大，每次达五百多人，分乘四船，收获成果也最大。航线大多是经南方诸岛的南岛路。为了全面深入学习盛唐文明，实现全盘唐化，有大批留学生、留学僧长期留唐。

后期：公元 759—874 年，是渐衰期，共任命九次实际成行仅六次。此期唐朝经安史之乱逐渐衰败。因此日本学习唐朝的热情有所降低，使团规模缩小，留学生、留学僧留唐时间也减少至一二年。航线主要是直接横渡东海的大洋路。

遣唐使团的规模初期约一二百人，仅一二艘船，到中、后期规模庞大，一般约五百余人，四艘船，最多是 838 年第十八次竟达 651 人。使团成员包括大使、副使及判官、录事等官员，还有文书、医生、翻译、画师、乐师等各类随员和工匠水手。此外，每次还带有若干名留学生和学问僧。

日本朝廷选拔的使臣大多为通晓经史、才干出众而且汉学水平较高、熟悉唐朝情况的第一流人才。甚至相貌风采、举止言辞也不同凡响，就是随员也至少有一技之长，至于留学生与学问僧也均为优秀的青年，有的在留学前已在国内崭露

唐代遣唐使图

头角，学成归来一般均有一定建树。日本政府之所以精选这样强大阵容的遣唐使团，就是为了更好地吸收学习唐朝文化。遣唐使一旦安全回国，立即奏报朝廷，进京后举行盛大欢迎仪式。使臣奉还节刀，表示使命完成，天皇则为使臣晋级加官，赏赐褒奖，并优恤死难者。

遣唐使团在中国受到盛情接待。唐朝有关州府得到使团抵达的报告后，马上迎进馆舍，安排食宿，一面飞奏朝廷。地方政府派专差护送获准进京的使团主要成员去长安，路途一切费用均由中国政府负担。遣唐使抵长安后有唐廷内使引马出迎，奉酒肉慰劳，随后上马由内使导入京城，住进四方馆，由监使负责接待。接着遣唐使呈上贡物，唐皇下诏嘉奖，接见日本使臣，并在内殿赐宴，还给使臣授爵赏赐。

遣唐使臣在长安和内地一般要逗留一年左右，可以到处参观访问和买书购物，充分领略唐朝风土人情。遣唐使归国前照例有饯别仪式，设宴畅饮、赠赐礼物。唐朝政府除优待使臣外还给日本朝廷赠送大量礼物，表现了泱泱大国的风度。最后遣唐使一行由内使监送至沿海，满载而归。

遣唐使的贡献首先是引进唐朝典章律令，推动日本社会制度的革新。遣唐使在长安如饥似渴地考察学习，回国后参与枢要，仿行唐制，如“大宝法令”即以唐代律令为规范制定的。他们还仿效唐朝教育制度，开设各类学校教授汉学，培养人才。818 年，嵯峨天皇根据遣唐使菅啇原清公的建议，下诏改走礼仪，并命“男女衣服皆依唐制”（《大日本史》卷 123），连历法、节令、习俗也尽量仿效中国。

其次是汲取盛唐文化，提高日本文化艺术水平。遣唐使每次携回大量汉籍佛经，朝野上下竞相赞写唐诗汉文，白居易等唐代著名诗人的诗集在日本广泛流传。留唐学生僧人还借用汉字偏旁或草体创造出日本的假名文字。遣唐使还输入唐朝书法、绘画、雕塑、音乐、舞蹈等艺术，经过消化改造，融为日本民族文化。甚至围棋等技艺和相扑、马球等体育活动也是从唐朝传入的。遣唐使团中常有日本画师、乐师以至围棋高手赴唐访师学艺、观摩比赛。

遣唐使于公元 895 年废止，其原因除唐朝政局动荡不安以外，还有经过二百多年的吸收移植唐代文化，日本已经基本上完成改革。并在基础上开始萌生具有日本特色的国民文化。因此对中国文化学习的需求已不那么迫切。而且每次遣唐使耗费巨大，加上路程艰辛，也令使臣视为畏途。同时唐朝赴日贸易也不断增加，也弥补过去靠遣唐使解决对唐货的需求。因此，公元 894 年宇多天皇接受了已任命而未出发的第十九次遣唐大使的奏请，于次年正式宣布停派遣唐使。

中国与朝鲜半岛的文化交往历时久远。还在古朝鲜时期（前 5 世纪至前 1 世纪中叶），儒学与汉字便输入朝鲜。前 1 世纪中叶至 7 世纪中叶，朝鲜半岛从不同渠道大规模吸纳中国文化。迨至唐代，朝鲜半岛竞相向唐遣送留学生，学习中国文化。新罗统一朝鲜后，更以唐代为立国轨范。中央仿唐尚书省设执事省，综理国政，下设位和府（掌人事）、仓郡（掌租税）、礼部（掌教育礼乐）、兵部（掌兵马）、左右理方府（掌律令）、例作府（掌工事），一如唐尚书省的六部。此外，又仿唐的内侍省置内省，仿唐的御史台置司正府。在学制上，新罗仿唐置国学，设儒学科和技术科。747 年（景德王六年）国学改为大学监。大学设博士助教若干人，讲授儒学和算学。儒学以《论语》《孝经》为必修，《周易》《尚书》《毛诗》《礼记》《春秋左传》和《文选》为选修。算学以中国《缀学》《三开》《九章》《六章》为教材。新罗亦遣出大量留唐学生。840 年（开成五年），新罗留学生和其他人员学成回国的一次就有 105 人。这些“登唐科第语唐音”的留学生回国后，广为传播儒家文化，诚如唐人皇甫冉诗咏：“还将大戴礼，方外授诸生。”唐玄宗曾赐新罗王诗：“衣冠知奉礼，忠信识尊儒。”新罗民俗也广受唐文化的影响。真德女王时，采用中国章服之制，“自此以后，衣冠同于中国”。644 年（文武王四年），“新罗遣人熊津学唐音乐。时唐军留镇熊津，中国声音器物多随以来，东方华风，自此益振”。此外，新罗的姓氏制度与民间节日，都具有中华文化痕迹。

隋唐时期朝鲜半岛地形图

两税法的实施

两税法开始施行于德宗建中元年（公元 780 年）。该税法的实行，是封建土地所有制发展、均田制破坏的必然结果。唐初实行均田制，在一定程度上保证了每户农民有一块土地。凭借这些土地，可以承担国家的租税和徭役，并维持一家生计。以“丁身为本”的租、庸、调制便是在这个基础上实行的。但是在唐朝建国以后，土地兼并便在逐步发展。到武周时期，失去土地而逃亡的农民已经很多。玄宗时宇文融的括户，括出逃户八十余万和相应的籍外田亩数，就反映了当时均田制度破坏的严重程度。农民逃亡，政府往往责成邻保代纳租庸调，结果迫使更多的农民逃亡，租庸调制的维持已经十分困难。与此同时，按垦田面积征收的地税和按贫富等级征收的户税逐渐重要起来。到天宝年间，户税钱达二百余万贯，地税粟（谷）达一千二百四十余万石，在政府收入中的比重已经和租、调大约相等。安史之乱以后，国家失去有效地控制户口及田亩籍账的能力，土地兼并更是剧烈，加以军费急需，各地军政长官都可以任意用各种名目摊派，无须获得中央批准。于是杂税林立，中央不能检查诸使，诸使不能检查诸州。赋税制度非常混乱，阶级矛盾十分尖锐。江南地区出现袁晁、方清、陈庄等人的武装起义，苦于赋敛的人民纷纷参加。这就使得赋税制度的改革势在必行。

在建中以前，朝廷已有多次试探性的或局部地区的改革。代宗广德二年（公元 764 年）诏令：天下户口，由所在刺史、县令据当时实在人户，依贫富评定等级差科（差派徭役和科税），不准按旧籍账的虚额（原来户籍上的人丁、田亩、租庸调数字）去摊及邻保。这实际上就是用户税的征收原则去代替租、庸、调的征税原则。不过似乎没有贯彻下去。永泰元年（公元 765 年）又命令，“其百姓除正租庸外，不得更别有科率”。但是在同年五月，京兆尹第五琦奏请夏麦每十亩官税一亩，企图实行古代的十一税制。实际上是加重地税。到大历四年（公元 769 年）、五年（公元 770 年）又先后有几次关于田亩征税的命令，五年三月的规定是京兆府夏税上田亩税六升，下田亩税四升；秋税，上田亩税五升，下田亩税三升。分夏秋两次并且按亩积和田地质量征税，都是试行的新政策。与此同时，

唐代借以征税的青苗

在广德二年到永泰二年已开始征青苗地头钱，按垦田地积每亩征税十五文，也是按占有土地的面积科税，不过是征钱而不是征租。

大历十四年五月唐德宗即位，八月以杨炎为宰相，决心把税制改革进行下去。杨炎建议实行两税法。到次年（建中元年）正月五日，正式以敕诏公布。

两税法的主要原则是“户无主客，以见居为簿；人无丁中，以贫富为差”。即不再区分土户（本贯户）、客户（外来户），只要在当地有资产、土地，就算当地人，上籍征税。这是为了解决一些官僚、富人在本乡破除籍贯，逃避租庸调，而到其他州县去购置田产，以寄庄户、寄住户或客户的名义享受轻税优待的问题。同时不再按照丁、中的原则征租、庸、调，而是按贫富等级征财产税及土地税。这是中国土地制度史和赋税制度史上的一大变化，反映出过去由封建国家在不同程度上控制土地占有（或私有）的原则变为不干预或少干预的原则。从此以后，再没有一个由国家规定的土地兼并限额（畔限）。同时征税对象不再以人丁为主，而以财产、土地为主，而且愈来愈以土地为主。具体办法是：

①将建中以前正税、杂税及杂徭合并为一个总额，即所谓“两税元额”。该税分两种：一种是斛斗（即谷物），按土地面积摊征；一种是税钱，按户等高下摊征。元额虽规定以大历十四年的数字为准，实际上是以大历中各种税额加起来最多的一年为准（但两税元额中不包括青苗地头钱，青苗钱以后仍然单独征收）。各州、县都有自己的“元额”，也是以大历中最高的一年为准。

②将这个元额摊派到每户，分别按垦田面积和户等高下摊分。以后无论有什么变化，各州、县的元额都不准减少。

③每年分夏、秋两次征收，夏税不得过六月，秋税不得过十一月。因此被称为两税（一说是因为它包括户税、地税两个内容）。

④无固定居处的商人，所在州县依照其收入的三十分之一征税。

⑤租、庸、杂徭悉省，但丁额不废（保留丁额额可能还是为了临时差派力役）。

两税法把中唐极端紊乱的税制统一起来，短期内曾在一定程度上减轻人民的负担，并且把征税原则由按人丁转为按贫富，扩大了征税面，也对无地少产的农民有好处。但是实行中的弊病也确实不少。首先是长期不调整户等。建中元年定两税时定户已不严格，贞元四年（公元 788 年）又诏令定户等，并且规定三年一定，以为例程，但是许多地方的材料反映，自建中以后就长期没有再定户等，这样就不能贯彻贫富分等负担的原则。其次是两税中户税部分的税额是以钱计算，由于政府征钱，市面上钱币的流通量不足，不久就产生钱重物轻的现象。农民要贱卖绢帛、谷物或其他产品以交纳税钱，无形中增加了负担，到后来比之定税时竟多出三四倍。再次是两税制下土地合法买卖，土地兼并更加盛行，富人勒逼贫民卖地而不移税，产去税存，到后来无法交纳，只有逃亡。于是土地集中达到前所未有的程度，而农民沦为佃户、庄客者更多。由于这些弊病，两税法遭到当时很有影响的人物如陆贽等的强烈反对，但是他们拿不出更好的办法代替它，只是主张恢复租庸调，而租庸调已根本无法再实行，地主私有经济的发展趋势不可能逆转。这种税制也就成为后代封建统治者所奉行的基本税制了。

隋唐时期的社会风俗

隋唐时期国力强盛，经济繁荣，对外开放，社会风俗的变化表现出这一时代的特点。

一、饮食

唐代盛行胡食，“贵人御馔，尽供胡食”。胡食中最受欢迎的是胡饼，亦称麻饼，即今之烧饼，成为当时的上等食品。饺子亦为人所喜爱，不仅流行于中原，而且流行于新疆等边远地区。饮茶之风更盛，“田闾之间，嗜好尤切”，茶叶成为进贡、赏赐、馈赠的佳品。

二、服饰

隋唐饮酒之风极盛。唐代长安有胡姬所开酒店，专卖胡酒，成为文人学士游宴之所。西域的葡萄酒酿造技术也在此时东传，太原郡贡品中已有葡萄酒。

隋代男子戴介帻，穿盆领大袖袍、裲裆衫。介帻顶端隆起部分，形似尖角屋顶。裲裆衫为前后两片，质以布帛，肩部以皮制褡袢连缀，腰间用皮带系扎，“今俗谓之背心（《释名·释衣服》王先谦疏证补）”。妇女以短襦长裙为特征，裙腰系至乳部，外面着短衬衫，有绣带双垂，给人以俏丽修长之感。

穿着日常服饰的隋代妇女（模拟图）

继隋之后的唐代，自天子以至庶人，皆服乌纱帽，样式由个人所好而定。张籍《答元八遗纱帽》诗云：“黑纱方帽君边得，称对山前坐竹床。唯恐被人偷剪样，不曾闲戴出书堂。”于此可见当时乌纱帽流行的风尚。

魏晋以来，风行裹头，开始以两角向后裹，后来又裁成四方，两个巾角向前系住发髻，另两个角巾向后系结下垂，称为幞头。幞头的脚用铜、铁丝撑起，称为硬脚幞头。到唐代，幞头重系前后，以像两仪（阴、阳）；两边各为三撮，以像三才（天、地、人）。

唐代士人以棠苎襕衫为上服，颜色也有等级：一为黄，二为黑，三为纁，四为绿，五为紫。庶人穿白色。太宗贞观四年（公元630年）八月又规定凡官吏三品以上穿紫色官服，四品五品穿绯色官服，六品七品穿绿色官服，八品九品穿青色官服。从此，品色衣一直是中国官服制度上的一大特色。唐代男子公服为圆领袍，上裹软幞头，下着长靿靴。此外，唐代官员还有鱼符，鱼符以袋盛装，三品以上袋饰以金，五品以上袋饰为银，称为鱼袋。唐代的鱼袋，是上古夹袋的演进，上古衣袍无口袋，盛放零碎杂物，只能借助于夹袋，夹袋亦盛算筹，所以又称“算袋”（《新唐书》卷24）。

唐代将帅袍服绣以狮、虎纹章。武士的胄甲，有金属、皮革、绢布等多种。中、晚唐以后，胄甲兜鍪护耳翻转上翘，甲身连成一体，背、胸两甲用皮革相接，胸、腰各束一带，腰带上半露出护脐的圆镜，已趋向五代两宋的形制。

唐代女装首服方面值得注意的有从西域传来的胡帽。胡帽为一种浑脱帽，多用较厚的锦缎制成，也有用乌羊毛制成的。帽子顶部，略成尖形，周身织有花纹，有的还镶嵌各种珠宝。开元初，从驾宫女马上著胡帽，靓妆露面，士庶咸效之。

唐代女服（模拟图）

唐代妇女多着由衫、帔、裙三件组合的服装。衫袖阔大，盖承汉魏定制。“帔，披也，披之肩背，不及下也”（《释名·释衣服》），与传统戏剧服装的“帔”是两回事。唐代妇女所穿半臂又称半袖。一般为短袖，长与腰齐，是从短襦演变而来的，多用对襟，穿时在胸前结带，也有少数套衫式的，穿时从头顶套下，领口宽大，呈袒胸状。半臂下摆，可以显现在外，也可以束于裙腰之内。半臂必须内衬短襦，不能单独使用。以纱罗作衣料，是唐代女服的重要特征。尤其是不着内衣，仅以轻纱蔽体的装束，更是非常的创举，反映了唐人思想的开放。唐代安乐公主“造百鸟毛裙”（《朝野佥载》卷3），其制作工艺之精，是十分罕见的。这种珍贵的服饰虽然谈不上普及于广大妇女，但在社会中、上层妇女中间，着之者一定大有人在。至于小家碧玉则以颜色和式样取胜，比较典型的是穿石榴裙。石榴裙始见于梁元帝《乌栖曲》：“芙蓉为带石榴裙。”唐人小说中的李娃、霍小玉等就常穿这种裙子。明代蒋一葵著《长安客话》录有一首《燕京五月歌》：“石榴花发街欲焚，蟠枝屈朵皆崩云。千门万户卖不尽，剩将儿女染红裙。”《红楼梦》里也有关于石榴裙的大段描写。今人所谓“拜倒石榴裙下”仍为常用语，可见这种裙子一直流传了下来。

唐代妇女发式有半翻髻，做成单片或双片刀型，直竖发顶。单片髻一侧倾斜，双片髻向两边翻转。又有抛家髻，两鬓抱面，一髻抛出等发式。

隋唐时代的男女服饰虽有定制，但更多发展变易。据李华《与外孙崔氏二孩书》称：“吾小时，南市帽行见貂帽多，帷帽少，当时旧人，已叹风俗。中年至西京市，帽行乃无帷帽，貂帽亦无，男子衫袖蒙鼻，妇人领巾覆头，向有帷帽，必为石所及。”可见中唐前服饰习俗新潮迭起的情形。

三、婚丧

唐初婚俗仍重门第。朝廷新贵多以与士族联姻为荣，士族则乘机多要财礼，时人谓之卖婚。唐太宗诏令禁止士族自相为婚，而士族仍多私相婚嫁。开元以后，政府提倡早婚。男年 20、女年 15，便须婚嫁。但民间之俗仍多男 30 而娶，女 20 而嫁。婚礼多尚侈靡，“婚嫁之初，杂奏丝竹，以穷宴欢。官司习俗，弗为条禁”。

唐代丧俗亦不按旧礼，往往不即发丧，而是先造邑社，待营办齐全后始发丧，并且多借车乘，雇棺椁，以荣送葬。葬毕，邻里会集，相与酣饮，名曰出孝。又流行占卜葬地吉凶，葬书多达 120 种。

四、节俗

隋唐节俗亦有新的发展。正月十五上元节，亦称元宵节，自唐天宝以后，观灯成俗，例为节前后共三日，故又称灯节。清明前二天为寒食节，寒食上墓之俗，自开元二十年（公元 732 年）编入五礼，始成定制。五月初五为端午节，古有竞渡之俗。而以龙舟竞渡，则盛于唐朝。

宋代理学与中国文化

宋代理学是宋代哲学的主流，是儒家哲学的特殊形式，又可称为道学。因理学家主要讨论的内容为义理、性命之学，故称为理学。

周敦颐像

宋代“理学”在其整体形成过程中，大致可以分为三个时期，即开创时期、奠基时期与集大成时期。而这三个阶段的展开，都是伴随着对佛、道思想精神的吸收改造，围绕着将伦理提高为本体这一主题。

一向被认为是“理学”开山之祖的是周敦颐、邵雍，他们是“理学”的开端性人物，而张载和程颐、程颢兄弟则为“理学”真正奠定了基础。周、邵、二程和张载号称为“北宋五子”。至南宋朱熹，是“理学”的集大成者。两宋“理学”，不仅将纲常伦理确立为万事万物之所当然，亦即“天理”，而且高度强调了人们对“天理”的自觉意识：“若讲得道理明时，自是事亲不得不孝，事兄弟不得不悌，交朋友不得不信。”（朱熹《朱子语类》卷9）为指明自觉认识天理的途径，朱熹精心改造了汉儒编撰的《大学》，突出了“正心、诚意”的修身公式：“古之欲明明德于天下者，先治其国；欲治其国者，先齐其家；欲齐其家者，先修其身；欲修其身者，先正其心；欲正其心者，先诚其意；欲诚其意者，先致其知；致知在格物。”在这一系列范畴中，“格物—致知”是基本出发点。所谓“格物”，便是体验作为外在性规范的“天理”。所谓“致知”，即了悟到伦理本体并贯彻到自己的行动中。从“格物”到“致知”，实质上是将外在规范转化为内在的主动欲求，亦即伦理上的自律。有了这一自律，方有诚意、正心、修身乃至齐家、治国、明德于天下的功业。

经过朱熹的构建，一个庞大的以人的伦常秩序为本体的儒学体系得以建立。孔、孟的一系列思想在这一体系中被加以形而上的解释。佛、道两教关于个体修炼与宇宙论、认识论的思想精粹亦被广为摄取入内。自汉以来多元发展的思想意识形态至此越过“正”—“反”阶段而进入“合”的集大成境地。朱熹也因此成为儒学的“正宗”和礼教的“圣人”。

“理学”一经构成，便对中国文化产生极为深刻的影响。“理学”所展示的伦理学主体性的本体论，将中国文化重伦理、重道德的传统精神推到极致，从而引出极为复杂的文化效应。

宋代“理学”首先是在新的哲学基础上重建传统的礼治秩序，理学家对传统的礼治秩序重新进行诠释，他们不仅高扬“礼”在宇宙大系统中的位置，而且对现实的礼治秩序加以构画。由理学家强化并重新推广于中国社会的礼治秩序给中华民族带来深重的精神损伤。因为礼治秩序只承认人伦关系网络的存在，而根本否认个体的独立价值。在礼治秩序中，个人永远是被规定、被组织的对象，人的主体性与个性全然消融在贵贱有别、尊卑有等的名分之中，任何异议的提出和个性的表现，都为礼治秩序所不容。其情势诚如戴震所说：“尊者以理责卑，长者以理责幼，贵者以理责贱。虽失，谓之顺。卑者、幼者、贱者以理争之，虽得，谓之逆。”（清·戴震《孟子字义疏证》）礼治秩序的长期浸染，在中国国民中造成一种劣根性，即身份地位高于他人的时候就有种想役使别人、压制别人的心理，表现为主性；而在身份地位低于别人的时候又受到别人的压制和役使，表现为奴性。由于在人伦关系大网络中，个人总是具有这样双重的身份。因此，中国国民的主、奴性便特别根深蒂固，由此造成如下令人痛心的趋势：

因为自己各有役使别人，吃掉别人的希望，便也就忘却自己同有被奴役被吃掉的将来。于是大小无数的人肉的筵宴，即从有文明以来一直排到现在。(鲁迅《灯下漫笔》)

由于“礼”在传统中国不是用来培养人际亲情，而是确认个人在人伦网络中所处位置的。因此，对“礼”的体认必须压制，约束任何带有自我色彩、个人色彩的情感因素，亦即所谓“人欲”。个体的所谓主体性、独立性在超越一切的绝对的“礼”的面前，荡然无存。

也正是由“穷理灭欲”的原则出发，理学家将礼治秩序对妇女的约束推向极致。在古代中国，社会地位最低的是女子，承受生活苦难最深重的也是女子，受礼治秩序桎梏最为深重的还是女子。诚然，自从进入文明阶段，女性就沦为男性的奴隶，但是由于不同国家和不同民族文化传统的不同，妇女被奴役的程度和方式也不相同。在古希腊，妇女虽被剥夺政治权利，但妇女的个体生活却享有极大的自由。中世纪的欧洲，虽依《圣经》的解释，夏娃是用亚当的肋骨造成，妇女因而命中注定是男性的奴仆。但因骑士制度的诞生，情形发生异变。骑士制度规定，一个理想的骑士不但需要勇敢、忠诚、诚实、彬彬有礼，而且必须充分尊重妇女。但在尊奉伊斯兰教的阿拉伯世界和儒学统治的中国、日本、韩国情形却与西方很不相同，而“理学”推出后的中国，对妇女的精神摧残尤其严

古代为“烈女节妇”所立的“贞节牌坊”

重。理学家们在新的哲学基础上对中国传统的“男女有别”、“男尊女卑”观念加以阐发，把所谓“妇德”与“家之隆替，国之兴废”联系起来，从而使传统礼教对女性的道德制约具有特别神圣的色彩。理学家为此制定了更为细密的礼仪规则。理学家们对妇女贞节操守表现出狂热的关注。程颐提出了“饿死事极小，失节事极大”(《二程全书·遗书二十二》)的著名命题。宋以后对烈女节妇的彰奖也因此无论是在规模上还是在数量上都远远超过前代。在理学家重新建构的礼治秩序下，中国妇女遭受到前所未有的精神损伤。有形的贞节坊、烈女碑凝聚了万千妇女“孤灯挑尽未成眠”的痛苦情感，而无形的封建礼仪规范，至今还重压在中国妇女的文化心理之上。

“理学”专求“内圣”的经世路线以及“尚礼义、不尚权谋”致思趋向将传统儒学的“先义后利”观发展成片面的“重义轻利”观念。

与此同时，“理学”强调通过道德自觉达到理想人格的建树，也强化了中华民族注重气节和操行，注重社会责任与历史使命的文化性格。哲学家张载曾庄严宣告：“为天地立心，为生民立命，为往圣继绝学，为万世开太平。”顾炎武在明清易代之际发出“天下兴亡，匹夫有责”的慷慨呼号。文天祥、东林党人在异族强权及腐朽政治势力面前，正气浩然，风骨铮铮，无不浸润了“理学”的精神价值和道德理想。

宋代市民文化的繁荣

词文、书法、绘画以及宋代“理学”，构成了一个精致、辽阔而又森严的贵族文化世界。而在这个世界之外，别有一种文化形态崛起，这就是在勾栏瓦舍中成长起来的鲜活生动的市民文化。这种市民文化的精神风貌、文化结构和各种表现形态无不围绕着市民这一消费主体，以满足市民享乐为目的。宋代市民文化的繁荣源自社会经济的发展为其奠定了物质基础。

北宋立都于汴京（今开封），称为东京开封府，也称汴州。南宋立都于临安（今杭州），时称临安府。两京都商贾云集、人文荟萃，都市生活蓬勃兴盛。

汴京是继东晋、南朝各国都城建康（今南京）以来中国历史上第二个人口超过百万的大都市。百万人口大都市的相继出现，显示出城市化的进程有了发展。

城市人口的成分比较复杂，有达官贵人，有军士，有中小商人、手工业者、摊贩、苦力以及尼姑、和尚、道士、江湖郎中、看相算命的占卜先生，三教九流一应俱全。大量不务生产的消费人口的存在，表明汴京不仅是北宋的政治中心，还是消费中心。当时汴京的经济已相当繁荣，汴京街道两旁店铺林立，散贩游商不计其数。宋太祖赵匡胤还下令开放夜市，突破了宋以前京都关于夜市的禁令。人物嘈杂、灯火通明的繁华夜市，使汴京成了一座不夜城。

宋代开封府原址

南宋都城临安也相当繁华，它是当时全国第一大城市。临安城内商贾买卖空前活跃，买卖要闹，吟叫百端，通宵交易，交晓不绝。诗人陆游面对那恍如白昼的夜市盛境，不禁吟出“近坊灯火如昼明，十里东风吹市声”（《夜雨砖街巷书事》）的诗句。为了便于商品经济的发展、物品的流通，南宋临安还印制并流通了中国较早的纸币之一——“会子”。

都市经济的发展，使市民的种种物质需求与精神需求更加丰富，阶层性审美意识更加强烈。在较快生活节奏与情感节奏中，市民们无意追求典雅的意境、浓郁的诗情，无心去品味充满哲理、意趣的散文。他们欣赏的是那些具有动人的情节、热烈的情调，更能直接地满足感官享受的艺术形式，这样就诞生了不同以往士大夫情趣的市民文化。这点正如有的学者所说的：“宋代城市，整个就是一个大市场，在其产生商品与利润的同时，还产生了市民文艺。”市民文化从一诞生起，就显示出一种野俗的活力与广泛的普及性。市民所喜爱的艺术形式有说话、讲史、杂技、杂剧、影戏、傀儡戏、音乐、舞蹈……

作为城市精神生活的重要内容，“说话”和戏曲为广大群众所喜闻乐见。“说话”在北宋已见端倪。当时主要是在街坊上行走说唱，有的是在宫廷中演出。但南宋已主要在“瓦子”里演出，已经有固定的演出场所。

在市民文艺发展进程中，一个具有重要意义的事件便是“瓦子”的兴起。“瓦子”，即瓦舍、瓦市或瓦肆，是城市市民交易、憩息、游耍的集中地。宋代“瓦子”的发展已经非常兴旺。南宋孟元老在《东京梦华录》中提到的“瓦子”就有九个，而据《梦粱录》《武林旧事》和《西湖老人繁盛录》等记载，临安有“瓦子”十七处，后来增加到二十三处。

固定的民间大型演艺场所的大量涌现，必须具备三个基本的社会条件：

（1）城市格局开放，没有坊市制度的约束，居住区、商业区和娱乐区相结合。

（2）居民的生产活动、社会活动不受季节的限制。

（3）人口密集，并且有众多的闲散人员，以保证“瓦子”经常满员。

我们可以看到，宋代“瓦子”的兴盛，与坊市制度的崩溃、城市商品经济的发达、市民生活方式的改变等都有很大的关系。因此，它也是宋代城市发展，经济、文化繁荣的集中体现。

与演出场所的固定化相伴随的是职业艺人队伍的固定与扩大。这也促进了艺人文化素质与技艺的日益提高。演出场所和专业艺人的固定化，反映了以市民文艺为主体的市民文化的繁荣。

当时，在“瓦子”里各种声、乐、伎艺兴盛一时。民间艺人说书讲故事也占了相当重要的一席位置。这些说书人的讲话底本，便是宋代话本的雏形。《醉翁谈录》中记载的南宋话本、传奇小说有一百零七种之多。《武林旧事》卷十中也列了宋代官方杂剧话本二百八十多种。

曲艺也在宋代形成了。它是元代以后北方杂剧与南方南戏两大戏曲流派的重要基础。傀儡戏（木偶戏）也十分受欢迎，在南宋临安的官巷口、苏家巷就有二十四家演出。

宋代流行的傀儡戏

这些艺术形式多是民间艺人对传说故事的再创造，形式多种多样，内容丰富。许多作品的主人公就是平民百姓。即使不是反映市民的真实生活，也反映了市民的理想、情趣，远不同于服务于宫廷庙堂的传统形式。这种民间形式适应了多种阶层市民文化生活的需要，开启了“俗”文化发展的新时代。

宋代学校和书院的发展

书院起源于唐末五代而盛于两宋。书院的设置，初期私人设立的较多，有的是私立官助，也有地方政府设立的，后来逐渐由中央令地方统一设立管理。但最能反映书院实质的还是私人或地方设立的书院。

北宋初期书院较盛，末期则逐渐衰落，南宋时再度兴盛。朱熹兴复白鹿洞书院是一件有重大影响的事件。其时书院甚多，仅《续文献通考》所载就有二十余处。最著名的有四大书院即岳麓、白鹿洞、丽泽、象山四处。南宋以后的书院有两个显著的特点，一是书院与理学家讲学发生密切关系，如白鹿洞是朱熹讲学之所。象山则是陆九渊授徒之地。二是若干书院不仅讲学，亦是纪念理学大师的所在。如徽州的紫阳书院，建阳的考亭书院是纪念朱熹的，丹徒的濂溪书院是纪念周敦颐的。

宋代对文化教育事业一直是很重视的。首先表现在三次兴学运动上。

一、宋代的三次兴学运动

第一次是以范仲淹为首的仁宗庆历四年（1044年）的兴学。范仲淹认为只考试而不教育的办法，是不问耕种而只求收获。于是提出兴办教育的建议。主要内容是在州县立学，改进国子学和大学。改革科举制度。实际上是按照改革的需要来培养人才，与庆历新政的政治改革是一致的。但这次兴学不久便失败了。第二次是神宗时王安石执此要培养改革型人才，制定了科举改革、兴办学校等一系列措施。这次兴学也可看做是王安石这位“中国11世纪的改革家”进行改革的一个重要方面。主要内容是改革学校制度和创立三舍即按学生成绩分为外舍、内舍、上舍并可依据成绩的优劣进行变换，改革教材，颁定《三经新义》；整顿并设置专业学机改革科举制度。这些主张和措施虽然是进步的，但由于历史条件的限制，并没有取得很大的成功。第三次兴学是在北宋晚期徽宗之时，蔡京为相，

范仲淹雕塑

主要想恢复并加强王安石时期的一些新政，但在学校制度方面并没有什么改变。这三次兴学都与政治改革有一定联系。这也可以说明，教育与政治历来就是息息相关的。

二、宋代书院的兴起

宋代教育的特点即是书院的兴起。书院是北宋至清代的一种重要的教育组织。在这个历史时期，无论在政治上还是在教育上，它都起过相当大的作用。其兴起与发展的历史原因是什么呢？书院的出现，作为一种新型的讲学制度与社会经济基础、政治制度都有着密切的关系。唐末的战乱使按等级授田的制度遭到了破坏，社会上出现了新发展起来的庶族地主。他们虽然有钱但却因门第不高，不能参与政权。他们为了自己的切身利益，为了争取参加统治集团，发表自己的主张，就要求有自己的教育组织。书院的产生与兴旺正适应庶族地主阶级的这种政治需求。此外，唐末五代的学术、学校教育都较衰落以及宋代私办学校的兴盛也是书院兴起的原因之一。另外，佛教的禅林制度对书院组织形式和讲学内容也都有很大的影响。

三、宋代四大书院

书院的建置，始于五代初盛于宋。北宋最著名的有四大书院即白鹿洞书院、岳麓书院、应天府书院、篱阳书院。

白鹿洞书院，在江西庐山下。唐朝李渤与其兄李涉都曾隐居在白鹿洞，后来李渤做了江州刺史，开始创建台谢。南唐升元年间建学馆，置田产，以学者李善道为洞主，当时叫白鹿洞国库。宋朝太平兴国二年（公元 977 年）江州知州周述上表说庐山白鹿洞有学生几千人，请赐《九经》以供学习，诏从其请，并且通过骋站把书送到。南宋孝宗淳熙六年（1179 年），南康太守朱熹申请重新修建并重制院规，使之成为很有名气的书院。

岳麓书院，在潭州（长沙市）岳麓。宋太祖开宝九年（公元 976 年），潭州太守朱洞姑创建于岳麓山抱黄洞下，建讲堂五间，斋序五十二间。真宗咸平二年（公元 999 年），谭州守李允则又扩大规模，并请求赐给经释文义疏《史记》《玉篇》《唐韵》等。之后山长（书院负责人）周式又请求太守刘师道，扩大其居。祥符八年（1015 年），颁发经书并书门额“岳麓书院”，于是岳麓书院便闻名于天下。

白鹿洞书院

应天府书院院址在商丘，当时属应天府治，因而得名。祥符二年（1009 年）始建，以曹诚为助教。在宋建国初期，名儒戚同文精通《五经》，聚徒百余人讲学。曹诚是戚同文的旧邻居，大力协助书院并建学台一百五十间，藏书一千五百余卷，真宗下诏改建成书院。

篱阳书院　在河南登封县太室山藤。五代周时建立，初名太室书院。宋至道二年（公元 996 年）七月，赐院额及印本《九经书疏》，景始二年（1035 年），重修太室书院，并下诏改名为篱阳书院。

北宋著名的大书院除上述四院之外还有设在街州（湖南衡阳市）石鼓山的石鼓书院；设在江宁府三茅山后的茅山书院，都很有名，故后代又有六大书院之称。书院至南宋得到更大的发展，各地书院已达五十余所。

高雅的宋诗、宋词、宋画

宋诗是在唐诗的基础上发展起来的。按照时间顺序可将宋诗分为几个不同的发展时期。

从北宋开国到宋真宗赵恒朝七八十年的时间里，宋诗基本上沿袭唐风。主要流派有以王禹偁（公元 954 — 1001 年）为代表的白居易体（简称白体），魏野（公元 960 — 1019 年）、林逋（公元 968 — 1028 年）为代表的晚唐体和杨亿（公元 974 — 1020 年）、刘筠（公元 970 — 1030 年）、钱惟演（公元 977 — 1034 年）

为代表的西昆体。诗的个人成就以王禹偁为最大。他是宋代提倡向李白、杜甫、白居易学习的第一个诗人，写下了不少关心民间疾苦的诗篇。就流派言，以雕章丽句、多用典故的西昆体影响为最大。11 世纪初二三十年间的诗坛，基本上为该派所把持。这一时期一般称为宋诗的沿袭期。

宋仁宗赵祯时，欧阳修、梅尧臣（1002 — 1060 年）、苏舜钦（1009 — 1048 年）等青年文学家，在反对骈文提倡古文的同时，连带反对杨亿和刘筠片面追求偶切、不重内容的近体唱和诗风。上承宋初王禹偁关心现实的精神，主张大量创作以反映国计民生为传统的古体诗，以配合当时的政治改革运动。这一时期，梅尧臣同情民间疾苦的名篇《田家语》《汝坟贫女》，苏舜钦反映宋朝社会问题的《城南感怀呈永叔》《庆州败》，欧阳修揭露官府腐败的《食糟民》，蔡襄（1012 — 1067 年）、石介（1005 — 1045 年）等人直接干预政局的《四贤一不屑》和《庆历圣德颂》等古体之作陆续问世，名重一时，朝野诗风为之一变。宋诗议论化、散文化的独特面目，也在此时初步形成。这一时期一般称为宋诗的复古期。

梅尧臣雕塑

11 世纪后半期，王安石、苏轼相继主盟诗坛，宋诗创作形成第一个高峰期。王、苏两人政治见解和诗歌主张多有不同，但锐意创新，力图建立个人风格的不倦追求则始终如一。代表作如王安石的《明妃曲》《乌江亭》诗，就传统题材翻出新意，充分发挥了宋诗长于议论的特点，读后耐人回味。苏轼则在“以诗为词”的同时，将欧阳修、梅尧臣等人开了头的“以文为诗”推进到“别开生面，成一代之大观”的地步。王、苏两人刻意求新而创作的一些小诗，如王诗《泊船瓜洲》，苏诗《题西林壁》，或以新鲜的意象示人以奇想，或以丰富的哲理发人以深思。历久而传诵不衰，也为宋诗增添了不少光彩。这一时期一般称为宋诗的革新期。

南宋前期，抗敌、北伐成为诗人表现的重大主题，爱国诗的大量涌现，使宋诗在这方面成为超越前代并给后世以莫大影响的典范。以陆游为代表的中兴诗人，纷纷从江西诗派的束缚下解脱出来，建立起自己的风格。陆游的“从军乐”、杨万里（1127 — 1206 年）的“诚斋体”、范成大（1126 — 1193 年）的田园诗，均

文天祥雕塑

能独自网开一面，在文学史上占有一席之地。除爱国、抗战之外，农村下层民众的生活也是他们的共同题材。诗歌语言也开始趋于通俗、自然和口语化。杨万里的活脱，陆游的平易，范成大的明白如话，包括以朱熹为代表的理学诗歌的平直质朴，均使这一时期的诗歌表现出与前几个时期以及唐诗的不同面貌。这一时期一般称为宋诗的中兴期。

南宋后期，再也没有出现比较重要的诗人。先后活跃在诗坛上的有“永嘉四灵”和“江湖诗派”，如贾岛、姚合等人。他们重走宋初沿袭晚唐诗风的老路，虽也写出一些清新可读的作品，但总的来说，宋诗也如当时的政局，已是风雨飘摇，每况愈下。直至宋末文天祥等爱国志士以血泪凝成的正气歌留名汗青，宋诗才最后迸出了一道引人注目的亮光。这一时期自然也成为宋诗的飘零期。

关于对宋诗的评价，自南宋严羽《沧浪诗话》起就存在着严重的分歧。从艺术的角度看，宋诗不少作品缺乏形象性、音乐美，感染力不强是它的缺点。但是，宋诗的成就虽然不如唐诗，但又自具特色。

《诗词散论·宋诗》中说：“唐诗以韵胜，故浑雅，而贵蕴藉空灵；宋诗以意胜，故精能，而贵深折透辟。唐诗之美在情辞，故丰腴；宋诗之美在气骨，故瘦劲。”这番话说的便是唐、宋诗各自的特色。

比如李白的《洞庭湖》（之一）：

洞庭西望楚江分，水尽天南不见云。日落长沙秋色远，不知何处吊湘君。

此诗只是写洞庭西望之所见，信手拈来，毫不着力，读来的确是蕴藉空灵，情在景中，这是以韵胜。

再看黄庭坚的《题郑防画夹》(之一)：

惠崇烟雨归雁，坐我潇湘洞庭。欲唤扁舟归去，故人言是丹青。

这首诗前三句写的是湖中景致及景色之动人，待到诗人欲买舟一游时，方明白并非真景，原来乃是画。前三句的烘托作势，目的全为闪出最后一句，足见颇费匠心，深析透辟，即以意胜。

唐诗重韵致，所以大都情景交融，或情寓景中。又如李白《望庐山瀑布》一诗，四句均写景，并无特别深意，然其中洒脱高远，读者自能体会。其美全在情辞。这便是严羽在《沧浪诗话》中所讲的“不涉理路,不落言诠”。而同是写庐山，苏轼《题西林壁》便不尽相同。该诗前两句还是写景，但后两句却是议论，不过正因有此议论，更能让人充分领略到庐山的峰回路转。清人赵翼评论道：“庐山名作如林，若再实做，断难出色。坡公想落天外，巧于以偏师取胜。”的确，该诗与李白诗相比情辞之丰腴有所不如。但意思更为深刻，以气骨见长。苏轼此诗的意义还不仅于此,读者还可从中领悟到深刻的哲理。这也正是宋诗的特色之一，即富于理趣。

至于富理趣，唐诗中本有，像王维的《酬张少府》：

晚年唯好静，万事不关心。自顾无长策，空知返旧林。松风吹解带，山月照弹琴。君问穷通理，渔歌入浦深。

诗人只是叙事写景，松风山月、解带弹琴，均可资以悟道。最后以不答作答，耐人寻味。理寓于景，意在言外，这是唐诗说理的特色。宋诗说理的特色，则可以照看黄庭坚的《次韵答斌老病起独游乐园二首》(之一)：

万事同一机，多虑即禅病。排闷有新诗，忘蹄出兔径。莲花出淤泥，可见嗔喜性。小立近幽香，心与晚色静。

相对上一首而言，两诗其实含义相同，但黄诗在写法上较为曲折，说理更加透辟。只不过言尽句中，论到含蓄则有所不如了。

岑参雕塑

在说理诗上唐、宋诗各有各的特色，写

景诗亦然。比如像岑参的《白雪歌送武判官归京》，虽然极尽描摹之能事，但款款道来，数换韵脚以作停顿，步骤合拍。宋诗中苏轼的《百步洪》，效仿韩愈《送石处士序》中的比喻手法，一气呵成，使人应接不暇。且中间不换韵脚，大有直下之势。诗的优美与文的流畅兼有，写作技巧可说比岑诗有进步，但不免失之急迫，没有唐诗的雍容之态。

宋诗不仅在章法上，在音调上也一改旧观，多挺拔瘦劲，以黄庭坚诗为代表，与唐诗的浑雅之音迥异。此外，严羽曾指摘黄庭坚和江西诗派“以文字为诗，以议论为诗，以才学为诗”。实际上这也正是宋诗区别于唐诗之处，是宋诗的一大特点。宋人既求新求变，于是天地万物、嬉笑怒骂皆入文章，独辟蹊径。而唐诗中香草美人、男女情辞，在宋诗中却很少能见到。这主要是唐末出现并在宋代发展起来的词，其体裁形式适于言情，故宋人的这类情感大多转注到了词中。

唐、宋诗的孰优孰劣历来纷争不止，褒贬取舍因人而异。宋诗的长处在于技法上较唐诗有所进步以及题材更为宽广，不过文学技巧越是进步，天籁自然越失，难免露出斧凿之痕，失却雍容浑厚之美，这也是无可奈何之事。因为若一味求新求变、求深求险，一旦无新意所得，只好留意于字句之间，舍本逐末，便有损诗境，因辞害意。宋诗不及唐诗之处也正在于此。

总之，就文学的发展而言，宋诗贵独创而不贵拘泥。宋诗人在唐诗已然兴盛至斯的情况下，难以为继。穷则思变，于是开辟新境，涉足唐人未到之处，另创一格与唐诗形成分庭抗礼之势。宋诗对后世的影响仍然很大，在中国文学史上占有重要地位。

与诗相比，宋代文学中的最高成就为词。

宋词是中国古代文学皇冠上光辉夺目的一颗巨钻，在古代文学的阆苑里，她是一座芬芳绚丽的园圃。她以姹紫嫣红、千姿百态的风姿，与唐诗争奇、与元曲斗艳，代表一代文学之盛。

宋词远从《诗经》《楚辞》及《汉魏六朝诗歌》里汲取营养，又为后来的明清戏剧小说输送了养分。直到今天，它仍在陶冶着人们的情操，给人们带来很高的艺术享受。

宋词大体上可分为婉约派、豪放派两大类。

婉约派的特点主要是内容侧重儿女风情。结构深细缜密，重视音律谐婉。语言圆润，清新绮丽，具有一种柔婉之美。婉约词风曾长期支配宋代词坛。

宋词婉约派的代表人物主要有柳永、晏殊、欧阳修等。

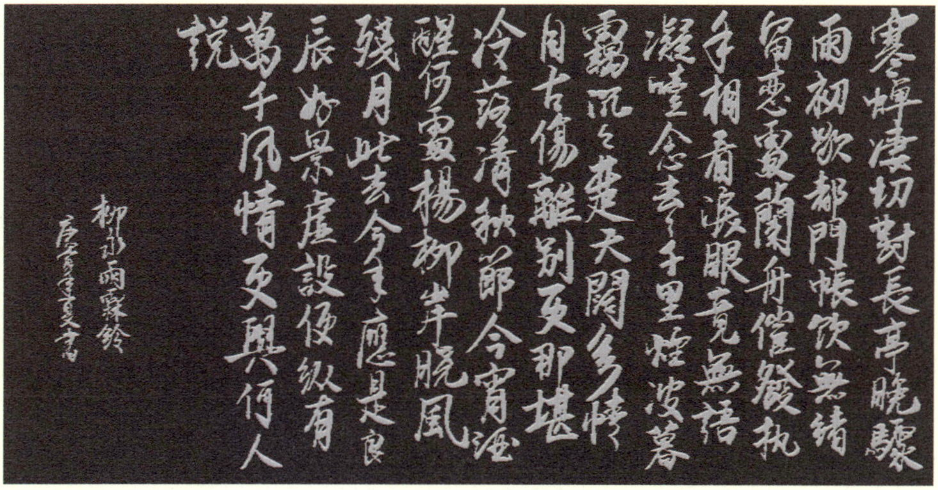

柳永词——《雨霖铃·寒蝉凄切》书法作品

一、柳永

柳永（公元 984 — 1053 年），原名三变，后改名永，字耆卿。福建崇安人。一生不得志，官位仅至屯田员外郎。有《乐章集》，存词 212 首。他少聪颖，谙识音律。其生平，可分两个阶段，以中进士作为分界线。《避暑录话》卷三：“柳耆卿为举子时，多游狭邪，善为歌辞。”这时他流连于汴京的秦楼楚馆，恣情游宴，是个风流浪子型人物，所作亦多狭邪之曲。如《戚氏》：“暗想从前，未名未禄，绮陌红楼，往往经岁迁延。”不过柳永也为此而付出了落榜的代价。《能改斋漫录》卷十六说他“尝有《鹤冲天》词云‘忍把浮名，换了浅斟低唱’。及临轩发榜，（仁宗）特落之，曰‘且去浅斟低唱，何要浮名’”！柳永入仕后任晓峰盐场官时写《鬻海歌》，“悯亭户也”，是“洞悉民瘼”反映盐民痛苦生活的一首作品。词风也有所变化。

柳永是中国文学史上着力写词的作家，他的词把汉魏古诗中游子思妇题材同唐五代词中男女情爱与离愁别绪的描写结合起来，自铸一格。他吸收了六朝小赋的表现特点，创造了层层铺叙、恣意渲染的艺术手法。他发展了词的长调体制，为宋词的发展开创出新的局面。

叙写城市的繁华富庶，是柳永词的思想内容的一个重要方面。柳永以小词细笔，描叙最能表现社会繁荣的都市生活景象，无疑是词在题材方面的一大开拓。柳永这类词有 40 多首，北宋几座名城，都在柳永笔下做过充分的描绘，如咏写西南名城成都的《一寸金》：

井络天开，剑岭云横控西夏。地胜异、锦里风流，蚕市繁华，簇簇歌台舞榭。雅俗多游赏，轻裘俊、靓妆艳冶。当春昼，摸石江边，浣花溪畔景如画。梦应三刀，桥名万里，中和政多暇。仗汉节、揽辔澄清，高掩武侯勋业，文翁风化。台鼎须贤久，方镇静、又思命驾。空遗爱，两蜀三川，异日成佳话。

词人以充满感情的笔墨，描绘了成都秀丽的山水风物，又谱写了它市居的繁华富庶。最为人传诵的是《望海潮》：

东南形胜，三吴都会，钱塘自古繁华。烟柳画桥，风帘翠幕，参差十万人家。云树绕堤沙，怒涛卷霜雪，天堑无涯。市列珠玑，户盈罗绮，竞豪奢。重湖叠巘（yǎn）清嘉，有三秋桂子，十里荷花。羌管弄晴，菱歌泛夜，嬉嬉钓叟莲娃。千骑拥高牙，乘醉听箫鼓，吟赏烟霞。异日图将好景，归去凤池夸。

此词抓住西湖烟柳、钱塘江潮、珠玑罗绮、十万人家等景物特征，描写杭州的秀丽繁华，用白描笔法，层层铺叙，写得淋漓尽致，开阔清新。相传金主完颜亮听此词后，“遂起投鞭渡江之志”（罗大经《鹤林玉露》）。

抒发漂转四方的羁旅行役情怀，是柳永词的又一个重要方面。这类作品在《乐章集》中占了一半。柳永，科举上失意的词人，为了生活，不得不离开繁华的都市和知心朋友、依恋的情人，怀着一颗漂泊的心，浪迹于天南地北，有时还滞留在古道荒原，寒江野岸，遭受凄凉和寂寞的侵袭。在这种境遇里，身世之感，羁旅之恨，就更加突出，而这种感情也往往变得更深刻，更真挚，更严肃了。如《雨霖铃》：

寒蝉凄切，对长亭晚，骤雨初歇。都门帐饮无绪，留恋处，兰舟催发。执手相看泪眼，竟无语凝咽。念去去千里烟波，暮霭沉沉楚天阔。多情自古伤离别，更那堪、冷落清秋节！今宵酒醒何处？杨柳岸，晓风残月。此去经年，应是良辰好景虚设。便纵有千种风情，更与何人说？

这些词反映了作者对自然景物的深刻感受和高超的描写手段，也表现了一个旅途漂泊者的苦闷心情。《雨霖铃》描写的是一个分别的场面，但这个场面所充塞的悲痛气氛，却暗示了过去爱情生活的美满和今后沉重得难以担负的相思之情。《玉蝴蝶》通过对萧瑟秋景的穷极工巧的描写，表达了怀念远方朋友的深切感情。上片以写景为主，景中有情，由悲秋而怀远；下片以情为主，情中有景，由回忆而转入对朋友的沉痛思念。全词景真情真，情景妙合无垠。

柳词的艺术特征是长于铺叙，白描手法，构思细密，布局完整，层次分明。如《八声甘州》：

对潇潇暮雨洒江天，一番洗清秋。渐霜风凄紧，关河冷落，残照当楼。是处红衰翠减，苒苒物华休。惟有长江水，无语东流。不忍登高临远，望故乡渺邈，归思难收。叹年来踪迹，何事苦淹留？想佳人，妆楼颙望，误几回、天际识归舟。争知我、倚栏干处，正恁凝愁。

上片写登高所见之景，层层铺叙：先总写秋景，再渲染气氛，更以长江水无语东流寄托了青春不再、节序如流的感伤。下片抒临远思乡之情。此词状物传情，纯用白描，造语自然而不雕琢。王灼《碧鸡漫志》卷二指出："柳耆卿《乐章集》，世多爱赏该洽，序事闲暇，有首有尾，亦间出佳语，又能择声律谐美者用之。惟是浅近卑俗，自成一体，不知书者尤好之。"从语言艺术上来看，柳词通俗流利，极富音乐性。当时的文人都指责他鄙俗。其实，柳永吸收大量口语入词，乃是为了适合市民口味，正因为如此，才会"凡有井水饮处，即能歌柳词"（见叶梦得《避暑录话》卷下）。柳永是北宋词坛第一个转变词风的词人，对宋词的发展做出了重要的贡献：第一，扩大了词的题材。他把词从小庭院引向市井都会、山程水驿。第二，"变旧声，作新声"，大量创制慢词。第三，柳词的铺叙、白描手法以及俚俗语言的运用，表现出很高的技巧，对后世作家创作影响深远。

二、晏殊

晏殊像

晏殊（公元 991 — 1055 年），字同叔，抚州临川（今江西抚州市）人。自幼聪慧，七岁能文，十四岁时以神童荐于朝廷，赐同进士出身，授秘书省正字。后迁右谏议大夫，加给事中，拜翰林学士，进吏部侍郎、枢密副使，累官同中书门下平章事，兼枢密使。后出知永兴军，徙河南，以疾回京师，卒，谥"元献"。

晏殊在宋仁宗时号称贤相，他在政治上虽然没有太大的建树，但喜好人才，许多知名人物如范仲淹、欧阳修、孔道辅、韩琦、富弼等，都因他的引荐而受重用。《宋史》本传说他"文章赡丽，应用不穷，尤工诗，闲雅有情思"，曾有文集二百四十卷，已散佚，今存《珠玉词》一卷及清人所辑《晏元献遗文》一卷。

晏殊是词从晚唐五代过渡到北宋的关键人物。与南唐词派一样，描写男女相思、离情别绪是晏殊词的一个主要内容。晏殊词中描写女性与别的词人有很大不同，他常注意以温婉闲雅的语言，营造一种隐约含蓄的词境，尽量避免毫无顾忌的恣意描写，如下面的一些词作：

槛菊愁烟兰泣露，罗幕轻寒，燕子双飞去。明月不谙离别苦，斜光到晓穿朱户。昨夜西风凋碧树，独上高楼，望尽天涯路。欲寄彩笺兼尺素，山长水阔知何处？（《蝶恋花》）

高梧叶下秋光晚，珍丛化出黄金盏。还似去年时，傍栏三两枝。人情须耐久，花面长依旧。莫学蜜蜂儿，等闲悠扬飞。（《菩萨蛮》）

绿杨芳草长亭路，年少抛人容易去。楼头残梦五更钟，花底离情三月雨。无情不似多情苦，一寸还成千万缕。天涯地角有穷时，只有相思无尽处。（《玉楼春》）

《蝶恋花》上片先用移情于景之法，将主人公的情感注入面前的景物中，以“菊愁兰泣”点出离思别恨。接着又以燕子双飞反衬出主人公的孤寂，以明月的无知无情凸显主人公彻夜相思的愁苦。下片以“昨夜”承上启下，然后写登楼望远，抒写望尽天涯，山长水阔，相思难寄的无奈情怀。“昨夜西风凋碧树，独上高楼，望尽天涯路”三句，以洗净铅华的白描手法写出主人公望眼欲穿的神情心态，成为意境高远的名句，因此王国维用以比喻“古今之成大事业、大学问者”必须经过的三种境界中的第一境界。《菩萨蛮》则以肃杀秋日菊花的年年盛开比喻爱情的持久不衰，警醒世人莫学轻浮的蜜蜂采尽爱情的蜜汁便掉头飞去。而《玉楼春》以花底连绵的“三月雨”喻离情，以纵然邈远无垠却也终有尽头的天涯地角反衬相思的无穷无尽，都写得含蓄有致。

与南唐词派不同的是，晏殊于男女之情外，还将笔触伸展到士人闲适的生活领域。因为他是得意的达官贵人，平时沉浸在宴游嘉会、饮酒赋诗的生活情趣中，如叶梦得对他生活的描述：“晏元献公留守南郡，王君玉时已为馆阁校勘。……于是，宾主相得，日以赋诗饮酒为乐。佳时胜日，未尝辄废也。尝遇中秋阴晦，斋厨夙为备，公适无命。既至夜，君玉密使人伺公，曰：‘已寝矣。’君玉亟为诗以入，曰：‘只在浮云最深处，试凭弦管一吹开。’公枕上得诗，大喜，即索衣起，径召客治具，大合乐。至夜分，果月出，遂乐饮达旦。”（《石林诗话》）其集中有些词作就是这种诗酒生活的写照：

秋露坠，滴尽楚兰红泪。往事旧欢何限意，思量如梦寐。人貌老于前岁，风月宛然无异。座有嘉宾尊有桂，莫辞终夕醉。（《谒金门》）

小阁重帘有燕过，晚花红片落庭莎。曲栏干影入凉波。一霎好风生翠幕，几

回疏雨滴圆荷。酒醒人散得愁多。（《浣溪沙》）

这类词作的主题往往都是在对美好事物与有限生命的无限珍惜中宣泄了浮生如梦、及时行乐的人生哲学。晏殊自己曾言："余每吟咏富贵，不言金玉锦绣，而悦其气象。"即谓不注重金玉锦绣之类字面的堆砌，仅凭借氛围的渲染、景物的勾勒，竭力凸显出富贵的"气象"。这样的描述自然是重神写意，不留形迹，而于色泽与气氛上的渲染中，写出博大高华的境界，满纸透露出一种富贵气象。只是这类闲适之作，大都难以掩饰地流泻出一丝"酒醒人散得愁多"的富贵闲愁。

晏殊词尽管题材比较狭窄，内容比较苍白，但作者善于镕词铸句，以精练浓缩的语言传达人生难以捉摸的微妙感受，比如他的一些伤春惜时之作：

一曲新词酒一杯，去年天气旧亭台。夕阳西下几时回。无可奈何花落去，似曾相识燕归来。小园香径独徘徊。（《浣溪沙》）

小径红稀，芳郊绿遍，高台树色阴阴见。春风不解禁杨花，蒙蒙乱扑行人面。翠叶藏莺，朱帘隔燕，炉香静逐游丝转。一场愁梦酒醒时，斜阳却照深深院。（《踏莎行·春思》）

时光只解催人老，不信多情，长恨离亭。滴泪春衫酒易醒。梧桐昨夜西风急，淡月胧明，好梦频惊。何处高楼雁一声？（《诉衷情》）

"无可奈何花落去，似曾相识燕归来"二句，自然浑成，于自然景物的描摹中，寄托了一丝怅惘。"一场愁梦酒醒时，斜阳却照深深院"二句，言若无心，景是随意，无心随意之中流露出缕缕感伤。"何处高楼雁一声"寥寥七个字，看似纯粹写景，实际上关注了季节的更迭、时光的流逝、聚少离多、好梦难成等所有的人生沧桑与情感体验。

总之，晏殊词言情缠绵而不轻薄，达意晓畅而不直露，情调温婉端丽，风格含蓄隐约，宋人王灼说："晏元献公长短句，风流蕴藉，一时莫及；而温润秀洁，亦无其比。"（《碧鸡漫志》）比较准确地概括出了晏殊词的艺术风格。

三、欧阳修

欧阳修（1007 — 1072 年），字永叔，号醉翁，晚号六一居士，吉州庐陵（今江西吉安）人。幼年丧父，家贫，"以荻画地学书"。二十四岁进士及第，为西京（今河南洛阳）留守推官。慕唐韩愈，好以古文议论当世事，与钱惟演、梅尧臣、苏舜钦等诗酒唱和，遂以文章名冠天下，入朝为馆阁校勘。二十八岁召试学士院，授宣德郎。三年，以直言为范仲淹辩护，贬夷陵（今湖北宜昌）县令。三十五岁以右正言知制诰，参与范仲淹等人推行的“新政”。“新政”失败后，贬知滁州、扬州、颍州等地。四十八岁召还，与宋祁同修《新唐书》。累迁礼部侍郎、枢密副使、参知政事。六十五岁以太子少师致仕，次年卒，谥文忠。着《文忠集》一百五十三卷、《新五代史》七十四卷等。

欧阳修雕塑

欧阳修为北宋文坛诗文革新领袖，苏洵父子、王安石、曾巩皆出其门下。他诗文均善，苏轼说他“论大道似韩愈，论事似陆贽，记事似司马迁，诗赋似李白”（《宋史·欧阳修列传》）。词有《六一居士词》一卷，收词二百四十余首。

欧阳修与晏殊一样，也服膺冯延巳的词艺，三人的风格也很近似，所以有的同一首词作者往往或作欧或作晏或作冯，令人难以分辨。欧词中数量最多、水平最高的是恋情词，这些作品题材相同，但表现却不雷同，各有各的风采，如写回忆以往约会的《生查子》：

去年元夜时，花市灯如昼。月到柳梢头，人约黄昏后。

今年元夜时，月与灯依旧。不见去年人，泪满春衫袖。（《生查子》）

作者以直白如话的语词，上下片对照的写法，抒写境是人非、往事成空的忧伤，读后只觉得有种民歌的风味。又如写新婚和乐的《南歌子》：

凤髻金泥带，龙纹玉掌梳。走来窗下笑相扶，爱道“画眉深浅入时无”？弄笔偎人久，描花试手初。等闲妨了绣功夫，笑问“双鸳鸯字怎生书”？（《南歌子》）

作者将唐人朱庆余《闺意上张水部》诗的原句“画眉深浅入时无”入词上片，又在下片相同的位置上嵌入口语“双鸳鸯字怎生书”，雅俗相兼地再现了新娘的生动情态。下引几首都是写离情别绪的：

候馆梅残，溪桥柳细，草熏日暖摇征辔。离愁渐远渐无穷，迢迢不断如春水。寸寸柔肠，盈盈粉泪，楼高莫近危栏倚。平芜近处是春山，行人更在春山外。（《踏莎行》）

别后不知君远近，触目凄凉多少闷。渐行渐远渐无书，水阔鱼沉何处问！夜

深风竹敲秋韵，万叶千声皆是恨。故攲单枕梦中寻，梦又不成灯又烬。(《玉楼春》)

把酒祝东风，且共从容。垂杨紫陌洛城东。总是当时携手处，游遍芳丛。聚散苦匆匆，此恨无穷。今年花胜去年红。可惜明年花更好，知与谁同？(《浪淘沙》)

三首词都写离思，《踏莎行》既可以理解成从男性的角度着笔，也可以理解成从女性的角度着笔。按男性角度理解，下片即是对闺中人的玄想。反之，上片则是女性的玄想。词中写离愁，“迢迢不断如春水”，重在距离，愈远愈烈。《玉楼春》是站在女性的角度写，词中写离恨，“万叶千声皆是恨”，重在环境，处处不在。《浪淘沙》则是从男性的角度写，乍合乍离，忽聚忽散，聚散匆匆“恨无穷”，重在会少离多，明年不知有无重逢之日。三首词构思立意各有长处，很难评出它们的高低。

欧阳修词还善于描摹女性的内心世界，如下引二词：

清晨帘幕卷轻霜，呵手试梅妆。都缘自有离恨，故画作远山长。思往事，惜流芳，易成伤。拟歌先敛，欲笑还颦，最断人肠。(《诉衷情》)

庭院深深深几许？杨柳堆烟，帘幕无重数。玉勒雕鞍游冶处，楼高不见章台路。雨横风狂三月暮，门掩黄昏，无计留春住。泪眼问花花不语，乱红飞过秋千去。(《蝶恋花》)

万恨苦绵绵，旧约前欢，桃花溪畔柳阴间。几度日高春睡重，绣户深关。楼外夕阳闲，独自凭栏。一重水隔一重山。水阔山高人不见，有泪无言。(《浪淘沙》)

《诉衷情》写的似乎是位歌女，因为心上人不在身边，所以画眉时，故意画成长长的远山形，表示自己心中的绵绵之恨。而在放歌时，“拟歌先敛，欲笑还颦”，暗示出她满心悲苦，却仍不得不强颜欢笑的可怜状。《蝶恋花》似乎是写闺中女子的伤春。庭院深深，帘幕重重，幽居于其中的女子无法去“游冶处”领略春日的景致，只能在“雨横风狂”中眼看着春天的消逝。“泪眼问花花不语，乱红飞过秋千去”二句，更是显出这位女子心中的无奈、无主与无助。《浪淘沙》是写女性对“旧约前欢”的无限追怀。“桃花溪畔柳阴间”的幽会已成往事，如今想忘却绵绵苦恨。她有好多次都日高春睡，绣户深关。但是，关门深睡都消除不了那种幽怨，一当她登楼凭栏时，就会被“水阔山高人不见”惹得“有泪无言”。无论是哪一首，所写女性的心理都很逼真生动。

欧阳修并不是只写情词，他集中还有一些唱和赠酬之作，反映了他与他人之间的友情和义气，如《朝中措·送刘仲原甫出守维扬》：

平山阑槛倚晴空，山色有无中。手种堂前垂柳，别来几度春风。文章太守，挥毫万字，一饮千钟。行乐直须年少，樽前看取衰翁。

宋嘉祐元年（1056年），欧阳修的友人刘敞（字原甫）出守扬州，欧阳修于是作此词相送。欧阳修自己曾经在扬州当过父母官，所以不由得忆起往日扬州的生活情景。词中“挥毫万字，一饮千钟”的“文章太守”形象，风流儒雅，豪放达观，既是他本人当年的不无自豪的写照，又是他对朋友刘敞的殷切期待。他希望仕途上小遇挫折的刘敞以自己这位“樽前衰翁”为鉴，趁着年少时及时行乐。看起来好像有些消沉，但是由于全篇有种贯穿始终的豪迈之气，所以倒使人觉得有一股苍凉郁勃的情绪透纸而出。这类词作突破了晚唐、五代以来以情词为主的定式，为后来苏轼无事不入词开辟了先路。

欧阳修的笔下还有不少写景之词，如组诗《采桑子》十三首等，这些作品以清丽的语言描绘了西湖的如画风光，下引为其中的三首：

轻舟短棹西湖好，绿水逶迤，芳草长堤，隐隐笙歌处处随。无风水面琉璃滑，不觉船移，微动涟漪，惊起沙禽掠岸飞。（其一）

群芳过后西湖好，狼藉残红，飞絮蒙蒙，垂柳栏干尽日风。笙歌散尽游人去，始觉春空，垂下帘栊，双燕归来细雨中。（其四）

荷花开后西湖好，载酒来时，不用旌旗，前后红幢绿盖随。画船撑入花深处，香泛金卮，烟雨微微，一片笙歌醉里归。（其七）

组诗《采桑子》宛如摄像机，从各种不同的角度拍摄了西湖。这里引录的第一首写乘坐“轻舟短棹”在波平如镜的湖面上滑行时，观览到的绿水、长堤、涟漪、沙鸥。第四首写残春时“群芳过后”的西湖：狼藉的落英，蒙蒙的飞絮，垂柳舞风，燕归雨中。第七首写夏日“荷花开后”的西湖：绿叶红花仿佛旌旗似的，不离游人的身前身后；荷花深处，香气袭人。每一首词的笔致都很淡雅，色调都很明丽，令人如身处其境，流连忘返。

曾慥《乐府雅词序》有云：“欧公一代儒宗，风流自命，词章窈眇，世所矜式。”欧阳修的词确实窈眇宜修，衣被后人，冯煦说：“宋至文忠公始复古，天下翕然师尊之，风尚为之一变。即以词言，亦疏隽开子瞻，深婉开少游。”（《宋六十一家词选·例言》）冯煦的说法虽然稍嫌夸大，但欧阳修由于拥有政坛与文坛的双重权威地位，又与晏殊一起共同承继南唐派的传统，凿开北宋词坛婉约一派的蹊径，所以其影响也不可小视。

相对婉约派来说，宋词豪放派的创作视野较为广阔，气象恢弘雄放，喜用诗文的手法、句法和字法写词。语词宏博，用事较多，不拘守音律。特别是南宋以后，由于时代巨变，悲壮慷慨的高亢之调，应运发展，蔚然成风。辛弃疾、苏轼更成为创作豪放词的一代巨擘和领袖。豪放词派不但屹然别立一宗，震烁宋代词坛，而且广泛地灌溉词林后学。从宋、金直到清代，历来都有高举豪放旗帜，大力学习辛、苏的词人。

四、辛弃疾

辛弃疾（1140 — 1207 年），字幼安，号稼轩。他出生在抗金英雄岳飞被宋高宗、秦桧杀害的前二年。当时他的家乡济南处于金朝统治下已达十二年之久，人民只好过着忍辱负重的生活。辛弃疾的父亲去世很早，他是在祖父辛赞抚养下长大的。祖父辛赞在济南陷落后，做了金的地方官，但辛弃疾却希望能收复中原，并为此两次深入河朔，窥探金军部署情况。1161 年夏，金主完颜亮率兵六十万南侵。济南农民耿京聚众起义，辛弃疾也在济南以南山区组织了两千多人响应，被耿京委任为“掌书记”。后来有一个叫义端的和尚叛变，偷了耿京的印信逃跑，辛弃疾追杀后报于耿京，耿京对他更加器重。而完颜亮行至扬州，却被部下杀死，完颜雍即位后，与宋讲和。辛弃疾力主耿京与南宋联合以图恢复。绍兴三十二年（1162 年）正月，耿京派贾瑞和辛弃疾等人到达建康，与南宋接洽。辛弃疾完成任务返回时，叛徒张安国勾结耿京部下叛徒邵进，杀害耿京，劫持部分义军，投降金人。辛弃疾听说后，召集了五十余人，纵马直奔金军大营，抓住了正与金军将帅饮酒的张安国，缚在马上，号召金营中耿京旧部反正，约有上万人跟他回归。他将叛徒绑到建康，献给赵构斩首。这一年，辛弃疾只有二十三岁。但他归顺南宋后，宋高宗等人并不信任他，只给了他一个江阴签判的职务，帮助地方官处理政务。他满腔的报国之情和满腹的恢复策略，却无从施展。他不甘心自己消磨时日，不断给朝廷提出抗金的建议，写成《美芹十论》《九议》

辛弃疾雕塑

等分析金朝的矛盾和如何备战。但他的意见一直没被采纳，只好在激愤和无奈中度过了他的晚年生活。

辛弃疾是一个真正具有军事、政治才干的人，而且也有过驰骋沙场的经历，因而他的词多抒发自己的失路之悲、家国之忧、不平之气、愤懑之情，充满了一种沉雄悲慨的英雄之气。例如《破阵子·为陈同甫赋壮词以寄之》：

醉里挑灯看剑，梦回吹角连营。八百里分麾下炙，五十弦翻塞外声，沙场秋点兵。马作的卢飞快，弓如霹雳弦惊。了却君王天下事，赢得生前身后名。可怜白发生！

该词上片写当年沙场秋点兵的壮阔场面，下片却写自己理想不能实现，只能坐等白发徒增的无奈。辛弃疾敏锐地捕捉到最具有豪放气质的军营意象，营造出辽阔无垠、气势恢弘的场景，其画面壮丽，声调激越，给人以完整、强烈的印象，充满了力量感和阳刚美，从而形成了辛词特有的开阔意境。

而且，辛弃疾继承了北宋以文为词的传统，打破了诗、词、文之间的界限，把《诗经》、楚辞、陶诗、唐诗以及《论语》《庄子》《史记》《世说新语》和韩柳散文等典籍中的语言，融化入他的词句中，形成一种散文化歌词。如《沁园春·将止酒戒酒杯使勿近》《六州歌头·吾语汝》《西江月·遣兴》等，随意粘连诗歌散文句式，形成参差错落的美感。他又能大量吸收民间口语，使词富有浓厚的生活气息。如《西江月》的“七八个星天外，两三点雨山前”、《丑奴儿》的“近来愁似天来大，谁解相怜？谁解相怜？又把愁来做个天”等。

在辛弃疾笔下，词的题材得到了扩大。他用词吊古伤时，言政说理，写山水田园，寄托牢骚，几乎无事不可入词。这就导致了他词风的多样化，有的作品纤秾华丽，如《唐河传·春水》；有的明白通俗，如《玉楼春·戏赋云山》；有的轻巧尖新，如《丑奴儿近·博山道中效李易安体》；有的婉丽清畅，如《念奴娇·书东流村壁》；有的缠绵婉约，如《祝英台近·晚春》。但他的词中所贯穿的英雄之气，却是一致的；所体现出来的豪放词风，却是主流的。因此，他把苏轼以来的豪放词风，推到了更高的境界，使词能够广泛反映个人情感、时代精神和国家灾难，达到了空前的解放。在他的影响下，形成了影响巨大的辛派词人，有陈亮、韩元吉、杨炎正、刘过、刘仙伦、戴复古、魏了翁、黄机、岳珂、刘克庄等追随其后，继续抒写报国无门的沉痛和抗击侵略的豪情。他的影响一直持续到宋末，刘辰翁、文天祥、邓剡、蒋捷、汪梦斗、汪元量等人的豪放词风，也可以视为他的余响。

五、苏轼

苏轼雕塑

苏轼（1037 — 1101 年），字子瞻，号东坡居士，眉山（今四川眉山县）人。

北宋大文学家、书画家，是豪放派词人的先驱。

苏轼的词，名《东坡乐府》，今存 300 余首。他的词，在题材内容、表现方法、语言运用、风格特色等各个方面都有新的突破。所谓“词至东坡，倾荡磊落，如诗，如文，如天地奇观”（刘辰翁《辛稼轩词序》）；所谓宋词“至苏轼而又一变，如诗家之有韩愈，遂开南宋辛弃疾一派”。若总结为一句话，就是《后山诗话》说的“子瞻以诗入词”。从苏轼开始，词有了题目，这正是词诗化的现象。

苏轼作词时，正当柳永词风靡一世之际，他改变词风，就以柳永为对手。他作《江城子》（密州出猎）词后，致书鲜于侁说：

近却颇作小词，虽无柳七郎风味，亦自是一家。呵呵！数日前，猎于郊外，所获颇多。作得一阕，令东州壮士抵掌顿足而歌之，吹笛击鼓以为节，颇壮观也。

树起了“自是一家”的旗帜，并为自己的词有别于“柳七郎风味”，深为自喜自负。俞文豹《吹剑续录》曰：

东坡在玉堂，有幕士善讴，因问：“我词比柳词何如？”对曰：“柳郎中词，只好十七八女孩儿，执红牙拍板唱‘杨柳岸晓风残月’。学士词，须关西大汉，执铁板唱‘大江东去’。”公为之绝倒。

这是元祐初苏轼为翰林学士时事。苏词中的名作这时大都已经问世，但他心目中还有着柳永的影子，仍然极为重视，视为对手。苏轼论秦词就“犹以气格为病，故常戏云：‘山抹微云’秦学士，‘露花倒影’柳屯田”（《避暑录话》卷三）。不但以联语嘲讽，而且一见面还责问他：“不意别后却学柳七作词。”秦观为之力辩曰：“某虽无识，亦不至是，先生之言，无乃过乎！”坡曰：“‘销魂当此际非柳词句法乎’？秦折服。”（《黄升花庵词选》）另外，对柳词中兴象高远的特色的独到赏识。赵令畤《侯鲭录》卷七：“坡曰‘世言柳耆卿曲俗’，非也。如《八声甘州》云：‘霜风凄紧，关河冷落，残照当楼。’此语于诗句不减唐人高处。”唐人高处，是以“兴象”取胜，颇重景物之点染。苏轼还作有《八声甘州·寄参寥子》（有情风，万里卷潮来）。

苏轼“以诗入词”，就把词家“缘情”与诗人“言志”两者很好地结合起来，文章道德与儿女私情，于是并见乎词。他的《念奴娇》（大江东去）、《水调歌头》（明月几时有）词品与人品得到了高度的统一和融合。就是写闺情的词如《贺新郎》（乳燕飞华屋）也品格特高。

苏词在内容上冲破了“艳科”的藩篱，提高了词品，同时扩大了词境。在苏轼以前的北宋词坛主要写男欢女爱，相思离别，题材狭窄。词人囿于“诗庄词媚”的观念，诗词分疆而治。苏轼突破这种传统观念，举凡怀古、感旧、记游、说理，他都用词来表达。

苏轼给词带来了空前豪放的风格，绍兴辛未（1151 年）曾慥跋《东坡词拾遗》：“豪放风流，不可及也。”苏轼 39 岁在密州作豪放词《江城子·密州出猎》抒发爱国热情：

老夫聊发少年狂，左牵黄，右擎苍，锦帽貂裘，千骑卷平冈。为报倾城随太守，亲射虎，看孙郎。酒酣胸胆尚开张，鬓微霜，又何妨！持节云中，何日遣冯唐？会挽雕弓如满月，西北望，射天狼。

这首词上片写出猎，下片写请战，以报国壮志取代儿女柔情，在词中塑造出勇武爱国的壮士形象。苏词中境界最为雄奇阔大的，自然当推 46 岁所作《念奴娇·赤壁怀古》：

大江东去，浪淘尽，千古风流人物。故垒西边，人道是、三国周郎赤壁。乱石穿空，惊涛拍岸，卷起千堆雪。江山如画，一时多少豪杰。遥想公瑾当年，小乔初嫁了，雄姿英发。羽扇纶巾，谈笑间、樯橹灰飞烟灭。故国神游，多情应笑我，早生华发。人间如梦，一樽还酹江月。

从长江的滚滚东流，感到时光的流逝和历史的演变，怀想起以往一代又一代的风流人物。把眼底心头的江山、历史、人物一齐推出，而又完全熔铸在一起，视野之大，胸次之高，在词中是空前的。因此元好问《题闲闲书赤壁赋后》说：“夏口之战，古今喜称道之。东坡赤壁词殆戏以周郎自况也。词才百余字，而江山人物无复余蕴，宜其为乐府绝唱。”

苏轼把宋诗特色之一的“理趣”引进了词里。他有不少词深含哲理，不但以情致胜，而且以理趣胜。熙宁九年（1076 年），苏轼中秋望月，怀念弟弟苏辙，作《水调歌头》：

明月几时有？把酒问青天。不知天上宫阙，今夕是何年？我欲乘风归去，又恐琼楼玉宇，高处不胜寒。起舞弄清影，何似在人间！转朱阁，低绮户，照无眠。不应有恨，何事长向别时圆？人有悲欢离合，月有阴晴圆缺，此事古难全。但愿人长久，千里共婵娟。

词的上片认为，人间虽有烦恼，但也胜过天上的孤寂，表现作者对人间生活挚爱之情。下片以自然之理比喻人生之理，指出人生不可能完美无缺，应该以通达的态度来看待人，才能解脱内心的烦恼，这就是理趣。夏承焘《东坡乐府笺序》谓以理趣入词是苏轼首创。此词传唱深远，《水浒传》第三十回武松大闹飞云浦：“玉兰执着象板，向前各道个万福，顿开喉咙唱一支东坡学士水调歌，唱道是：明月几时有？”此后在黄州作《定风波》（莫听穿林打叶声）、《临江仙》（夜饮东坡醒复醉），都是苏词中情理俱胜之作。

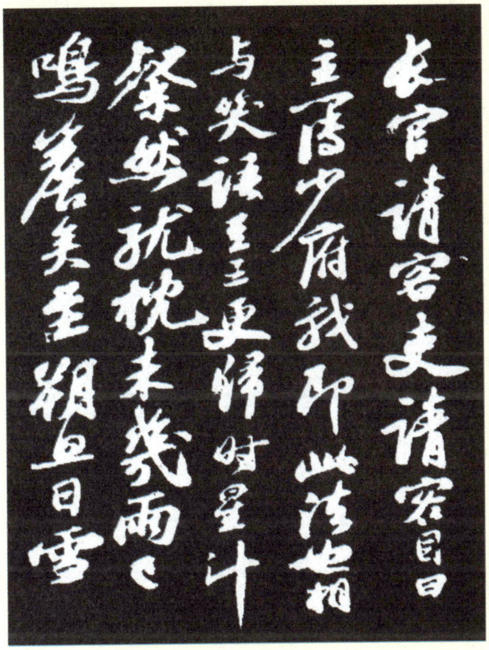

苏轼书法作品

农村词也是苏轼新开辟的题材。元丰元年（1078 年）苏轼任徐州太守，到石潭谢雨，作词五首纪行，第一次把淳朴的农民和桑麻等农事写进了词里。《浣溪沙·徐门石潭谢雨，道上作五首》：

簌簌衣巾落枣花，村南村北响缫车，牛衣古柳卖黄瓜。酒困路长惟欲睡，日高人渴漫思茶，敲门试问野人家。

软草平莎过雨新，轻沙走马路无尘，何时收拾耦耕身？日暖桑麻光似泼，风来蒿艾气如熏。使君元是此中人。

苏轼的咏物词，如《水龙吟》咏笛、咏杨花，《卜算子》咏孤鸿，《减字木兰花》咏古松，或体物浏亮，或寓意深沉，在词意境上亦多新创。

苏轼爱情词，风格清丽，感情真挚。如《永遇乐》，苏轼夜宿燕子楼，梦见中唐名妓盼盼：“燕子楼空，佳人何在，空锁楼中燕。”又如《贺新郎》上片：“乳燕飞华屋，悄无人、桐荫转午，晚凉新浴。手弄生绡白团扇，扇手一时似玉。渐困倚、孤眠清熟。帘外谁来推绣户？枉教人梦断瑶台曲。又却是，风敲竹。”它写闺中女子的孤眠情景，清淡素雅，是一种清幽境界。《江城子·乙卯正月三十日夜记梦》写对亡妻王弗的悼念，感情真挚，悱恻动人，表现了诗人的高尚情操。

苏轼发展了词律，打破了声律的束缚。他不少词是突破词牌固定声律的。苏轼词并非不讲声律，只是“不喜剪裁以就声律”。他以能够抒情达意为标准，因而他的不少词虽不太协律合腔，但历来传唱不衰。苏轼以不少慷慨的曲调为词，如《沁园春》《永遇乐》《满庭芳》《贺新郎》等，也有些是自度曲。苏轼所创是雄壮的，敢于打破声律束缚，如《念奴娇》下片三句，定格应是六、四、五字，而苏轼却写成了六、五、四字。这种突破，使词摆脱对音乐的附庸地位，而成为独立的文学体裁。

宋代的画于高雅之中流露着文人自我欣赏的情愫。宋代绘画被纳入文人的必修课之中，琴、棋、书、画成为文人高雅的一种象征。绘画已不再是一种艺术再现而成为文人寄托情怀的一种手段。因此，宋代理学的兴盛时期大致上也是中国山水画的高潮时期。伦理哲学的思辨性与书画艺术的趣味性呈现出如此同步的现象确实值得玩味。对此，率先提出诗、书、画一体观念的苏轼，即在其诗中吟唱道：“神机巧思无所发，化为烟霏沦石中。古来画师非俗士，摹写物象与诗同。”“以诗为有声画，画为无声诗。盖诗者心声，画者心画，二者同体也。”宋代理学以道德理性建构出“天人合一”的境界，而山水书画则以艺术化语言展现出“天人合一”的境界，于山水画中宣泄作者高雅灵性的同时，也流露出士人在理学规范与约束下对于理想人格的追求。对此，郭若虚说：“高雅之情一寄于画，人品既高矣，气韵不得不高。气韵既高矣，生动不得不至。”因此，自宋而明，画梅、兰、竹、菊渐成风尚。文同在《咏竹》中赞道：“心虚异众草，节劲愈凡木。”郑思肖《题菊》诗道：“花开不并百花丛，独立疏篱趣未穷。宁可枝头抱香死，何曾吹坠北风中。”其中意蕴表述得十分透彻，所画梅兰竹菊并不是画其空洞的姿态，而借此寓示自身的高风亮节，着眼于理想人格的塑造。

雕版印刷术的发明与发展

雕版印刷术是人类历史上出现最早的印刷术，是我国劳动人民的智慧结晶。雕版印刷术也被称为整版印刷术，所用版材一般是梨木或枣木，版材要求厚薄适度，表面平滑，尺寸合适。如果刻书，先把正写的文稿誊写到薄而透明的纸上，校对无误后，将文稿朝下贴在版材上，用刀将字刻出来，便成为一块印版。书版经校补后，在凸起的文字表面刷上墨，铺上纸，用毛刷轻轻刷，稍干后揭下，文字就转印到纸张上了。

雕版印刷的出现，标志着印刷术的诞生。雕版印刷发明于何时？现在说法不一，大多数人认为在隋末唐初之际比较可信。相传唐人冯贽所著《云仙散录》中记有玄奘用回锋纸印普贤菩萨像，施送四众。玄奘在贞观十年（公元645年）西访印度回国，逝世于公元664年。这说明唐贞观年间佛教徒已经开始利用雕版印刷术了。最能说明唐代印刷术水平的是甘肃敦煌千佛洞发现的印有“咸通九年（公元868年）四月十五日”字样的《金刚经》印本，其字体大小一律，笔画印刷墨浓清晰，图画线条细柔光滑。这是世界上现存最早的有明确日期的印刷实物。

雕版印刷物

到了宋代，雕版印刷术已经相当发达，推广的范围日益扩大。从官方到民间，从京都到边远的城镇都有刻书行业，雕版印刷业空前繁荣。按照出资者和刊刻者之不同，宋代刻书业又可分为官刻、家刻和坊刻等几种情况。官刻本指中央和地方各级政府机构所刻书。其中以国子监刻书尤其是所刻儒家经典最为著名，先后有《五经正义》《公羊传》《穀梁传》《周礼》《仪礼》等九经疏义。真宗朝国子监已有经版十余万。除了经书之外，从太宗淳化到英宗治平六七十年间国子监还刊刻了《十六史》（名为监本，实多刻于杭州）和其他一些书籍。靖康之乱，国子监所贮书版被劫掠一空。南宋建国以后，不惜花费，广泛搜求，所缺书得以次第镂版，经籍复全。据《元西湖书院重整书目》，南宋监本版片有书名可考者已有110余种，与北宋监本的数量大致相等。除了国子监，其他的中央机构亦有刻书者。崇文院（元丰五年改为秘书省）刻《吴志》《隋书》《广韵》《齐民要术》《群经音辨》等书，其中由赵彦若等校定刊行的《算经十书》，在中国数学史上具有相当重要的意义。此外，如内府刊《陆宣公文集》，国史院刊《景祐乾象新书》，刑部、大理寺等所刊法律书、太史局所刊历谱等都很有名。

北宋刻书以中央为多，而南宋则以地方为主，其名称多样，凡用地方公库钱刻印的书统称“公使库本”，又可依其官署不同具体分为茶盐司本、转运司本、安抚司本、提刑司本，等等。地方上州、府、军学、郡学、县学及书院等也都有刻书。

由于是私人出资校刻，家刻本往往版本优良，校勘精审，在版本学上多为人所重。著名的如廖莹中世彩堂刻《春秋》《论语》《孟子》及《韩、柳集》，黄善夫所刻《史记》和《前、后汉书》，费氏进修堂所刻大字本《资治通鉴》等。宋代坊刻有了相当大的发展，坊肆遍及全国各地，尤以浙、蜀、赣、皖为盛。著名的有临安荣六郎刻书铺、陈道人书籍铺、尹家书籍铺和建安余氏勤有堂（又称万卷堂）等。官刻本重正经正史，而坊刻本则四部书皆有，并且大量刻印民间日用书和文艺书籍、科举用书等。

总体上说，宋代雕版印刷术的发展，主要表现在以下几个方面。

其一，在楷书的基础上渐渐产生了一种适合于手工刻版的手写体，为以后的印刷字体——宋体的产生创造了条件。

其二，在印刷、装帧形式上，由卷轴发展到册页。册页装帧的出现使得印刷时，每页在格式上统一、对折准确。10世纪后，这种册页装帧的形式就被固定下来。

其三，发明了彩色套印术。彩色套印最主要的形式是套版印刷。套版印刷是将同一版面分成几块同样大小的印版，各用一色，逐次叠印在同一纸张上。北宋初年，在四川流行的朱墨两色交子（中国古时的一种钞票）和以后出现的青、蓝、红三色印刷的钞票是套印技术的开端。现存最早的木刻套印本是1340年中兴路（今湖北江陵）资福寺所刻印的《金刚般若波罗蜜注解》。

其四，出现了雕版印刷的图画——版画。版画的发展首先是宗教画，如《金刚经》的扉画；其次是实用画，如《营造法式》中的工程图和南宋杨甲编的《六经图》中的“十五国风地理之图”；再次是艺术画，如南宋刻本《烈女传》。

其五，发明了蜡版印刷。蜡版印刷也是雕版印刷的一种，不过所雕刻的基质不同罢了。雕版一般在枣木或梨木上直接雕刻，蜡版则是在木板上涂上蜡，在蜡上快速地刻出字来。蜡版印刷术的特点是雕刻快，所以蜡版印刷术主要用于朝廷发表重要消息、命令时，要求一夜间快速印出的印刷品。如宋绍圣元年，京城开封人为急于传报新科状元名单等不及雕刻木版，就用刻蜡代替。宋人何远在《春渚纪闻》记有：“初唱第，而都人急于传报，以蜡版刻印。”

由于宋朝在字体、册页装帧和套印等技术上的改进，使得雕版印刷在宋以后得以广泛流行。17 世纪初期浙江关兴的闵齐级所刻的《春秋左传》和凌蒙初、凌瀛初等人三十多年间共刻印了 100 多种套印书籍，可见 16、17 世纪我国套版印刷术已经相当流行和成熟。

活字印刷术的发明与发展

北宋初年，书籍的印刷量和印刷品种大为增加，利用雕版印刷书籍，要将全书每个字都刻在版上，其中许多重复出现的字也要一一刻出，雕刻工作量大，刻出的字也不能重复使用，雕版印刷术已很难适应大量、快速印刷的需要。因此，发明新的印刷术已经成为客观的需要。

北宋庆历年间的毕昇发明了胶泥活字印刷术，这是世界上最早的活字印刷，也是中国人民对世界印刷术的一大贡献。

毕昇，（？ — 1051 年），中国北宋发明家，淮南路蕲州蕲水县直河乡（今湖北省英山县草盘镇五桂墩村）人。

毕昇雕塑

关于毕昇的生平事迹以及他发明活字版的经过，除了沈括在《梦溪笔谈》一书中有记载外，还找不到第二个文献资料。

沈括在《梦溪笔谈》一书中只说毕昇是个布衣，生平一点都没有交代。所谓布衣，从字面理解就是没有做过官的普通老百姓。关于毕昇的职业，以前曾有人作过各种猜测，但最为可靠的说法，毕昇应当是一个从事雕版印刷的工匠。因为只有熟悉或精通雕版技术的人，才有可能成为活字版的发明者。由于毕昇在长期的雕版工作中，发现了雕版时最大缺点就是每印一本书都要重新雕一次版，不但要用较长时间，而且加大了印刷的成本。如果改用活字版，只需雕制一副活字，则可排印任何书籍，活字可以反复使用。虽然制作活字的工程大一些，但以后排印书籍则十分方便。正是在这种启示下，毕昇才发明了活字版。

关于毕昇的籍贯，沈括也没有交代，我们只知道毕昇死后，他制作的泥活字为沈括的侄子所收藏。沈括是杭州人，毕昇可能也是杭州人。杭州是当时雕版印刷较为发达的地区，活字版在这里发明，也是符合历史规律的。

毕昇活字印刷的原理是：预先用胶泥制成一个个的单字，用火烧烤使其坚硬，制好的活字按字韵排在木格里；根据要付印的文稿拣字依次排在铁板上，铁板上已放一层掺和纸灰的松脂蜡，字排好后将铁板在火上加热，待蜡稍熔化，用平板压平字面，铁板冷却后，胶泥活字便固着在铁板上，形成类似雕版的活字版；待印刷完毕后，用火烘烤铁板，使其松动取出活字，放回木格以备后用。毕昇活字印刷中的制活字、排版和印刷，与现今铅字排版、印刷的原理是一致的。与雕版印刷相比，既经济又方便，因而活字印刷术逐渐成为现代印刷的主流。

毕昇活字印刷在我国的发展主要表现在两个方面。

其一是活字材料的改进。胶泥刻字、火烧令坚的泥活字，易残损、难持久。元代农学家王祯创造了木刻活字印刷术，提高了印刷质量和速度。他于 1297 — 1298 年请工匠刻木活字 3 万多个，用不到一个月的时间印了全书共 6 万余字的《旌德县志》600 部。明代无锡人华燧首创了铜活字印刷术，他所刻印的《宋诸臣奏议》（1490 年）和《容斋五笔》（1495 年）是我国现存最早的铜活字本。华燧发明铜活字的时间，略晚于德国谷登堡发明铅合金活字的时间，但华燧的发明是在我国活字印刷技术基础上的发明。

其二是排字技术的改进和印刷技术的系统总结。元代王祯在发明木刻活字印刷术的基础上，对排字技术做了改进，发明了转轮排字架，使排字时能以字就人，减轻了排字工的劳动量。尤其重要的是王祯将制造木刻活字方法以及拣字、排字、印刷的全过程进行了系统总结，写成《造活字印书法》一书，成为世界上最早讲述活字印刷术的专门文献。

活字印刷术的发明，是印刷史上的一次伟大革命，是我国古代四大发明之一，它为我国文化经济的发展开辟了广阔的道路，为推动世界文明的发展作出了重大贡献。

指南针的发明与发展

指南针是我国的四大发明之一。它是利用磁铁在地球磁场中的南北指向极性而制成的一种指向仪器，有多种形体。

最早的“指南针”在战国时代出现，我国人民利用磁铁造成了一种指示方向的工具，叫“司南”。“司南”就是指南的意思。

司南的形状和现在的指南针完全不同。它是根据我国古代的勺子的形状制成的，很像我们现在用的汤匙。

司南是怎样制成的呢？古书上缺少详细的记载，又没有实物留下来，所以我们没有办法知道它的准确形状。根据专家们的研究，司南大约是将整块的天然磁铁，轻轻地琢磨成勺子的形状，并且把它的S极琢磨成长柄，使重心落在圆而光滑的底部正中。

司南做好以后，还得做一个光滑的底盘。使用的时候，先把底盘放平，再把司南放在底盘的中间，用手拨动它的柄，使它转动。等到司南停下来，它的长柄就指向南方，勺子的口则指向北方。

司南的底盘是用青铜做的，有的是个涂漆的木盘，青铜和漆器都比较光滑，摩擦的阻力比较小，司南转动起来很灵活。这种底盘内圆外方，四周还刻有表示方位的格线和文字。现在的出土文物中，就有这样的铜盘和涂漆的木盘；还有东汉时候的一幅石刻，刻着一个小勺子放在一个小方台上，有人认为这就是司南。

指南针

司南必须放在光滑的底盘上旋转，底

盘还必须放平，否则就会影响它指南的作用，甚至会使它从底盘上滑下来。因此，人们发明司南以后，又继续不断地研究改进指南的工具。

公元 960 年，宋太祖建立宋朝，结束了五代十国时期的封建割据局面。北宋时期，农业、手工业和商业都有了新的发展。在这个基础上，我国的科学技术获得了辉煌的成就。在这个时期，我国在指南针的制造方面，跟造纸法和印刷术一样，也有很大的发展。

宋代科学家沈括首先记载了地磁偏角，说用天然磁石摩擦钢针，使之磁化成为磁针，可以指南，而常微偏东，并介绍了四种支挂磁针的方法：一是浮于水面，二是放在指甲上，三是放在碗沿上，四是线缕悬挂。宋军中配备指南鱼，是将薄铁叶剪成鱼形而磁化，用于阴天和黑夜判断行军方向。后来又发展成磁针和方位盘连成一体的罗经盘，即罗盘。曾三异在《因话录》中记载当时有“地螺”，“或有子午正针，或用子午、丙壬间缝针”。这种地罗还是一种水罗盘。当时，阴阳家用地罗看风水。在清丈田地和判决土地诉讼时，也使用地罗。

北宋初年，我国还创制了一种指南工具——指南鱼。

当时有一部有名的军事著作，叫《武经总要》，其中说：行军的时候，如果遇到阴天黑夜，无法辨明方向，就应当让老马在前面带路，或者用指南车和指南鱼辨别方向。《武经总要》这部书是在北宋仁宗庆历四年（1044 年）以前写成的。这就是说，在那个时候，我国已经有指南鱼，并且把它应用到军事方面去了。

指南鱼

指南鱼是用一块薄薄的钢片做成，形状很像一条鱼。它有两寸长、五分宽，鱼的肚皮部分凹下去一些，使它像小船一样，可以浮在水面上。

钢片做成的鱼没有磁性，所以没有指南的作用。如果要它指南，还必须再用人工传磁的办法，使它变成磁铁，具有磁性。

关于怎样进行人工传磁，《武经总要》没有清楚的记载，但是它指出，指南鱼要用“密器收之”，也就是说，要拿一个密封的盒子藏起来。根据这一点来看，当时的人工传磁法大约是这样的：把钢片做的鱼和天然磁铁放在同一个密封的盒子里，使它们接触，时间久了，钢片做的鱼就也会具有磁性，变成磁铁。

不管磁化或者没有磁化的钢铁里面，每一个分子都是一根“小磁铁”。没有磁化的钢条，它的分子毫无次序地排列着，“小磁铁”的磁性都互相抵消了。磁化了的钢条，所有的“小磁铁”都整整齐齐地排列着，同性的磁极朝着一个方向，整个钢条就具有磁性了。如果拿一块磁铁，紧紧擦着一根没有磁化的钢条，老是从这一头向另一头移动，那么，由于磁铁的吸力，普通钢条中的分子也都顺着一个方向排列起来，这样，就完成“传磁”的工作了。《武经总要》上讲到的“密器收之”，可能就是指这种人工传磁方法。

我国人民发明用人造磁铁做指南鱼，这是一个很大的进步。这说明我国人民在一千多年前就已具有相当丰富的磁铁知识了。

使用指南鱼，比使用司南要方便，它不需要再做一个光滑的铜盘，只要有一碗水就可以了。盛水的碗即使放得不平，也不会影响指南的作用，因为碗里的水面是平的。而且，由于液体的摩擦力比固体小，转动起来比较灵活，所以它比司南更灵敏，更准确。

当时不但有钢片做的指南鱼，还有用木头做的指南鱼和指南龟。宋代《事林广记》记载了用木头做指南鱼的方法：用一块木头刻成鱼的样子，像手指那样大，在鱼嘴往里挖一个洞，拿一条磁铁放在里面，使它的S级朝外，再用蜡封好口。另外用一根针从鱼口里插进去，指南鱼就做好了。把指南鱼放到水面上，鱼嘴里的针就指向南方。

指南龟也是用木头刻成的，放磁铁的办法和木头指南鱼一样，插在尾部。指南龟不放在水里，人们在它的肚子下面挖一个洞，把它装在光滑的竹钉上面，使它便于自由转动，它尾部的那根针，也会自动指向南方。

这种木头指南鱼和指南龟，很可能是一些懂得方术的方士创造的，做成以后只是用来变戏法。所以《事林广记》的作者，把它们当做《神仙幻术》了。

据《萍洲可谈》《宣和奉使高丽图经》《诸蕃志》和《梦粱录》记载，最晚在北宋后期，指南针已用于航海。这对于海上交通的发展，促进中外经济文化的交流，起到了极大的作用。

火药的发明与应用

火药与造纸术、印刷术、指南针一起并称为中国古代四大发明。

火药的主要成分是硝石和硫黄。中国蕴藏丰富、分布广泛的硝石和硫黄，是火药发明的重要物质条件。硝石和硫黄都是矿物质，呈天然分布状态。硝石多产于甘肃、青海、四川、山西、河北、内蒙古等省区。硫黄多产于湖南、山西、河南等省。据《太平御览》记载，大约在公元前6世纪，就有人知道它们的部分产地。对它们特性和用途的探索，始于医学和药物学。古代的医学家和药物学家为了采集标本和给人治病，到处探寻各种药物，并有人托名“神农”，在中国最早的药物典籍《神农本草经》中,就记载了硝石和硫黄的医药性味、功用和主治。《史记·扁鹊仓公列传》更是记载了秦汉时期临淄医生仓公，用硝石治好王美人妇科病的佳话。东汉的炼丹家魏伯阳在炼丹过程中，发现硫黄同水银化合能生成红色汞，又有人发现硝石着火后会产生焰火。南北朝的医学家陶弘景创造了用焰色鉴别法区别钾盐和钠盐。对硝石和硫黄上述特性的探索，于火药的发明都具有重要的意义。

许多史籍表明，最早的火药是在公元9世纪后半期唐末宋初时期问世的。

当时发明的火药，现在叫黑色火药，是硝石、硫黄和木炭三种粉末的混合物。硝石的主要化学成分是硝酸钾，硝酸钾是氧化剂，在加热时释放氧气。而硫黄和炭容易被氧化，所以把硫黄、木炭、硝石混合在一起燃烧，就会发生迅猛的氧化还原反应，在反应中放出高热和产生大量气体。如果混合物是包裹在纸、布或充塞在陶罐、石孔里，燃烧时由于体积突然膨胀，就会发生爆炸，这就是黑火药燃烧爆炸的原理。

火药制成的鞭炮

火药是我古代的炼丹家发明的。在炼丹过程中，他们很注重硫黄的使用，因为硫黄是能够制伏金属的奇异物质，它可以和水银化合生成硫化汞，还可以和铜铁等金属化合。硫黄性质活泼，容易着火。为了控制硫黄，炼丹家把硫黄和其他物质一起加热形成化合物，来改变它容易着火的性质，这种方法称为“伏火法”。在进行硫黄“伏火”的种种实验中，发现当硫黄、木炭和硝石一起加热时，极易发生激烈的燃烧。由于硫黄和硝石在我国古医书上被列为治病的药物，所以把它们和木炭的混合物称为“火药”，意思是会着火的药。

由于炼丹家炼丹目的之局限，把炼丹试验仅停留在对药料的伏火除害与长生药的配制上，因而对火药发明这一重大成果，不但没有引起足够的重视，反而在他们的著作中谆谆告诫人们，在炼丹过程中切莫因硝硫炭合炼而造成灾害。他们举出事例说：“有（人）以硫黄、雄黄合硝石并蜜烧之，焰起。烧手、面及烬屋舍者。”又说：“硝石宜佐诸药，多则败药，生者不可合三黄（硫黄、雄黄、雌黄）等烧，立见祸事。”可见他们要求人们接受教训，莫受燃爆物伤害。然而随着炼丹家与伏火试验的不断深入和扩大，硝硫炭三者合炼后，易燃易爆的性质，逐渐被有识之士所利用，其中最主要的是烟火匠师用以制造烟花爆竹，军事技术家以此制造火器。此后，火药在民用与军用两方面都得到了发展。

与炼丹家的小心翼翼不同，宋代的一些手艺人却对火药的应用大做文章，他们在开封设立烟花作坊，制造各色爆仗即爆竹、五色烟火、起轮、走线、流星、水爆、地老鼠等各种烟火成品。这些成品在点火后，有的声震九天，振奋人心；有的烟花缤纷，五彩夺目；有的升空如流星经天；有的入地能盘绕旋转，坠河可溅起浪花，令人赏心悦目。有的人因久制烟火而成匠师，有的则成为表演烟火戏的著名艺人。他们为谋求生计和传播技艺，常年闯荡江湖，走大街串闹市，或在节日用烟火制品烘托喜庆气氛，乃至形成蔽覆遮障的烟幕。当时在开封城内，尤其是在皇宫中，每临春节或元宵节，便通宵施放爆竹烟火，成为一种普遍例行的欢庆方式，足见烟花爆竹制造之发达。当年这种制造和使用烟花爆竹的传统，一直流传至今。

炼丹家关于要防止合炼硝硫炭造成伤害的谆谆劝说，却被北宋初期的兵家反其道而用之。他们为了在最大程度上消灭敌人，就要想方设法不断创制和利用大威力的新型兵器，当他们看到炼丹家发明的火药具有比冷兵器更大的毁杀威力时，便将它借用过来，进行大胆的改进，扩大其燃爆烈度，制成第一批火器。从此以后，在刀光剑影的战场上，又出现了火器爆炸的声响与弥漫的硝烟。宋太祖赵匡胤为了进行统一战争和北方御侮的需要，迅速建立一个以开封为中心而遍布全国各州的庞大兵器制造系统。又于公元1023年设立包括火药作坊在内的二十一个工种作坊，火药与火器制造因此得到迅速的发展。宋仁宗时编成的《武经总要》，详细记载了火药的三种配方，还说当时已有火箭、火球等多种火器。北宋末南宋初又使用了一种用纸管、石灰和火药做成的爆炸性火器“霹雳炮”。金人也有纸管喷火器“飞火枪”。又有一种“震天雷”，用铁罐装药，以火点之，半亩以内铁甲皆透，威力甚大。南宋的“突火枪”，以竹筒装火药，再安上“子窠”，点燃火药即可将子窠射出，可以说是原始的步枪。现存最早的金属火器，是甘肃武威出土的西夏铜火炮。元代的火铳在军事上也发挥了很大的作用。13世纪时火药、火器经中亚而传入阿拉伯，以后又由阿拉伯传入欧洲。

古代的火铳

火药、火药武器传入欧洲，“不仅对作战方法本身，而且对统治和奴役的政治关系起了变革的作用”，所以恩格斯明确地说：“火药和火器的采用，绝不是一种暴力行动，而是一种工业的，也就是经济的进步。”

火药推动了军事武器的发展，一定程度上改变了武器应用的结构和战争方式。特别是传播到西方后使运用冷兵器的骑士阶层衰落，封建地主阶层的堡垒也得到破坏，推动了欧洲封建制度的瓦解和资本主义的发展。火药和用火药制作的大炮，轰开了人类通向文明之路。

沈括和《梦溪笔谈》

沈括（1035 — 1095 年），字存中，浙江钱塘（今杭州）人。父亲沈周（字望之），曾任地方官，母亲许氏是位读书识字、知书达理的妇女。

沈括自幼勤奋好学，有旺盛的求知欲。在母亲的启蒙教育和指导下，他 14 岁时就通读完家中所有的藏书。此后，追随父亲，到过福建的泉州、江苏润州（今镇江），四川简州（今简阳）和京城开封等。他的足迹遍及祖国大半个山河，这激起他深深的爱国之情，也使他能深入接触人民和社会。小小年纪的他已成了见多识广、遇事有独到见解的小“万事通”了。

24 岁，沈括走上为官的道路，历任海州沭阳县（今江苏省）主簿；东海（今江苏省）、宁国（今安徽省）、宛丘（今河南省淮阳县）等地的县令。

33 岁时，博学多才的沈括考中进士，被任命为扬州司理参军，掌管刑讼审讯。三年后，由于他政绩显赫，又被推荐为京师昭文馆编校书籍。此时，他开始研究天文历算。宋神宗熙宁五年（1072 年），沈括兼任提举司太监，执掌观测天象，推算历书。之后，沈括又担任了史馆检侍，熙宁六年（1073 年）做集贤院校理。由于职务的便利，沈括如饥似渴地阅读所能见到的皇家

沈括雕塑

藏书，充实了自己的学识，成为一名博学多识的“通才”。

宋神宗熙宁二年（1069 年），主张“富国强兵”的宰相王安石进行轰轰烈烈的变法改革，以解救北宋统治面临的严重危机。沈括积极参加支持这次运动，并受到重视和重用，担任过管理全国财政的最高长官等要职。

由于王安石的变法在一定程度上损害了大官僚大地主的利益，遭到保守派的强烈抵抗，在熙宁九年（1076 年），最终失败。沈括也因此被贬官。

三年后，为抵御西夏的进犯，沈括改知延州（今陕西省延安一带），并立下赫赫守边战功，因此被升任为龙图阁直学士。后又因谗言诬陷，降职做均州（今湖北省均县）团练副使。

哲宗元祐二年（1087 年）沈括终于编成花费十几年心血的大型地图集《天下州县图》，被特许亲自到汴京进献。次年，沈括定居润州（今江苏省镇江）梦溪园。他认真反思总结自己一生的经历和科学活动，经过近十年的辛劳，在这里完成了被誉为“中国科学史上的坐标”的巨著《梦溪笔谈》。宋哲宗绍圣二年（1095 年），这位中国科学史和世界文化史上的巨人，静静地告别了人世。

作为一名杰出的天文学家，负责领导司天监时，他罢免毫无建树的旧历官，推荐能力强的人。主持修订历法的工作，并研究改革了深化、浮漏和影表等旧式的天文观测仪器，并写成三篇论文《浑天仪》《浮漏议》和《影表议》，详细阐明仪器改革的原理，是我国天文史上的重要文献。他晚年提出的用“十二气历”代替旧历法的主张，既符合天体运行的实际，又有利于农业活动的安排。现在世界上各国采用的公历，即阳历，在月份上实际还真不如沈括的“十二气历”合理。

在数学研究上，沈括从实际计算需要出发，创立了“隙积术”和“会圆术”；在物理学研究上，沈括的见解成果涉及力学、光学、磁学和声学筹各领域，尤其是他指出的磁针的偏角问题是世界上关于地磁偏角的最早记录。西方直到 1492 年哥伦布航行美洲时，才发现地磁偏角，比沈括的发现晚了 400 年。

在地学研究，沈括做出了卓越而富有见解的论断。他指出浙东雁荡山的地貌是水流侵蚀作用的结果；正确论述华北平原的形成原因，推断出河北太行山崖曾是远古时代的海滨；而华北平原则是由黄河、漳河、桑乾河等河流所携带有泥沙沉积而形成；他根据地下发掘出的类似动植物的化石，明确指出它们是古代动物植物的遗迹，并推论出古代的自然环境，这比文艺复兴时达·芬奇对化石性质的论述早了四百多年；沈括还奉旨完成了我国制图史上的巨作《守令图》，编绘《天下州县图》，图幅之大，内容之详，都是他之前少见的。

沈括对药用植物学的知识也十分博广，他从实际出发，辨别真伪，纠正古书上的错误；他致力于医药研究，搜集许多验方，治愈不少病人，并著有医学著作《良方》等三种。

以上提到科学活动的结果和他个人一生的事迹，主要都反映在他晚年呕心沥血的巨著《梦溪笔谈》中。

《梦溪笔谈》包括《笔谈》《补笔谈》《续笔谈》三部分。《笔谈》二十六卷，分为十七门，依次为“故事、辩证、乐律、象数、人事、官政、机智、艺文、书画、技艺、器用、神奇、异事、谬误、讥谑、杂志、药议”。《补笔谈》三卷，包括上述内容中十一门。《续笔谈》一卷，不分门。全书共六百零九条（不同版本稍有出入），内容涉及天文、历法、气象、地质、地理、物理、化学、生物、农业、水利、建筑、医药、历史、文学、艺术、人事、军事、法律等诸多领域。在这些条目中，属于人文科学例如人类学、考古学、语言学、音乐等方面的，约占全部条目的18%；属于自然科学方面的，约占总数的36%，其余的则为人事资料、军事、法律及杂闻逸事等约占全书的46%。

就性质而言，《梦溪笔谈》属于笔记类。从内容上说，它以多于三分之一的篇幅记述并阐发自然科学知识，这在笔记类著述中是少见的。因为沈括本人具有很高的科学素养，他所记述的科技知识，也就具有极高价值，基本上反映了北宋的科学发展水平和他自己的研究心得，因而被英国学者李约瑟誉为“中国科学史上的坐标”。

《梦溪笔谈》在国外也很有影响，早在19世纪，它就因为其活字印刷术的记载而闻名于世。20世纪以来，法、德、英、美、意等国都有人对《梦溪笔谈》进行系统而又深入的研究，并向社会公众加以介绍。我们的近邻日本，早在19世纪中期，就用活字版排印了沈括的这部名著，是世界上最早用活字版排印《梦溪笔谈》的国家。从1978年起，日本又分三册陆续出版了《梦溪笔谈》的日文译本。

总之，沈括的《梦溪笔谈》是中国科学技术史上的重要文献，百科全书式的著作。为了纪念沈括和他的《梦溪笔谈》，1979年7月1日中国科学院紫金山天文台将该台在1964年发现的一颗小行星2027命名为沈括。

郭守敬和《授时历》

郭守敬（1231 — 1316年），顺德邢台人，是元代杰出的天文学家。其祖父郭荣精通水利、算数，郭守敬受家学影响较大。守敬后师从当时地理学、天文学名家刘秉忠，并因此得以受忽必烈的任用，出为同知太史院事。至元十三年（1276年），忽必烈下令成立太史局（后改为太史院），重制新历，并命郭守敬、王恂、许衡、杨恭懿等人主持其事。

郭守敬认为，要制定新历，首先必须创制精密仪器，进行天文测量，获得准确数据。因此，在3年的时间里，郭守敬、王恂等人创造了简仪、仰仪、圭表、景符、窥几、正方案、候极仪、立运仪、证理仪、定时仪、日月食仪、悬正仪、座正仪等数十种精密的天文仪器。《元史·天文志》称这些仪器“皆臻于精妙，卓见绝识，盖有古人所未及者”。比如简仪，在元以前浑仪的基础上改制而成，专用于天体坐标的测量。它精简了浑仪的黄道坐标，并把地平坐标与赤道坐标分为两个独立的装置，既方便了观测，也提高了精密度。为便于赤道圈旋转，简仪还应用了滚珠轴承的装置，使之灵活转动。简仪的发明，比欧洲16世纪末丹麦天文学家第谷·布拉赫（1546 — 1601年）发明的同样仪器早300多年。又如圭表是我国古代一种观测日中影长变化以决定春分、秋分、夏至、冬至时刻的天文仪器。“圭”与“表”是其中的两

郭守敬雕塑

个部件。郭守敬改制的圭表将宋代八尺长的表提高到 10.8 米，表上再以铜龙二条抬着一根细长的横梁，使梁心到圭面达 12 米。由此提高了仪器的精度。圭的刻度十分精细，可读到毫的单位。依靠这些精密的仪器，在朝廷的支持下，郭守敬等人组织了一次规模空前的天文实测活动。这次实测共设立了 27 所观测台、站，有专职检测人员“监候官”10 余人前往各地具体指导操作，实测范围“东至高丽，西极滇池，南逾朱崖，北尽铁勒”。其最北的北海测景所，据推算已在北极圈附近，而最南的南海测景所则在占城（今越南南方）。今河南登封县东南 15 公里的告成镇（即古阳城）仍有当年阳城测景所的遗址。这次天文实测获得了一批珍贵的精确数据。郭守敬等人经过精密计算和综合研究，在宋代《统天历》的基础上，于至元十七年（1280 年）完成了历法的改造。命名新历为《授时历》，取“敬授民时”之意。

郭守敬等人编订的《授时历》是我国古代最卓越的一部历法。它以 365.2425 日为 1 年，和地球绕太阳的实际周期相比只差 26 秒，同现在世界上公用的阳历（格里哥莱历）一岁周期相同。但《授时历》比后者早了 300 年。此外，《授时历》推算的黄赤交角同理论值相比，仅差一分多，精密程度远超前代各朝的历法。《授时历》颁布后，施行了整整 364 年，是我国古代使用最久的历法。

宋元时期的社会风俗

宋元时期的社会风俗较之隋唐有了进一步的发展，并对后世带来了一定程度的影响。

一、宋代风俗

宋代服饰进一步打破等级礼制。从士庶仿效契丹服，戴毡笠，穿钓墪（袜裤），到妇人衣铜绿兔褐，以金玉珠翠为饰，均成时尚。《宋史·舆服志》称：“今闾阎之卑，倡优之贱，男子服带犀玉，妇人涂饰金珠，尚多僭侈，未合古制。”南宋时，士大夫服饰更加多变。先是流行长过胁的白细布深衣，不久风行本为军卒所穿的紫窄衫，后又流行更加简便的白凉衫，后因其纯素，有似凶服，被禁服，复行紫窄衫。妇女常服流行背子，袖长至腕，两前襟平行而不缝合，胯下开叉，行动方便。

宋代居室等级仍较严格，平民仅五架，门一间两厦而已。品官方可起门屋，邸店楼阁临街之处得为四铺飞檐作闹斗八，宫室、寺观方可彩绘栋宇及朱漆梁柱窗牖、雕镂柱础。

宋代服饰（模拟图）

宋代婚俗在中国古代颇具典型性。一般经三个阶段：先是定亲。媒人以“草帖子”通于男家，卜吉，方回草帖。女家亦卜吉，由媒人通报，男家再过“细帖”，又称“定帖”。帖中写明三代名讳、议亲第几男及官职、生辰、田产、宅舍等。女家回帖，亦写明议亲第几女、生辰及随嫁财物等。过帖后，男家备酒礼到女家，或借园圃、湖舫内相见，谓之“相亲”。如中意，即以金钗插于冠髻中，名曰“插钗”；如不中意，则送彩缎两匹，谓之“压惊”，表示婚事不成。插钗后，通过媒人议好定礼后，男家即往女家送“定礼”，女家亦有回礼。礼之多少，视双方家境之贫富而定。但回礼中均须有二瓶或二空酒樽盛以淡水、活鱼和筷子一双，谓之“回鱼箸”。至此，定亲之仪完成。

次为送聘。先由媒人与女家商定日期，至时，男家将聘礼送往女家，称“下财礼”。富贵之家多备金银珠翠、各色细绢、官会、羊酒茶果饼等，贫穷之家则仅绢一二匹、官会一二封、鹅酒茶饼而已。

三为迎亲，亦称“过大礼”。男家先三日送催妆物品，女家则先一日备礼去男家铺设新房，称“铺房”或“暖房”。迎亲之日，男家各色迎客及雇借之官私妓女、乘马、乐官、鼓吹，引车、轿或花担子往女家迎娶新娘，女家以酒礼款待，散花红银碟、利市钱会，然后作乐催妆。新娘上车轿后，从人须给过利市酒钱，方肯起身，称“起担子”。迎客回到男家，亦要利市钱物，谓之“拦门”。再由克择官执花斗，盛五谷豆钱彩果，望门而撒，小儿争拾之，谓之“撒谷豆”，以厌青羊等煞神。新娘下车轿，踏青锦褥或青毡，不得踏地。由一妇人捧镜倒行，数妇人执花烛在前导行，新娘由二亲信使女扶持前行，先跨马鞍，再过秤，然后进门至一室少歇。室内当中悬一帐，谓之“坐虚帐”，或径入新房坐于床上，称“坐富贵”。送女之客，多急饮三杯即回，名曰“走送”。中堂内床上放一把椅子，新郎穿绿裳、花幞头、花胜簇面，坐于其上，谓之“高坐”。先由媒人请，次由姨或妗子请，各斟酒一杯饮之，再由丈母请，然后新郎下高坐归新房。南宋时则无此礼，仅用伎乐花烛引新郎入新房。新房门楣横挂一匹彩帛，裂碎其下垂之部分，待新郎入房，众人即争扯小片而去，谓之“利市缴门红”。新郎至床前请新娘出，两家各出彩缎，绾一同心，谓之“牵巾”。男挂于笏，女搭于手，男女相对，男倒行牵新娘出，并立堂前，由男家双全女亲以秤或机杼挑盖头，露出花容，然后行参拜之礼。礼毕，女倒行，牵新郎回房，夫妇对拜之后，女向左、男向右，坐床，有妇人以金钱彩果撒掷，谓之“撒帐”。再以男左女右头发少许，二家出缎、钗子、木梳、头须之类结发，谓之“合髻”。再用两杯以彩帛连结，互饮一杯，谓之“交杯酒”。饮毕，掷杯及花冠于床下，杯若一仰一合，为大吉，众人皆贺喜，然后掩帐。参谢诸亲之后，新郎再就座饮酒至席散。次日五更，用一桌上盛镜台镜子，新娘望上展拜，称“新妇拜堂”。次拜尊长亲戚，并献彩缎、巧作鞋枕等，称“赏贺”，尊长亦换一匹回赠，称“答贺”。至此，大礼结束。

宋代受少数民族影响，盛行火化之葬俗，在河东、吴越等地区尤为流行。

宋代城市娱乐活动的特色，是瓦子勾栏的兴起。瓦子又称瓦舍，取其易聚易散之意。它是一种较大的综合游乐场所，里边用绳索或栏杆、布障圈成许多演出场地，叫做勾栏。顶上有遮盖的亦称棚。瓦子大者可容数千人。除演出杂剧、影戏、说书、诸宫调、相扑和杂技、魔术等技艺外，亦卖饮食、杂货等物品，故亦称为瓦肆、瓦市。

宋代节俗极盛，中国古代传统节日至宋时已基本形成，并富有新的特色。

正月初一为元旦，俗称新年。士大夫皆交相庆贺，平民男女亦穿新衣，往来拜年。街坊处处沿门叫卖食物、冠梳、领袜、缎匹、花朵、玩具等物，家家饮宴，笑语喧哗。

正月十五元宵节，观灯之风更盛。官府扎灯山，有各色灯景、龙灯。入夜，灯火辉煌，又有歌舞百戏，十分热闹，士女皆出玩赏，通宵达旦。南宋时，茶肆更罗列各种灯毬出售，谓之“灯市”。彩灯花样更多，尤以苏州之五色琉璃灯、福州之纯白玉灯为最，后起之新安“无骨灯”亦精巧绝伦。十五日深夜，宫中还放烟火。节日食品则有乳糖圆子、澄沙团子等。

清明节：北宋时，清明前三天，即寒食前一日称为“炊熟”，俗用面做枣铜飞燕，用柳条串之，插于门楣，谓之“子推燕”。南宋则家家以柳条插于门上，曰“明眼”。清明之日，皆出郊扫墓，踏青游赏。于树下、湖上或园圃之间野餐，至月上柳梢方归。

五月五日端午节，供张天师像，吃粽子，钉艾人于门上，以紫苏、菖蒲、木瓜等切茸，与香药相和，盛于匣内，为辟瘟疾之用。

七月七日为七夕节，诸街皆卖“摩喝乐”，亦称“摩喉罗”，实即小泥人，饰以金玉珠翠者一对可值数千钱。未婚女郎焚香拜月，谓之“乞巧”。已婚妇女望月穿针，或以小蜘蛛放盒内，次晨观其网丝圆正，谓之“得巧”。

八月十五中秋节，入夜，贵家登台榭，民间占酒楼，赏月。儿童通宵嬉戏。夜市至五更，游人至晓不绝。南宋时，南北方均已有食月饼之俗，但有祭毕而食，亦有留至除夕而食者。

九月九日为重阳节，又称重九。每逢重阳，人们仍沿袭传统习惯登高，赏菊，饮酒，佩戴茱萸，以避邪驱疫。

冬至，两宋时极重。虽极贫者亦更新衣，备饮食，享祀先祖，举杯相庆，一如年节。

十二月初八为腊八节，各大寺院作浴佛会，喝七宝五味粥，谓之“腊八粥”，士庶之家亦各以果子杂料煮粥而食。二十四日为交年，入夜，请僧道看经，备酒果送神，烧合家替代纸钱，贴灶马，以酒糟抹灶门，谓之“醉司命”。又于床底点灯，谓之“照虚耗”。

十二月最后一天为除日，家家洒扫门闾，去尘秽，净庭户，换门神，挂钟馗，钉桃符，贴春牌，祭祖宗。是夜称除夕，备迎神香花供物，以祈新岁平安。点灯烛，放烟火爆竹，围炉团坐，酌酒唱歌，达旦不寐，谓之“守岁”。

二、西夏党项族风俗

党项族服饰以皮、毛为主，多戴毡帽，穿毛织布衣或皮衣，称“羽服”。着皮靴，束腰带，其上挂刀、火石等物。元昊建国后，下秃发令，剃光头顶。此后，剃发，穿耳戴环遂成习俗。统治阶级越来越多地以丝绸为衣料，并规定了文武官员服饰等级，平民则只准

西夏党项族人（模拟图）

穿青、绿色，以别贵贱。

党项人以畜牧为生，农业落后，故以牛、马、羊的肉和奶为主食，粮食较少。

党项民居多为木架结构、上覆毛毡之帐篷，有官爵者始得覆之以瓦。

党项婚俗盛行收继婚制，“妻其庶母、伯叔母、兄嫂、子弟妇，唯不娶同姓”。西夏建国后仍然如此。但未婚男女间，婚姻较为自由。

党项平民葬俗，“死则焚尸，名为火葬”。皇室和贵族大臣则仿照唐宋改行墓葬制度。

党项节俗最重冬至。是日会集亲友，宴饮歌舞。元昊称帝后，又规定每年春夏秋冬四季第一个月的初一和他本人的生日（五月五日）均为节日，举行庆贺活动。

党项仍有军事民主遗风，“每欲举兵，必率豪右与猎，有获，则下马环坐饮，割鲜而食，各问所见，择取其长”。俗又尚占卜，其法有炙勃焦，即艾灼羊脾骨，视其裂纹而定吉凶，又有擗算、听弓等法。作战则取单日，避晦日。有病以巫师送鬼，或将病人迁移他室，谓之“闪病”。俗好复仇，无力复仇时，则集邻族妇人焚烧仇人房舍。党项俗认为与女兵作战不祥，故仇家多躲避而去。有丧事则停止攻伐。和好时，用鸡、猪、狗血和酒中，以髑髅盛之，共饮明誓：“若复报仇，谷麦不收，男女秃癞，六畜死，蛇入帐。”

三、辽代契丹族风俗

辽代实行南北官制，因而其官服亦两制。国主与汉官穿汉服；国母与契丹官皆胡服。契丹官服多戴毡帽，上饰金玉珠翠羽毛，额后垂金花织成夹带，中贮发总。穿紫窄袍，系黄红色丝革带，用金、玉、水晶、碧石缀饰。或戴无檐纱冠，额前缀金花，上结紫带，带末缀珠。或紫皂幅巾，紫窄袍，束带。常服称为“磐裹”，绿巾，绿花窄袍，中单多红绿色。冬季贵者披貂裘，以紫黑色为贵，青色为次，亦有以银鼠做裘，尤为洁白；贱者披貂毛、羊、鼠、沙狐裘。从库伦、法库等地辽墓壁画中可以看到，一般契丹男子多髡发，左衽，穿小袖圆领衫，衣长过膝，腰束带，脚穿皮靴。妇女亦左衽，穿交领袍，又爱以黄物涂面如金，谓之“佛妆”。

契丹食俗多以牛羊肉为主，亦食糜粥、炒糒（炒米麦面一类干粮）。五代时，西瓜从西域传入，成为契丹人夏季佳品。

契丹人早期大都“挈车帐，逐水草射猎”。建国前后，受汉族文化影响，开始建造城郭宫室，但一般平民，则仅为草庵板屋而已。居室均面向东南，至耶律德光时，才仿效汉制改为南向。

契丹婚俗为族外婚制，同姓不婚。王族耶律氏只与后族萧氏通婚，不受辈分尊卑的限制。亦有妻后母，报寡嫂，姊亡妹续之俗。凡婚燕之礼，推女子之可尊敬者坐于奥，谓之“奥姑”，负责主持婚礼，新娘要向奥姑拜而致敬，称为“拜奥礼”。

契丹人死后，将尸置于山树上，经三年后，再收其骨而焚之。并酹酒而祝曰：“冬月时，向阳食；夏月时，向阴食；我若射猎时，使我多得猪鹿。”辽建国后，受汉族影响，盛行厚敛的尸骨葬。

辽代契丹人节俗有自己的特色。

正月一日为正旦，以糯饭和白羊髓为团，如拳大，每帐49个，至五更三点。各于帐内窗中掷米团于帐外，如得双数，当夜奏乐宴饮。如得单数，则不作乐，令巫师12人在外绕帐摇铃执箭歌呼，帐内之人于火炉内爆盐，烧地拍鼠，谓之“惊鬼”，居7日方出帐。

正月十三日为偷日，放国人做贼3天，但过10贯以上则依法惩处。

二月一日为请日，后族萧氏宴请王族耶律氏。

三月三日为上巳节，刻木为兔，分两朋走马射之，先中者胜，负朋则下马跪进酒，胜朋于马上接饮之。

六月十八日亦为请日，由王族宴请后族。

七月十五为月好节，辽主于十三日出宿宫西30里之帐内。十四日，随从军兵奏乐宴饮，至暮，辽主回宫，称“迎节”。十五日，奏汉乐，大宴；十六日早，辽主复往西帐，随从军兵大喊三声，谓之“送节”。

八月十五为狗头节，辽主先在八月八日杀白犬埋于帐前7步，露其嘴。十五日，移帐于其上。

九月九日为重九，辽主率群臣射虎，少者罚重九宴。射毕登高设帐，君臣共饮菊花酒。生切兔肝，拌鹿舌酱食之。以茱萸酒洒门户，或加盐少许饮之，以禳灾。

冬至，杀白羊、白马、白雁，取其血和酒，以五京所进纸人纸马各万余焚之，拜祭黑山神，俗谓人死魂皆归黑山。

四、金代女真族风俗

女真的衣服以布帛等织物为主要原料。富人春夏以纻丝绵纳或细布制衣，秋冬以貂鼠、狐、貉、羊羔皮为裘；贫者春夏以粗布制衣，秋冬以牛、马、猪、羊、蛇、犬、鱼等皮做衣裤。常服皂罗巾，上结方领，折垂于后。衣多白色，左衽，窄袖，盘领，系腰带。男子蓄发辫垂于后，系以色丝，耳垂金银；女子留辫发，盘髻，亦喜用翠毛等饰物。宣宗南渡后，女真服装表现出明显的汉化趋势。

女真族善渔猎，早期以肉食为主。随着女真农业生产的发展，粥、炒米、炒面和面饼等粮食制作的食品渐成主食。和其他北方少数民族一样，女真族饮茶、饮酒之风极盛。

女真早期依山谷而居，联木为栅，屋高数尺，无瓦，覆以木板、桦皮或草，墙垣篱壁均以木做成，门向东。屋内置土炕，其下烧火，借以取暖，饮食起居均在炕上。金太宗以后，始仿汉制建城郭宫室。

婚俗，“富者则以牛马为币，贫者则女年及笄行歌于途。其歌也，乃自叙家世妇工容色，以伸求侣之意。听者有未娶，欲纳之者，即携而归”。待生子后，男子备礼与女归宁，谓之拜门。女家设酒茶、乳酪、蜜糕等款待。女家无论大小皆坐炕上，男家所来之人拜于下，谓之“男下女”。娶亲时，男子亲迎。成婚后，妻子要像奴仆一样亲理家务，三年后方可回娘家。女家再以奴婢、牛马若干做嫁妆送给男家。女真有指腹为婚之俗，长大后，即便两家贵贱悬殊，也不可悔婚。

女真人流行火葬。送丧时，亲友有以刀剺额，血泪交下，以示哀痛，谓之“送血泪”。死者葬后，祭祀饮食之物尽焚之，谓之“烧饭”。

女真早期以饮酒骑射为乐，亦流行打马毬和角抵，进入中原后，汉族的弈棋、双陆、投壶等游戏亦为女真人所好。

女真旧俗，正月十六日为偷日，纵偷一日为戏，他日主人或备羊酒茶食以赎之，或携壶打糕以赎之，被窃女子若愿留则听之。进入中原以后，上元张灯、端阳穿五毒艾虎补子蟒衣，七夕穿鹊桥补子，重九穿菊花补子等节俗，都带有明显的汉族节俗影响。

五、元代蒙古族风俗

蒙古族服饰，早期以毛皮做衣料，后来则富者用丝绸、毛料及珍贵兽裘，贫者则用羊狗皮和粗布、毡等。男女均穿长袍，肥大，长几及地，右衽，方领，左边到腋下开衩，帛带束腰。已婚妇女之长袍尤为宽松，并戴敞口宽阔之披肩。元朝建立后，仿金、宋、汉、唐之制，上自天子、百官，下至士庶，均有严格的服色等级。每有朝会、庆典、宗王来朝、岁时行幸，皆有燕飨之礼，称“质孙宴”。质孙，即一色服。参加宴会之人均须穿皇帝所赐之一色礼服。其制，冬夏有别，贵贱上下亦有粗细之分。蒙古贵族“帽则金其顶，袄则线其腰，靴则鹅其顶”。一般成年男子多剃去顶部头发，额前留一绺，修成桃状，余发编成一辫垂于两耳后或独拖一辫垂于脑后。夏季戴各色扁帽、毡笠，冬季戴皮帽。妇女戴固姑冠，以画木为骨，高圆二尺左右，外包红绢金帛，饰以翠花彩帛或野鸡毛。又好用油抹脸，以保护面容。

宋代蒙古族人（模拟图）

蒙古食俗以牛羊之肉、奶和奶制品为主，农牧交错地区亦以粮食煮粥和以乳汁食用，谓之“乳粥”。蒙古人喜饮酒，常见的为马奶酒、葡萄酒，又从阿拉伯传入了酿造烧酒之法，醇度较高，蒙语称“哈剌基”，尤为所好。

蒙古族以游牧为生，多住帐幕，称毡房、毡帐或穹庐。小者装于车上，一牛即可拉走，大型毡殿可容数千人。帐门朝东南。森林区狩猎居民则多住更为简单之窝棚，以木为支架，上覆桦树皮。

蒙古婚俗亦有相亲、求婚、下聘礼、迎亲、送嫁、见阿姑、结婚筵席等烦琐程序。男方多以家畜若干给女家做订婚表记，女方嫁妆亦包括牲畜、财物及奴仆。新娘还要向阿姑赠送礼物。婚后，男子不许和他人之妇私通，妇女亦以贞洁为美德，“相与淫奔者，诛其身”。蒙古族有冥婚之俗，男子未婚早夭，女子未嫁先亡，两家父母经协议，即可办理婚事，将彼此互赠的侍从、马匹、衣物、金钱和日用器皿等礼物写在纸上，与婚约一起焚化之后，即算成婚，两家即成为姻亲。

蒙古人患病医治无效时，便在其帐前树立一矛，以黑毡绕之。此后，除看护人外，无人敢入其帐。人死后，亲友号哭，置肉乳于尸前，亲友亦都来献食。葬时，同时埋入帐幕一顶和马、鞍辔、弓矢、用具等物，谓供死者在另一世界使用。祭祀死人亦称“烧饭”，多以马、羊、马乳、酒醴、绢帛、金币等为祭物，其丰俭则视贵贱贫富不同。

元曲的发展

元代，我国戏剧、散曲艺术走向成熟。广义的元曲包括散曲和杂剧两部分，戏剧包括杂剧和南戏。剧本创作的成熟，代表了当时文学的最高水平。

元曲是元代新兴的一种韵文文学，包括杂剧和散曲。杂剧是戏曲，散曲是广义的诗歌，属于不同的文学体裁。但两者之间也有相同之处。杂剧和散曲都使用当时的北曲，其曲词必须按照曲调谱写，而且都能合乐歌唱。

作为与唐诗、宋词鼎立的中国古代韵文文学创作的最高成就之一，元曲是那些剧作家们在元代社会生活的基础上，融合唐宋大曲、宋词、金元音乐以及各种民间曲艺发展而成，所用曲牌达400余个。

宋代词的创作衰落下来后，继之而起的一种文体，就是元代的散曲。“散曲”是和“剧曲”相对存在的。剧曲是用于表演的剧本，写各种角色的唱词、道白、动作等。散曲则只是用作清唱的歌词。从形式上看，散曲和词很相近，不过在语言上，词要典雅含蓄，而散曲要通俗活泼；在格律上，词要求严格，而散曲就更自由些。散曲从体式上分两类：“小令”和“套数”。小令又叫叶儿，体制短小，通常只是一支独立的曲子（少数包含二三支曲子）。套数则由多支曲子组成，而且要求始终用一个韵。散曲的曲牌也有各式各样的名称，如《叨叨令》《刮地风》《喜春来》《山坡羊》《红绣鞋》之类，这些名称多很俚俗，这也说明散曲比词更接近民歌。元代散曲作者今天知道

关汉卿像

名字的有 200 多人，留下的作品有 4000 多首。著名散曲作者有关汉卿、马致远、张养浩、张可久、睢景臣、乔吉、刘致等。

我们知道，元代的蒙古族统治者实行民族歧视政策，居人口多数的汉族地位最低，百姓生活困苦，知识分子不被重视，社会很黑暗。刘时中的套数《端正好·上高监司》里写饥荒中的百姓生活：

〔滚绣球〕：偷宰了些阔角牛，盗斫（zhuó）了些大叶桑。遭时疫无棺活葬，贱卖了些家业田庄。嫡亲儿共女，等闲参与商。痛分离是何情况！乳哺儿没人要撇入长江。那里取厨中剩饭杯中酒，看了些河里孩儿岸上娘，不由我不哽咽悲伤。

杀牛、砍桑、裸葬、卖田、亲人离散、溺杀婴儿，百姓哪有活命的路！作者还叹道：“有钱的纳宠妾买人口偏兴旺，无钱的爱饥馁填沟壑遭灾障。小民好苦也么哥（叹词），小民好苦也么哥，便秋收鬻妻卖子家私丧！”

元代有所谓“九儒、十丐”的说法，知识分子社会地位很低。无名作者的《朝天子·志感》说：

不读书有权，不识字有钱，不晓事倒有人夸荐。老天只忒心偏，贤和愚无分辨。折挫英雄，消磨良善，越聪明越运蹇。志高如鲁连，德过如闵骞，依本分只落的人轻贱。

运蹇，命运不好。鲁连，即鲁仲连，战国时齐国人，他慷慨有大志，周游列国做许多好事而不图报。闵骞即闵子骞，孔子的学生，以品德高尚著称。这首小令揭示了元代社会是非颠倒的情况，许多有才有德的人才被埋没摧残，这个社会怎么能好？无怪元代只有 90 多年就灭亡了。

讽刺不良的人情世态，是散曲的重要内容。如无名作者的《醉太平·讥贪小利者》：

夺泥燕口，削铁针头，刮金佛面细搜求，无中觅有。鹌鹑嗉里寻豌豆，鹭鸶腿上劈精肉，蚊子腹内刳脂油，亏老先生下手。

只用六句巧妙夸张而又生动形象的比喻，就把一个要钱不要脸的贪婪之徒的心理和嘴脸勾画得惟妙惟肖，具有民间文学特色，是散曲中的佳作。

厌恶政治，歌颂隐居生活是散曲的另一重要内容，许多著名作者都有这类作品。其中马致远的套数《夜行船·秋思》很有名，且看其中最后一支曲子：

〔离亭宴煞〕：蛩吟罢一觉才宁贴，鸡鸣时万事无休歇，争名利何年是彻！看密匝匝蚁排兵，乱纷纷蜂酿蜜，急攘攘蝇争血。裴公绿野堂，陶令白莲社。爱秋来时那些：和露摘黄花，带霜烹紫蟹，煮酒烧红叶。想人生有限杯，浑几个重阳节。

嘱咐你个顽童记者："便北海探吾来，道东篱醉了也。"

蛩，蟋蟀。裴公，指唐宪宗时的名臣裴度，他晚年修筑"绿野草堂"，退官隐居。陶令，指当过彭泽县令的陶潜，他曾和庐山慧远和尚组织的佛教团体"白莲社"有些联系。北海，指汉末北海太守孔融，是个名士。东篱是马致远的号。作者用蚂蚁打架，蜜蜂抢蜜，苍蝇争血来比喻官场的丑恶争斗。他羡慕裴度、陶潜等人的隐居生活，秋天里摘黄花，煮肥蟹，饮美酒，无拘无束、快活自在，嘱咐家里的侍童："就是孔融那样的名人来看我，也向他说马先生醉了正睡觉，谁也不见！"

元代文人厌恶政治的情绪，还从他们的"怀古"作品中发泄出来。如张可久的《卖花声·怀古》：

美人自刎乌江岸，战火曾烧赤壁山，将军空老玉门关。伤心秦汉，生灵涂炭。读书人一声长叹！

翻开史书，纷纷扰扰：一会儿项羽的美人在乌江刎颈自杀，一会儿周瑜在赤壁把曹操几十万兵马烧光了，一会儿汉代名将班超在玉门关外悲叹回不了家乡了。秦汉历史令人伤心，遭难的是百姓。读书人面对人类灾难史，只能一声长叹。张养浩的《山坡羊·潼关怀古》也发出同样的悲慨：

峰峦如聚，波涛如怒，山河表里潼关路。望西都，意踟蹰：伤心秦汉经行处，宫阙万间都作了土。兴，百姓苦；亡，百姓苦！

高耸的山峰排列在黄河岸边，奔腾咆哮的黄河充满怨愤，高山大河互为表里呈现一派壮阔气象。向西遥望古都长安，不禁感慨万端：令人伤怀不已的是秦汉时代许多风云人物曾经活动的地方，宫阙楼殿都已化为尘土，连遗迹都没有了。想来这一切都是人民膏血，无论哪一个朝代的兴和亡，最终苦难都落到百姓头上。最后两句道出一个极朴素的真理，引人遐思。开首开得很有气势，结尾也结得极有力量。

睢景臣的套数《哨遍·高祖还乡》是散曲中别具一格的"咏史"作品。它通过一个乡下农民的眼光观察刘邦衣锦还乡这件事，把这个盛大的典礼写得怪态百出，装模作样，滑稽可笑。写刘邦下车时的样子说：

（三煞）那大汉下的车，众人施礼数。那大汉觑（qù）得人如无物。众乡老展脚舒腰拜，那大汉挪身着手扶。猛可里抬头觑，觑多时认得，险气破我胸脯！

这个农民一眼认出，这个作威作福的"大汉"原来就是当年那个"刘三"！接着数落他和他老婆两家的家史，揭露刘邦贫贱时的无赖行为，老底和盘托出，"皇帝"原是个"流氓"。在封建社会能写出这样的曲子，实在难得。全套曲子尽情揶揄讥刺，极尽幽默之能事，是散曲中难得的佳作。

散曲中写男女爱情的作品很多，也独具特色。如张可久的《山坡羊·闺思》：

云松螺髻，香温鸳被，掩春闺一觉伤春睡。柳花飞，小琼姬，一声“雪下呈祥瑞！”团圆梦儿生唤起。“谁，不作美？呸，却是你！”

这个女子关门大睡，正做团圆梦。小丫头琼姬误认柳絮是飞雪，一声“下雪啦！”把她惊醒，好梦被打断。她又怒又怨，自问自答地把小丫头斥责一通。前半文雅，后半通俗，精彩之笔在后半，语言泼辣有趣，最能代表散曲风格。

散曲中的写景作品也不乏优秀之作，如马致远的“枯藤老树昏鸦”那首小令，600多年来一直广为传诵。乔吉的《水仙子·重观瀑布》想象十分奇特：

天机织罢月梭闲，石壁高垂雪练寒。冰丝带雨悬霄汉，几千年晒未干，露华凉人怯衣单。似白虹饮涧，玉龙下山，晴雪飞滩。

作者想象瀑布是织女以月亮为梭，用天机织出来的一匹白布（雪练），高挂在石壁上晾晒。它以冰为丝，飞溅着雨滴，飘动在天空，使接近它的人感受到凉意。“几千年晒未干”，想象出人意料，令人惊喜。最后又加三句譬喻，把文气补足。咏物作品最忌落俗套，最贵出新意，这曲小令写出新意新趣，所以是佳作。

元曲是中华民族灿烂文化宝库中的一朵奇葩，它在思想内容和艺术成就上都体现了独有的特色，和唐诗宋词鼎足并举，成为我国文学史上三座重要的里程碑。

元曲的独特魅力主要表现在：一方面，元曲继承了诗词的清丽婉转；另一方面，元代社会使读书人位于“八娼九儒十丐”的地位，政治专权，社会黑暗，因而使元曲放射出极为夺目的战斗的光彩，透出反抗的情绪。锋芒直指社会弊端，直斥“不读书最高，不识字最好，不晓事倒有人夸俏”的社会，直指“人皆嫌命窘，谁不见钱亲”的世风。元曲中描写爱情的作品也比历代诗词来得泼辣、大胆。这些均足以使元曲永葆其艺术魅力。

元曲一出现就同其他艺术一样，立即显示出旺盛的生命力，它不仅是文人咏志抒怀得心应手的工具，而且为反映元代社会生活提供了人民群众喜闻乐见的崭新的艺术形式。元曲的兴起对于我国民族诗歌的发展、文化的繁荣有着深远的影响和卓越的贡献。

蒙元时期的中西文化交流

由于蒙古帝国横跨欧亚大陆，为中西文化的交流创造了重要条件，揭开了前所未有的异域文化相互激荡、交融的新篇章。

成吉思汗及其子孙的对外征服战争使中国西北部的边界实际上处于开放状态。从而导致穆斯林无阻碍地进入中国境内，并带来了伊斯兰教文明。早在唐代，已有穆斯林商人来中国经商。元代来华的穆斯林已不仅仅是商人，还有大量的士兵和工匠。他们的足迹遍及中国内地，“今回回皆以中原为家，江南尤多”。由于穆斯林在元帝国的社会地位很高，以故境外穆斯林大规模迁居中国，形成“回回遍天下”的态势。

从元代开始，中国逐渐形成回族。该族信奉伊斯兰教，使用汉族语言文字，保持阿拉伯文化传统。回族的形成，直接促进了伊斯兰教在中国的广泛传播。随之而来的是，伊斯兰教寺庙遍布全国各地。著名的长安清教寺、广州怀圣寺、泉州清净寺等得以重新修饰，杭州、定州、燕京、昆明等地纷纷建造清真寺。仅从建筑即可看出，伊斯兰教自觉开展中国化的改造，以适应中国传统文化所营造的生存空间。例如，清真寺采纳中国式的合院建筑样式：寺前左龙右虎，寺内主殿居中，厢房并列两侧，楼阁对峙，匾联高悬，雕梁画栋。在宗教习俗上，穆斯林传统节日“古尔邦节”改称“忠孝

成吉思汗像

节”；在殡葬时披麻戴孝，抬棺出殡，一如中国民间风俗。在教义上，创立了以儒家思想诠释伊斯兰教的凯拉姆体系。这些举措，极大地推动了伊斯兰教在中国的传播，对多民族文化的发展起到了不可磨灭的贡献。

不独伊斯兰教在中国得以生根，基督教也于此时大举进入中国。元代的基督教大体上分为两支：一支是曾在唐代流行的景教，另一支则是罗马天主教。

盛唐之际，景教初入，发展势头颇盛。殆至唐武宗灭佛，景教受到冲击，趋于灭教。随着蒙古大军马踏中原，景教得以重新抬头，再度流行起来。景教信徒遍布全国，主要传教地区为山西、陕西、甘肃、河南、山东、直隶、广东、云南、浙江等地。

罗马天主教与元帝国的交往主要源于外交接触。因慑于蒙古铁骑横扫欧亚大陆的威势，为了捍卫基督教世界的秩序，罗马教皇派使节与蒙古大军联络，但屡遭羞辱。这一情形在忽必烈登基后得以改变。在会见欧洲商人——马可·波罗的父亲和叔叔后，忽必烈决定派使节出使罗马教廷，要求教皇选派教士来中国。1289 年，罗马教皇派遣教士约翰·孟德高维诺出使东方。他抵达大都后，开始了传教活动。约翰努力学习蒙古语言文字，将《新约》译成蒙文，并在大都主持修建了两座教堂。由于约翰的杰出工作，在短时间内便有六千多人接受洗礼，成为基督徒。为此，罗马教廷任命他为大都和中国教区的大主教。尽管如此，基督教却未能像伊斯兰教那样融入中国传统文化之中。由于没有完成自身中国化的改造，元代基督教始终处于大众信仰体系的边缘。

马可·波罗像

在谈论元代中西文化交流的历程时，有一位传奇人物不可不提。他就是意大利旅行家马可·波罗。马可·波罗生于威尼斯商人家庭，大约在 1271 年随父亲和叔叔经两河流域，翻越伊朗高原和帕米尔高原来到东方。1275

年马可·波罗一行人来到大都，受到忽必烈的礼遇。有意思的是，马可·波罗还在元朝做了近 17 年的官。其间，他的足迹遍及全国，到过今天的新疆、甘肃、内蒙古、山西、陕西、四川、云南、山东、江苏、浙江及北京等地，还到过缅甸。后来，伊儿汗国大汗向元室求婚，马可·波罗奉命护送公主出嫁。1292 年初马可·波罗离开中国，踏上归国之路。他从海路经苏门答腊、印度等地到达波斯。大约在 1295 年底抵达威尼斯。1298 年，马可·波罗在威尼斯与热那亚的战争中被俘。在狱中，马可·波罗向同狱的囚犯鲁思梯谦讲述东方传奇。后由鲁氏整理成书，是为《马可·波罗行纪》。在这部游记中，东方古国的富庶和文明的昌盛像神秘园一样吸引了西方世界的关注。这本书很快风靡欧洲，点燃了探险家们的热情，对日后新航路的开辟有重大影响。就中国文化史而言，马可·波罗历史性地成为元代中西文化交流的象征。

继马可·波罗之后，非洲旅行家伊本·贝图达也来到中国。这位被称为“伊斯兰世界的旅行家”对中国文化赞不绝口，尤其是对中国发达的农业和农田水利系统。他赞美中国的瓷器举世无双，对中国绘画也给予高度评价。

元代，中国的旅行家也踏访外域。如汪大渊两次游历印度洋，横跨亚非的马克鲁克王朝给他留下了深刻印象。苏马则以使臣的身份出访罗马和巴黎。回国后，苏马将自己的欧洲之旅写成游记。

科学技术的交流也是元代中西文化交流的有机组成部分。当时，阿拉伯的天文学十分发达。波斯人札马鲁丁精通历法，被元廷召入。他编制了伊斯兰历——《万年历》，在大都建了观象台，并制造了七种创制于阿拉伯的天文仪。元代天文学家郭守敬吸取阿拉伯天文学的精华，他所创制的《授时历》就参考了伊斯兰历。此外，郭守敬设计的天文仪也受到了马拉格天文台仪器的启发。高度发达的阿拉伯数学也在元代流行，阿拉伯数字逐渐进入中国人的生活。欧几里得的几何学理论，也经由阿拉伯算学著作传播，对元代数学有重大影响。回族医术久负盛名，元廷专门设立“回回药方院”、“回回药物局”，以供大都和上都的皇宫药用之需。阿拉伯的建筑艺术也在元代大显身手。阿拉伯人也黑迭儿及其子马合马沙，相继主持元代工程项目的管理，并直接参与了大都的建设。大都城的规划，多出自也黑迭儿之手。

值得注意的是，随着蒙古大军的西征，中国的科学技术如四大发明也传至阿拉伯世界和欧洲大陆。火药传入欧洲后，对以城市为依靠的新兴君主政体取得反对封建贵族斗争的胜利，发挥了决定性的作用。指南针传入欧洲，刺激了航海事业的发展，成为日后地理大发现必不可少的技术装备。印刷术经波斯和埃及传入欧洲后，使威尼斯迅速发展成为欧洲印刷业的中心。印刷术使新兴市民阶级的思想得以广泛传播。西欧的文化体系终于挣脱了教会的束缚而得以拓展。此外，中国的历法、数学、文学、绘画以及瓷器、茶叶、丝绸等也大量西传，使中国文化声名远播。

元代地理学的发展

元代版图的空前广阔和交通的畅达，为元代地理学的发展提供了有利的条件。元代地理学发展的表现之一是出现了一批著名的地理著作，包括官修《大元一统志》、周达观的《真腊风土记》和汪大渊的《岛夷志略》等。

《大元一统志》是一部全国性的地理著作。大德七年（公元 303 年）由孛兰奚、岳铉等人奉命纂修。该书对后世地理著作的编撰，影响巨大。明修一统志，其义例就依照此志，书名亦沿用不变。

周达观，永嘉（浙江温州）人。元贞元年（1295 年）随元朝外交使节到真腊（柬埔寨）访问，第二年回国后，写成《真腊风土记》一书。该书 1 卷，记载了真腊风土人情以及元朝与之交往的情况。《元史 · 列传》无“真腊”条，周达观此书可补其阙。

汪大渊，字焕章，江西南昌人。他自幼好游，至元初年以前，年方 20，就曾随我国商船两下东西洋，到过东南亚、波斯湾、阿拉伯半岛等数十国，归国后写成《岛夷志略》一卷。该书记载了汪大渊所历各国的地理状况及风土人情，是一部极有价值的中西交通史资料书。

元代地理学发展的表现之二——《舆地图》的问世。《舆地图》作者朱思本（1273 — 1333 年），字本初，号贞一，临川（今江西抚州）人。他是道教正一教派中心信州龙虎山的道士。大德三年（1299 年）朱思本曾奉命至大都，协助玄教大宗师张留孙、吴全节处理道教事务。元武宗、仁宗时，朱思本多次奉命代天子祭祀五岳四渎等名山大川，因而得以旅行各地，实地考察地理状况。据载，朱思本在将近 20 年的时间里，足迹遍及今华北、华东、中南地区，“跋涉数千

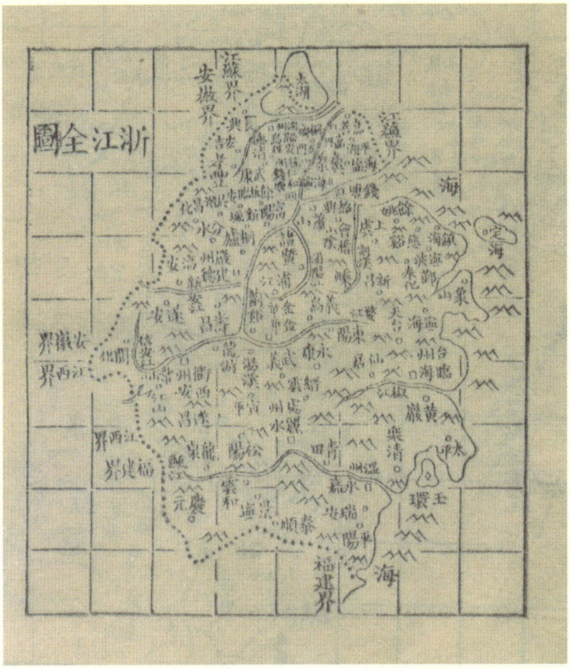

元代《舆地图》（部分）

里间”。他总结了前人的经验，利用当时保存的图籍，更依据自己实际调查研究，前后花费了 10 年时间，绘制了一幅《舆地图》。该图长宽 2.1 米，图幅很大，详细注明了元代的地理风貌。尽管朱思本仍采用了计里开方的绘法，但该图的精确度远远超过了以前的地图。他工作认真细致，凡是不熟悉的地方，概不轻易画在图上。《舆地图》因篇幅过大，不便保存，现已佚。明代罗洪先据《舆地图》增广以成《广舆图》，现从罗图中尚可见朱图之大概。在绘制《舆地图》之前，朱思本还编写过一部 80 卷本的《九域志》，已佚。

元代地理学发展的表现之三——元人对河源的探索。元代以前，因边塞交通的阻塞，人们对黄河发源地的探索，都没有取得圆满的成果。元朝一统中国后，对边区的管理大大加强，所在都设有驿站，交通十分便利。这为元人对河源的探索提供了有利条件。至元十七年（1280 年）元世祖派遣懂得多种方言的女真人都实佩金符西行勘察河源。都实曾三次到达吐蕃，成为我国历史上少数民族杰出旅行家之一。他西行的路线由现在宁夏回族自治区起行，向南经甘南藏族自治州，再到青海果洛藏族自治州，“四阅月，始抵河源”——星宿海。都实的考察，后经同行阔阔出（都实之弟）口述，由翰林学士潘昂霄撰成了一部《河源志》。该书对河源地区的地形、水系、植被、动物、人口及部落分布作了简明扼要的描述和介绍，是我国现存有关河源勘察的最早报告。

元代的水利工程

元代兴修的水利工程不在少数，而规模最大、水利工程技术运用最成功者，首推治河工程和开凿大运河。

金章宗明昌五年（1194年），黄河夺淮入海。黄淮地区百姓遭受了巨大的苦难。元代黄河决口更为频繁，总计200余次。黄河之灾，成为元朝的心腹之患。至正四年（1344年），黄河又一次决口北徙。时任都水监的贾鲁向朝廷进献二策：一是修筑北堤，制止黄河水横溢，其用功省；二是疏塞并举，挽河东行，使复故道，其功数倍。至正九年脱脱为相，任用贾鲁为工部尚书、总治河防使，采纳其第二策，发汴梁、大名十三路民工150000、庐州戍军20000治河。贾鲁采取疏、浚、塞并举的方法，自4月22日开工，在170天的时间里，先后动用人力近200000，疏浚河道140000多米，堵塞大小决口107处，修筑堤防385000米，终于使黄河故道复通，取得了治河的成功。贾鲁治河，是中国水利史上罕见的巨大工程。

元代开凿的运河，主要是济州河、会通河、通惠河三段。在开凿会通、通惠二段河道时，修凿者采用了不少新技术。会通河河道越岭和通惠河水位落差问题，

元代治理过的黄河故道

在宋代复式船闸技术基础上，工程采用了梯级船闸，最终解决了通航的困难。据记载，元代开凿的会通河共长125000米，其间设有船闸13座。通惠河设有船闸10座，由著名天文学家、水利专家郭守敬设计制造。这些船闸修建后，通过闸的启闭，调整两闸之间的部分水位，保证了该段运河的基本通航条件。这在中国水利史上是一个创举。

元代在创新水利工程技术的同时，还出现了许多水利著作。著名的作者有王祯、瞻思、欧阳玄和任仁发等。

王祯所著《农书》，不仅是一部农学著作，而且也是一部水利著作。他在书中认为我国水利资源十分丰富，合理利用它对农业、对国家极为有利。王祯还总结出江南农田水利的灌溉方式有二大类：一类是自流灌溉，一般水源高于耕地，以修陂塘蓄水为主；一类是机械灌溉，一般水源低于耕地，用翻车、筒轮、戽斗、水车等机械或用打井的方法予以解决。此外，《农书》对圩田、围田等也有介绍。

瞻思，字得之，阿拉伯人，祖先来自中亚，数迁之后定居真定（今河北正定）。瞻思自幼博览群书，经学、文史、水利、天文、地理、算数无所不通。在水利方面的最大贡献是将宋人沈立的《河防通议》和金朝都水监的《河防通议》二书合而为一，削去冗长，考订舛讹，重编体例，既便观览，又资实用。至正年间黄河决堤，瞻思曾应诏参加讨论治河方案。

任仁发，松江（今上海松江）人。针对吴淞江淤塞原因及浙西治水方法，任仁发曾向朝廷上奏所著《浙西水利议答录》。文中大胆批评了朝廷治河不力，提出“浚河港必深阔，筑围岸必高厚，置闸窦必多广”的治水之法。其后海宁（今浙江海宁）人周文英，著有《论三吴水利》，对解决浙西农田遇涝问题提出了“掣松入浏”的看法，颇受后人重视。

欧阳玄的《至正河防记》是一部总结元末贾鲁治河经验和记载其治河经过的水利著作。书中积极肯定了贾鲁用疏、浚、塞三法治河的方法。

总之，元代的水利工程建设和水利研究都取得了一定的成就，促进了农业生产的发展。

金元时期的医药学

金元时期的医药学较之前代又有新的发展。医学分科更为系统，名医刘完素、张从正、李杲、朱震亨、危亦林、忽思慧、滑寿等在骨科、伤寒科、营养学、针灸学方面取得了杰出的成就。

金代医学的分科在传统分科的基础上，增加到了10科，元代分科更细，共有13科：大方脉科、杂医科、小方脉科、风科，产科兼妇人杂病科、眼科、口齿兼咽喉科、正骨兼金镞科、疮肿科、针灸科和祝由科。此外，阿拉伯医学也在这一时期传入了中国。元设立了新型医疗机构“回回广惠司”，这是阿拉伯式医院组织的移植。1292年，大都和上都设立了回回药物院，并译了《回回药方》等医书，丰富了中国传统医学的内容。

金元时期最著名的医家首推“金元四大家”，即：

刘完素（1120－1200年），字守真，金代河北河间人。他主张治病应用良药，认为六气皆由火化，治病根源要在抑火，益肾水。著有《素问玄机原病式》《素问病机气宜保命集》《素问药证》等书。后人称之为“寒凉派”。

张从正（1156－1228年），字子和，金代河南考城人。他认为治病应主去邪，临床着重用汗、吐、下三法。著有《儒门事亲》15卷。后人称之为“攻下派”。

李杲（1180－1251年），字明之，号东垣，金代河北真定人，长于医治伤寒、痈疽、眼目病。他以《内经》为理论依据，治病注重脾胃，著有《脾胃论》。后人称之为“补土派”或“温补派”。

朱震亨（1281－1358年），字彦修，号丹溪，元代浙江义乌人，曾从刘完素门徒罗知悌学医，创立了“阳常有余，阴常不足”的理论。治病以养阴为主，精于伤寒、肺痨、妇科等科。著有《格致余论》《局方发挥》等书。后人称之为“滋阴派”或“养阴派”。

金元四大家之外，这一时期的名医还有：危亦林（1277－1347年），字达斋，江西南丰人。他集五代祖传医方，写成《世医得效方》19卷，于1345年刊行。

明太祖朱元璋像

书中所记治疗骨折、脱臼，特别是脊椎骨折的方法，达到了很高水平。危氏的悬吊复位法，与现代外科的整复手术基本原理一致。在针灸学方面，成就最大的学者是滑寿。滑寿，字伯仁，号樱宁生，先世襄城（今河南襄城）人，徙江苏仪真，后又迁浙江余姚。所著《十四经发挥》3卷，发展了忽必烈的《金兰循经》（已佚）理论，对十四经穴循行部位、所主病症和奇经八脉均作了专题论述，是一部对后世有较大影响的针灸学专著。在营养学方面有突出贡献的名医是忽思慧。忽思慧，蒙古族人，曾任饮太医，天历三年（1330年）编成《饮膳正要》一书，对养生、避忌、妊娠、食忌、营养疗法、食物卫生等有详细论述，记录了我国各民族在调养方面的宝贵经验。这是我国古代最著名的营养学专著之一。

明代灭除异端的文化一统

明太祖朱元璋在大肆制造文字狱的同时，还推行旨在灭除异端的僵化的文化一统政策。朱元璋以程朱理学作为正宗学说。程朱理学早在元代就被定为正宗之学，而明代统治者对程朱理学更是推崇备至。明代是封建君主专制空前强化的时代，程朱理学所谓的“天理”，正是从哲学的理论形态来论证封建王朝的最高统治者，像自然天道一样具有绝对性和永恒性。至于以“君纲”为核心的伦理纲常，也被理学家论证为具有“天理”的神圣意义。理学家讲的心性修养、自我克制，最终又从思想上体认君主专制主义是“当然之则”的合理性。正因为如此，明代统治者才多次下令，命令学子非朱子之书、五经孔孟之书不读。明成帝朱棣还命令胡广等编纂《四书大全》《性理大全》《五经大全》，颁行天下，以此作为学子习业的经典著作。明代统治者又规定科举考试一律以朱熹作注的经学著作为准，程朱理学被推到了至尊的地位。

在确立正宗统治学说的同时，明代统治者还制定并颁行了一系列防范思想自由发展的文教制度和政策，限制文人对现实政治发表见解和议论，绝对禁止学生评论政治和批评教学和师长，违者甚至斩首示众。据载宋讷主持国子监时，一名叫赵麟的监生揭帖子抗议宋讷对学生的欺凌。依国子监监规，毁辱师长者杖责一百并发配到云南充军，但朱元璋竟下令将赵麟杀掉，并在国子监门前竖一标杆，悬首示众，此竿在以后的一百六十余年间一直树立不倒。

在科举考试中，明统治者不仅规定以朱熹作注的经书为准，而且指令“但许言前代，不及本朝（顾炎武《日知录》卷 16，‘试文格式’）”，绝对禁止任何对当代问题的思考。

朱元璋还对前代经典进行删削，将不符合其统治思想的言论都进行删节。《孟子》中的民本思想、仁政思想等精华都被其强令删除。至于勇于冲破僵化思想程式的异端邪说，明统治者更毫不手软。晚明思想家李贽“排击孔子，别立褒贬”(《四库全书总目提要》卷 50，“藏书”条），“掊击道学，抉摘情伪”（钱谦益《列朝诗集》闰集，卷 3），统治者视他“为妖为幻，噪而逐之”，最后终于以“敢倡乱道，惑世诬民”八字罪名将他逮捕下狱，迫害致死。李贽自刎与布鲁诺被焚前后只相差两年，显示了东、西方中世纪意识形态领域中共有的专制统治的黑暗。

明代中后期，借封建政治统治松弛之机勃兴的书院讲学也遭到统治者的再三镇压，书院多次

顾炎武雕塑

被禁毁。到万历年间，张居正执政时期，为了扼制思想的自由发展，张居正禁止讲学，并上奏皇帝，要求禁毁天下书院。其规模之大、措施之严厉，远远超过嘉靖年间对书院的禁毁。天启年间，顾宪成、高攀龙等人重修东林书院，讲学之余往往“讽议朝政，裁量人物”，宦官魏忠贤为镇压东林党人，屡兴大狱，杀戮东林党人，东林书院也被禁毁。为消解可能出现反对朝廷的人物及言论，魏忠贤进而禁毁天下一切书院，书院讲学遭禁止此时达到极致。

为了钳制人们的思想，制造刻板、冷峻的思想统治秩序，明统治者还在科举考试中发明了“八股”之法。所谓“八股”，即答卷作文的格式由破题、承题、起讲、入手、起股、中股、后股、束股八部分组成，格式十分刻板。八股文的题目全出自《四书》《五经》，文字要模拟圣贤口吻，叫做“代圣贤立言”，而且必须以朱熹注疏为准，因而严重地控制了士子文人的思想，使人们思想程式化、刻板化。明末清初思想家顾炎武就十分清醒地指出八股取士对民族智力与人才的戕害：“愚以为八股之害等于焚书，而败坏人才，有甚于咸阳之郊（坑儒）。(《日知录》卷 16《拟题》)”明朝末年，有人尖锐地指出八股文会断送朝廷，居然大胆地在朝堂上贴了一张“大字报”，上写：“谨具大明江山一座，崇祯夫妻两口，奉申贽敬。晚生文八股顿首。”

正由于明代严酷的文化专制政策，在明初的文坛上，只有歌功颂德、点缀升平的台阁体诗文出现。诗文在明初的政治高压下受到重创，文人们在血的事实面前，不得不再次承担起个人对封建政权的服从义务。在思想方面，由于统治者官方的提倡，理学思想继续成为社会统治思想。理学对文学最大的影响是“文道合一”的观念，使表现封建纲常思想、宣扬复古思想成为明代前期文学的主流。正统文人的才能只能局限在八股取士的樊笼里，而八股的体制显然不利于文人思想和情感的自由抒发，由此造成诗文等传统文学样式的萎缩。

戏剧也是到了嘉靖和隆庆两朝才开始复苏，经万历至崇祯朝才进入繁荣时期。明中后期出现了与李贽等人的进步思潮相呼应的具有人文主义精神的戏剧作品，如汤显祖的《牡丹亭》等。

郑和下西洋与迁海令

明代被称为中国历史上伟大的航海时代。15 世纪初郑和七下西洋，是我国乃至世界航海史上空前壮举，对世界船海技术产生深远的影响。

自古以来，中国人对土地的执著胜过对海疆的征服。当然，中国人的航海事业一直在发展着。远在 7000 年前的河姆渡文化时期，先民们已乘舟到舟山群岛等近海航行，《竹书纪年》称“东狩于海，获大鱼”。秦代徐福东渡远航，三国卫温出使夷州（台湾），唐代鉴真东渡日本……在 16 世纪之前，中国已越出东亚大陆，控制了东中国海（南宋）和南中国海（元代）。

中国人也有过拓展海防的梦想。以游牧民族入主中原的元世祖忽必烈曾发动远征日本列岛的战争，但以失败告终。这是中国历史上唯一的一次以武力征服海外国度的尝试。元代的海洋梦想在明代初期有新的体现。

民间流传的“三保太监下西洋”，便是发生于明朝初期的航海盛举，堪称中国对外贸易史、海洋交通史上的丰碑，而且蕴藏深刻的文化史内涵。

《明史》卷 304《郑和列传》载：“郑和，云南人，世所谓三保太监者也。初事燕王于藩邸，从起兵有功，累擢太监。成祖疑惠帝亡海外，欲踪迹之。且欲耀兵异域，示中国富强。永乐三年六月，命和及其侪王景弘等通使西洋，将士卒二万七千八百余人，多赍金币。造大舶，修四十四丈、广十八丈者六十二。自苏州刘家河泛海至福建，复自福建五虎门扬帆，首达占城，以次遍历诸番国，宣天子诏，因给赐其君长，不服则以武慑之。……和经事三朝，先后七奉使……自和后，凡将命海表

郑和雕塑

者，莫不盛称和以夸外番，故俗传三保太监下西洋，为明初盛事云。”

郑和的祖父和父亲曾到过伊斯兰教圣城麦加，故郑和幼年时就对外洋情况有所了解。郑和于明朝初年入宫做宦官，从燕王起兵。赐姓郑，任内官监太监，后任守备南京太监。郑和七下西洋，分别是：第一次，成祖永乐三年六月至永乐五年九月（1405 — 1407 年）；第二次，永乐六年九月至永乐九年六月（1408 — 1411 年）；第三次，永乐十年十一月至永乐十三年七月（1412 — 1415 年）；第四次，永乐十四年十二月至永乐十七年七月（1416 — 1419 年）；第五次，永乐十九年正月至永乐二十年八月（1421 — 1422 年）；第六次，永乐二十二年（1424 年）；第七次，宣宗宣德五年六月至宣德八年七月（1430 — 1433 年）。据明人张燮《东西洋考》，明代所谓西洋，是指马来半岛及以西诸国，包括爪哇和苏门答腊二岛在内。郑和最远到达非洲东岸和红海海口，最后一次远航时年已六十。

从航海规模和技术装备看，郑和的舰船在当时都是举世无双的。但郑和历次远航的目的不是为了征服外邦，不是为了打开海外市场，而是出于政治目的的远航。为了向海外炫耀明帝国的强大国力，郑和浩大的舰队不以武力征服为目的，每次都以怀柔远夷的大国姿态宽容处之，以结盟好。随行的马欢在《纪行诗》中称“皇华使者承天敕，宣布纶音往夷域”，清楚地表明远航是以“宣布纶音”为宗旨的政治航行。不可否认的是，郑和七下西洋，率领浩大船队，携带大量银两、铜钱、丝绸、瓷器、麝香、铁锅等，抵达 30 多个国家，历时 28 年，客观上促进了中国与东南亚及东非各国的经济文化交流，对当时的中国社会产生了重要影响。时人称：“自永乐改元，遣使四出，招谕海番，贡献毕至，奇货重宝，前代所希，充溢库市，贫民承令博买，或多致富，而国亦羡矣。”

放眼世界，15 至 16 世纪是一个地理大发现、海洋大拓展的时代。意大利人哥伦布于 1492 年发现美洲新大陆，葡萄牙人达·伽马于 1498 年绕过好望角开辟到达印度的东方新航线，另一葡萄牙人麦哲伦绕过南美大陆最南端（后被命名为麦哲伦海峡）进入太平洋，其同伴于 1522 年回到西班牙，完成了人类历史上的首次环球航行。与这些西方航海家相比，郑和的远航不仅早一个世纪，而且远航次数、总里程数、排水量及载重量都远远超过前者，船队配备了最先进的罗盘技术、地图绘制技术和帆船技术等。令人遗憾的是，郑和的远航对世界文明进程的影响远不能和哥伦布等人相比。哥伦布等人的海洋探险，激起西方世界的航海热，从此一发不可收拾。新老殖民主义国家都是以海洋征服为其基本国策。与之相对应，郑和的远航只不过是一次以武力为后盾的朝贡贸易的翻版，是传统华夷观念的一次新的实践。当永乐帝死后，远洋事业遭到广泛攻击，被指责为劳民伤财之举，不得不中止。于是，郑和下西洋的伟业便如昙花一现，在其后的漫长岁月中不复再现。大一统的专制政体，农业文明带给国人的力求稳定、不喜冒险的文化心理结构，使中国人失去了加入15至16世纪之交的世界地理大发现行列的机会。尤其是，值此世界文明大转折、殖民时代到来的历史性关口，明清两朝统治者相继推出闭关锁国政策，逆历史潮流而动，大大妨碍了中国海洋运输业的发展，由此逐渐拉开了东西方文明进程的差距。

明中叶后，由于东南沿海地区商品经济迅猛发展，导致私人海外走私贸易占据主导地位，以福建的漳、泉二府最盛。走私海商甚至组成有武装的集团，形成与政府相对峙的局面。加之倭寇之患，明政府遂实行海禁。明后期解除海禁，沿海贸易复兴，主要港口是福建的月港和广东的澳门。通过月港，美洲的白银大量流入中国。（明）张燮《东西洋考》卷7《饷税考》云“东洋吕宋，地无他产，夷人悉用银钱易货，故归船自银钱外，无他携来，即有货亦无几”。外国白银的流入，给明清社会经济带来了重要影响。

为了对付郑成功的抗清斗争，清廷于顺治十八年（1661年）颁布迁海令，规定江南、浙江、福建、广东沿海居民内迁30至50里，不准片板入海。

一系列的迁海令严重阻碍了对外贸易的发展，其后果是灾难性的。福建省首当其冲，社会经济大幅下滑，“闽自海禁以来，利孔既塞，是以兵穷民困。目下青黄不接之际，追呼虽频，输将仍缓。兵丁乏授食之需，引领协济”。这种肃杀的局面直到康熙二十二年（1683年）“三藩之乱”彻底平息、台湾郑克塽降清方告结束。翌年，解除海禁，对外贸易得以恢复。康熙帝谕曰：“向令开海贸易，谓于闽、粤边海民生有益，若此二省民用充阜，财货流通，各省俱有裨益。且出海贸易，非贫民所能，富商大贾懋迁有无，薄征其税，不致累民，可充闽粤兵饷，以免腹里省份转输协济之劳。腹里省份钱粮有余，小民又获安养，故令开海贸易。”然而，清廷并未放松对外贸易的管制。乾隆年间，正式实行闭关锁国政策，实行所谓“一口通商”，即只允许广州一口垄断对外贸易。并规定“防夷五事”：第一，禁止外商在省住冬。即便因事住冬，也只许往澳门寄住。第二，外商到粤，宜令寓居行商馆内，其行为由行商管束。行商须将外商及番厮（不得超过5名）之姓名报与地方官府核查。外商须经行商之手交易货物。第三，禁止借领外夷资本及雇用华人役使。第四，永除外商雇人传递消息之积弊。第五，外国商船停泊之处，派兵巡查。

乾隆时英国马戛尔尼使团来华（模拟图）

从迁海令到“一口通商”，闭关锁国的政策导向不仅妨碍了中外经贸关系的健康发展，而且禁锢了中外文化交流。在世界处于由陆地时代向海洋时代转折的关键时期，中华帝国失去了跻身国际政治经济新秩序的机会。乾隆五十八年（1793年），英国派出马戛尔尼使团来华，提出开关、通商等要求，遭到拒绝。嘉庆二十一年（1816年），英国再派阿美士德使团来华，重申上述要求，再度遭到拒绝。且不论经贸谈判、建立邦交，双方仅在外交礼仪上的争锋已是水火不容。此时的中西之间，已经出现先进与落后的分野。除了固执而盲目的傲慢，中华帝国的统治者已没有什么东西可以抵挡即将来临的暴风雨了。

黄宗羲、顾炎武和王夫之的哲学思想

明清之际是我国历史上一个剧烈动荡的时期，阶级矛盾和民族矛盾尖锐复杂，封建社会的危机日益加深，资本主义萌芽在缓慢发展，自然科学也有了一定的成就。在这种历史条件下，学术思想界出现了许多具有唯物主义和民主思想的先进人物，黄宗羲、顾炎武和王夫之就是其中最杰出的代表。

黄宗羲（1610－1695年），字太冲，号南雷，又号梨洲，浙江余姚人。年轻时期，曾参加过抗清斗争。失败后，长期隐居不仕，致力于著述和讲学。他的主要著作有《明夷待访录》《宋元学案》《明儒学案》《南雷文定》等。

黄宗羲的哲学思想体系是很不完整的。在自然观方面，他认为天地之间只有一气，人和万物都是由气产生的，这是朴素的唯物主义观点。但由于他受王阳明“心学”的影响较深，在认识论方面却完全是主观唯心主义的。黄宗羲在思想史上的杰出贡献，是他对封建专制主义制度的揭露和批判。他认为君主专制统治，

黄宗羲雕塑

是“天下之大害”。在君主未取得统治权时，“荼毒天下之肝脑，离散天下之子女，以博我一人之产业”；做了皇帝以后，又“敲剥天下之骨髓，离散天下之子女，以奉我一人之淫乐，视为当然”。因此，他反对无条件的忠君思想，主张做官的应该是“为天下，非为君也；为万民，非为一姓也”。又说：“盖天下之治乱，不在一姓之兴亡，而在万民之忧乐。”

黄宗羲还批判了封建专制主义的法制。他指出专制帝王所定的法，是“一家之法而非天下之法”，是为了保护自己的统治而制定的，因而是非法的。他强调应建立“天下之法”的法，只有法制完善了，才能够治平天下。他还认为“天子之所是未必是，天子之所非未必非”，企图通过法治、加强学校舆论和恢复丞相制等办法，来限制君权。

黄宗羲还驳斥了轻视工商业的传统思想，认为农业与工商业“盖皆本也”。有关国计民生的工商业应受到保护，而“世儒不察，以工商为末，妄议抑之”是错误的。

黄宗羲对封建专制制度的批判和他所提出的工商皆本的思想，带有初步的民主思想色彩，对后来的资产阶级民主革命产生过一定的影响。

顾炎武（1613 — 1682 年），字宁人，号亭林，江苏昆山人。清军入关后，他曾在江南举兵抗清，失败后，终生拒绝清廷的招聘，游历大江南北和长城内外，著书立说。他的主要著作有《日知录》《天下郡国利病书》《亭林诗文集》等。

顾炎武的哲学思想有唯物主义成分。他提出“盈天地之间者气也”的命题，承认宇宙是由物质构成的。他还认为“道”是有规律性的，存在于一切具体事物之中。可惜这些唯物主义观点没有进一步加以发挥论证。

在政治方面，顾炎武反对君主专制，主张以“众治”代替“独治”，只有采取“众治”才能达到“天下治矣”的目的。

在治学方面，顾炎武反对理学那种脱离实际，空发议论；强调“经世致用”，治学要做到“引古以筹今”，“因事以制宜”。他认为士大夫不仅要“博学于文”，更要“行己有耻”，坚持立身之大节，要言行一致。他这种踏踏实实的治学态度和思想作风，对清代学者影响很大。

王夫之（1619 — 1692 年），字而农，号姜斋，湖南衡阳人。清军入关后，王夫之曾在衡山起兵抗清，后来在艰难困苦中度过几十年的流亡生活，晚年住在家乡衡阳附近的石船山下，从事学术研究，故后人称他为船山先生。王夫之著作共有 100 余种，主要有《张子正蒙注》《周易外传》《尚书引义》《读通鉴论》等。

王夫之是明清之际最重要的唯物主义思想家。他继承和发展了中国古代唯物主义的哲学思想，批判了程、朱、陆、王学派唯心主义体系，建立了他的唯物主义认识论。他认为世界是由物质构成的，是不依赖主观意识而独立存在的。物质性的“气”是宇宙万物的本体，“气”有“聚散变化，而其本体不为之损益”，论述了物质不灭的思想。

王夫之从唯物主义思想出发，批判了宋明理学宣扬的“理在气先”、“道在器先”的谬论。他认为“理”不能脱离物质的“气”，“理即气之理”，理和气不能分离。而“道”（精神）是由“器”（物质）产生的，离开了物质，精神就不存在。王夫之的道器论和理气论，肯定了物质第一性精神第二性，奠定了他的唯物主义思想体系和基础。

王夫之的哲学思想中，还包含着辩证法因素。他根据“道日新”的观点，认为物质世界永远处于运动变化的过程中，提出“新故相资，而新其故”的进化论思想，揭示了事物的本质是在变化的、更新的。事物变化发展的根源，在于事物内部存在着“必相反而相为仇”的矛盾斗争。但他却错误地陷入矛盾调和论，把矛盾斗争的结局看成是“仇必和而解”，反映了他的唯物主义是不彻底的，仍处于朴素阶段。

在知行关系上，他重视实践，认为“行也兼知，知不可兼行”。他认为要学会下棋，单靠看棋谱不行，还要亲自和人对弈，才能逐步精通它。

在政治思想方面，王夫之认为人类历史是不断发展变化的，主张“事随势迁，而法必变”，反对复古倒退。王夫之还反对封建君主把天下作为自己的私产，主张“不以天下私一人”，甚至提出土地是自然之物，不是帝王私有的。这些思想都具有进步意义。

罗贯中著《三国演义》

罗贯中（约 1330 年—约 1400 年），太原人，号湖海散人。是封建社会里一个有抱负、有理想并有一定的军事、政治斗争经验的人物。罗氏的创作才能也是多方面的，他写过戏曲和乐府隐语，但主要成就在小说方面。今存署名罗贯中的小说，除《三国志通俗演义》外，还有《隋唐志传》《残唐五代史演传》和《三遂平妖传》。

思想内容。《三国演义》描写了公元 184 年到 280 年间的历史故事，起自黄巾起义，终于西晋统一。它集中地描绘了三国时代各封建统治集团之间军事的、政治的、外交的种种斗争。斗争的方式有公开的，有隐蔽的。通过这些斗争，作者揭示了当时社会的黑暗和腐朽，谴责了统治者的残暴和丑恶，反映了人民在动乱时代的灾难和痛苦，也表现了他们对统治集团的爱憎和向背，以及他们反对战争分裂，要求和平统一的愿望。

罗贯中雕塑

艺术成就。《三国演义》的艺术成就是多方面的。它在中国文学史、特别是小说发展史上是一个重要的里程碑。第一，从结构看，《三国演义》的艺术结构，既宏伟壮阔，又不失严密和精巧。作者以蜀汉为中心，抓住三国矛盾斗争的主线，井然有序地展开故事情节。既曲折变化，又前后贯串，宾主照应，脉络分明，构成了一个基本完美的艺术整体，较少琐碎支离的情况。这在古典小说中是少有的。第二，从情节看，《三国演义》善于通过错综复杂的故事情节，巧妙地表现封建统治集团之间以及各统治集团内部的种种复杂、尖锐的矛盾和斗争，尤其善于描写各种战争。第三，从人物形象刻画看，《三国演义》通过惊心动魄的政治、军事斗争，塑造了一系列鲜明生动的人物形象，构成了一幅绚烂多彩的画卷，丰富了我国艺术的宝库。第四，从语言看，《三国演义》吸收了传记文学的语言成就，并加以适当的通俗化，“文不甚深，言不甚俗”，雅俗共赏，具有简洁、明快而又生动的特色。但是，《三国演义》在艺术上也有比较明显的缺点，所谓“夸过其理，则名实两乖”，鲁迅说的“欲显刘备之长厚而似伪，状诸葛之多智而近妖”，这是有道理的。

施耐庵著《水浒传》

关于施耐庵，没有什么可靠的历史记载。他生长于淮北，元末轰轰烈烈的农民大起义，当是他亲身经历过的。

《水浒传》通过生动的艺术描写反映了我国历史上农民起义发生、发展至失败的整个过程。它的思想内容大致可概括为下列四个方面：一是着重揭露了封建统治的罪恶，挖掘了农民起义的社会根源；二是成功地塑造了许多起义英雄的光辉形象；三是细致而生动地描写了农民起义如何由零碎的复仇星火发展到燎原之势的过程；四是写出了起义的悲剧结局，揭示出了起义失败的内在原因。

《水浒传》的艺术成就主要表现在：第一，最突出地表现在英雄人物的塑造上。全书巨大的历史主题，主要是通过对起义英雄的歌颂和对他们斗争的描绘表现出来的。英雄形象塑造成功，是作品具有光辉艺术生命的重要因素。在《水浒传》中至少出现了几十位个性鲜明的典型形象。这些形象有血有肉、栩栩如生、跃然纸上。《水浒传》在人物塑造方面，最大特点是作者善于把人物置身于真实的历史环境中扣紧人物的身份、经历和遭遇来刻画他们的性格，并且在人物的对比中，突出他们各自的特性。《水浒传》在人物塑造上不仅表现了现实主义艺术的高度成就，同时也体现了浪漫主义的优秀传统。第二，《水浒传》的全部结构基本上是完整的，同时又是富有变化的。书中人物与情节的安排，主要是单线发展，每组情节既有相对的独立性，又是一环紧扣一环，互相勾连的。第三，《水浒传》的语言成就也是极为突出的。由于它从话本发展而来的，因此先天就有口语化的特点。施耐庵又在人民口语的基础上进行了巨大的艺术加工，使其成为优秀的文学语言。明快、洗练、生动、准确、富有表现力。

吴承恩著《西游记》

吴承恩（约1510－1582年），字汝忠，号射阳山人，淮安山阳（江苏淮安）人。他出身于一个从“两世相继为学官”，终于没落为商人的家庭。他长期过着卖文自给的清贫生活，这使他比较容易接受当时广大人民迫切要求变革的思想。而他的“善谐剧”的风趣，酷爱野史奇闻的癖好，便很自然地引起他继承“志怪”传统，讽刺社会黑暗的创作动机。吴承恩所著的充满了神奇幻想的《西游记》，就是在这种思想基础上创作出来的。

吴承恩像

《西游记》全书共100回，大致由三个部分组成：1至7回是“大闹天宫”，8至12回为“取经前奏”，13至100回为“取经历程”。三个部分构成一个整体，但也各有其独立性，在思想意义上也各有侧重。大闹天宫的故事，生动地塑造了一个蔑视皇权、神通广大、敢于造反的孙悟空的英雄形象，表现了作者对反抗传统、反抗权威、蔑视等级制度等反封建的叛逆思想和斗争精神的热情歌颂。第二部分在结构上起一个过渡和联结的作用，在思想上表现了较明显的宗教迷信的观念。第三部分取经故事，由相对独立又相互关联的 41 个小故事组成，着重表现孙悟空斩妖除怪、不畏艰险、勇往直前、积极乐观的斗争精神和美好品德。

1 至 7 回描绘的孙悟空大闹天宫故事是全书最精彩的部分，既鲜明地表现了小说的斗争主题，又突出了孙悟空作为一个叛逆者的形象。作品一开始，就为我们展示了一个充满绚丽色彩的神话境界。在那里，不单是奇山异水、洞天福地令人神往，尤其是生活在那里的人物，“不伏麒麟辖，不伏凤凰管，又不伏人间王位所拘束”的自由自在的生活，更加令人向往。这种境界一方面表现了人民群众丰富的想象力，同时也表达了人民群众希望挣脱各种自然的和社会的束缚、追求解放的强烈愿望。后来孙悟空又大闹天宫，公开树起“齐天大圣”的旗帜，与天庭抗礼，并且明确提出“皇帝轮流做，明年到我家”的口号，叫玉帝退出天宫：“若还不让，定要搅攘，永不清平！”他把十万天兵打得望风而逃，天宫统治摇摇欲坠，以致玉皇大帝不得不向外求援。这些充满浪漫主义激情的幻想情节，以神话所特有的形式反映了封建统治下人民群众的反抗要求和那种蔑视封建秩序的叛逆情绪。小说中那个严整有序的天上世界被描写成一个至高无上的存在，表现得似乎具有无限的权威和神圣不可侵犯。但这一切在孙悟空这么一个充满生活热情，充满了力、智、勇的叛逆者面前，却显得那么腐朽无能，外强中干，色厉内荏，不堪一击。这个无上权威的神的世界，实际上是人间封建王朝的幻化，而孙悟空大闹天宫也就是通过神话形式投影式地反映了人民的反抗斗争，是人民反封建正统、反皇权威严的叛逆思想的一种折光。当然，这不等于说孙悟空就是农民领袖，更不能说《西游记》在有意识地描写农民战争。

从 13 回开始的取经故事，共占 88 回，这说明它是全书的主体，也是小说最重要的情节。

从情节上看，取经本身并无太大的意义，它不过是一种宗教行为，最多只不过表现了佛教徒为普度众生而不辞劳苦的顽强毅力。但在小说中，由于作者的反复渲染，取经被描写成为一项光明、正义、神圣的事业。主人公为它历尽千辛万苦，进行始终不懈的努力，才终于达到目的。但吸引人们的不是取经的目的和意义，而是附丽在它上面的具体情节。取经本身只是一个极为渺茫的目标，为了实现这个目标，需要进行踏踏实实、一步一个脚印的具体斗争，几乎每前进一步，都要用艰苦卓绝的斗争来换取。取经故事好比一根贯穿始终的线，一连串征服恶魔、克服困难的情节犹如贯穿在这根线上的珍珠。没有线，珍珠串不起来，但珠串的价值是珍珠而不是线。作者通过取经者与阻挠取经者的一系列斗争（即81难、41个小故事），淋漓尽致地描写了唐僧师徒（主要是孙悟空）为达到目的而进行的坚忍不拔、百折不挠的战斗历程，从而反映了中国人民不畏艰险、勇往直前的斗争精神，反映了中国人民摧毁一切邪恶势力和征服大自然的愿望。西行途中的一些妖魔，少数的如黄风怪、大蟒精，不过是自然灾害的幻化；但更多的可以看做是邪恶势力的代表，因而征服它们的斗争就具有一定的社会意义。更值得注意的是，这些妖魔大都和神佛有着千丝万缕的联系，神下凡可以为魔，魔升天可以成神。如比丘国国丈是佛祖的一只白鹿，平顶山金角、银角大王是太上老君看炉的两个童子，通天河魔头是观音菩萨莲花池里的金鱼，小雷音寺的黄眉大王是弥勒佛手下的司磬童子，狮驼山二怪是文殊、普贤二菩萨座下的青狮和白象，三怪大鹏金翅雕又与如来有亲，陷空山无底洞的老鼠精是李天王义女，碗子山黑松林的黄袍怪是二十八宿中的奎木狼，朱紫国赛太岁又是观音菩萨的坐骑金毛吼，如此等等。这些妖魔不是神佛的部下，就是他们的亲属。对于这些为非作歹的家伙，每当孙悟空追根寻源或举起金箍棒歼灭之时，他们的主子就往往出来以“收服”为名，行保护之实，不让孙悟空打杀。这里写的神魔关系，实际上反映了封建社会里统治阶级上下勾结，并且怂恿帮凶爪牙肆意剥削、压迫人民的社会现实。

《西游记》中孙悟空的艺术形象（模拟图）

明代中叶以后的皇帝，有的崇奉佛教，有的崇奉道教，以致和尚道士都享受高官厚禄，干预朝政。吴承恩对这种现象极为反感，因此他在《西游记》中几次三番地描写道士作恶多端。为了表示对祸国殃民的道士的愤恨，吴承恩有意识地让猪八戒把三个道教祖师的圣象扔到厕所里。作者讽刺的锋芒，还直指“霞光瑞气、彩雾祥云”的佛教圣地雷音寺。在吴承恩笔下，即使是这个万人仰慕的“极乐世界”，也并非是一块干净的“乐土”；即使

是佛祖如来，也是满身铜臭，充满市侩气。当唐僧师徒历尽千辛万苦到达他们朝思暮想的灵山雷音寺之后，阿傩、伽叶二尊者居然“措财作弊”，向他们索取人事，“不肯白手传经”。唐僧上告，如来却回答说：“你且休嚷，他两个问你要人事之情，我已知矣。但只是经不可轻传，亦不可空取。向时众比丘圣僧下山，曾将此经在舍卫国赵长者家与他诵了一遍，保他家生者安全，亡者超脱，只讨得他三斗三升米粒黄金回来，我还说他们忒卖贱了，教后代儿孙没钱使用。”（第九十八回）这一情节是吴承恩对“普度众生”、无欲无求的佛教徒的极妙讽刺。同时，如此圣洁的地方也逃不脱世俗卑劣的污染，也可见当时的社会风气败坏到了何等程度！

《西游记》的主题思想确实是复杂的。由于书中全是离奇之谈和妖魔神怪的幻境，最容易引起人们穿凿附会的解释，过去有人将其看做道学讲设，有的看做金丹妙诀，有的看做是禅门新法，都是各执一说，以偏赅全之论。鲁迅在《中国小说史略》中说：“然作者虽儒生，此书则实出于游戏，亦非语道，故全书仅偶见五行生克之常谈；尤未学佛，故末回至有荒唐无稽之经目。特缘混同之教，流行来久，故其著作，乃亦释迦与老君同流，真性与元神杂出，使三教之徒，皆得随宜附会而已。”说此书“出于游戏”未必恰当，但绝非语道之书，则毫无疑问。治佛的言佛，悟道的论道，爱儒的说儒，都不过是各取所需而已。吴承恩的本意只是借神魔来写人间，在幻想的境界中寄寓对现实的讽刺与批判。

《西游记》的艺术成就主要表现在：第一，现实与幻想的结合。《西游记》所描写的幻想世界和神话人物，大都有现实生活作基础，同时在神奇的形态下体现了作家与人民的某些美好愿望。《西游记》这一艺术特征也反映在人物形象的塑造上。在各色神魔身上，既有社会化的个性，又有超自然的神性，甚至被赋予了某些动物的特性。第二，寓庄于谐。《西游记》不仅集取经故事之大成，还对这些故事有不少加工创造。《西游记》中，善意的嘲笑、辛辣的讽刺和严峻的批判艺术地结合起来，使不少章回妙趣横生，圆满地表达了深刻的思想内容和作者的鲜明爱憎。第三，口语化。《西游记》的语言有散文，有韵语，它汲取了民间说唱和方言口语的精华。第四，结构泾渭分明。在结构上，《西游记》以取经人物的活动为中心，逐次展开情节。无论是某段故事之内，无论是各段故事之间，都泾渭分明，表现出作者在结构组织上的匠心。

曹雪芹著《红楼梦》

《红楼梦》的作者曹雪芹（约1715—约1763年）名霜，字梦阮，号雪芹、芹圃、芹溪，先世本汉人，但很早就成了正白旗内务府“包衣”，康熙朝，已是煊赫一时的贵族世家。从曾祖父曹玺起，经祖父曹寅，父辈曹曹颙、曹頫，三代世袭江宁织造。祖父曹寅一代是曹家鼎盛时期，曹寅的两个女儿都被选作王妃。雍正五年（1727年）曹雪芹父亲曹頫因事被株连，获罪落职，家产抄没，次年全家北返，家道遂衰。到了乾隆初年，曹家似乎又遭另一次更大的祸变，从此就一败涂地了。曹雪芹一生恰好经历了曹家盛极而衰的过程。

曹雪芹雕塑

《红楼梦》写于曹雪芹凄凉困苦的晚年，创作过程十分艰苦。可惜没有完稿，就因幼子夭折、感伤成疾，还不到五十岁，就在贫病交迫中搁笔长逝了。曹雪芹的未完稿题名《石头记》，基本定稿只有八十回。后四十回一般认为是高鹗续成的。高鹗字兰野，别号“红楼外史”，乾隆时进士，做过内阁侍读，刑科给事中等官。他根据原书线索，把宝、黛爱情写成悲剧结局，使小说成了一部结构完整、故事首尾齐全的文学巨著，从此在社会上产生了巨大的影响。

《红楼梦》产生于“乾隆盛世”。这一时期从表面看来，好像太平无事，但骨子里各种社会矛盾正在加剧发展。整个王朝已到了盛极而衰的转折点。曹雪芹敏锐地感到时代风雨即将来临，在自己丰富生活经验的基础上，创作了不朽的巨著——

《红楼梦》，全面而深刻地反映了这个时代的特征。小说巨大的社会意义在于它不是孤立地去描写爱情悲剧，而是以恋爱、婚姻悲剧为中心，写出了当时具有代表性的贾、王、史、薛四大家族的兴衰。其中又以贾府为中心，揭露了封建社会后期的种种黑暗和罪恶，及其不可克服的内在矛盾，对腐朽的封建统治阶级和行将崩溃的封建制度作了有力的批判，使读者预感到它必然要走向覆灭的命运。同时小说还通过对贵族叛逆者的歌颂，表达了新的朦胧的理想。在我国文学史上，还没有一部作品能把爱情的悲剧写得像《红楼梦》那样富有激动人心的力量。也没有一部作品能像它那样把爱情悲剧的社会根源揭示得如此全面、深刻。

《红楼梦》的艺术成就是非常高的，表现在：第一，人物形象的刻画艺术达到我国古典小说的最高峰。曹雪芹在广阔的社会背景下，以精雕细琢的工夫，描绘了一大批活生生的典型形象，他们有正面的也有反面的，有主要的也有次要的。曹雪芹在描写人物时，根据他们所处的不同地位，分别采用不同手法。对一些主要人物，通过不同情节，从不同的角度层层深入地镂刻出他们最主要的性格特征。第二，炉火纯青的语言艺术。《红楼梦》善于把人物放在特定的艺术气氛里，来烘托出人物的内心情绪，给读者以强烈的感染。《红楼梦》的语言最成熟，最优美。其特点是简洁而纯净，准确而传神，朴素而多彩，达到了炉火纯青的境界。《红楼梦》中的诗词能和人物、故事紧紧糅合在一起，它们被熔铸在整个艺术形象中，从而对人物性格的塑造，起了相当重要的作用。第三，在艺术结构方面所取得的成就也是非常突出的。小说为了表现十分丰富复杂的社会生活以及服从作品中矛盾斗争和人物性格发展的要求，全书以贾宝玉和林黛玉的爱情和贾府的由盛而衰为线索，把众多人物和复杂、纷繁的事件组织在一起，这些人物、事件交错发展，彼此制约，构成了一个巨大的艺术之网。这个结构的内部百面贯通，筋络相连，纵横交错，但又主次分明，有条不紊，它使我们感到生活的河流在那里波澜壮阔、汹涌澎湃地前进！

总之，《红楼梦》是我国古代小说艺术发展的巅峰，是我国古代最伟大的古典文学名著之一。

明清地理学

明清时期的地理学著作以《徐霞客游记》最具有代表性。《徐霞客游记》是我国最早的一部野外考察记录和优秀的地理学著作。作者徐宏祖（1586 — 1641年），字振之，号霞客，江苏江阴人。他从青年时期就有计划地考察旅行，足迹遍及江苏、浙江、福建、山东、河北、山西、陕西、河南、湖北、湖南、江西、广东、广西、云南等省，经过30余年的考察和著述，才完成了这部著作。书中详细记载了我国西南地区岩溶的分布、类型、成因和农业利用。他所作的科学记述，是世界上岩溶考察的最早文献。徐霞客还根据他长期的实地考察，认定金沙江发源于昆仑山南麓，比岷江长1000余里是长江的上源，推翻了长期以来人们把岷江当做长江上源的说法。《徐霞客游记》中还有大量关于农业、手工业、矿产、交通运输的记载，书中对苗、瑶、彝、纳西、壮、白等少数民族地区的物产风俗、历史等的叙述，是研究我国民族史和历史地理的珍贵资料。

清代在地理测绘方面也有一定的成绩。康熙年间，经过长达30年的大地测量，制成了《皇舆全览图》。乾隆时，又派明安图等人两次去新疆等地测量，根

徐霞客雕塑

据新的资料，制成《乾隆内府皇舆全图》。这两份地图，至今仍有参考价值。嘉庆二十五年（1820 年）绘制的《重修大清一统志》的清代疆域图，基本上反映了当时中国的版图。

清代朴学

宋明理学的形成与发展是在中国近古社会政治文化的背景下进行的，其以儒学为中心建构起来的囊括宇宙与人伦的学术理论体系，可以说是对上古与中古学术的继承、反思与集成。理学在元、明依然是占据着重要地位的哲学形态，尤其是程朱学派的学说得到了统治者的鼎力提倡与扶持。统治者以之为科举取士的标准，渐渐消融了理学内含的积极意义，使之走向褊狭的死胡同。到了明末清初，当社会危机日益严重的时候，一些有识之士开始否定理学末流的空疏无用，兴起以经世致用为指向的批判思潮。进入清代以后，统治者采取高压与怀柔的双向文化政策，使得士人们为了保身，逃避政治而转向朴学。

所谓朴学，原指古代质朴之学，后泛指儒学经学。清代朴学是清朝乾隆、嘉庆年间出现的一种以考据为主要治学内容的学术思潮，这种学术思潮，文风朴实简洁，重证据轻义理，因此被称之为“朴学”。由于朴学采用的是汉儒训诂考订的方法治学，所以又有“汉学”或“考据学”之称。

一、汉宋之争与实学兴起

清学（或称“新理学”、“新汉学”），最突出的特征就是对汉学与宋学的选择与兼容。

汉宋关系，作为清代学术的基本问题，贯穿于清代学术的始终。汉宋之学不仅仅是两大学术流派，而且在一定程度上反映了整个学术特别是清代学术嬗变的内在规定性。中国古代社会在清以前以儒学道统为中心的学术又以汉、宋为重镇，所以清人学术，在很大程度上也是衍生于汉学与宋学。汉学与宋学的争论，早在明末清初之际即已开始。当时社会危机重重，王阳明心学逐渐走向没落。一些忧时救世、思想敏锐深沉的学者如号称“清初三大家”的顾炎武、王夫之、黄宗羲

王夫之雕塑

等即开始反思心学弊端，倾向于发展务实、经世致用的学术思想。他们反对政治与学术上的专制权威，反对不切实际的空谈。在此期间，东林党人对王学的批判尤为激烈。他们从批判王学开始，从而兴起虚与实、本体与功夫之辩。东林学者高景逸云："不患本体不明，只患功夫不密。"史玉池亦言："有本体自有功夫，无功夫即无本体。"（《明儒学案》卷五十八、六十）作为东林党的代表人物顾炎武言辞更为激烈。他在《日知录》卷七"夫子之言性与天道"条说宋明以来学者不学习六艺，不考证百王之典则，不了解当代的事务，整天倡导"明心见性"这样的空话，不为"修己治人"的实学。最终只能导致"股肱惰而万事荒，爪牙亡而四国乱，神州荡覆，宗社丘墟"的结果。他已将明代的危亡归咎于宋明理学所造成的空言心性的虚浮学风。

与顾炎武齐名的王夫之，也认为晚明心学所引起的空疏蹈虚的学风误国误学，并对这种现象进行了严厉的批评。他认为陆、王之学"屈圣人之言以附会之，说愈淫矣"，与佛教的本质无异。他的《船山遗书》中有很多言论反映了对王学的不满，正如梁启超所说"皆感于明学之极敝而生反动，欲挽明以返诸宋"（《清代学术概论》）。

黄宗羲严厉批评理学家口谈“以生民立极，天地立心，万世开太平治阔论”，而国家“一旦有大夫之忧，当报国之日，则蒙然张口，如坐云雾”（《南雷文定》后集卷三）。他提出“道无定体，学贵适用”的学说，倡导为建立理想社会需要新的学风，否定王学虚无空蹈的学风，从而对清代考据学的兴盛产生了极大的影响。

当然，明清之际的思想家的实学精神，既落实于现实的经世致用，又反映在学术的文本研究方面。因此他们注重语言训诂、真伪考证、探赜学理，这些对清代文风的转移起了很大的推动作用。继后对清初学术起着重大影响的是阎（若璩）胡（渭）考据学与北方学派的颜（元）李（塨）实用学风。阎若璩的《古文尚书疏证》、胡渭的《禹贡锥指》《易图明辨》，都被学界奉为清世新汉学之开山。这些著作考证精详，去伪求真，正是对宋明儒家治学中存在的空疏简陋的反拨。颜元、李塨学派治学倾向平实，其中颜元思想中则有很多批评程朱理学的言论。他在《存性编》中说：“大约孔、孟以前则之习，使人去其所无。程、朱以后则之气，使人憎其所本有。是以人多以气质自诿……其误世岂浅哉？”所以他的思想是由程朱返归孔孟，取儒门上乘之义。出于此思想动机，颜元反对周、程以来的“寻孔颜乐处”的治学方法和道德心境，重在“习行于身”的致用实行。当然，阎、颜等对宋明理学的反思，与顾、黄等相比已经失去了明末清初政治衰乱、呼唤救世的社会基础，也就缺少了顾、黄等人强烈的经世致用的思想。因而他们的实学观更多地体现于经籍文本之中，这些也可视为清学中兴考据学渐渐兴盛的先声。

二、考据与性理

清统治者入主中原伊始即采取怀柔与高压双重政策，后者集中反映在文字狱上。顺治四年（1647年），驻守江宁（今南京）的清兵，在僧人函可的行囊中搜出《变记》印本，发现其中记录了大量关于南明弘光政权覆灭后的事情，并且在书中直抒悲慨。因此被列为异端，函可由此而获罪流放。此后，文字狱愈演愈烈，据胡奇光《中国文祸史》统计，顺治朝发生五起，康熙朝至少十一起，乾隆朝达到极致，其发生数量之多，镇压手段之残酷，牵连人物之众，骇人听闻。而且大多数文字狱常常捕风捉影，大批著名文人遭难，渐渐使得文人们明哲保身，不敢言谈政事国事。在这些文字狱中，著名的有康熙朝“戴名世《南山集》案”，雍正朝“查嗣庭狱”、“吕留良狱”，乾隆朝“尹家圳狱”、“胡中藻狱”。在高压政策下，士人渐渐远离政治，所谓“避席畏闻文字狱”（龚自珍《咏史》）。治学风气也由经世致用转向考据训诂。

清代学术发展到中盛期，仍然以经史学问为主，但是如果说以前的学者既明性理，又重考据，还自觉不自觉地学贯汉宋。那么随着文字狱的大兴，学术内部的思想分化，到了乾嘉考据学兴起，宋学开始大落，特别是一些以考据为新汉学者，置宋明性理之学于不顾。

从思想上说，考据学实是源于复古。所谓“汉远于周，而唐又远于汉，宜其说之不能尽通，况宋以后乎”（惠士奇《礼说》）。从治学成就上讲，当世学者在经学、史学、文字、音韵、校勘、辑佚、辨伪等方面，无所不涉。清人焦循在《雕菰集·辨学》中举经学而论考据之学云：“今学经者众矣，而著书之派有五：一曰通核；二曰据守；三曰校雠；四曰摭拾；五曰丛缀。”梁启超在《中国近三百年学术史》中以乾嘉学术为主，将其分为十三类：一、经书笺释；二、史料搜补；三、辨伪；四、辑佚；五、校勘；六、文字训诂；七、音韵；八、算学；九、地理；十、金石；十一、方志编纂；十二、类书编纂；十三、丛书校刻，合称为“科学的古典学派”。与梁启超认为清代学者对三千年遗产“用科学的方法大加整理”的看法一致，胡适在其《清代学者的治学方法》一文中也认为：“中国旧有学问，只清代的朴学，确有科学的精神。朴学一个名词，包括甚广，大要可分为四个部分：一、文字学。包括字音的变迁，文字的假借通转等。二、训诂学。训诂学是用科学的方法，物观的证据，来解释古书文字的意义。三、校勘学。校勘学是用科学的方法，来校正古书文字的错误。四、考订学。考订学是考订古书的真伪，古书的著者及一切关于著者的问题的学问。（《胡适文集》卷二）”这些说法在分类方法上有所差异，但讨论考据学的内涵以及考据学的一般方法，大体上是一致的。

谈及清代学术的中盛期，特别是乾嘉学派的考据学成就，主要以吴、皖两派最为突出。吴派的代表是惠栋，因惠栋是江苏苏州人，故称其所代表的学术为吴派。惠栋承继家学，是在高祖惠有声、祖父惠周惕、父亲惠士奇的基础上发展而来的。惠栋认为汉人经注比宋人经注更接近原典的真实性，主张以汉儒学术为基础，重建一个新的儒学传统。他的弟子江声、余萧客继承他的学术。其后的继承者如王鸣盛、钱大昕、汪中等发扬光大其学术主张，并皆成为新汉学的代表人物。皖派的代表人物是戴震。因戴震是安徽休宁人，所以称这一学术流派为皖派。戴震曾受学于江永，师事惠栋，后来独立学术门派。戴震继承惠栋学说并进一步将惠学与典章制度的考究和义理之学的讲求融为一体，从而发展了惠栋学说，探求六经蕴涵的义理，通经以明道。戴震一派传学极广，其乡里承学者有金榜、程瑶田、凌廷堪、胡培翚等，京师承其学者有卢文弨、孔广森、段玉裁、王念孙等。同时或者稍后的有方苞、姚鼐与桐城学派，张惠言与常州学派，章学诚与浙东学派，阮元与扬州学派，曾国藩与湘乡学派等，都能够兼取汉、宋而自成学统，这一时期学术发展也可谓蔚为壮观。

综观当时学术文化，在乾嘉考据学家中，能够兼明性理而且提出自己哲学观的，主要有焦循、戴震、章学诚三家。焦循虽为朴学大家，但是他论学力主通博。他反对以“考据”名经学，认为“经学者，以经文为主，以百家子史、天文术算、阴阳五行、六书七音等为之辅，汇而通之，析而辨之，求其训诂，核其制度，明其道义，得圣贤立言之指，以正立身经世之法”（《与孙渊如观察论考据著作书》），取义通博。戴震作为考据学大家，却不同于有的考据家偏执一端。专持汉学训诂之法而轻宋学性理，而是从儒家性理学的意义批驳程朱“天理”说。他说：“程朱以‘理’为‘如有物言，得之于天而具于心’，启天下后世人人凭在己之意见而执之曰‘理’，以祸斯民。更淆以‘无欲’之说，于得理益远。”（《戴氏遗书》九附录《答彭进士书》）戴震的“理欲之辨”，既是对程朱论理及性的反拨，也是对宋明理学耽于佛老的批评，从而归返孔孟先秦性理的本原的真实意义。与戴震不同，浙东学派的章学诚，主张治学通博，兼取汉宋。所以针对戴氏非议朱熹，他就在《文史通义》中专列《朱陆》一篇与戴氏辩论。他在《朱

戴震像

陆》篇中打比方说：理，就像水一样，事物，就像器一样，器有大小浅深，按其容量将水注入，是没有盈缺的。而今人想将水注入器，但却闲置器而不用，只在谈论水的挹注盈虚的道理，结果是毫无意义。所以他认为学问应该是“性命、事功、学问、文章”的合成。章学诚素以史学观谈学术，他曾有“六经皆史”的理论，而且还说“浙东之学言性命者必究于史，此其所以卓也”。他以史学为自豪，对历代的学术演进，亦能以损益观给予历史的评价。

在诸多的汉学家专事考据训诂之学，鄙薄宋明理学之时，还有一些学者对之进行置疑和辩论。以方苞和姚鼐为代表的“桐城学派”是一个历时甚久、人数众多的文学流派。他们为学尊崇程朱理学，批驳考据学治学的不足，同时也肯定考据学的成就。姚鼐认为：“学问之事有三：义理、考证、文章是也。夫以考证断者，利以应敌，使护之者不能出一辞。然使学者意会神得，觉犁然当乎人心者，反更在义理、文章之事也。(《尚书辨伪序》)”考证固然不可忽视，但是义理、文章更为重要，三者应不可偏废。“是三者苟善用之，则皆足以相济。苟不善用之，则或至于相害”。与之相类，章学诚自述《文史通义》的撰述起因的时候也提出：“汉学、宋学之交讥，训诂、辞章之互诋，德性、学问之纷争，是皆知其然而不知所然也。”也是有感于汉宋之争存在的弊端而言的。

三、汉宋之学的会通

清代学术发展到道咸以后，开始进入晚变阶段。汉宋之争，在新汉学初起之始即已存在，至乾嘉末年，二者的争论渐趋激烈，并以惠栋的再传弟子江藩《国朝汉学师承记》与桐城派方东树《汉学商兑》二书的对立而表面化。

《国朝汉学师承记》总结了清代以来的汉宋之争。其姊妹篇《国朝宋学师承记》，则将治汉学与治宋学的学者相对区分，并将之谱系化，以明辨学术史的源流。但同时江藩也不可避免地带有很深的门户之见，尊汉抑宋的倾向非常明显，比如在《国朝汉学师承记》中，他认为宋代理学家的学问只是“邪说诡言，乱经非圣”，所谓独标性命之旨，均为空疏之学。元明之际，用制义（八股文）取士，使古学几绝，尤其是明代三百年间“四方秀艾困于帖括”，简直是“长夜悠悠”，使学术到了极度可悲的地步。因为持这样的学术史观点，所以江藩对当朝“汲古义之精微”的新汉学家大加推崇，以为“千载一时”，而凡是被他认为是学术不纯的，都予以排斥。例如顾炎武、黄宗羲都是明末清初著名的思想家，他们为扭转明末空疏颓败的学风，开启清学作出了重大的贡献，但是江藩却认为他们不是专主汉学而将之排斥在外。

这些观点引起一些主义理学者的不满，受学姚鼐、尊宋学义理的方东树即撰《汉学商兑》以与江藩之作相抗衡。他指斥江藩著书“以辟宋儒、攻朱子为本”，并一一反驳江氏的观点。出于经世观，方氏认为“通经以致用也，以讲而不反之身心，何用讲，更何用经也”（《汉学商兑》卷上）。《汉学商兑》通篇皆为程朱理学“心体而躬践”辩护。同样，他出于致用思想，对当朝汉学利弊的也予以分析，认为“国朝考据之学，超越前古”，然因“变本加厉，弊亦生焉”（《复罗月川太守书》）。他所谓的“弊”，指的是那种脱离现实，皓首穷经，由炫博而至于空疏的治经学风以及由此带来的不良后果。尽管方东树的《汉学商兑》出于宋明理学观批评乾嘉新汉学多有偏见，但对于汉、宋各自的成就所作的较为形象的说明还是有意义的。比如他说：“经者，良苗也。汉儒者，农夫之勤菑畬者也；耕而耘之，以殖其禾稼。宋儒者，获而舂之，蒸而食之，以资其性命，养其躯体，益其精神也。非汉儒耕之，则宋儒不得食；宋儒不舂而食，则禾稼蔽亩，弃于无用。”这是以通经致用的实践标准来衡量汉、宋治经的特色和二者之间相辅相成的关系，是比较中肯的。

清代的咸丰、同治间，曾国藩主政，同时也是学界领袖。他传承姚鼐之学，重义理、考据，并强调经济，在对汉、宋学术之争的问题上，则主张会通而不偏废。比如曾国藩在《复夏弢夫书》中谈“礼家”之学，认为“乾嘉以来，士大夫为训诂之学者，薄宋儒为空疏；为性理之学者，又薄汉儒支离”，所以他极其赞美秦蕙田著的《五礼通考》，做专门学问，又义理会通，所以“可以通汉、宋二家之结，而息顿、渐诸说之争”。

汉、宋之争，是延承于宋明理学的学术现象。嘉庆、道光年间，清王朝危机四伏、动荡不安的社会局势使得学风随之发生改变。同时，由于学术自身的发展变化，也促使汉、宋会通成为必然。汉、宋会通，亦如前朝经今、古文之会通，儒、释、道三教之会通，为学术发展过程中的重新整合。同时，源于历史的原因，汉、宋会通作为清学流变过程中的重要学术现象，也成为中国传统学术的终结符号。

四、史学和史料学

曾国藩像

明清统治阶级为了总结历代统治经验，特别注意收集历史资料，明、清两朝都有专门机构编写史书。在明代官修史书中，影响较大的有《元史》《明实录》《明会典》等。

《元史》为明臣宋濂等编，全书210卷，记元朝一代史实，为纪传体断代史。它保存了大量元代资料，是研究元代历史的重要参考书；但由于该书成书太快，没有广泛搜集和参考有关资料，对所占有的资料也未加详细考订，因而存在不少错误和缺点。

《明实录》是明代官修的编年体史料长编，明代13朝均有实录，保存了大量明代第一手资料，是研究明史的重要文献。但因该书是当代人奉敕编撰，叙事往往有所避讳，某些记载与事实不符，参考时应加以鉴别。

《明会典》，明万历时大学士申时行等撰，228卷。该书以六部分纲，分述各行政机构的职掌、事例、九边形势、冠服仪礼等，为研究明代典章制度的重要参考资料。

清代官修史书主要有《明史》、续三通（《续通典》《续通志》《续文献通考》）、清三通（《清通典》《清通志》《清文献通考》）等。《明史》是张廷玉等编写的，共332卷，主要记载了明代200多年的历史，材料丰富翔实，政治、经济、国防、外交各方面都有专门记载。该书是在正史中编写方法比较严密的一部史书。

明清时期私人历史著作也很多。明人陈子龙、徐孚远等选辑的《明经世文编》达508卷之多，是研究明朝历史的重要资料。清代浙东学派的封建史学家如黄宗羲、万斯同、全祖望等都注意研究明代的历史。万斯同所著《明史稿》是清朝官修明史的蓝本。谈迁的《国榷》也是研究明史的重要著作。

随着乾嘉时期考据学的盛行，历史研究也走上了考据的道路。钱大昕的《廿二史考异》、王鸣盛的《十七史商榷》、赵翼的《廿二史劄记》是清代三部考史的名著。

清朝时期，各地纂修方志之风比过去更加流行。今传方志6000余种，大部分为清人所修。乾嘉学者章学诚（1738－1810年），擅长修志，著有《湖北通志》《常德府志》《永清县志》等。他不仅精于方志学，而且对史学本身也有研究。他所写的《文史通义》是继刘知几的《史通》之后有名的史学评论著作。

李时珍著《本草纲目》

李时珍雕塑

《本草纲目》是一部药物学著作。作者李时珍（1518－1593年），字东璧，号濒湖，湖北蕲州人，祖辈世代行医。李时珍年轻时因屡试不第，便决心摆脱科举束缚，专心学医。李时珍学医后，发现历代《本草》著作中有不少谬误和遗漏，且分类杂乱，便决心重新编写《本草》。他查阅了1000多种文献，进行了细心的考订比较，又走访了长江流域和黄河流域的许多地方，虚心向药农和各地人民请教，广收民间验方，博采药物标本，积累了大量资料，用了27年时间，三易其稿，终于写成了《本草纲目》这部巨著。

《本草纲目》共有52卷，李时珍将他所见闻的1800多种药物的名称、产地、形态、性能、炮制方法都作了详尽的解释。书中附有1000多种药物形态图，记载了1万多个医方，增添了新药374种。在药物分类上，他抛弃了旧药物书按上、中、下三品分类的方法，创立了一种按形态性能分类的科学方法。这种分类法已为后来的药物学所采用。

《本草纲目》是我国对世界医药学的重大贡献。那时候，世界上还没有像《本草纲目》那样内容丰富、考订详细的药物学著作。《本草纲目》于万历二十四年（1596年）刊行后，被陆续译成各国文字，流行于全世界，成为世界医药学的一部重要文献。

徐光启著《农政全书》

《农政全书》是一部农业科学著作。作者徐光启（1562－1633年），字子先，别号玄扈先生，上海县人，曾任礼部尚书，是明末著名的科学家。

徐光启研究和参考了前代文献200多种，又总结了当代农业生产经验，写成了《农政全书》。全书60卷，60多万字，对有关农业生产技术、农业工具、土壤、水利、施肥、选种、播种、果木嫁接、植桑养蚕等各方面都有详细的记录，特别对番薯和棉花的种植技术与经营方法作了重点介绍。这本书也反映了徐光启的一些开明的思想，他反对传统的“风土论”，主张事在人为，人定胜天。他认为北方可以种稻，高地可以种番薯，薄地可以种棉，主张一切种植和栽培都要经过试验然后加以推广。徐光启不仅知识广博，而且善于学习外来的先进科学知识。书中编进了徐光启和意大利传教士熊三拔合译的《泰西水利》，介绍了17世纪初西方水利学原理和新式提水工具。全书有说明，有注解，有图画，内容十分丰富，是研究明代经济史和总结古代农业生产经验的宝贵资料。

中国第一部官修字典——《康熙字典》

《康熙字典》是一部成书于清朝康熙五十五年（1716年）的汉语辞典，于康熙年间由文华殿大学士兼户部尚书张玉书及经筵讲官、文渊阁大学士兼吏部尚书陈廷敬担任主编，参考明代的《字汇》《正字通》两书而写，重印至今不辍。

陈廷敬（1638－1712年），原名陈敬，字子端，号说岩，晚号午亭山人，清代泽州（现山西省阳城县皇城村）人，入仕五十三年。顺治十五年（1658年）

进士，改为庶吉士。初名敬，因同科考取有同名者，故由朝廷给他加上“廷”字，改为廷敬。历任经宴讲官、工部尚书、户部尚书、吏部尚书等职。陈廷敬生平好学，诗、文、乐极备。他的诗风格“清雅醇厚”，很得康熙皇帝的赞赏。

张玉书（1642 — 1711 年）字素存，号润甫，江苏丹徒（今江苏镇江）人。生于明思宗崇祯十五年，卒于清圣祖康熙五十年。自幼刻苦读书，顺治十八年（1661 年）进士。历任翰林院编修、国子监司业、侍讲学士。顺治二十三年（1684 年）授刑部尚书，调兵部尚书。顺治二十九年拜文华殿大学士兼户部尚书。康熙十八年（1679 年）主持修《明史》,先后出任《平定朔漠方略》《佩文韵府》《康熙字典》的总裁官。著有文贞集十二卷于世。

康熙四十九年（1710 年），康熙下谕令张玉书、陈廷敬参照明代梅膺祚的《字汇》和张自烈的《正字通》编纂大型字典。康熙五十五年（1716 年）《康熙字典》编成，刊印发行全国。它是中国第一部用“字典”命名的字书，也是中国第一部官修字典，“字典”之名从此成为同类辞书的通名。

《康熙字典》体例完全仿照《字汇》和《正字通》,沿用其二百一十四个部首，以十二地支分十二集，每集又分上、中、下三卷。书首附有检字、辨似。检字是

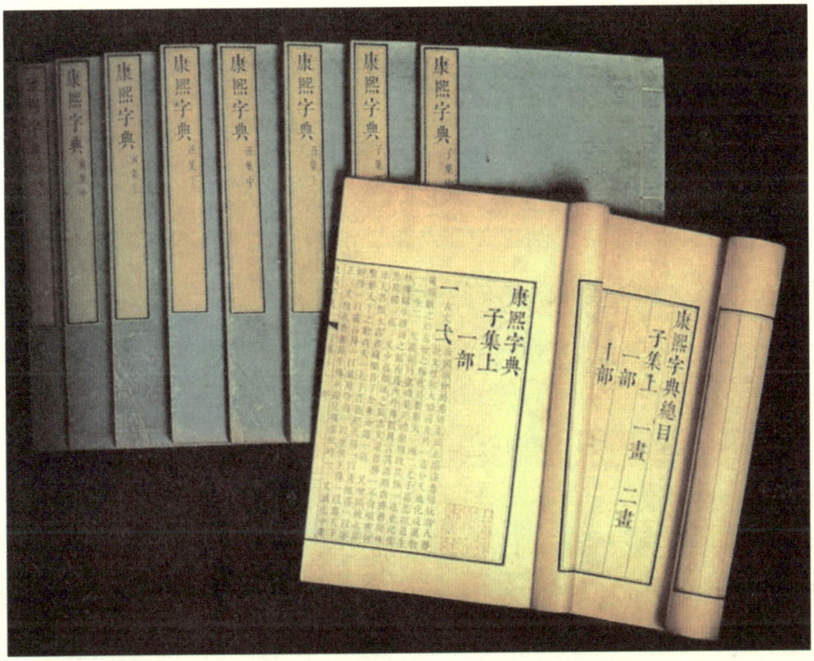

《康熙字典》内页

查检部首难以辨别的字，辨似是辨别笔画近似而音义相异的字。书末附有《补遗》，收有音有义的冷僻字，或正集中某些字的异体字。《备考》收有音无义或音义全无的字。《康熙字典》收字四万七千零三十五个，在1915年中华书局出版《中华大字典》之前，一直是中国收字最多的字典。

《康熙字典》的版本非常多，有康熙内府刻本，也就是所说的武英殿版本。武英殿版本又包括开化纸和太史连纸两种纸本。康熙内府刻本多是内廷赏赐用的，装订非常豪华，民间很少见到。此外还有道光七年的内府重刊本、其他木刻本，以及清末出现的石印本、铅印本、影印本。清末上海同文书局增篆石印本是发行量最大、最流行的一种版本。

《康熙字典》问世后，社会影响巨大。它的文字、音义、书证被广泛引用，它的体例也成了后世出版字书的蓝本。作为中华文化的重要参考文献之一，具有极高的研究价值。时至今日《康熙字典》仍有不可替代的作用，是阅读古籍、整理古文献、从事古文化研究的重要参考书。

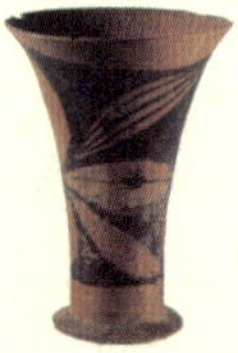

《古今图书集成》与《四库全书》的编撰

清朝《古今图书集成》与《四库全书》的编撰，不仅在中国文化史上是空前的，而且在世界文化史上也是屈指可数的。

《古今图书集成》的编纂始于清康熙年间。由康熙第三子、诚亲王胤祉的侍读陈梦雷编辑，雍正登基后命尚书蒋廷锡等重辑。雍正四年（1726年）以铜活字排印，令印64部。全书10000卷，目录40卷，分6编、32典、6109部。其中，历象编，分干象、岁功、历法、庶征四典；方舆编，分坤舆、职方、山川、边裔四典；明伦编，分皇极、宫闱、官常、家范、交谊、氏族、人事、闺媛八典；博物编，分艺术、神异、禽虫、草木四典；理学编，分经籍、学行、文学、字学四典；经济编，分选举、铨衡、食货、礼仪、乐律、戎政、祥刑、考工八典。每典分若干部。每部先汇考，次总论，有图表、列传、艺文、纪事、杂录、外编等项目。《古今图书集成》内容繁富，区分详细，是查找古代资料文献十分重要的百科全书。由于之后的《四库全书》受清代文字狱影响，大量书籍被列为禁书，遭到销毁删改，因此收书不全，错漏甚多，而成书时间较早的《古今图书集成》则收录了《四库全书》不收或未曾收录的典籍，还包括康熙晚年所出的律令、方志等。被称为“古代百科全书”的《古今图书集成》与《永乐大典》《四库全书》并列为中国古代三部皇家巨作。相比于《古今图书集成》，成书于明朝的《永乐大典》属于类书，但因毁于清朝八国联军的战乱，现存不足 4%。成书于清乾隆年间的《四库全书》属于现存最大的丛书。成书于清雍正年间的《古今图书集成》由于有国家图书馆至今保存完好的雍正版内府铜活字本，因此成为现存规模最大、保存最完整的类书。作为“类书之最”，该书也是中国铜活字印刷上卷帙最浩繁、印制最精美的一部旷世奇作。

乾隆年间的《四库全书》综录历代典籍，其规模之浩大，超乎明朝编撰的《永乐大典》和《古今图书集成》。乾隆三十七年（1772 年）正月初四日上谕：“朕稽古右文，聿资治理，几余典学，日有孜孜。因思策府缥缃，载籍极博。其巨者，羽翼经训，垂范方来，固足称千秋法鉴。即在识小之徒，专门撰述，细及名物、象数，兼综条贯，各自成家，亦莫不有所发明，可为游艺养心之一助。是以，御极之初，即诏中外汇访遗书，并令儒臣校勘十三经、二十一史，遍布黉宫，嘉惠后学，复开馆纂修《纲目》三编《通鉴辑览》及《三通》诸书，凡艺林承学之士，所当户诵家弦者，既已荟萃各备。第念读书固在得其要领，而多识前言往行以蓄其德，惟汇罗益广，则研讨愈精。如康熙年间所修《图书集成》，全部兼收并录，极方策之大观，引用诸编，率属因类取裁，势不能悉载全文，使阅者沿流溯源，一一征其来处。今内府藏书，插架不为不富。然古今来，著作之手无虑数千百家，或逸在名山，未登柱史，正宜及时采集，汇送京师，以彰千古同文之盛。”此言开启《四库全书》编纂之序幕，历时十载，方竟全功。《四库全书》收书 3503 种，计 79337 卷，分经、史、子、集四部，故名四库。全书缮写七部，分藏文渊、文源、文津、文宗、文汇、文溯、文澜七阁。吴振棫《养吉斋丛录》称：“康熙二十五年，有藏书秘录给直采集钞写之旨。乾隆间，遍访藏书，汇罗大备，辑为《四库全书》。仿甬东范氏天一阁规制，建文渊（大内）、文源（圆明园）、文津（热河）、文溯（盛京）四阁，贮全书。每阁藏书三万六千册。又以江、浙为人文渊薮，复缮三分，分建三阁。镇江金山曰文宗，扬州曰文汇，杭州曰文澜。又于全书中择尤精者亦分四库，得一万二千卷，别名《荟要》。”

《四库全书》经部有10类，包括易、书、诗、礼、春秋、孝经、五经总义、四书、乐、小学。史部有15类，包括正史、编年、纪事本末、别史、杂史、诏令奏议、传记、史钞、载记、时令、地理、职官、政书、目录、史评。子部有14类，包括儒家、兵家、法家、农家、医家、天文、算法、术数、谱录、杂家、类书、小说、释家、道家。集部有5类，包括楚辞、别集、总集、诗文评、词曲。

《四库全书》的编纂之所以能够完成，关键是参与的学者集一时之选。总纂官纪昀以博学卓识著称。李元度《纪文达公事略》称“乾隆三十有八年，纯皇帝特开四库全书馆，以河间纪公为总纂官。公贯彻儒籍，旁通百家，凡六经传注得失，诸史异同，子、集支分派别，以及词曲医卜之类，罔不抉奥提纲，溯源竟委。每进一书，仿刘向、曾巩例，作提要冠诸简首，以辄览而善之。又奉诏撰《简明目录》，存书存目多至万余种，皆公一手所订，评骘精审，识力在王仲宝、阮奇绪之上，藏诸七阁，褒然巨观，真本朝大手笔也”。纂修《四库全书》的人员，见载于乾隆四十七年（1782年）清单的多达360人。其间诸多一流学者参加了《总目》的工作，如戴震主经部，邵晋涵主史部，周永年主子部等，最后由纪昀定稿，无怪乎具有极高的学术价值。周中孚《郑堂读书记》由衷称赞：“窃谓自汉以后簿录之书，无论官撰私著，凡卷第之繁富，门类之允当，考证之精审，议论之公平，蔑有过于是编矣。”

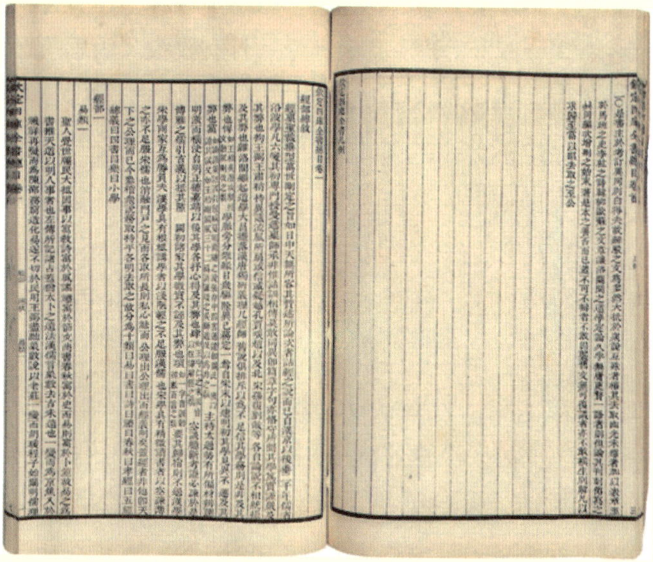
《四库全书》内页

尽管《永乐大典》《古今图书集成》属于类书，《四库全书》属于丛书，体例不同，但它们的文化价值及某些编纂特点却是相似的。

第一，穷搜博征各种著作，汇成庞大的书籍世界，对文化遗产的保存具有重大意义。

明成祖下令编纂《永乐大典》时，“敕遣使臣，博采四方之籍；礼招儒彦，广绌中秘之储。事迹务在于周详，义例必令其明白。于是上自古初，暨于昭代，考索累朝之逸典，汇罗百氏之遗言。名山所藏，金匮所纪，人间之所未睹，海内之所罕闻，莫不具其实而陈其辞，参与万而会于一”。在中国文化史上，《永乐大典》确乎是一部最早最大的百科全书。其内容极为宏富，如“六模”韵之“湖”字内“西湖”项下，采摘了十几部书中有关西湖的叙述，用了两卷多的篇幅进行解释，其周详可见一斑。这部类书保存了大量珍贵的典籍。如“水”韵下的《水经注》是目前流传最古的版本。又如南戏除了“荆”、“刘”、“拜”、“杀”和《琵琶记》，较古的本子都已散佚，但在《永乐大典》“戏”字韵下，可找到《小孙屠》《张协状元》《宦门子弟错立身》三种不同时代的南戏。尤为可贵的是，《永乐大典》在辑录各类文字时，完全依据原书一字不易。因此许多古籍尤其是宋元之前的佚书、珍本得以完整保存。这一做法亦为《古今图书集成》所继承。由于《永乐大典》后遭破坏，《古今图书集成》遂成为现存的搜罗最博、规模最大的一部类书。《四库全书》更上一层楼，其书籍来源有六：奉清廷帝王之命编撰的书（敕撰本）、从《永乐大典》中辑出的书（永乐大典本）、清代皇家收藏的书（内府本）、地方官员采购的书（采进本）、私人进献的书（进献本）以及通行本。由于广采博收，措施得当，遂使《四库全书》集中国古代典籍之大成，成为空前规模的大型丛书。

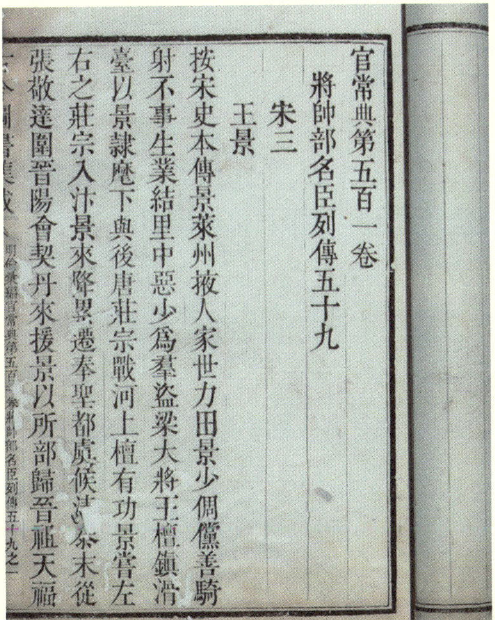
官常典第五百一卷
將帥部名臣列傳五十九
宋三
王景
按宋史本傳景萊州掖人家世力田景少倜儻善騎
射不事生業結里中惡少爲羣盜梁大將王檀鎭滑
臺以景隸麾下與後唐莊宗戰河上檀有功景嘗左
右之莊宗入汴景來降累遷奉聖都虞候清泰末從
張敬達圍晉陽會契丹來援景以所部歸晉祖天福

《四库全书》内页

《古今图书集成》《四库全书》汇罗、保存文化典籍的功绩，可与中世纪欧洲《百科全书》的历史作用相辉映。如东罗马帝国皇帝君士坦丁七世鲍菲罗詹尼托斯，曾从严格选定的天主教作家的作品中，摘录最为有用的内容以供其朝臣和使者学习，其结果使罗马历史学家阿庇安、希腊历史学家波里比阿、希腊哲学家苏格拉底、拜占庭历史学家佐希莫斯等人的著作得以流传于后世。

第二，以较为精密的分类体例部勒群籍，使之有秩序地构成一个知识体系。

明朝时编撰的《永乐大典》模仿宋人阴幼遇《韵府群玉》、钱讽《回溪史韵》的体例，依照明代《洪武正韵》的韵目，按韵分列单字。每一单字下，先注《洪武正韵》的音义，次录各韵书、字书的反切与解说。又用唐人颜真卿《韵海镜原》的方式，并列该字的楷、篆、隶各体，分类汇辑和这一单字有关的天文、地理、人事、名物、诗文等各项记载。这种“用韵以统字，用字以系事”的编纂体例，与16世纪以后欧洲流行的按字母顺序编排百科全书的方法颇为相近。但由于分割诸书，首尾难贯，又有漫无条理之弊。同为类书，《古今图书集成》在体例上有了相当大的改进。全书分六大汇编，编下有典，典下有部，分类极细。尤其是每部先列“汇考”，次列“总论”，值得肯定。所谓“汇考”，即把某事物的因革损益之源流、古今称谓、种类性情及其制造方法，记其大者，可以概见该事该物。所谓“总论”，即把经书及其注疏和子书中关于该事该物的论述，予以收录。总之，《古今图书集成》以较为明确、精密的分类体例，纠正了以往类书部类重复、分合不当的缺陷，又以每部逐项排列事文，去取谨严、颇有条理的特点，构成一较为系统的知识体系，中国类书的形式由此面目一新。

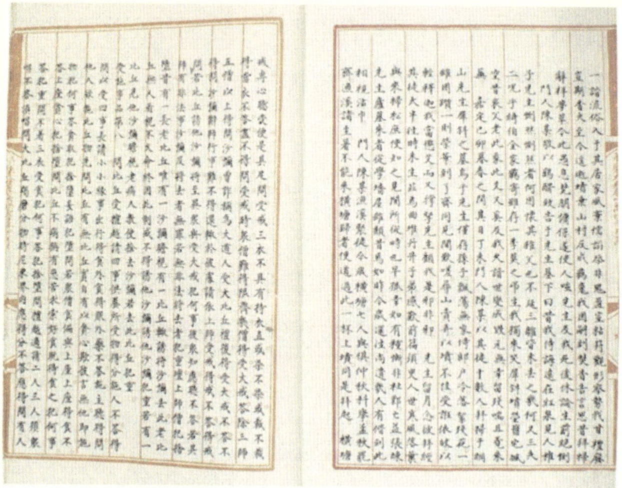
《永乐大典》内页

《四库全书》的分类，不同于《永乐大典》和《古今图书集成》，采取中国传统古籍的四部分类法。各书分别类目时，总结、吸收了前人经验，如诏令类入史部，从唐志例；奏议类入史部，从汉志例；立别史一门，从宋史例；立谱录一门，从尤袤遂《初堂书目》例；名、墨、纵横诸家并入杂家，从黄虞稷《千顷堂书目》例；诗集并入别集，从诸史通例；兼诂群经者题为“五经总义”，从隋志之文。传统的四部分类法在《四库全书》编纂中达到相当精密和完善的程度，代表了传统中国社会知识分类法的最高水平。与17世纪英国思想家、科学家培根的知识分类法颇有暗合之处。四库的史部，恰与培根分类法的历史学类近似；阐扬各家学派哲学思想的子部，与哲学类契合；集部则与诗学类相仿。以经部为四部之首，亦与中世纪欧洲文化特征相似；被奉为中国传统文化经典的儒家典籍，与中世纪欧洲崇奉的“新旧约全书”相当。可见，古代和中世纪东西方的知识体系虽然差异不小，却也有共同规律可循。

明清两代纂辑类书、丛书，不仅在中国文化史上气象空前，在世界文化史上也罕见其匹。《古今图书集成》虽然比不上《永乐大典》《四库全书》的规模，但与约3500万字的《大英百科全书》比较，仍可称为煌煌巨帙，因而在国外有“康熙百科全书”之称。如与18世纪中叶法国狄德罗主编的《百科全书》相比，更可得见明清类书、丛书规模的宏伟。狄氏《百科全书》有2268万字，而《永乐大典》有37000万字,《古今图书集成》有16000万字,《四库全书》有99700万字。迄今为止，尚无任何一部丛书的规模可与《四库全书》相比。然而，尽管《永乐大典》《古今图书集成》《四库全书》的篇幅远比狄德罗的《百科全书》浩大，但若将其内容及思想体系加以比较，便会发现明显的时代差异性。

《百科全书》的编纂者狄德罗、卢梭、爱尔维修、伏尔泰均是18世纪法国启蒙运动的领袖。他们以《百科全书》为利器，尖锐抨击专制制度和教会的黑暗，宣扬理性主义、人道主义和唯物主义，启迪着法国人民的觉醒。如在“政治权威”条中,《百科全书》写道：“没有一个人从自然得到了支配别人的权利。自由是天赐的东西，每一个同类的个体，只要享有理性，就有享有自由的权利。”这是资产阶级“天赋人权”的呐喊。它又指出，政权“在本质上只属于人民，仅仅为人民所固有。……并不是国家属于君主,而是君主属于国家”。这是对专制君主“朕即国家”论的大胆驳斥。然而,《永乐大典》《古今图书集成》《四库全书》的主持者却是明清两代封建帝王。他们动用政权力量，荟萃典籍，制作巨型类书、丛书，其目的是为巩固封建统治服务。以《四库全书》为例，它成为清代统治者推行文化专制的重要工具，竭力剪除各种反封建的“异端”。《四库全书》的辑录原则是“今所采录，惟离经叛道、颠倒是非者，打击必严；怀诈挟私、荧惑视听者，屏斥必力”。剿灭蕴藏民族思想的文化典籍，也是统治者编纂《四库全书》的重要目的。

在乾隆的严令催促下，各地官员着力查办禁书。以浙江为例，自乾隆三十九年至四十六年（1774 — 1781 年），先后送缴禁书 24 次，多达 538 种，13862 部。据不完全统计，在《四库全书》编纂过程中，全毁的书 2453 种，抽毁的书 403 种。狂暴的焚毁及肆意的窜改，使中国文化典籍遭到秦始皇焚书后的一次空前浩劫。

鲁迅犀利指出：“清的康熙、雍正和乾隆三个，尤其是后两个皇帝，对于‘文艺政策’或说得较大一点的‘文化统治’，却真尽了很大的努力的。文字狱不过是消极的一方面，积极的一面，则如钦定四库全书，于汉人的著作，无不加以取舍，所取的书，凡有涉及金元之处者，又大抵加以修改，作为定本。此外，对于‘七经’，‘二十四史’，《通鉴》，文士的诗文，和尚的语录，也都不肯放过，不是鉴定，便是评选，文苑中实在没有不被蹂躏的处所了。”清代最高统治者对文化典籍的直接干预，表明中国封建专制主义已达到空前强化的程度。就此意义而言，《四库全书》等巨型类书、丛书的编纂工作，其性质与法国 18 世纪启蒙大师撰写的《百科全书》迥然有别。

科举考试的演变

科举制度是中国封建朝廷选拔官吏的一种考试制度，从隋唐至清末，一直实行了一千三百多年，其全盛和完备则在明清时期。

两周官吏选拔制度，春秋以前主要是世袭制，即“世卿世禄”制。奴隶主贵族凭血统关系，世代为官。战国时期，逐渐流行客卿制，将相往往由国君从平民中提拔任命；中下级官吏则通过“养士”和“军功”培养。两汉时期，有所谓察举制。朝廷提出某类人才的名目，如“贤良方正”、“孝悌力田”、“孝廉”、“秀才”等，由大臣郡守国相考察推荐，每年举若干名到中央政府，先试用，后授官。这实际上是一种保送制，往往名不副实，当时民谣即有“举秀才，不知书；察孝廉，父别居”的讥讽。

魏晋南北朝实行九品中正制。从魏文帝曹丕起，由中央王朝向各地委派专门负责鉴别和选拔人才的官员，郡叫“中正”，州叫“大中正”，负责把当地人士按照品德才识分别评定为上上、上中、上下、中上、中中、中下、下上、下中、下下九等，以备国家量才录用，其办法叫“九品官人法”。其品评人物着眼于门第出身高低，并不看重实际才能。选官的权力由世家大族控制，形成了所谓“上品无寒门，下品无势族”的局面，一般平民百姓很少有做官的可能。在实行“九品中正制”的同时，两汉时期的察举办法，如举贤良、孝廉、秀才等，魏晋南北朝时期也继续采用。这两种办法并存，而以“九品官人法”为主。

唐代科举考试图

因为九品中正制妨碍中小地主阶层士人的进身之路，引起他们的强烈反对，对于加强封建中央集权也不利。于是从隋唐起，便改行开科考试取士的办法，这是科举制度的开始。隋炀帝大业年间始设进士科，以文学取士，唐代又有了进一步的变化。

唐代参加科举考试的考生大体有两种：一是朝廷所设国子监、弘文馆、崇文馆以及各地的州、县学馆的学生，称为生徒。他们在学校内考试合格以后，便可以参加朝廷于尚书省举行的科举考试，也称为省试。二是不在学馆的普通读书人，可以向所在的州、县官府报考。地方州、县逐级对他们进行考试，合格的人被送到京城长安参加尚书省的省试。这样的人叫做乡贡。此外还有现任官员参加的科考，一般是品级较低的官员，参加制科考试。

唐代科举考试在不同的时期，设立的科目也不尽相同，随时有增减，前后总计不下几十种。其中常见的有进士、明经、明法、明字、明算、一史、三史、开元礼、道举等科。此外还有制举和武举。

唐朝所设各科，以应考进士、明经的人最多。其中又以进士科最为人崇慕，也最难考，百人中仅取一二人。明经科每百人可取一二十人，比进士科录取名额多出十倍。由于唐朝宰相多是进士出身，就更提高了进士科的声价，报考进士科的人也越来越多，每次总有一两千人报考。进士科取中的人，最多不过三四十人，少的时候仅数人。由于当时投考科举的书生们都习惯穿白色麻布袍衫，所以人们把考中的进士称为“白衣卿相”、“一品白衫”，赞美他们是考生中的佼佼者。

进士科以考时务策为主，后来也加考帖经和杂文。帖经是把经书某页前后两边都遮盖上，中间只留一行，再用纸把这一行中的三个字帖住，让考生把被帖住的三个字读出来。杂文是指箴、铭等文体。唐玄宗以后，又把诗赋规定为必考项目。

明经科中又可以分为五经、三经、三礼、三传，等等。明经科主要考帖经，还要考墨义。墨义是要求把经文二千字左右的段落连同注疏默写出来。明经科有时也加考时务策。

明法、明字、明算、诸史等科则是分别考试律令、文字学、数学、史学等。道举科设于唐玄宗时，考试《老子》《庄子》等道家著作。

武举始创于武则天时，要考步射、马射、马枪、负重等，也要考其语言、身材。唐代武举只实行了一段时间便停止了，但是却为后世开创了先例。

制科是由皇帝特别召集一些官员和知名人士举行的考试，其中又可分为贤良方正、直言极谏等名目。考试的日期和项目都由皇帝临时决定。制科是朝廷网罗非常人才的一种办法，但是往往不被人们敬重，以为非正途出身。例如有张瓌兄弟八人，其中七人是以进士出身，一人由制科出身，于是大家就不愿和这一个兄弟坐在一起，称他为“杂色”。

唐代科举考试的过程主要是：参加朝廷省试的考生要在当年十月到长安来报到。自唐玄宗开始，省试一般都由礼部侍郎主持。载初元年（公元 689 年），武则天在洛城殿亲自策问诸举人，开创了殿试的先河。不过，这次是皇帝亲自主持省试，与后世的省试之外皇帝另行殿试的做法还有区别。唐代省试一般都在京城长安举行，中唐以后，也有时分别在长安、洛阳两都举行，这时便称主持考试的礼部侍郎为“知两都”。

省试时，考场内部都用荆席围隔，考生们坐在廊下答题。考生进入考场时，须自带水、炭、脂炬、餐具等，经胥吏唱名、搜检衣物，方依次入场。唐代的科举考试，一般不采取试卷糊名（指将试卷上考生姓名密封起来）、誊录（把考生试卷另誊写一份供考官评阅，以免考官辨认笔迹）等做法。考试时间可以夜以继日，一般是日暮后烧尽两三支木烛，便须交卷。

省试被录取称为“及第”。第一名称“状元”或“状头”。新科进士互称“同年”。主考官叫“座主”、“座师”，被录取的考生便是他的“门生”。新取中的进士都要到杏园去举行宴会，称“探花宴”。这时要选出两名少年俊秀的进士为探花使，令他二人遍游长安名园，采摘各种名花点缀宴会。所以唐代著名诗人孟郊在其登第诗中诵道：“昔日龌龊不足嗟，今朝旷荡恩无涯，春风得意马蹄疾，一日看尽长安花。”新进士们还要到慈恩寺大雁塔题名留念，称“题名会”。又要大宴于曲江亭子，谓之“曲江会”。还有其他一些庆祝活动，都是为了显示荣宠。不过，当一些反对科举制度的守旧官僚主持朝政时，这些庆祝活动便被减去许多。

在唐代，考中进士只是有了出身，即具备了做官的资格，下一步还要经过吏部选试合格，才被授予官职。选试包括身、言、书、判四个方面。先考书、判，也就是考其书写工整、文理通达的程度；然后再试身、言，即观察是否相貌端正、口齿清楚。选试也分为博学宏词、拔萃等名目。前者着重于考试论述文章，后者主要考试司法案件的判辞（判决书）。例如唐代文学家柳宗元中进士后，便是以“博学宏词”授官“集贤殿正字”；大诗人白居易中进士后，是以“拔萃”得任“秘书省校书郎”的。选试通过后获得的官职并不高，即便是进士、明经，所授官位也无非八九品，但是从此便成为封建统治阶级中的一员了。

如果选试未能通过，则可求当权官僚为之“论荐”，即向朝廷保举求官。再不成，便到藩镇节度使处去做幕僚，过一定时间争取被保举得官。唐代文学家韩愈在考中进士后，三次参加吏部选试，都未能通过。于是他便去请求宰相贾耽、赵憬等人为之论荐，但是那些当权者不赏识他，不肯帮忙。韩愈只好离开长安，到宣武军节度使董晋的麾下去做幕僚。以后由董晋荐举，才被授予秘书省校书郎等官。

在唐代，凡被举送参加省试的考生，可称“举人”。而应进士科考试的人，被泛称为“秀才”。这些称呼虽然后世仍沿用，但是意义已有很大变化，须注意避免混淆。

宋代基本上沿袭唐制，又有所发展：一是多科并为一科。宋初科目比唐时还多，除进士、明经等外，又有九经、五经、三史、三传、三礼等十来个科目。王安石变法，并其他科目为进士一科。二是考试内容侧重经义。唐时以诗赋取士，王安石认为浮华不切实用，改试经义，即解释五经的意义，实际上就是后来八股文的始俑。三是考期定为三年一届。唐至宋初，每年一次，间或两年一次，宋英宗以后固定为三年一次，元明清三代遂为定制。名额也扩大许多，唐时每科进士不过二三十人，宋时通常在二三百，最多达到五六百人。四是进士分列等级。唐时尚未分，宋以后分为一甲二甲三甲四甲五甲，每甲无定数。元顺帝以后只分一二三甲，一甲限三人。五是殿试成为定制，并且一概录取。唐时殿试仅偶尔为之，宋时成为必须经过的阶段，由皇帝主考，所以进士称为“天子门生”。唐至宋初，通过礼部试后，殿试如不及格，尚有落选的可能。宋仁宗以后，改为殿试不再黜落，而且一经取中，便可做官，不再经吏部选试淘汰。六是增设乡举一级考试。唐时应进士试的人，由学馆或地方推举，通称举子，或者举人，并不一定通过地方考试。宋以后，应礼部试之前，必先试于本乡州府，元代也是如此。不过和明清乡试不同的是，宋元乡举及格之后，并不成为一种固定的身份，举子如应礼部试不及格，下一届还必须应乡举考试，而明清时期乡试及格成为举人之后就不再参加乡试了。

元代蒙古贵族有做官的特权，无须通过考试，所以开国之初不重科举。中叶以后，为了笼络汉人，才开科取士。但分为左右两榜。蒙古人、色目人为右榜，只考两场，题目容易。汉人、南人为左榜，要考三场，题目较难，所以元代汉人通过科举取得官职比较困难。

明清科举制度更加完备、严密，在考试程序上固定为院试、乡试、会试（殿试）三级，分别录取秀才、举人、进士；在考试内容上以八股为主；在保密手续上更加复杂烦琐。下面就分别介绍。

明清会试（模拟图）

一、关于秀才的考试

秀才是明清时期参加最初一级科举考试及格后所取得的资格，正式称呼是生员，又叫诸生、庠生，俗称秀才，不过和汉唐时期的秀才含义已大不相同。

在没有取得生员资格以前的应试考生，不论年龄大小，从十几岁到五六十岁，一律称为童生，所以有“白发苍苍老童生”的笑话。

考秀才，首先要经过两次预试：即县试、府试，统称童子试，又叫小考。及格后称童生。

县试由知县主持，考期多在每年 2 月。考生先向本县衙门礼房报名，填写姓名、籍贯、三代履历，并且由同考的五个童生具连环保，叫做“五童结”。还要由本县秀才中的廪生具保，叫做“廪保”。保证不是冒籍、匿丧，保证出身清白，不是娼优皂隶的子孙，才能参加考试。因为每县每次录取秀才的名额有限，所以本县人总是严防外地人冒籍参加考试，为此常常引起纠纷甚至打架，叫做“打冒籍”。按照封建礼节，遇有父母之丧，27 个月内不得参加科举考试，违者叫做“匿丧”。在封建社会，娼妓、戏子、奴仆的子孙，被认为出身卑贱，不得参加科举考试。五童结和禀保就是保证没有上述现象，如果发现问题，具保的廪生将被取消廪生资格。

县试共考五场，第一场考八股文两篇，清代加试五言六韵试帖诗一首。诗文写法有一定格式，清早进场，即日交卷，不得点灯，姓名弥封，以防舞弊。阅卷人由知县及其幕僚担任，不得委派本县学官或书院院长，以防徇私。

由于县试只是预试性质，一般录取从宽，第一场及格后即可参加府试。第二场以后各场，考生可以自愿参加，带有参考性质。县试及格称“出案”，第一名称为“县案首”。

府试由知府主持，考期多在 4 月，一般须经县试及格后方能参加，但因故未参加县试者，于府试前补考一场也可参加府试。其报名、具保、考试办法与县试大体相同。也是考一场，及格后即可参加院试，第二场以后各场自愿参加。府试第一名称为“府案首”。

考秀才的正式考试称院试，由中央政府委派的官员主持。明代称为提督学院，或提学道，清代称学政，俗称学台。由中央政府各部进士出身的官员担任。三年一任，每省一人。由于考试工作特别重要，所以不论学政原来品级高低，地位与本省总督、巡抚平等。学政的职责范围，除考试童生外，还包括考试秀才和学官。

学台衙门在省城，但院试并不在省而在府。学政依次到省属各府分别考试童生和生员，叫做“案临”。应试童生与县试、府试一样履行报名、具保等手续，除五童结、廪保之外，还另加派保，保人也须是廪生。在童生点名入场时，派保须站在一旁，唱名时当面答应，发现问题立即追究。考生进场搜查甚严，不许带片纸只字，进场后对号入座。考桌为长条木桌，每桌 10 人。考题不印，口头宣读后贴在木牌上，举示全场。

院试基本上是两场。第一场为正场，考八股文两篇，五言六韵试帖诗一首；第二场为复试，考八股文一篇，试帖诗一首。院试分县录取，每县名额因各县钱粮人丁多少而不同。清代最多时大县 50 名，中县 30 名，小县 20 名，后来时有变化。对于少数民族，如苗族、瑶族，另有专门名额，汉族不得冒占，以示优待。

院试及格，就取得了秀才资格，被送入县学或府学学习，身份叫做县学生员或府学生员，文雅的说法叫“游泮”（因为学宫门前有半圆形池水叫泮水），通俗的说法叫“进学”，第一名叫“院案首”。进学之后就换上秀才的制服，明代戴方巾，清代帽尖用银顶，身着蓝袍，俗称蓝衫。进学之后，秀才要拜学官为老师，接受学官的教育和管理。

此后，生员还须参加学政所举行的检查性考试。学政到任第一年为岁考，第二年为科考，即为参加乡试而举行的预试。两种考试均按成绩分为六等：三等以上有奖，四等以下受罚。后来稍宽，很少有五六等。生员欠考五次即革去资格。

生员依照成绩，分为贡生、廪生、增生、附生、监生等不同名目。贡生是贡献于朝廷送入子监学习的生员，分为拔贡、优贡、岁贡、恩贡、副贡，统称五贡。

拔贡，清代 12 年选拔一次，每县 1 人，由学政、总督、巡抚三院会考。

优贡，3 年一选，于学政离任前举行，每省不过数人。

岁贡，凡廪生 10 年，挨次出贡，谓之岁贡。县学 2 年 1 人，州学 3 年 2 人，府学 1 年 1 人。

恩贡，凡遇国家庆典，如皇帝登极、大寿、大婚之年，临时增加一次选送贡生，叫做恩贡。

副贡，为乡试之副榜，即举人的备取生，可以不经学政选考，直接送入子监读书，有多少送多少，名额不受限制。

廪生是廪膳生员的简称，凡新取生员一等，或岁考科考一等的，明代每月给

米6斗，清代每年给银4两，性质类似奖学金。这种秀才叫做廪生。童生应试须请廪生具保，保人可以收取一定保金。

增生为廪生以外增加的名额。因为廪生名额有一定数量，大体上是府40名，直隶州30名，县20名。如果考一等的生员多于此数，那就得依次递补，额外者叫做增生。增生没有银米，也不能担任廪保。

附生即附学生员的简称，也就是一般秀才。监生即国子监生员，包括荫监和捐监等。

二、关于举人的考试

明清时期的举人是参加全省范围的科举考试及格后所取得的资格。文雅的称呼叫做孝廉，其实和汉代的孝廉性质并不一样。

全省的考试叫做“乡试”，因为在秋天举行，又叫“秋闱”。乡试每三年举行一次，遇有国家庆典，临时增加一次，叫做恩科。乡试之年叫大比之年。

乡试的考官，与学政同样须从进士出身的各部官员和翰林中选任，不过品级比学政要高，同样必须回避原籍省份。每届每省派正副主考各一，为临时性出差，谓之考差，事毕回京，与学政一任三年不同。各省行政长官为乡试监考官，叫做监临。还从省内进士出身而非本省籍贯的知县、州判中临时抽调一二十名为同考官，即阅卷官，又称房官。此外还有大批事务官员，如受卷、誊录、巡查等，规模之大，远非秀才考试可比。

参加举人考试的必须是秀才，包括贡生、廪生、增生、附生、监生等。捐监和荫监虽然没有参加秀才考试，但由于出钱买了生员身份或因为先辈的荫庇，也可以参加举人考试。前者如《儒林外史》中的周进，后者如《红楼梦》中的贾宝玉就是。

乡试报名系采取集体报名办法，由学政开列名单报送主考。凡科考在四等以下的生员不得参加乡试。

乡试地点在各省省会贡院。贡院的外墙很高，上植荆棘，所以贡院又称“棘闱”。贡院内除阅卷等办公室外，有许多考棚，分为几十条小胡同，依次以千字文编号，每号分为几十间小房子，叫做号舍。整个贡院有号舍几千乃至上万间。每一号舍高6尺，深4尺，宽3尺，仅容一人起坐，连躺都躺不下。

乡试共考三场，每场三天，与秀才考试一天一场不同。搜查制度比院试更加严格，进场时两名士兵搜查一名考生，如同对付囚犯一般，摘帽，脱鞋，解衣，散发，衣服被褥等一切用具通通抖开，毡毯无里，皮衣无面，笔管镂空，板凳单层，蜡台不能过高，砚池不能过厚，点心饽饽都要切开。搜查后，考生科头跣足，手挽考篮，像叫花子一样领卷进场，对号入房。号门一锁，不得出入，每号由若干名号卒看守，就像小鸟关进了鸟笼。考试期间，贡院棘墙外日夜有人巡逻，禁止附近居民抛砖扔石、释放鸽鹞、鸣放鞭炮，以防利用这些手段给考生递送东西。

乡试的第一场在八月初九，第二场在八月十二，第三场在八月十五。第一场考八股文 7 篇（"四书" 3 题、"五经" 4 题），第二、三场考表、判、策、论及试帖诗各若干题篇。考前刻印题目，不得多印。考卷姓名弥封，稿纸每页骑缝处都要盖印。为了防止阅卷官认识考生字迹，考生亲笔写的考卷（叫做墨卷）并不直接送给考官，而由专门的誊录人员用朱笔誊写（叫做朱卷），再由专门的校对人员对读无误，签字后方送主考。主考用抽签的办法分送各房同考官评阅。同考官阅后写上评语，认为可以录取的便推荐给主考官，叫做荐卷。

各省每届乡试取中举人的名额皆有定数，依各省钱粮人丁多少而有差别，最多的顺天取一百六十多名，最少的贵州取 30 名。正式举人属于正榜。还有备取生，叫做副榜，不算举人，也有定额，最多的顺天 20 名，最少的贵州 4 名，后来改为按各省正榜 1/5 的比例录取副榜。副榜即副贡。

主考官取中后，会同监试官、同考官等按朱卷号码核对墨卷，然后再拆开弥封，填写姓名籍贯。写榜时先空下前五名不填，从第六名写起，写到最后一名，再写第五、四、三、二、一名。写榜时贡院门外挤满了等候消息的人群，每填一名，就有人把一张小纸条从门缝递出去，外面得了消息，就赶快回去报喜，敲锣打鼓放鞭炮，讨喜钱，喝喜酒，热闹非常。榜写好后，用巡抚关防，张挂于巡抚衙门前。因为正是桂花开放时节，所以又叫"桂榜"。

乡试第一名叫做"解元"，原是解送朝廷之意。放榜后，新科举人应邀参加巡抚衙门的宴会（叫做鹿鸣宴），然后就纷纷拜老师、认同年。一般称主考官为座师，称同考官即阅卷官为房师。所谓同年是同年中举的意思，20 岁和 50 岁也算同年。每一新科举人由政府发给衣帽旗匾银 20 两。清制，进士、举人帽用金顶，宗祠可以树旗杆，挂匾额。

中举以后，就算正式进入统治阶级。其地位为秀才所望尘莫及。一般秀才不能做官，虽然贡生肄业期满可以做学官，但考试很严，机会很少，通常只能教书成为乡村知识分子，所以人们往往叫穷秀才。举人就不同，可以参加会试，以求上进。会试一次不中，可以要求担任教职，做学官。会试三次未中，可以参加大挑，候选知县。所谓大挑并非经过考试，而主要是看相貌，多取体貌丰伟，年富力强者；其次是看口才，多取言语清楚、应对敏捷、熟悉吏治者。挑上的人，常常发往急需用人的地方，例如治河工程之类，以候补知县试用。即使不出去做官，在家也可以称乡绅，交结官府，包揽词讼，横行乡里，欺压百姓。例如《儒林外史》中的范进，中举之前，没人瞧得起；中举之后，就被称为老爷，知县、地主都和他交朋友，还有送田产的，送房屋的，送奴仆的，几个月间，就成了大财主。

三、关于进士的考试

宋元明清时的进士，是参加全国范围科举考试及格后所取得的资格，也是所谓科甲出身的最高身份。

全国性考试称为“会试”。每三年一届，在乡试的次年 3 月举行。时届春季，所以又叫“春闱”或“礼闱”。

参加会试的必须是举人，已仕未仕均可。清制：各省举人进京会试，分别由当地政府发给一二十两银子作路费，落第举人回家也给适当盘缠，以示照顾。

会试考官由皇帝钦命，主考官叫做总裁，正总裁 1 人，副总裁 3 人，由一、二品大员担任，均须进士出身。同考官 18 人，叫做十八房，由翰林进士出身的司官、科道担任。此外，还有两名监考官，叫做知贡举，由一、二品大员担任。其余事务官员，如提调、监场、搜查、受卷、弥封、誊录、对读等官，制度大体与乡试差不多。

会试也是 3 场，每场 3 天，三月初九为首场，十二为二场，十五为三场。考试地点在北京贡院今中国社会科学院院内。由皇帝亲自出试题。其进场搜查，场内规矩，分墨卷朱卷，以及阅卷荐卷等办法，与乡试大致相同。

会试取中名额最初没有固定数目，清代最多的一届进士为 406 名，最少的一届 96 名，大体上 20 名举人取 1 名。后来改为分省定额，最多的省二三十名，少的十余名或八九名。

会试放榜在 4 月 15 日，因为正是杏花开放时节，所以叫“杏榜”。榜用礼部印，张挂于礼部大堂前。会试取中后叫做“贡士”。第一名叫“会元”（不等于状元）。

会试之后接着举行殿试。殿试虽然没有取不取的问题，但十分重要，因为它是皇帝亲自主持的考试，状元、榜眼、探花等名次由此产生，所以人们特别重视。

明清“状元及第”的牌匾

殿试地点不在贡院而在保和殿。殿内备有考桌，高尺许，仅能盘腿而坐，书写不便，一般自带可折叠式小桌置于其上，又自备考箱，置笔墨用具，兼代板凳。虽说是皇帝主考，其实皇帝并不亲临考场，只是虚设御座。行礼如仪后，由大臣宣读考题。明清时，殿试只出一题，不试八股而试策论，要求回答关于时事政务方面的一个问题，例如吏治、财政、边防、河工、礼、刑、农、工等。一般要求千字左右，当日交卷。策论有一定程式，开头结尾都是颂圣之辞，中间谈实质性问题往往空泛。殿试一般不重内容，却很看重书法，状元并不见得有真才实学。

殿试无主考官，因为主考即是皇帝。有监试官，清代多由亲王担任。提调官例由礼部尚书担任。由进士出身的大学士和部院大臣八人为读卷官，即阅卷大臣。每份试卷八大臣轮流批阅，分别作记号，写批语，然后由首席读卷大臣商定名次。首先拟出前 10 名人选，进呈皇帝亲自决定 1 至 10 的名次。前三名通称一甲，一甲第一名称状元，又称殿元；一甲第二名俗称榜眼；一甲第三名俗称探花。一甲三名统称鼎甲。第四名即二甲第一俗称传胪。前 10 名名次决定之后，皇帝首先接见，叫做“小传胪”。第 11 名以下名次由读卷大臣排列，分为二甲、三甲两类。然后皇帝于太和殿接见全体新进士，叫做“大传胪”。礼节特别隆重，全体文武大臣都要出席。除御旨宣布全部名次外，同时宣布一甲赐“进士及第”，二甲赐“进士出身”，三甲赐“同进士出身”，统称“进士”。然后，鼓乐仪仗，将新进士名单以黄绫榜公布，张挂于长安街，所以老百姓把中进士叫做“金榜题名”。如果有人乡试、会试、殿试都取第一，集解元、会元、状元于一身，就叫做“连中三元”，那是莫大的荣耀。

大传胪之后，礼部赐宴，叫做“恩荣宴”，又叫“琼林宴”。还要到圣庙拜谢孔老夫子，叫做“释褐”。每科进士名单由礼部出钱刻石立碑于太学，叫做进士题名碑。明清两代这些碑现在都保存于孔庙旧址内。中了进士，宗祠可以树牌坊，并由礼部发给牌坊银 30 两，一甲三名另外加 50 两。此外，也有拜老师、认同年等习俗，与乡试相同。

殿试之后还有朝考，目的是分配官职。状元例授翰林院修撰，榜眼、探花例授编修，其余按会试、殿试、朝考三项总成绩分别授翰林院庶吉士、各部主事和知县等职。庶吉士为学习研究性官员，三年期满再举行散馆考试，然后授实职。进士朝考后授主事带有实习性质，三年后才转为正式主事。朝考后授知县的，则分发各省尽快候补，叫做“榜下即用”，不像他人那样往往要长期候缺。

进士出身，叫做两榜出身；举人出身，叫一榜出身。统称科甲出身，被明清读书人认为是最荣耀的做官道路，被称为正途。其他途径如捐班、恩荫、杂佐等，则称为异途，迁升提拔远非正途出身所能比拟。

从唐代以后，科举科目除文科外，还有武科。清代有武院试、武乡试、武会试、武殿试。武院试由驻防军派参将或副将会同学政主持考试，及格者为武秀才。武乡试由巡抚主考，及格者为武举人。武会试由兵部主持，及格者为武进士。武殿试以后也依成绩分为武状元、武榜眼、武探花。各级考试内容分别有骑射、步射、舞刀、掇石和默写武经七书（《孙子》《吴子》《司马法》《尉缭子》《李卫公问对》《黄石公三略》《姜太公六韬》）等，也有一套防止舞弊的制度。顺治年间，武状元授参将，武榜眼授游击，武探花授都司，二甲授守备，三甲授署守备。

科举考试于 1905 年由清政府下令废止。1904 年举行最后一次会试。最后一名会元是谭延闿，湖南人，曾参加辛亥革命和北伐，20 年代末任国民政府主席。最后一名状元是刘春霖，河北肃宁人，状元及第后被派留学日本东京法政大学，回国后曾任直隶法政学堂校长、中央农事试验场场长。1937 年以后，他拒绝为日本侵略者效劳，1942 年逝世。

明清时期的书院

明清时期的教育界，除学校外，还有各种名目的书院，起到了传播思想文化和普及成人教育的作用。明代中期，随着王阳明心学的兴起，各种流派的思想家纷纷建立书院，聚徒讲学，其中影响较大的为阳明学派的各书院，学生来自各阶层人士。如泰州王艮讲学时：“樵户朱恕，字光信，泰州草堰场人，听王心斋语，浸浸有味，每樵必造阶下听之……听毕则浩歌负薪而去。陶匠韩乐吾，兴化人，以陶瓦为业，慕朱樵而从之学。久之，觉有所得，遂以化俗为任。随机指点，农工商贾随之从游者千余。秋成农隙，则聚徒谈学，一村既毕，又之一村，前歌后答，弦诵之声，洋洋然也。”万历初，张居正掌权时，曾一度禁止书院活动。万历中后期，书院讲学之风气再次盛行。“私人讲学之书院，赫然树一徽帜，风靡宇内，左右朝政。师儒行谊，及讲析心性之微言，固是以独成学派，而其同志进退存亡，昭然有关于天下之大。”明末最有影响的是无锡东林书院，东林书院所聚集的学者们不是空谈心性，而是直接参与了当时的政治斗争。他们代表了一批要求改革弊政的地主阶级知识分子的愿望，以书院为阵地，通过文章和言论与以魏忠贤为首的宦官集团进行了尖锐的斗争。他们中的一些人尽管遭受种种迫害，但他们反对政治黑暗、反对宦官专权的行动得到了社会各阶层的广泛支持。

清代书院与明代相比，更注重学术性，而较少涉及政治。这是因为清代书院多由政府出资兴建。清初规定每省由政府出资在省会建一个或几个书院，书院师长由“督抚学臣，不分本省邻省已仕未仕，择经明行修足为多士模范者，以礼聘请”。书院为“有志向上无力就师各生入院肄业”。书院日常开支由学田租银中拨出。

除省会外，清代在府、州、县也建有若干书院，这些书院的建立或由当地士绅捐资，或由地方官拨款，但俱要申报主管官员批准。清代对书院控制较严，书院中讲学内容多为经义，实际上已成为科举的预备机关。

明清时期，著名的教育思想家有王守仁、宋讷、李时勉、湛若水、王夫之、颜元、戴震、孙嘉淦等。另外，明清之际西方数学、物理学、舆地学、哲学等科学知识传入我国，对传统的中国儒学形成一种冲击，并出现了一批专治西学的学者，较有代表性的有徐光启、李之藻、方以智、王锡阐等人。清初，有少数不满清朝统治的知识分子逃亡朝鲜、日本等国。如著名学者朱舜水逃亡日本后，办学收徒，传播了儒学等中国传统文化。

明清时期的社会习俗

明清时期的社会风俗，与唐宋时期相比较，又有一些变化，尤其在服饰与婚丧嫁娶方面，变化较大。

明代官员蓄发绾髻，戴“展翅漆纱幞头”，百姓多戴“四方平头巾”（方桶状纱帽）和“六合一统帽”（瓜皮帽），一些从事劳动的农民多戴网巾。妇女多长发，梳髻垂于脑后。

明代服装颇有讲究，其颜色、式样、花纹代表着不同等级。皇帝穿黄色绣金龙圆领窄袖的龙袍。官员的服装尺寸宽大，盘领右衽，多为伫丝和纱、罗制成。缀在前胸后背的“补子”，绣有不同的禽兽图案，代表着文武官员及其不同的等级。明代百姓着装多沿袭宋、元之制，男子穿短衣，女子穿过膝长裙或长身背心。明初规定女子非受封不能穿红袍、戴梁冠。嘉靖以后大户人家女子也可穿红袍或大花袍。

清代，由于是满族统治，在服饰上与明代大有不同，表现出鲜明的民族特色。

清代服饰，皇帝和官员，夏天戴敞檐的凉帽，初尚扁而大，后尚高而小，质用藤、竹篾席或麦秸，外裹绫罗，多用白色，也有用湖色、黄色等色的；冬天戴折檐的暖帽，圆形，多用皮制，也有用呢制、缎制和布制的，以黑色为多，中间还装有红色小帽。凉帽和暖帽，两种帽的顶部，都饰有区别官品的重要标志——红缨顶珠。顶珠一品用红宝石，二品用珊瑚，三品用蓝宝石，四品用青金石，五品用水晶，六品用砗磲，七品用素金，八品用阴纹镂花金，九品用阳文镂花金。无顶珠者，即无品级。除了顶珠，有特殊功勋者，皇帝还赏以用孔雀毛做成的花翎，插在帽上垂向后方，有“一眼”、“二眼”、“三眼”之分，以三眼为最名贵。又有蓝

清代女子服饰（模拟图）

翎，以鹖羽为之，为下级官员所戴。礼服冠也是凉帽和暖帽，较公服冠高耸，顶子也有不同。礼服和公服，皆为箭衣，挂以朝珠。礼服缀补子，有3挂朝珠；公服则不缀补子，只有1挂朝珠。箭衣为开衩圆领袍，装有箭袖，以便骑马射箭，其袖因像马蹄，所以被叫做马蹄袖，平时袖口翻起，行礼时则放下，士庶如穿无衩之袍而权作礼服，也须另装一副马蹄袖，以纽系于袖端，待礼毕才解下。

清代又规定披肩为文武大小品官衣大礼服时所用，加于顶，覆于肩，形如菱，上绣蟒，八旗命妇亦如之。

马褂，长不掩脚，袖仅过肘，本来是满洲贵族的马上装束，康熙以后日趋普遍，一般民众也多有服用者。但宫廷中黄马褂加身，始终是一件大事。

无论士庶，皆剃发梳辫，便服为长衫，戴瓜皮帽。流行马甲，有大襟、对襟、琵琶襟诸式，多穿在里面，比较窄小。

清代妇女服饰，礼服有披风，大袖对襟，长可及膝。满族喜罩马甲，流行上下连裳的旗袍，初为直通式，腰部无曲线，下摆和袖口较大，后逐渐演变，翻出多种花样。汉族妇女有“男降女不降”之说，仍沿明代旧制，以上身着袄、衫，下身束裙为主。裙色尚红，到后期流行下身不束裙而只着裤子。以地区而言，南方妇女多系裙，北方妇女扎裤脚。著名的鱼鳞百褶裙，上面打满细裥，将其轻轻掰开，每道细裥中间，都有丝线交叉串联，形似鲤鱼鳞甲。清代女装的仿效中心有过几次变更，乾隆时苏州是全国的服饰仿效中心，嘉庆时移至南京和扬州。清代中、晚期女装中，花边运用很广泛。花边有装饰效果，又增加了衣服的牢度，可谓一举两得。

清代妇女发式，满族叉子头，又称两把头，高髻，梳时将发平分两把，并在脑后垂下一绺头发，修成两个尖角，名谓燕尾；汉族平三套，取式于苏州，又称苏州橛，即平髻。

清代服饰，值得注意的还有披挂制度。男子的一根腰带，前后左右，几乎挂满了各种饰件。仅荷包一物，就有“鸡心荷包”、“葫芦荷包”等许多名目。青年男女间，常以赠送荷包表达爱情。除了荷包，还有钱袋、扇套、香囊、小刀等。妇女佩带此类者，比较少见，一般只在衣襟处挂上一两件小型饰物。

明清时期的住宅，各地均有不同特色。北方主要流行四合院，四周圈以围墙，对外隔绝，布局讲究对称，庭院内多植花草、盆景，贵族大户的府第以红墙琉璃瓦和金色装饰，一般四合院为青灰色。四合院内居住者按尊卑老幼分别住宿。南方庭院较北方为小，一般正房三间，配有厢房数间。在农村，北方村落住房较集中，南方相对分散。在黄土高原地区，多以窑洞建筑为主，蒙古草原地区多毡包，东北林区多木房。

明清时期，各民族、各地区一些传统的节日开始固定化。每当节日来临，都

明清时期的住宅（模拟图）

要组织不同形式的庆祝活动。如各地元宵节的灯会、重阳节的庙会等活动都颇具规模。

明清时期的婚丧嫁娶，比前代变化较大。在婚姻方面，重父母之命、媒妁之言，有一套完整烦琐的求婚、问名、行聘及完婚等仪式。明中期后，由于商品经济的发展，婚嫁开始重财礼、讲排场。明代理学对妇女束缚较大，强迫寡妇守节，不准再嫁，将名节看得比生命为重。明中期以后，封建礼教开始受到冲击。出现了男女青年追求自由恋爱、要求婚姻自主的新现象，这在明代文学作品中已有所反映。

清代婚姻与明代大致相同，但满人婚嫁较汉人自由。特别是在清入关前，婚嫁较少受封建礼教的束缚，寡妇嫁与前夫兄弟为司空见惯的现象。

明清时期的丧礼，凡有钱有势之家，多追求隆重、奢侈。特别是江南经济发展较快地区，送葬时葬车之前有彩亭绣帐，沿途炫耀。一些大户人家还请和尚、道士做法场，主持丧事，超度亡灵。所建坟墓高大，随葬品种类繁多，且多为贵重之物，碑文中多记亡者生平及颂赞之词。北京的十三陵和附近的东陵、西陵分别是明清皇帝的陵墓，规模宏大，世罕其匹。

龚自珍、魏源与思想领域内的新变化

鸦片战争前后，由于外国资本主义势力的入侵，震动了一部分地主阶级知识分子。他们开始认识到清王朝的腐败，认识到国家面临外国资本主义势力的威胁，积极探求强国御侮的道路，要求改革现状和学习外国，从而促使整个社会思想文化领域内出现了一些新的变化。这些人除林则徐外，著名的还有龚自珍、魏源等。

龚自珍（1792 — 1841 年），字璱人，号定庵，浙江仁和（今杭州）人。道光年间进士，曾任礼部主事等职。晚年在江苏丹阳的云阳书院讲学。著作有《龚自珍全集》等。

龚自珍敏锐地感受到封建社会的危机，大胆地揭露了清朝政治制度的黑暗和腐败，要求进行社会改革。他认为清朝自嘉庆以后，已进入“日之将夕”、“悲风骤至”的“衰世”。他在《西域置行省议》一文中指出：“自京师始，概乎四方，大抵富户变贫户，贫户变饿者，四民之首，奔走下贱，各省大局，岌岌乎皆不可以支月日，奚暇问年岁？”他把当时的社会比做满身疥癣的病体，已到了几乎无法治疗的程度。他无情地揭露那些如豺狼一样凶狠的官吏，无不以贪污、压榨为能事，使农民群众仅仅是为供其奴役而存在，过着悲惨的生活。他写道：“不论盐铁不筹河，独倚东南涕泪多。国赋三升民一斗，屠牛那不胜栽禾？”龚自珍警告当朝统治者说：“起视其世，乱亦竟不远矣！”他预断，反抗黑暗统治的“山中之民”，将“有大音声起，天地为之钟鼓，神人为之波涛矣”。意思是说社会必有一场大变动。他认为“一祖之法无不敝”，改革是历史的必然，指出自古及今“法无不改”，“事例无不变迁”，呼吁清朝统治者要赶紧“更法”，以挽救国家的衰亡。为了解决大地主、大官僚兼并土地的严重问题，他试图在不触动地主土地所有制的前提下，以封建宗法制度为规矩，让统治者实行一种大体平均的授田方案，以消除富者愈富、贫者愈贫的现象。他对清朝封建专制制度造成的死气沉沉的政治局面表示强烈的不满，写了一首著名的七言绝句：“九州生气恃风雷，万马齐喑究可哀，我劝天公重抖擞，不拘一格降人才。”他呼唤风雷，期待变革，憧憬一个“银价平，物力实，人心定”的新局面出现。鸦片战争爆发前夕，林则徐到广东禁烟，龚自珍特意写了《送钦差大臣侯官林公序》一文相赠，激励林则徐彻底禁烟，坚决抵抗外来侵略，不要受那些妥协论调的影响，并指明中国进行的将是正义的自卫战争，主张以重兵对付来犯的侵略者，表现了他的强烈的爱国思想。

魏源（1794 — 1857 年），字默深，湖南邵阳金潭乡（今属隆回县）人。道光年间进士，曾任内阁中书等职。鸦片战争前，他曾编辑《皇朝经世文编》，留心“实学”。又先后为一些地方官员筹议海运、水利、盐政、漕政等问题，对国计民生极为关心。鸦片战争中，他曾在两江总督裕谦幕府中任事，积极参与筹划浙江前线的抗英战争。《南京条约》签订时，他写成《圣武记》14 卷，以清初的武功来激励人民，增强民族的自尊心和自信心。又受林则徐的嘱托，以《四洲志》等译稿为基础，搜集大量中外文献资料，编成《海国图志》100 卷，系统地介绍了南洋、欧美各国的历史地理，对强国御侮的道路进行了比较深入的探索。晚年弃官学佛，整理著述，后病死于杭州。

魏源在《海国图志·原叙》中，明确揭示编写该书的目的是“为师夷长技以制夷而作”。他指出，外国侵略者就是凭着“一战舰，二火器，三养兵练兵之法”等“长技”来欺负中国的。他批评清朝当权者闭塞无知和拒绝吸收敌人长处的顽

魏源雕塑

固态度，主张“尽得西洋之长技为中国之长技”，开创性地提出了向西方资本主义强国学习以使中国富强的重大课题。魏源提出的“师夷长技”的具体办法是：(一)在广东建造船厂和火器局，聘请外国技师传授技术，选送中国工匠学习制造；(二)造船厂与火器局除修造军用船炮外，也要制造民用轮船、望远镜、火车、火轮机，起重机等新式机械和器具，“凡有益民用者，皆可于此造之”；(三)听任沿海商民集资开设厂局，制造轮船、机械等自用或在市场上自由出售；(四)鼓励商民从外国购买船炮卖给政府等。魏源不仅相信中国人完全有智慧和能力把祖国建设成为一个富强兴盛的国家，而且还看到了广大人民群众反侵略的巨大力量。他从三元里及沿海各地人民的抗英斗争中得到启发，增强了战胜外国强敌的信心，并提出了一套对付敌人从海上入侵的防守策略，主张不与船坚炮利的侵略者在外洋交锋，而在内地严密布防，诱敌深入，然后把敌人彻底歼灭。

魏源和龚自珍一样，主张变法革新，认为“小变则小治，大变则大治”，“变古愈尽，便民愈甚”。他主张变法革新的理论根据是历史进化的观点。他指出：“天下无数百年不敝之法，亦无穷极不变之法。”对那种泥古守旧而不知随时变法的顽固思想，进行了尖锐的批判。他说：“执古以绳今，是为诬今；执今以律古，是为诬古。诬今不可以为治，诬古不可以语学。”他还反对“知先行后”的唯心主义认识论，认为“知”是由“行”而来的，以直接经验为取得知识的来源，而否认有先天的、超经验的认识。

鸦片战争前后，龚自珍、魏源继承并发展了明清之际讲求“经世致用”的传统，反对脱离实际和崇尚空疏的“汉学”和“宋学”，提倡研究现实问题及关系国计民生的实际学问，特别是他们从统治阶级内部敢于起来抨击和揭露封建专制制度的黑暗和罪恶，大胆要求改革现状，呼吁强国御侮，这对当时和以后的思想界有很大的影响，不仅打破了思想界一片死气沉沉的局面，而且开创了一代新风气，促使社会新思潮迅速兴起。然而，他们都是地主阶级知识分子，他们的思想有着深刻的阶级和时代的烙印，没有也不可能冲破封建主义的藩篱。他们企图在不触动封建制度的基础上进行某些改革，不可能使中国真正强盛起来。尽管他们提出了学习西方、反抗外敌的爱国进步主张，却始终提不出从根本上拯救社会危机和民族危机的有效方案。

西方资产阶级政治思想和文化的传播

从鸦片战争时起，经过林则徐、魏源等人的提倡，向西方资本主义国家学习，越来越被人们认为是强国御侮的必经之途。于是，欧美资产阶级的思想文化，包括资产阶级的社会学说和自然科学等，亦即所谓的“西学”，便在中国逐步得到传播。

继魏源的《海国图志》之后，冯桂芬于 1861 年写了《校邠（bīn）庐抗议》一书，进一步系统地阐发了学习西方的思想，主张“以中国之伦常名教为原本，辅以诸国富强之术”，即在保存封建制度及其纲常伦理的前提下，采用西学达到自强。他研读了当时所能接触到的西方书籍，考察了俄国和日本由弱变强的情况，从中西对比中发现中国的弱点，提出了推广西学、聘请外国技师设厂制造船炮、改革科举等建议，从而促使更多的知识分子从西学中探索救国之方。

19 世纪 70 — 80 年代，中国已经产生了民族资本和资产阶级，早期资产阶级改良派的一些代表人物，为了发展民族经济，摆脱外国资本主义对中国的控制和掠夺，更加深入地研究西方资本主义国家的富强之道。他们纷纷著书立说，提倡“西学”，要求广泛地学习西方，改革中国现行的经济、文化、军事和政治。

其中，容闳的《西学东渐记》、王韬的《弢园文录外编》、马建忠的《适可斋记言记行》、薛福成的《筹洋刍议》、郑观应的《盛世危言》、陈炽的《庸书》、汤震的《危言》等，都是这一时期宣传西学和呼吁改革的重要作品。在这些著作中，他们强调西方国家富强是因“育才于学堂，论政于议院，君民一体，上下同心”，并批评洋务派不懂得学习西方国家富强的根本，是“遗其体而求其用”，只学了一些皮毛。指出洋务派主持翻译介绍的西书，只是“仅为一事一艺之用，未有将其政令治教之本原条贯，译成为书”。他们要求采用西方国家君主立宪的议会制政体，来代替中国君主专制政体，这是早期资产阶级改良派与地主阶级改革派以及洋务派在提倡西学内容方面的一个重大区别。但他们仍然未能形成完整的理论体系，对西方资产阶级的政治理论、政治思想还重视不够，很少介绍，尤其是政治上实行“君民共主”的要求，尚缺乏坚实的理论基础。此外，他们一般只是进行宣传，基本上没有从事实际的政治活动。这些弱点，都是他们所代表的中国民族资产阶级还非常弱小的反映。

梁启超像

从 19 世纪末开始，西学得到了更加广泛的传播。特别是在维新变法运动中，以康有为、梁启超、严复等为代表的资产阶级改良派，对西方资产阶级的思想文化作了空前系统的介绍，其中以严复的贡献为最大。严复除了译述赫胥黎的《天演论》外，还在戊戌变法后，翻译了《原富》《群学肄言》《群己权界论》《穆勒名学》《法意》及《名学浅说》等书，将西方资产阶级的社会学、经济学等较完整地介绍过来，成为中国近代著名的资产阶级启蒙思想家。资产阶级改良派所宣传、介绍的西学，是和封建主义的“中学”即“旧学”相对立的。因此又称做“新学”。这种“新学”的传播，不仅直接推动了维新变法运动的发展，打击了封建守旧势力，而且大大扩展了中国人的眼界，启发中国知识界对西方资本主义的政治、经济和文化进行更为深入和全面的探索。

到20世纪初期，为适应资产阶级民主革命的需要，中国资产阶级和小资产阶级知识分子更加积极地宣传西方资产阶级的文化。据统计，到1904年，西方的哲学、政治思想和历史等方面的著作被翻译介绍过来的达200多种。这些著作中鼓吹的天赋人权和自由、平等、博爱思想以及资产阶级民主共和国的方案，成为以孙中山为代表的资产阶级革命派发动和领导民主革命斗争的主要理论武器。这个时期，宣扬资产阶级民主主义思想的西方文艺作品也被大量翻译过来。由苏曼殊翻译的英国诗人拜伦鼓动希腊独立的《哀希腊》一诗，在社会上广为传诵。法国伟大作家雨果的《悲惨世界》、波兰爱国诗人米契维茨和匈牙利爱国诗人裴多菲等人的诗篇也都翻译过来。英国的莎士比亚、狄更斯，法国的巴尔扎克，俄国的普希金、托尔斯泰的作品，都开始在中国读者中流传。著名译述家林纾（1852—1924年，字琴南），在他人的配合下，翻译了大量外国文学作品，被时人誉为“今世小说界之泰斗”、“翻译界的奇人”。这些作品把西方资产阶级的社会状况、精神生活以及文学题材、形式等介绍进来，使中国人耳目一新，产生了广泛的影响。

改良运动的代表人物康有为

康有为（1858—1927年），字广厦，号长素，广东南海人。他是近代改良运动的主要代表。他出身封建官僚地主家庭，早年受过严格的封建正统教育，其后又潜心研究西学。西方资本主义的社会政治学和自然科学，以及中国儒家学说，是康有为思想的两大支柱。他的思想集中表现在他的主要著作《新学伪经考》《孔子改制考》《大同书》以及“公车上书”中。第一，变革现实的政治主张。1891年他写成《新学伪经考》，一时引起轰动。他经过考证证明被视为圣典的经书经学，均系刘歆伪造，故称“伪经”。虽然他的有些观点论据并不充分，但他对“卫封建之道”的古代经典的否定，极大地冲击了封建传统，打击了顽固的守旧势力，表现了启蒙思想的战斗精神。1892年，他又写成《孔子改制考》，提出孔子以前的历史，都是孔子为了改制救世而假托的宣传品，推翻了孔子“信而好古”、“述而不作”传统说法。更重要的是，他认为孔子改制以《春秋公羊传》最为精妙。他对《春秋公羊传》的“三世”说作了全新的解释。他认为“据乱世”就是君主专制时代，“升平世”就是君主立宪时代，“太平世”就是民主共和时代。三世循序渐进正是人类进化的公理，近代中国正处于“据乱世”，须经变法维新才能进入“升平世”，即由君主专制走向君主立宪。《孔子改制考》如“火山爆发”，震动了当时的思想界。1895 年康有为、梁启超等在北京参加会试，听到《马关条约》快要签约的消息，群情激愤，康有为起草了上皇帝书，提出一系列变法救亡的主张。内容是推行君主立宪、发展资本主义经济、改革文化教育、改革科举考试科目等。这份联合 1000 多名举人的签名请愿书称“公车上书”，是维新变法的纲领。第二，大同思想。康有为在《大同书》中所阐发的社会思想，即大同理想，是他提出变法的基础。他所提出的大同观虽然只是一种中国式的“乌托邦”，但它所包含的文化精神和启蒙思想是值得重视的。首先是它对几千年封建宗法家族制度的否定。它提出了“无国家”、“无家族”的主张，确定了“独人”（个人）的尊严；其次它把西方的“人道主义”与中国的“人本主义”结合，成为一种新的哲学，即“仁道主义”，以支撑他的理想社会；最后它强烈表达了作者对封建专制的厌恶和批判。

梁启超的史学观点和王国维的史学贡献

20 世纪初，在学术研究领域，也开始采用了资产阶级的观点和方法。在史学方面，梁启超等人提出了“史学革命”的口号。他在《中国史界革命案》《中国史叙论》《新史学》等论著中，对封建的旧史学进行了批判。他指出旧史学“知有朝廷而不知有国家”，“知有个人而不知有群体”，“知有陈迹而不知有今务”，“知有事实而不知有理想”，批判旧史书不过是帝王将相的家谱，认为一些本纪、列传的汇集和历史事实的简单堆砌，不可能说明社会的进化和发展趋势。他主张用进化论的观点来编写历史，解释历史，叙述“人群进化”的现象，“探索人间全体之运动的进步，即国民全部之经历及其相互之关系”，找出“公理公例”，建立资产阶级的"新史学"。梁启超强调应着重种族、地理、文化等方面的研究，而不是叙述一姓的兴衰和英雄的成败，猛烈抨击了封建正统论。梁启超是资产阶级"新史学"一般理论和方法的杰出倡导者和宣传者，是富有创新精神的资产阶级史学家。

王国维雕塑

王国维是运用资产阶级史学观点进行历史研究并取得辉煌成就的代表。他从社会制度、经济、文化等方面探求历史的客观因果，迥然有别于封建史学的片面考证和帝王家谱。"他的甲骨文字的研究、殷周金文的研究、汉晋竹简和封泥的研究，是划时代的工作"。郭沫若称他为"新史学的开山"。虽然他不可能找到历史发展的真正规律，但比封建的旧史学大大前进了一步。

数学家李善兰、华蘅芳

李善兰（1811 — 1882 年），浙江海宁人。是近代著名的数学家和近代科学的先驱。他在 1864 年完成的数学论著《方圆阐幽》中，根据自己的独立见解，阐述了微积分的初步概念，把西方近代科学系统地传进我国。在咸丰、同治年间，他与外国人合作翻译了一些关于代数、几何、微分、积分等数学方面的书籍。他译的棣么甘的《代数学》13 卷，是我国第一本符号代数学著作。他翻译的罗密士的《代微积拾级》，是我国第一部介绍微积分的著作。这使我国的数学研究从

华蘅芳像

宏观领域进入微观领域，从研究相对静止进入运动变化的状态。他还系统地介绍了哥白尼的天文学和牛顿的古典力学。他翻译的哥白尼《谈天》，是一本天体力学专著。该书中的天体演化的进化知识对康有为有很深的影响。李善兰所制定的一些近代科学名词，其中大部分被沿用下来。如数学中的“微分”、“积分”、“函数”、“级数”、“常数”、“方程式”等；植物学中的“细胞”、“植物学”等；天文学中的“行星”、“视差”、“内行星”、“外行星”、“变星”、“双星”、“恒星自行”、“星云”等；力学中的“分力”、“并力”（合力）、“质点”，等等。李善兰在《重学·序》中说：“今欧罗巴各国日益强盛，为中国边患。推原其故，制器精也，推原制器之精，算法明也。”他满怀希望地说：“异日人人习算，制器日精，以威海外各国。”表达了他希望中国富强，不受外侮的爱国心情。

华蘅芳（1833 — 1902 年），字若汀，江苏金匮（今无锡）人。1862 年，他和徐寿合作，根据外国的文献资料，制成了中国第一部蒸汽机。1863 年他们又合作制成了一艘木壳轮船。他在江南制造总局 10 余年中，翻译了《代数术》25 卷、《微积溯源》8 卷、《三角数理》12 卷、《代数难题解法》16 卷、《决疑数学》10 卷、《合数术》11 卷。全面介绍了西方数学家关于代数学、三角学、微积分和概率论的知识，内容十分丰富，对中西数学知识的交流，起了很好的促进作用。他还翻译了《金石识别》《地学浅释》《防海新论》等有关地质、海洋方面的科学书籍。华蘅芳自己也撰写了一些数学著作，合刻为《行素轩算稿》。1875 年，他与徐寿、傅兰雅等人在上海创办了格致书院，经常公开演讲科学专题，进行“课堂示教”的实验。格致书院的诞生是在中国最初出现的科学团体。他年老之后，又致力于教育工作，为培养新一代科技人才而努力。

化学家徐寿

徐寿（1818 — 1884 年），江苏无锡人，是中国近代化学的启蒙者。他先后翻译了《化学鉴原》（另有续编、补编，共 37 卷）、《化学考质》（即定性分析，8 卷）、《化学求数》（即定量分析，8 卷）以及《西艺知新》《测地绘图》《物体遇热改易记》等 10 余种著作。化学中定量、定性分析方法的出现，改变了中国过去满足于似是而非现象的描述，而走向了实验阶段。徐寿所编的新的汉字表达元素符号和元素表，许多化学元素名称，如钠、锰、镍、镁、钙、锌、钴等，今天还在使用。《化学鉴原》中提到的元素就有 64 个。徐寿很重视实验工作，亲自建立了化学实验室。其子徐建寅 1901 年在武汉不幸死于一次火药实验，为祖国的科学事业献出生命。1863 年，徐寿和华蘅芳合作，造了一艘木壳轮船，命名为“黄鹄”。制造时，“全用汉人，未用洋匠”。徐寿在国际上也很有名望，日本曾派柳原前光等人来华向徐寿学习。他一生寡欲少求，讨厌为官，最后以布衣终。

19 世纪 60 年代以后，随着中外交涉频繁，洋务运动的兴起，以及民族资本主义企业的产生和发展，社会上出现了介绍和学习西方自然科学的热潮。江南制造总局专门设立了从事翻译工作的翻译馆，翻译了科技、军工、人文科学方面的书籍达 160 种，1075 卷。到 19 世纪末，各地翻译和辑著的各种科技书籍统计达 1000 多种。努力学习科学技术知识，在社会上已蔚然成风。

19 世纪末 20 世纪初，中国在科学技术方面又涌现出一批有成就的科学家、工程师，如铁路工程师詹天佑、飞机设计师冯如等就是其中的突出代表。

铁路工程师詹天佑

詹天佑（1861 — 1919 年），广东南海人。从小立志学习科学技术，为祖国争气。1872 年，他考取第一批幼童赴美留学生。1878 年 5 月，又考入美国耶鲁大学土木工程系学习铁路工程。1881 年毕业，得学士学位。是年 7 月回国，入福州船政局水师学堂学习海船驾驶。1884 年马尾海战中，年仅 24 岁的詹天佑在旗舰“扬武”号任驾驶官，勇敢抗击法国侵略者。1888 年，他在中国铁路公司任职，成为中国第一个铁路工程师，在职短短 80 天里，完成了从塘沽到天津的铺轨工程，博得了中外人士的称赞。1894 年，被英国工程研究会选为会员。1905 年，清政府任命詹天佑为京张铁路总工程师兼会办。这条铁路全长约200公里，要穿过燕山山脉，工程难度很大。帝国主义分子嘲笑中国会修这条铁路的工程师“还没有诞生”。并叫嚷：“中国人想不靠外国人自己修建（这条）铁路”，是“白日做梦”。詹天佑不理睬他们的嘲笑，以严肃负责的态度，带领技术人员，亲自到现场同工人一起，克服种种困难，测定了一条路程短、造价低的路线，出色地完成了居庸关、八达岭两项著名隧道工程。他还设计了“人”字形轨道，创造性地解决了火车在坡度大的线路上行车的难题。

詹天佑像

1909 年 9 月 24 日，京张铁路全线通车，比原定计划提前两年。京张铁路是由中国人自己设计和建造的第一条重要铁路。它的建成，大长了中国人民的志气，在中国铁路史上增添了光辉的一页。

飞机设计师冯如

冯如（1883 — 1912 年），生于广东恩平县一个贫苦农民家庭。1895 年随乡人去美国旧金山做苦工。他白天做工，晚上钻研英文和科学技术，后来逐渐成为机械制造方面的专家。他关心祖国命运，立志把自己掌握的技术献给祖国人民争取独立富强的伟大事业。1905 年，冯如得知日俄两国为争夺权益在中国东北土地上进行战争，极为愤慨。从此，他开始钻研飞机设计和制造技术，决心依靠中国人的力量造出飞机，以求“壮国体，挽利权”。他带领徒弟踏遍旧金山的图书馆和书店，收集有关滑翔、飞行资料，潜心钻研。1906 年，他在旅美爱国华侨的资助下，组织公司，建立工厂。1908 年，他制成一架试验性飞机。1909 年 9 月，《加利福尼亚美国人民报》以“中国人的航空技术超过西方”为题报道了冯如的事迹。1910 年又经过多次试验，他终于制成一架具有当时世界先进水平的飞机，进行试飞，安全着陆。飞行高度达到 230 多米，时速为 104 公里。这是中国人第一次驾驶自制的飞机所作的飞行。正在美国进行革命活动的孙中山听到这个消息曾到现场参观，勉励冯如为祖国争光。当年 10 月，冯如参加了国际飞机比赛大会，荣获比赛第一名，国际飞行协会发给他优等证书，轰动了全世界。美国有人曾以重金招聘他为飞行技术教练，冯如予以拒绝。1911 年 3 月，冯如带着他的飞机和助手回到祖国。他们在广州郊区建立了“广东飞行器公司”，继续制造飞机。武昌起义后，他联合了一些革命同志，组织飞机侦察队，准备配合革命军作战。不久，南北议和，袁世凯窃取了革命果实，冯如的志愿未能实现。1912 年 8 月 25 日，冯如在广州燕塘作飞行表演失事，不幸伤重牺牲。临终前还念念不忘他所献身的事业，嘱咐助手们：“吾死之后，尔等勿因是失其进取之心。”死时年仅 29 岁。革命军政府追认他为烈士，葬于黄花岗。

“洋务运动”的兴起

从19世纪60年代初开始至90年代中期为止，清政府在洋务派官僚倡导下所进行的以引进机器生产、兴办近代军民用企业以及建立新式陆海军为中心内容的“求强”、“求富”活动，史称“洋务运动”。

咸丰十年（1860年），第二次鸦片战争后，清朝统治阶级内部开始分化为两个主要派别。其中一派，对内主张残酷镇压太平天国农民起义，顽固地维护封建反动统治。对外国侵略者，还不愿放下“天朝”的虚骄架子，更疑惧外国资本主义侵略者与国内反清的人们结合起来危害其封建统治。他们闭目塞听，因循守旧，盲目排斥一切新事物，深恶引进先进技术，认为采用机器生产等活动是“用夷变夏”。幻想回到闭关时代。这一派人称为顽固派。大学士倭仁、徐桐、李鸿藻等是其代表。另一派，面对着第二次鸦片战争和太平天国农民战争，认为外国侵略者不过是“肢体之患”，而农民起义则是“心腹之害”，因而主张勾结外国侵略者，镇压农民起义，维护封建统治；同时也不甘心“受制于人”，主张吸取一些资本主义国家的军事和生产技术，以抵御外侮，并与洋商争利。于是，他们出面倡导和主持了洋务运动。这一派人称之为洋务派。在中央以恭亲王奕䜣、大学士桂良、户部左侍郎文祥等为代表，在地方以曾国藩、左宗棠、李鸿章、沈葆桢、丁日昌以及稍

李鸿章像

后崛起的张之洞等为代表。

“洋务”是由“夷务”一词转化而来，“夷夏之变”演变成华（土）洋对称之词。咸丰十年底（1861 年初），清政府设置总理各国事务衙门作为综理洋务的中央机关。初任命恭亲王奕䜣、大学士桂良、户部左侍郎文祥三人为总理衙门大臣，主持洋务。下属机构有同文馆、海关总署，还管辖南、北洋大臣，选派出使各国大臣等。后南洋大臣例由两江总督兼领，北洋大臣例由直隶总督兼领。而两江总督长期由湘系曾国藩、曾国荃、左宗棠、刘坤一等交替占据；直隶总督则长期由淮系李鸿章独占。于是上海与天津遂成为南北筹办洋务的重要基地。中法战争后，又出现了以湖广总督张之洞为代表的洋务势力，湖北又成为中部举办洋务的重要基地。在洋务活动中，洋务派分别结成了不同势力的集团。主要有以奕䜣、文祥、崇厚为代表的满族洋务集团，以曾国藩为代表的湘系集团，以左宗棠为代表的左系湘军集团，以李鸿章为代表的淮系集团，中法战争后又形成以张之洞为代表的洋务集团。由于恭亲王奕䜣被罢黜，湘系的曾国藩、左宗棠已先后死去，于是，李鸿章系和张之洞系成为前后最大的两个洋务集团。其中，李鸿章曾一度担任江苏巡抚和两江总督，后任直隶总督兼北洋大臣达 20 余年，所办洋务企业最多，遍及北洋南洋，因而成为全国洋务活动的实际主持者。但是，到了中日甲午战争后，李鸿章淮系集团势力日愈削弱，而张之洞集团势力却异军突起，继而成为后起的洋务巨头。

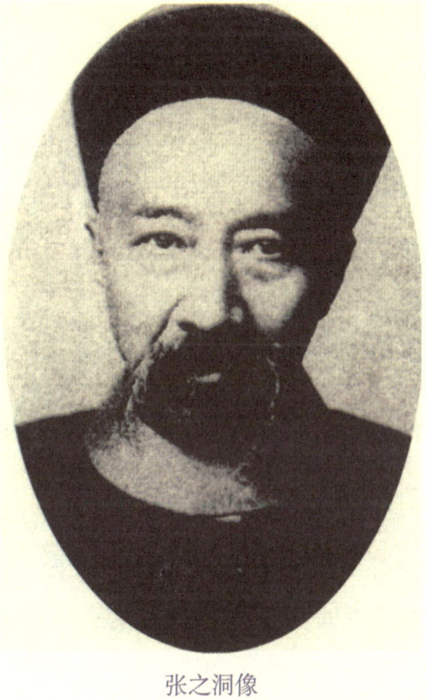

张之洞像

洋务运动的重心，前后有所不同。前期（19 世纪 60、70 年代）以“求强”为主，即训练新式军队和设厂自造船炮，企图建立一套新的防务体系；后期（70 至 90 年代）除继续进行“求强”活动外，还提出了“求富”的口号，强调兴办近代民用企业，“富”、“强”并重。

洋务派优先考虑的目标是“强兵”，以镇压太平天国和各地人民起义。在 19 世纪 60 年代初，开始在天津、上海、广州、福州、武昌等地聘用外国军官，购买枪炮，训练军队。上海、广州等地还购置了一些船舰。进而，在各地创办近代军事工业，制造枪炮和船舰，并对外国有所抵制。咸丰十一年曾国藩首在安庆设立内军械所。同治元年（1862年）李鸿章在浙江设立弹药厂。二年李鸿章在苏州设立洋炮局。同年左宗棠也曾在杭州试制枪炮和轮船。四年李鸿章成立江南制造总局，制造枪炮和轮船。同年李鸿章又将苏州的洋炮局移至南京，扩充为金陵机器制造局。五年左宗棠在福州创设福州船政局，专造轮船。六年崇厚在天津设立机器制造局，九年由李鸿章接办加以扩充。70年代后，西安、兰州、昆明、福州、广州、济南、成都、长沙、吉林、杭州、北京等地都先后设立了中小型的军火工厂。为了适应洋务日益扩展的需要，继举办同文馆之后，70年代起，派遣留学生赴外国学习海军和造船；派遣驻外公使办理军火、船舰事宜。光绪元年（1875年）清政府筹办海军，决定"分段督办，以专责成"，委派南洋大臣沈葆桢、北洋大臣李鸿章分别督办南洋、北洋海防，筹建南洋、北洋海军。

洋务派在建立大批近代军事工业后，既感资金短缺，材料、燃料和运输需要又日增，于是提出了"寓强于富"的口号，在"求富"的憧憬下，从70年代到80年代，又相继创办了一批工矿业和运输业。主要有：同治十年李鸿章在上海创办轮船招商局；光绪二年沈葆桢在台湾开办基隆煤矿；三年李鸿章在直隶开办开平煤矿；四年李鸿章在上海筹建机器织布局；同年左宗棠在兰州开办织呢局，等等。七年开平矿务局筑成唐山至胥各庄铁路。十一年清政府建立海军衙门，由醇亲王奕譞为总理，庆郡王奕劻、北洋大臣李鸿章为会办，而实权却操在李鸿章手中。李鸿章扩大北洋海军，十四年编练成军，北洋水师遂成为当时清政府三支海军中最大的一支海军。十一至十九年，李鸿章主持建成了从天津到山海关的铁路。中法战争后，洋务派还继续办了一些军事工业和工矿企业，并出现了张之洞代表的洋务派势力。张之洞，在光绪十年由山西巡抚升任两广总督后，即在广东着手筹建钢丝厂、织布厂和枪炮厂。十五年调任湖广总督，又把机器设备迁到武汉，以后就以武汉为中心大规模地办起洋务企业来。到中日甲午战争前，所办洋务企业主要有：光绪十六年建立的湖北炼铁厂（即后来的汉阳铁厂，是中国第一个近代钢铁企业）、湖北枪炮厂（即后来的汉阳兵工厂）、湖北织布官局。此外，在七八十年代即参与李鸿章一系列洋务活动的盛宣怀，这时也成为炙手可热的经办洋务的人物。

前后经历了30年的洋务运动，其作用具有两面性。洋务派所办近代企业多数具有明显的资本主义性质，在客观上对民族资本主义近代工业不无倡导作用，对中国社会经济的发展、对抵御外侮和与洋商争利具有一定的作用。但同时具有浓厚的封建性，初期主要是为了对内镇压人民起义。对资本主义国家有依赖性，对外国侵略者有适应的一面，对民族资本又有压抑的一面。洋务派所建新式陆军和海军，在中法战争中已经暴露了它的腐败，经过中日甲午战争更受到毁灭性的打击，最后遂以失败而告终。洋务派所创办的工厂企业，在封建官府控制下，经营腐败。同时，在列强的压迫、打击下，好景不长，创办不久就瘫痪停办，或被帝国主义侵吞；有的转为商办，也只是勉强维持。总之，洋务运动并没有实现“富国强兵”的目的。

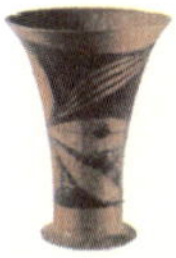

维新派教育

戊戌维新运动兴起后，教育改革成为维新运动的重要组成部分。维新派极其重视教育对于改造社会和振兴国家的作用，积极倡导建立近代学校制度，并把废八股、改科举、兴学校，作为救亡图存和实行变法的要政。维新派不仅倡言教育改革，还身体力行创办各种新式学校，用以培养维新变法人才，并将学校作为宣传维新变法的阵地。中日甲午战争后，在他们的积极推动下，全国兴起了一个创办新式学校的热潮。据统计，从 1895 年到 1898 年变法前夕，由维新派创办的新式学校有 19 所之多。著名的北京通艺学堂、长沙时务学堂、浏阳算学馆、广东时敏学堂、上海女学堂、陕西游艺学堂、江西蚕桑学堂等，都是这一时期创办起来的。在教育内容和方法上，这些学校进行了重要的改革。学校里不仅传授近代自然科学知识和各种技术，而且注重学习和研究西方资产阶级的社会政治学说，鼓励学生独立分析思考国内外各种社会改革和时事政治问题，并采用了直观教学和启发式教学方法，因而遭到封建顽固势力的诽谤和攻击。到百日维新期间，在维新派的积极推动和影响下，光绪帝先后颁布了一系列改革教育的政令。主要内容包括：废八股，改试策论；设经济特科；将各省、府、厅、州、县之大小书院，一律改为兼习中学、西学之学校；北京创办京师大学堂；各地创办专门学堂；许多省、府、州、县广开农会，刊发农报；设立译书局，准于上海设立编译学堂；

书籍报纸一律免税；命各省挑选学生派赴日本留学等。这些政令的颁布，在社会上引起很大反响，各地陆续创办了一批小学堂、中学堂和大学堂，私立新式学校也纷纷并起，从而给予封建的旧教育很大冲击，加速了资本主义教育在中国的发展。此后戊戌教育新政虽因变法失败而被一时废止，但改革教育已成为不可遏抑的时代潮流。

近代艺术的发展

国外近代音乐清末传入中国，主要是学堂音乐。辛亥革命后，现代专业音乐也在全国建立起来。1919 年起，一批新音乐社团纷纷创建，如北京大学音乐研究会、中华美育会、北京爱美乐社、国乐改进社等。他们分别在介绍西洋音乐和改进中国传统音乐方面做了努力。同时，我国最早的一批专业音乐教育机构也产生了。如北京女子高等师范学校音乐科、北大音乐传习所、上海专科师范学校音乐科、北京艺术专门学校音乐科、上海美术专科学校音乐系、国立音乐学院等，主要是传播西方音乐知识和技能，培养西洋音乐方面的人才。

近代的著名音乐家有萧友梅、刘天华、赵元任、李叔同、王光祈、黎锦晖、聂耳等人。他们创作的《二泉映月》《叫我如何不想他》《毕业歌》《义勇军进行曲》等都是脍炙人口之作。

近代戏曲，最重要的事件是京剧的形成。清初，徽商是全国最负盛名的商帮，在他们的支持下，来自皖南安庆府一带的徽班也盛极一时。1790 年，乾隆皇帝八十寿诞，召徽班三庆班入京。随后又有四庆班、五庆班、四喜班等相继进京。不同的徽班最初唱不同的声腔，二簧、昆曲、京腔、秦腔、小调，诸腔杂陈。后来渐以皮簧为主，兼收并蓄，在剧目和表演方面也注意吸收其他剧种的长处。因此颇收雅俗共赏之效，在嘉道时期，几乎占据了北京所有的舞台。这一时期，又有汉调艺人进京搭徽班唱戏，他们所唱的声腔属西皮、二簧腔，并把楚音带入了北京，开创了徽、汉合流的趋势。京剧就是这种合流下的产物。在这一过程中，有所谓“三鼎甲”的出现，即余三胜、张二奎、程长庚。他们把徽调与汉调加以融和，又吸收昆腔、京腔、梆子腔，为京剧的产生做出了重要贡献。

同治、光绪年间是京剧的极盛期，当时有“同光十三绝”，代表着这一时期京剧在舞台艺术上达到的最高水平。其中，孙菊仙、汪桂芬、谭鑫培又称新“三鼎甲”，他们的表演，被称为“孙派”、“汪派”、“谭派”。不过，若以艺术成就而论，谭鑫培的地位最高。他注意吸收前辈的精华，对演出剧目进行文辞、结构上的加工与调整，使之合乎情理，又改革了老生腔的声韵，确定了湖广音中州韵的体系，一改直腔直调的唱法，讲究腔调的曲折婉转，还创造了新的板式唱腔。清末，又有王瑶卿的出现，他对唱、念、做、打都进行了新的创造，开创了“花衫”这一新的行当。

梅兰芳像

民国以后，京剧舞台上又出现了梅兰芳等四大名旦，老生中则有余叔岩、马连良等人，武生有杨小楼、盖叫天。其中以梅兰芳的成就最大，他在剧作家齐如山等的帮助下，锐意改革，又创造了一些新的剧目，使京剧向“真善美”的艺术境界迈进了一大步。

晚清以后，中国戏曲舞台上涌现了一批起自民间歌舞和说唱艺术的新剧种，如评剧、楚剧、越剧等，大大丰富了中国的地方戏曲。

话剧出现于清末，在当时称为“新戏”或“文明戏”。1907 年，留日学生李叔同在日本组织“春柳社”，演出小仲马的《巴黎茶花女遗事》《黑奴吁天录》等戏剧，成为中国最早的话剧演出团体。新文化运动中，《新青年》以介绍挪威作家易卜生为契机，有力地推动了中国话剧事业的进步。1921 年，沈雁冰、郑振铎、欧阳予倩等 13 人在上海发起组织民众戏剧社，创办《戏剧月刊》。1921 年成立的上海戏剧协社曾以演出英国作家王尔德的《少奶奶的扇子》轰动一时。1922 年由陈大悲等在北京开办的戏剧专门学校是我国第一所戏剧学校。1925 年，赵太侔、余上沅、熊佛西、闻一多在北京美术学校组织了戏剧系。1927 年，田汉在上海组织了南国社，都是话剧运动中的代表性团体和机关。不过，话剧的观众主要集中在青年学生和城市知识分子中，其在普通民众中的影响力始终不能和旧剧种相比。

中国第一次放电影是 1896 年 8 月 11 日在上海。五四运动之前，我国的影坛上主要是法国片。1913 年，中国第一个电影制片公司亚细亚影戏公司拍摄了我国第一部故事片《难夫难妻》。1918 年，商务印书馆成立活动影戏部，是我国比较有规模的电影制片的开始。

20 年代以后，我国的电影事业有了很大的发展。1925 年前后，上海、北京、天津、镇江、无锡、杭州、成都、汉口、厦门、汕头、广州等地开设了 175 家影片公司，其中又以上海为最多（141 家）。较大的电影公司有明星影片公司、大祝贺百合影片公司和天一影片公司。30 年代以后，我国出现了一批优秀的电影艺术工作者，如赵丹拍出了一批优秀的电影作品，知名如《十字街头》等。

对新型政治体制的探求

19 世纪 70 至 80 年代，早期维新派逐渐从洋务派中分化出来，他们与洋务派的不同之处在于，他们主张不仅要从科学技术的角度来学习西方文化，还要从社会制度、国家体制上学习西方文化，即从学习“西技”到学习“西政”。他们敏锐地意识到，中国欲自强，必须要改革旧制，制定新法。中国若仅学习西方的声、光、化、电，不学西方的政治体制，那是舍本而求末。1894 年中日甲午战争中，由洋务派掌握的陆军和海军的惨败，促使维新人士公开地举起了“变法图强”的旗帜。

维新派的代表人物是康有为、梁启超和严复等。严复曾经留学英国，具有深厚的西学修养，他大力宣扬西方资产阶级的政治学说，并于 1898 年翻译出版了宣传达尔文进化论的《天演论》，此后进化论风靡中国文化思想界。相对来说，严复所输入的西学的影响主要在 20 世纪初年，而在戊戌变法维新时期，影响最大的是康有为、梁启超。光绪皇帝积极支持维新变法，这更是为维新派提供了靠山，使中国近代史上出现了第一次思想大解放。维新派公开主张，只有"立行宪法，大开国会，以庶政与国民共之，行三权鼎立之制"；只有废八股科举，大兴新式教育，培养人才，改革官制，中国才能真正走上自强之路。维新派的变法理论，实际上是将西方的国家民族学说、道德伦理观念、自由民主博爱精神，与中国传统的变易思想、民本思想、大同思想、自强自立精神相糅合，再用国人能够理解的语言进行宣传介绍，使中国人在感到耳目一新的同时，能激发起变法图强的热情。因此，大多数中国人所接受的"西学"，实际上已是一种经维新派中国化了的"西学"。因此维新派在冲破封建专制思想藩篱、形成"人人竞言西学"局面的同时，也开创了一种新型的融合中西方文化的范式，并在相当长的时间里影响着中国的文人学者。虽然，维新运动在政治制度改革方面未能有实际的成效，但是，它在中国人思想观念和行为方式上留下的印迹却是相当的深刻。

20 世纪初的中国，"扶清灭洋"的义和团运动未能阻止西方势力在华的持续扩张，却催生出了慈禧太后推行的"新政"，中国社会的变革在各个层次全面展开，中西文化的交融也已进入了一个全方位进行的新阶段。西方的政治、经济、教育、军事、法律、医学、体育、音乐、美术、新闻……几乎都在中国找到了它的立足点，中国的文化结构也在发生着重大的变化。20 世纪初的革命与改良之争，使中国学者更深入地研析西学，为产生一批会通中西的时代精英奠定了基础。20 世纪初走出国门的大部分留学生，在接触新世界的同时，已对世界的认识与国家的前途有了新的看法，他们认为只有推翻清王朝，建立共和国，中国才能以"异常之速度"前进，数十年后可"举西方文明而尽有之"。因此，中国民主革命先行者孙中山的最大功绩，在于他不仅看到了"世界潮流，浩浩荡荡。顺

慈禧太后像

之则昌，逆之则亡”，而且还根据自己的实践考察，融合了中西方政治思想，创造性地提出了民族、民权、民生三民主义，完整地设计了民主共和国的基本建设方案，并以此为纲领组建了中国历史上第一个现代意义上的革命政党，使中国革命融入了世界现代化的潮流。虽然 1912 年成立的“中华民国”，是建立在一个绝大多数人还不知晓“民主、共和”为何物的国土之上的，但是总统、国会和临时约法的出现，清王朝的结束，为国人开启了一扇由臣民转化为国民的世纪大门，中国从此进入了一个历史新纪元。民国的建立，促进了新文化运动的兴起。

代君主立宪，成为当时中国新兴知识分子群的主要追求。新文化运动的兴起，中西文化的交融又掀起一个新高潮。在这个高潮中，人们关注的焦点已是西方民主共和的精神。因此，西方的“德先生”(Democracy，民主)和“赛先生”(Science，科学)被当做衡量一切的基本尺度。伴随着“白话文”、“新体诗”、“写实文学”等新式通俗的文字和文学的表达形式的出现，各种西方的社会政治学说、自然科学成果、道德风尚、文学艺术……也在更大范围内传播开来，中国青年一代的价值观念与思想感情也随之发生了更为广泛而深刻的变化。

西学东渐与中学西渐

明末清初，是中国与欧洲文化交流频繁的时期。自 16 世纪欧洲发生宗教改革之后，旧的天主教在欧洲失去了市场，开始向亚洲发展。

早在 1552 年，耶稣会派遣西班牙的沙勿略来到中国，在广州附近的一个小岛上停留了四个月，病死在那里。接着又派了一些不通中文的人在澳门传播西学，亦无建树。后来，选派懂汉语、熟悉中国文化的意大利人范礼安、罗明坚、巴范济和利玛窦来华，从此拉开了西学东渐的序幕。其中，利玛窦是耶稣会传教和传播西学最有影响的人物。利玛窦（1552 — 1610 年），受过良好的教育，在数学、神学等方面均有一定造诣。1582 年他来到澳门，次年在肇庆传教，与各级官员、文人交往，宣传欧洲科学技术和典章制度，得到地方士绅的尊重。1589 年到达韶州，继续结交官绅，攻读儒家经典，宣扬西学。其后又到南京、南昌等地传教。1601 年，受到明神宗召见，从此在北京定居。

利玛窦传播天主教和西学，非常注意顺应中国礼俗，并着手进行西学中国化的实践。其《天主实义》及《畸人十篇》《辩学遗牍》等著作，引用儒家思想论证基督教义，排斥佛教，以至于士大夫以为“其言多与孔孟相合”、“深契吾儒理”，广为传颂，影响很大。徐光启、李之藻、杨廷筠、冯应京等都受洗成为教徒。利玛窦译介了数学、建筑、测量、历法以及神学、伦理学、音乐、绘画等各方面的西学著作，平生著书20种。为了传播西方科学技术，利玛窦创造了中西结合译书的方法，如与徐光启合译《几何原本》前六卷，与李之藻合译《同文指算》11卷，这样既沟通了中西学术传统，使西方科学以中国人能够接受的方式传递过来；又通过对徐光启、李之藻等先进分子在学术上的引导，对中国近代科学的兴起具有启蒙作用。在接受西学方面，徐光启是最早也是最有成就的人物。他从利玛窦学习天文、历算和火器等科学技术，又结合中国的科技传统，发扬光大。利玛窦为耶稣会士研究中国国情、介绍西方科学技术开创了先例。庞迪我、熊三拔、邓玉涵、罗雅谷、艾儒略、汤若望、南怀仁、卫匡国、白晋、张诚等继承利玛窦的传统，为中西文化交流都做出了一定的贡献。据钱存训统计，从利玛窦来华到耶稣会解散，传教士共译书437种，其中纯宗教书籍251种，占57%；人文科学书籍

利玛窦雕塑

55 种，包括地理地图、语言文字、哲学、教育等，占 13%；自然科学书籍 131 种，包括数学、天文、生物、医学等，占 30%。

就在利玛窦去世前一年，龙华民接任耶稣会会长。他不尊重中国的历史传统，禁止祀天、祭祖、拜孔等仪式，引起中国社会尤其是士大夫阶层的强烈不满，先后发生了南京教案和钦天监教案，天主教几次遭禁。更由于宗教内部纷争，1775 年耶稣会被解散，西学传播的第一阶段遂告结束。

揭开第二阶段西学东渐序幕的是英国传教士马礼逊，他奉英国传道会委托于 1807 年东来，是第一个基督教新教来华传教士。因旧教徒的妒忌，马礼逊等传教士在马六甲、新加坡等地华侨中传播西学，兴办学校，印刷书籍，为日后在大陆的活动打下了基础。到 1842 年马礼逊等传教士已出版中文书籍和刊物 138 种，属于世界历史、地理、政治、经济等方面的就有 32 种，成为林则徐、魏源等了解世界的重要参考资料。其中，第一部《华英字典》和中文版《圣经》，后来传教者多奉为圭臬。这一时期传教士的活动没有不平等条约的庇护，不被当做政府行为，中西处在平等的地位，文化交流得以在正常的状态下进行。

1842 年鸦片战争结束，根据《南京条约》等不平等条约，割让香港，开放广州、福州、厦门、宁波、上海等通商口岸，并允许外国人在那里传教、设立学校、开办医院等。于是，传教士的活动基地便从南洋转移到中国东南沿海。从 1843 年到 1860 年，香港和各通商口岸共出版西书 434 种，其中宗教类 329 种，占 75.8%；属于天文、地理、数学、医学、历史、经济等其他方面的有 105 种，占 24.2%。这一时期，一些先进的中国知识分子开始主动地了解、吸纳西学，如林则徐、魏源、徐继畬等，李善兰、王韬、管嗣复等还以独立的身份参加译书工作。

第二次鸦片战争后，又增开 11 个通商口岸，西方的文化渗透从沿海向内地更大的范围扩展。从 1860 年到 1900 年，各种新式学校、教会医院以及报纸、杂志等宣传媒体大量涌现，西学的影响日渐扩大。而且，政府开始主动吸纳西学，并逐渐在西学东渐的潮流中担负起主导作用，京师同文馆和江南制造局翻译馆的设立即其标志。四十年中，共出版西书 555 种，相当于此前半个世纪这一类出版物的五倍多，其中哲学、社会科学类（哲学、历史、法学、文学、教育等）123 种，自然科学（算学、重学、电学、化学、光学、动植物学等）162 种，应用科学（工艺、矿务、船政等）225 种，其他如游记、杂著、议论等 45 种。

1900 年八国联军之役到 1911 年清朝覆亡，是西学东渐的结束期也是高潮期。

这一时期西学的影响极大地扩展，并深入到中国社会的各个层面。译书的数量极大，由日文、英文、法文等翻译的书至少有 1599 种，占晚清百年译书总数的 69.8%，超过此前九十年译书总数的两倍。内容上由以自然科学、应用科学为主转为社会科学所占比重加大，这反映了西学东渐从输入物质文明到探究精神文明的转变。方式上也有所变化，从以前直接翻译引进，变为由日文转译、转口输入

林则徐雕塑

西学为主要途径。1902 年至 1904 年三年中共译西书 533 种，其中译自英文的有 89 种，德文 24 种，法文 17 种，日文则有 321 种，占 60%。同时，中国第一代翻译人才开始出现，如严复、林纾、马君武等，能够独立译书，从此西译中述的翻译形式遂告结束。

所谓“中学西渐”是一个内涵十分丰富、外延十分宽泛的文化学概念。这里主要介绍 16 至 18 世纪西方对中国文化的译介和研究情况。最早将《四书》译成拉丁文、寄回意大利的是利玛窦，时间在 1593 年；1626 年，金尼阁将《五经》译成拉丁文，在杭州付梓，这是最早刊印的中国经典的西文译本。1662 年，意大利和葡萄牙的两名耶稣会士殷铎泽和郭纳爵合作，将《大学》译成拉丁文，取名《中国的智慧》，以后又陆续译出《论语》和《中庸》。1687 年比利时教士柏应理在巴黎刊印了《中国哲学家孔子》，中文标题《西文四书解》，包括中国经籍导论、孔子传和殷铎泽等译的《大学》《论语》《中庸》三书。同年，奥地利教士白乃心著有意大利文《中国札记》，其中有孔子传和《中庸》译文。《四书》的全译本是比利时人卫方济直译的拉丁文译本，连同其系统地介绍儒家经典的论著《中国哲学》刊印于 1711 年。对于《五经》的译介，清康熙中先后有白晋、刘应、马若瑟和雷孝思等对《五经》进行翻译和研究。乾隆时孙璋、宋君荣和钱德明等

意大利教士卫匡国像

也有一些关于《五经》的著作。

意大利教士卫匡国在17世纪50年代编著了《中国文法》，这是欧洲学术界研究汉语语法的第一部书，对于西方人学习汉语、了解中国有很大帮助。其后，德国人门采尔的《拉丁字汇手册》、西班牙人华罗的《官话简易读法》、贝尔的拉丁文《中国大观》等相继出现，尤其是后者，第一册论中国文法，第二册是中文字典和方言，表明欧洲对于汉语语法的研究和拉丁语汉语辞典的编纂已经初具规模。进入18世纪，欧洲各种文字对中文的字典相继出版，如白晋《中法字典》、卡斯特拉纳《拉意中字典》、格拉蒙纳《中拉字典》、孙璋《汉蒙法对照字典》、钱德明协助翰林院编译《梵汉满蒙藏法字汇》等。同时，有关汉语语法的研究更加深入，马若瑟的《中国札记》是西方第一部研究中国文字学的著作；傅尔蒙在华罗、马若瑟等人研究的基础上，著有《中国文典》，在法国汉学史上具有里程碑的意义。

欧洲对于中国历史地理的研究也有悠久的传统。1585年奥斯丁会士门多萨在罗马出版了西班牙文的《中华大帝国史》，这是最早系统地介绍中国历史和地理的书，五年内即被译成意、法、英、拉丁、德等多种欧洲文字。1658年卫匡国出版了《中国历史》第一部十卷。1667年安塔纳西·基尔契的拉丁文《中国》出版，这是最受欢迎的有关中国的普及性读物。1777年至1783年冯秉正出版了12本的《中国通史》，以《通鉴纲目》为主要依据，明清史部分尤其详尽。1785年又补充了第13卷《中国概况》，论述清代15省的人文地理和地形，十分精当。此外，欧洲人绘制的中国地图有卫匡国的《中华帝国图》和《中国新图册》、唐维尔的《中国新图册》等。

西方学者十分注意对中国自然科学和人文科学的研究，主要著作有1735年耶稣会士杜赫德在巴黎刊印《中华帝国志》，并出版了英译本，被称作中国百科全书，传遍整个欧洲。第一卷记各省地理和历代编年史，第二卷研究政治、经济、典籍和教育等，第三卷介绍宗教、伦理、医药、博物等，第四卷将满、蒙、西藏、朝鲜列入专门研究。此书内容极其丰富，收录了许多中国著作的译文，包括《古文观止》和《赵氏孤儿》等，成为法国百科全书派启蒙学者和其他欧洲人了解中国的第一手材料。

新文化运动的兴起

北洋军阀统治时期，“中华民国”空有其名，在社会经济、政治生活中，占统治地位的仍旧是封建的经济和封建的政治。在思想文化领域里，占统治地位的也还是封建的思想。1913 年，袁世凯通令全国恢复“尊孔读经”，规定“民国教育以孔子之道为修身之本”。社会上出现了“孔道会”、“孔教会”、“尊孔会”之类名目繁多的组织。这些组织的倡导者拼命鼓吹封建主义的纲常名教，利用人们对辛亥革命后局势的失望情绪，诋毁民主共和与自由平等的观念，掀起了封建复古主义的反动逆流。

在尊孔复古的反动思潮面前，资产阶级、小资产阶级知识分子，有的和封建势力同流合污，有的动摇，偃旗息鼓，败下阵来；更多的是感到彷徨苦闷，找不到出路。以陈独秀、李大钊、鲁迅等为代表的激进民主主义者，在革命形势的推动下，大张旗鼓地宣传资产阶级民主思想，争取实现名副其实的民主共和国，同封建复古思想展开了激烈的斗争，发动了一场比辛亥革命时更加猛烈的反封建的新文化运动。

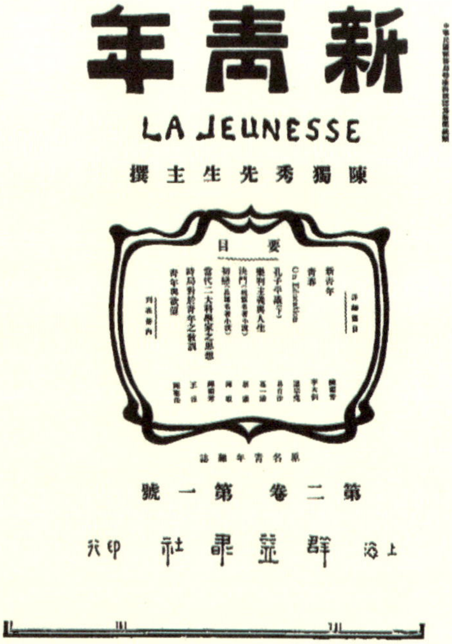

《新青年》杂志封面

新文化运动是从 1915 年 9 月 15 日《青年杂志》在上海创刊开始的。杂志的创办者是陈独秀。陈独秀（1880 – 1942 年），字仲甫，安徽怀宁人。北京大学教授。曾留学日本，主张进行民主革命，反对专制。回国后，任安徽都督柏文蔚的秘书长。“二次革命”失败后，逃亡日本。1914

年回到上海。陈独秀在《青年杂志》创刊号发表《敬告青年》一文，发出民主和科学的口号，向青年提出摆脱奴隶、保守、闭塞的思想，树立起自主、进步、科学的精神，他希望青年自觉奋斗，去反对封建主义的专制统治。这是新文化运动第一篇纲领性的文章。陈独秀认为民主和科学就像车子上的两个轮子，应当并重，缺一不可，指出中国需要“改弦更张”，对青年有很大号召力。1916 年秋，《青年杂志》从第二卷起改名为《新青年》。

李大钊（1889 — 1927 年），字守常，直隶乐亭人。1913 年留学日本。他坚决反对袁世凯的帝制活动。1916 年他从日本回国后，任《新青年》杂志编辑，北京大学教授。他在《新青年》上发表了《青春》一文，号召青年不断改造自己，追求进步，勇敢地创造青春的中国，青春的世界。他认为中国需要“回春再造”，鼓励青年为“索我理想之中华”而奋斗。他在《民彝与政治》的文章中指出：“君与民不两立，自由与专制不并存，是故君主生则国民死，专制活则自由亡。”这种把民主和专制制度严格区分开来的立场和态度，是前所未有的。

鲁迅（1881 — 1936 年），字豫才，原名周树人，鲁迅是其笔名，浙江绍兴人。1902 年留学日本。辛亥革命后，他在北京大学、北京女子师范大学等校任教。1918 年 5 月，《新青年》上发表了鲁迅用白话文写成的短篇小说《狂人日记》，呐喊打倒“吃人”的礼教。《狂人日记》以及《我之节烈观》《我们怎样做父亲》等散文的发表，为中国的新文学运动的发展开辟了道路。鲁迅和其他知识分子集合在《新青年》的周围，形成为新文化运动的领导力量。

胡适（1891 — 1962 年），字适之，安徽绩溪人。1910 年留学美国。回国后任北京大学教授。他在《新青年》上发表《文学改良刍议》一文，提倡白话文和进行文学形式及内容上的改革，也具有较大影响。

新文化运动的主要内容是提倡民主，反对封建专制；提倡科学，反对迷信和盲从；提倡新道德，反对旧礼教、旧道德，揭起“打倒孔家店”的大旗；提倡新文学，反对旧文学，号召实行文学革命，打倒“贵族文学”，建设“国民文学”；提倡白话文，反对文言文，采用新式标点符号，刊登新体诗等。

新文化运动是资产阶级的新文化和封建阶级的旧文化之间的激烈搏斗。但这场运动只局限在文化思想领域里，没有普及到群众中去，没有形成为一个政治运动，所以它不可避免地带有许多弱点。新文化运动的倡导者们，不懂得只有彻底推翻帝国主义在中国的反动统治，才能够拯救国家的危亡，他们把矛头主要集中在反对封建的伦理道德方面，却又不懂得封建的伦理道德之所以不合理，是由于社会经济制度的不合理，他们在批判旧的东西时，有形而上学的观点，不能正确对待中国的文化遗产。

但是，新文化运动是在新的历史条件下的一次思想解放运动，在政治上、思想上给了封建主义一次前所未有的沉重打击，冲破了封建旧思想的束缚，加速了中国人民的觉醒，激励人们去追求民主与科学，追求救国救民的真理，为五四运动奠定了思想基础，为马克思主义在中国的传播提供了有利的条件。

马克思主义在中国传播

1917 年俄国十月革命一声炮响，给中国送来了马列主义。以孙中山为首的中国资产阶级革命派，热烈欢呼十月革命的胜利。上海《民国日报》于 1918 年元旦发表了“吾人对于此近邻之大改革，不胜其希望也”的社论。同年，孙中山致电苏维埃政府说：“中国革命党对于贵国革命党员之艰苦卓绝的奋斗，表示极大的敬意；而且更希望中俄两国革命党团结一致，共同奋斗。”

众多的激进民主主义者受到十月革命胜利的鼓舞，开始认真学习和传播马克思列宁主义。李大钊、陈独秀等把《新青年》逐渐变成宣传马克思列宁主义的刊物。1918 年 12 月，陈、李主编的《每周评论》创刊，专门介绍马克思主义。1918 年 7 月，李大钊在《言治》季刊上发表了《法俄革命之比较观》一文，指出俄国革命是“世界新文明之曙光”，号召中国人民迎接新的革命潮流。11 月，他又在《新青年》上

李大钊像

发表《布尔什维主义的胜利》《庶民的胜利》等文章，热情欢呼："由今以后，到处所见的，都是布尔什维主义战胜的旗。到处所闻的，都是布尔什维主义的凯歌的声。""试看将来的环球，必是赤旗的世界！"鲁迅也赞颂俄国人民用骨肉夺取了革命的胜利，并从十月革命的"刀光火色"中，看到了"新世纪的曙光"。正是在李大钊等一批具有初步共产主义思想的知识分子积极努力下，新文化运动开始由宣传资产阶级思想文化运动转变为学习和传播马克思列宁主义的运动。1919年五四运动爆发，中国无产阶级登上政治舞台，从此，揭开了中国革命从旧民主主义革命转变为新民主主义革命的历史新篇章。